미래를 위한 과거로의 산책

세상을
움직이는

에게 드립니다

The Importance of Living

임어당(린위탕) 지음 | **박병진** 옮김

생활의 발견

육문사
Yukmoonsa

The Importance of Living

세상을 움직이는 책

생활의 발견(개정4판)

개정 4판 1쇄 ┃ 발행일 2020. 12. 5
(초판발행 1985. 5. 20 ┃ 중판발행 1995. 1. 15)

지은이 ┃ 임어당(린위탕)
옮긴이 ┃ 박병진
편　 집 ┃ 김숙희, 박봉진
디자인 ┃ 인지숙
펴낸이 ┃ 이경자
펴낸곳 ┃ 육문사

주소 ┃ 경기도 고양시 일산동구 산두로 128. 909동 202호
전화 ┃ 031-902-9948
팩시밀리 ┃ 031-903-4315
출판등록 ┃ 제313-2011-2호 (1974. 5. 29)

ISBN　978-89-8203-206-6 (04080)
　　　　978-89-8203-000-0 (세트)

이 도서의 국립중앙도서관 출판예정도서목록(CIP)은
서지정보유통지원시스템 홈페이지(http://seoji.nl.go.kr)와
국가자료종합목록 구축시스템(http://kolis-net.nl.go.kr)에서
이용하실 수 있습니다. (CIP제어번호 : CIP2020048673)

생활의 발견

· 본문 하단의 각주에서 *표는, 저자 자신이 독자의 이해를 돕기 위해 설명을 붙인 원주(原註)이며, 번호는 역자가 붙인 역주(譯註)이다.

· 지은이 린위탕은 표기상 독자들에게 익숙한 임어당으로 표기한다.

이 책은 중국의 석학(碩學) 임어당(린위탕, Lin yu-tang)의 대표작이라 할 수 있는 《*The Importance of Living*》을 번역한 것이다. 임어당은 원래 이 작품을 영어로 썼는데, 지금에 와서는 거의 모든 세계 각국어로 번역되어 현대인의 삶의 지침서로 애독되고 있다.

　이 작품 전체를 통해 저자가 의식적으로 표출하고자 한 것이 두 가지 보인다. 그중 하나는 동양과 서양의 문화, 더 구체적으로 말해서 중국인과 미국인 사이의 의식구조·관념·생활철학 등을 대비시켜 나가면서 그 장단점을 지적했다는 것이고, 다른 하나는 서구인들에게, 아니 우리 모두에게 옛 중국 성현들의 삶의 자세인 한적생활(閑適生活)을 고취시켜 주려 했다는 점이다.

　기독교 사상을 바탕으로 한 서구 문화의 관념론적 입장을 논리정연하고도 냉철하게 공박하는 한편, 유교 사상에 바탕을 둔 중국 문화의 심오하고도 무게 있는 원리를 설득력 있게 묘파(描破)한 임어당의 지혜는 가히 뛰어난 일면을 지니고 있다 하겠다.

　이 작품에서 저자는 현학적(衒學的)으로 자신의 박학다식을 나열해 놓으려 한 것이 아니라, 인생을 살아가는 데 우리에게 가장 근본적이고 (fundamental) 불가피한(unavoidable) 문제, 즉 한번 주어진 인생을 어떻게 살아야 값진 삶이 되느냐 하는 문제에 대한 답(答)을 결코 허황되지 않고 현실에서 유리되지 않는 범주에서 찾아서 제시하려 했다.

임어당은 가장 이상적인 삶의 방법을 중국의 옛 현인들의 생활 신조였던 한적생활과 중용의 길(中庸之道)에서 찾고 있다. 이 삶의 방법은 결코 이상향에 불과한 것이 아니다. 그것은 현실적인 면에서 보더라도 가장 이상적이며 가장 바람직한 삶의 자세인 것이다. 문명이 발달되고 문화가 향상될수록 임어당의 주장은 단순히 주장에 머물지 않고, 우리가 심장으로 느끼는 확고부동한 공감대(共感帶)를 이룰 것이다.

이 작품을 번역하면서 가능하면 저자 자신이 우리 옆에서 구수한 이야기로 들려주는 감흥을 살리기 위해 구어체(口語體)의 표현을 가끔 사용했다. 그리고 저자 자신이 이따금 무리한 논리를 전개하는 것 같다는 느낌이 드는 부분도 있으나, 그것은 우리가 서양 생활이 몸에 밴 중국인이 아닌 데다가, 저자와 세대를 달리하고 있기 때문인 것으로 이해함이 좋을 것이다. 또한 그의 해학은 단순한 해학으로 받아들이기에는 그 속에 너무나 깊은 삶의 진리가 들어 있음을 간과해서는 안된다.

이 책에서는 편집상 오늘날 현실에서 크게 이탈해 있거나 그다지 중요한 관점이 아니라고 판단되는 부분을 축약 또는 생략했음을 밝혀 둔다.

독자 여러분에게 당부하거니와, 이 책을 참된 삶의 지침서로 삼아, 머리맡에 두고 종종 반복하여 읽어 주기 바란다.

역자 씀

　이 책은 사상과 인생에 관한 내 체험을 피력한 나 개인의 증언이다. 이 책은 객관적인 입장에서 쓴 것이 아니며, 또 영구적인 진리를 수립하려는 것도 아니다. 사실 나는 철학의 객관성이라는 것을 차라리 경멸하고 있다. 즉 객관적 진리보다도 사물에 대한 견해나 사고방식이 중요하다고 생각하는 것이다.

　나는 '서정시적(抒情詩的)'이라는 말을 개성이 강한 '독자적(獨自的) 견해'로 해석하여 이 책을 〈서정 철학〉이라 붙이고 싶었다. 그러나 그것은 너무 미명(美名)에 빠지는 것이 되므로 포기해야만 했다. 즉 너무 높은 데를 노리다가 독자에게 지나친 기대를 갖게 할까 염려가 되었고, 그리고 또 내 사상을 주로 구성하는 것은 서정시적인 것이 아니라 평범한 산문으로, 자연스럽고 평이한 것이며, 누구의 손에라도 닿기 쉬운 정도의 것이기 때문이다.

　너무 높은 데를 노리지 않고 이렇게 낮은 곳에 있어서 땅에 달라붙어 흙처럼 되어 버린다 해도 나는 아주 만족한다. 내 마음은 흙이나 모래 속을 유쾌히 노닐며 그것으로 행복을 느끼리라. 이 지상 생활에 도취할 때 우화등선(羽化登仙)했는가 싶을 만큼 마음이 경쾌해지는 일이 흔히 있는데, 사실은 지상 2미터도 떨어지는 일이 드문 것이다.

　나는 이 책을 플라톤의 《대화편》 같은 형식으로 쓰려고 생각했었다.

이런 형식은 무심코 나오는 개인적인 말을 하고, 일상 사건에서 뭔가 뜻이라도 있을 성싶은 것을 취택하며, 특히 아름답고 조용한 사상의 목장을 어슬렁거리고자 할 때에는 대단히 안성맞춤인 형식이기는 하리라. 그런데 어쩐지 대화 형식을 취하는 것이 싫었다. 그 이유는 나도 모른다. 아마도 그런 형식의 문학은 오늘날 별로 유행하지도 않으며, 읽는 사람도 없으리라는 우려가 있었기 때문이리라. 그런데 책을 쓰는 사람은 누구나 독자들이 자기가 쓴 책을 읽어 주기 바라는 것이다.

그러나 내가 말하는 대화란 신문의 인터뷰식 문답 같은 것도 아니고, 많은 소절로 단락 지어진 신문의 논설 같은 것도 아니다. 내가 말하는 것은 한 문장이 몇 페이지에 걸치는 정말 유쾌하고 장황한 태평스러운 담화를 말하는 것으로, 우회하는 길도 많지만 아주 뜻밖에 가까운 길로 빠져서 최초의 논점으로 돌아가는 것이기도 하다. 마치 담을 넘어서 먼저 집에 돌아와 뒤에 오는 동행했던 친구를 놀라게 하는 식이다.

나는 뒷담을 넘어서 집에 돌아오거나 사잇길을 걷거나 하는 것을 몹시 좋아한다. 적어도 내 친구들은 내가 집에 돌아가는 길이나 그 근방의 시골 지리에 통해 있음을 인정하리라. …… 하지만 나는 이 책에서는 굳이 그런 형식을 취하지 않았다.

이 책에는 독창적인 데는 없다. 이 책에 언급되어 있는 사상은 동서(東西)의 많은 사상가들이 누차 사색하고 또 표현했던 것이다. 동양에서 빌려 온 것은 동양에서 사용되던 진부한 진리다. 그런데도 그것은 내 사상이다. 즉 그것은 내 몸뚱이의 일부가 되어 있다. 그 사상들이 내 뇌리에 뿌리를 내렸다면 본래 내 안에 있는 뭔가 독창적인 것을 나타내고 있기 때문이며, 또 당초 내가 그 사상들에 접했을 때, 내 마음이 본능적으로 찬의를 표했기 때문이다.

나는 그 사상들을 사상으로서 경애(敬愛)한다. 사상을 논한 인물의 가치 때문이 아니다. 사실 나는 저술이나 독서의 경우에 사잇길을 걸어왔다.

여기 인용한 저자의 대부분은 세상에 알려지지 않은 인물이며, 중국 문학 교수의 의표를 찌르는 사람들이다. 이따금 유명한 사람의 이름도 나오지만, 그것은 그 사람들의 사상을 직관적으로 승인하지 않을 수 없었기 때문에 자연히 인용하게 된 것이며, 저자가 유명하기 때문은 결코 아니다.

이름도 없는 싸구려판 헌책을 찾아다니며 사다가는, 그 속에 무슨 진기한 것이 있는가 하고 살피는 게 내가 늘 하는 버릇이다. 만일 문학 교수들이 내 사상의 출처를 안다면, '이 속물!' 하고 어이없어 할 것이다. 그러나 보석상인의 진열장에서 큰 진주를 발견하는 것보다 쓰레기통 속에서 작은 진주를 주워내는 것이 훨씬 유쾌하다.

나는 심원한 사상가도 아니다. 그리고 박학다식하지도 않다. 책을 너무 많이 읽으면 옳은 건 옳고 그른 건 그르다는 것을 모르게 된다. 나는 로크나 흄이나 버클리를 읽지 않았다. 대학에서 철학을 공부하지도 않았다. 전문(專門)이라는 점에서 보면 내 학문 방법도 훈련도 다 그릇되어 있다. 왜냐하면 나는 철학을 읽지 않고 직접 인생을 읽었을 따름이기 때문이다. 그것은 철학 연구의 파격이다. 말하자면 그릇된 방법이다.

여기서 내 철학적 지식의 출처를 몇 가지 들어 본다. 우선 우리 집 가정부인 황씨 부인. 이 여인은 중국의 양가 여인의 예의범절로서 부끄럽지 않은 여러 가지 생각을 모두 가지고 있다. 그리고 입버릇이 몹시 고약한 소주(蘇州)의 여자 뱃사공, 상해의 전차 차장, 우리 집 요리사의 처, 동물원의 사자 새끼, 뉴욕 중앙공원의 다람쥐, 전에 그럴 듯한 비평을 해댄 일이 있는 갑판 보이, 예의 천문난(天文欄)의 필자(10년쯤 전에 사망), 신문 판매대에 들어 있는 뉴스 일체, 그리고 이밖에 또 인생에 대한 우리의 호기심이나 자기 자신의 호기심을 억제하려 하지 않는 작가라면 어떤 작가라도 다 좋다. 그러나 그걸 손꼽으려면 한이 없다.

이렇게 나는 철학의 아카데믹한 훈련을 받지 못했다. 그래서 철학서 쓰기를 더욱 두려워하지 않는 것이다. 정통 철학자는 무슨 일이든 어려운 말투를 쓰는 것이다. 그러므로 그런 철학을 그만두고 속죄라도 하려는 기분이 되면, 무슨 일이든 그만큼 명료하고 단순하게 보이는 것이다.

그러나 과연 그렇게 잘되어 갈지 어떤지는 의문이다. 세상은 내 태도에 대해 이러쿵저러쿵 말할 것이다. 내 용어가 정통 철학자풍으로 길지 않다든가, 사물을 너무 알기 쉽게 해 버린다든가, 결국에 가서는 신중하지 못하다든가, 신성한 전당에 들어가서도 낮은 소리로 속삭이지도 점잖은 걸음걸이도 하지 않는다든가, 그럴싸한 신묘한 얼굴 표정을 하지 않는다든가, 여러 말들을 하리라는 것을 나는 알고 있다.

용기라는 것이야말로 모든 근대 철학자의 미덕 중에서 가장 구하기 힘든 게 아닐까? 그러나 나는 항상 철학의 성역 밖에서만 방황하고 있었다. 그리고 거기서 용기를 얻은 것이다. 나는 감히 말하거니와 여기에 자기의 직감적 판단에 호소하는 한 가지 방법이 있다. 자기 자신의 사상을 생각해 내어 그 독특한 판단을 정하고 아이들처럼 겁없는 태도로 그것을 세상에 발표하는 방법이 그것이다. 그러면 세계의 어딘가 한구석에서 나와 같은 생각을 가진 사람들이 내게 찬성해 준다.

이런 식으로 자기 사상을 엮어낸 자는 많은 다른 저작자가 여러 가지로 논하고는 있지만 결국 똑같은 것을 언제나 말하고, 똑같은 방법으로 사물을 느끼고 있다는 것을 깨닫고는 종종 어이없어 하는 일이 있을 것이다. 그러나 분명히 더욱 부드럽고 더욱 아름답게 표현하는 방법도 있어야할 것이다. 이와 같은 경지에 들어가야만 비로소 고인(古人)을 발견한 것이며, 고인은 그가 옳음을 증언하고, 두 사람은 마음의 벗으로서 영구히 맺어지는 것이다.

이런 이유에서 나는 이 많은 고인들, 특히 중국 고대의 마음의 벗들에게 힘입은 바가 많다. 때문에 이 책이 이루어지는 데 많은 고대의 협동자가 있다는 것이 된다. 모두가 상냥한 사람들로서 나는 깊이 사모하고 있다. 그분들도 내게 호감을 가져 주리라 생각한다. 그것은 가장 진실한 뜻에서 그분들의 마음은 언제나 나와 함께 있었기 때문이다. 이것이 곧 내가 참으로 이상적이라 믿는 정신적 교류의 유일한 형식이다. 생각해 보라. 여기에 기나긴 세월의 간격을 둔 두 인간이 있어, 같은 걸 생각하고 같은 걸 느끼며 서로 딱 맞게 기분이 이해되고 있는 것이다. 또 이 책을 집필하는 데 나를 가르치고, 내게 조언하고, 이것 저것 특별히 힘써 준 몇몇 마음의 벗이 있다.

즉 8세기의 백낙천(白樂天), 11세기의 소동파(蘇東坡), 16세기 및 17세기의 독창적 인물의 대집단, 그리고 낭만적이고 쾌변(快辯)인 도적수(屠赤水)[1], 소탈하고 청신하며 독창적인 원중랑(袁中郎)[2], 심원하고 웅대한 이탁오(李卓吾)[3], 민감한 궤변가인 장조(張潮)[4], 쾌락파의 이립옹(李笠翁)[5], 유쾌하고 쾌활한 늙은 쾌락주의자 원매(袁枚)[6], 허풍선이로 해학가이며 홍분가인 김성탄(金聖嘆)[7]—모두가 인습에 구애받지 않은 인물들로서, 지나치게 독창적 판단에 뛰어나고 지나치게 다감(多感)한 인물이어서 정통파의 비평가에게는 탐탁찮게 여겨지던 사람들이었다. 또 유학자들 측에서 보면 '도덕적'이라고 하기엔 너무도 선량하고 '선량하다'고 하기엔 너무나 도덕적인 사람들이었다.

너무 소수의 선량이므로 이분들의 출현은 후세의 큰 기쁨이며, 그 가치는 아주 진지하게 평가되어야만 한다. 이분들 중에서 이 책에 이름을 인용하지 않은 사람도 있을지 모르되 그분들의 정신은 항시 이 책 속에 면면히 흐르고 있다. 이 인물들이 중국에서 그 당연한 가치를 인정받게

---

1) 도융(屠隆), 호는 적수. 명나라 때의 희곡작가.
2) 원굉도(袁宏道), 명나라 때 사람으로 시문(詩文)이 뛰어났다.
3) 이지(李贄), 호는 탁오. 명나라 때의 문인.
4) 호는 산래(山來). 청나라 때의 문인.
5) 이어(李漁), 호는 입옹. 청나라 초기의 시문가.
6) 호는 간재(簡齋). 청나라의 시인.
7) 구성(舊姓)은 장(張), 이름은 채(采), 자는 약채(若采). 뒤에 성을 김(金)으로 고치고 자를 성탄이라 했다. 명나라 말기의 비평가이며 시문가.

되는 것은 시간문제일 따름이다.

……이분들처럼 이름은 알려져 있지 않으나 꽤 좋은 말을 쓰고 있어서 내 마음을 끈 사람들도 있다. 내가 말하고자 하는 느낌을 썩 잘 표현하고 있기 때문이다. 나는 이런 사람들을 '중국의 아미엘'[8]들이라고 부르고 있다. 즉 말수는 적지만 이야기하면 언제나 센스가 풍부하다. 나는 그 센스에 경의를 표한다. 그리고 또 모든 나라, 모든 시대에 볼 수 있는 유명한 '무명씨'의 한패에 넣고 싶은 사람들도 있다. 이런 사람들은 세상에 알려지지 않은 위인의 부친처럼 영감(靈感)을 받으면 자기 지식 이상의 것을 말한다.

끝으로 지금까지 말한 사람들보다 위대한 인물이 몇 사람 있다. 그것은 마음의 벗이라기보다도 내가 스승으로 우러르는 사람들로서, 인생과 자연에 대한 그 티없이 맑은 경지에 이르러서는 인간미 있고 또한 신성하며, 자연히 솟아나는 예지는 자연스럽고 완전무결하며 조금도 인위적인 흔적이 없다.

이런 인물에 장자가 있다. 이런 인물에 도연명이 있다. 그 마음의 소박함은 도저히 소인들이 꾀하여 미칠 바가 아니다. 나는 누차 이런 인물의 말을 인용하여 직접 독자에게 전하기도 했지만, 그 고마움을 잊은 적은 없다. 동시에 내가 스스로 말할 때에도 이런 선철(先哲)을 대신하여 말하는 것이다. 그들과의 마음의 사귐이 오래되면 될수록 그들의 사상으로부터 받는 은혜는 더욱더 친화도를 더해 자기도 모를 만큼 혼연한 것으로 되어 간다. 마치 양가(良家)의 부친의 감화와 같은 것이다. 그리 되면 이러이러한 점이 흡사하다고 지적할 수가 없다.

또 나는 한 중국인으로서만이 아니라 현대 생활을 하는 한 현대인으로서 말하고자 애썼다. 즉 고인의 충실한 소개자로서 말한 것만이 아니라

---

8) Amiel(1821~1881) 스위스의 철학자. 생전에 진가를 인정받지 못했다.

현대 생활에서 나 자신이 체험으로 획득한 것을 말하고자 했다. 이런 태도에는 결점이 없지도 않겠지만, 대체로 말해서 한층 진지한 태도로 일할 수 있게 되는 것이다. 그러므로 고인의 말을 취사선택하는 재량은 전적으로 내 자유이다. 어느 시인이나 철학자의 전모를 여기에 묘사하려 들지는 않았다. 그러므로 이 책에 든 증거에 의해서 고인을 판단할 수는 없다. 그러므로 나는 늘 그렇듯이 이런 말로 이 서문을 맺어야만 한다. 즉 이 책의 가치는(가령 가치가 있다고 하면) 주로 내 마음의 벗의 유력한 시사(示唆)에 힘입은 것이며, 만일 내 판단에 옳지 못한 점이나 불완전한 점이나 미숙한 점이 있다면, 그 책임은 나 혼자 져야 할 것이다.

끝으로 나는 Richard J. Walsh 부처(夫妻)에 대해, 첫째로 이 책의 착상을 시사해 주신 것을 감사하고, 둘째로 유익하고 솔직한 비평을 해 주신 것을 감사한다. 또 원고를 인쇄에 회부하는 준비와 교정에 협력해 주신 Hugh Wade씨에게도 감사한다.

1937년 7월 30일 뉴욕 시에서
임어당(린위탕)

C·O·N·T·E·N·T·S

C·O·N·T·E·N·T·S

제1장
깨달음에 대하여

인생에 대하여

내가 지금부터 말하려는 것은 중국 고래(古來)의 사물을 보는 법 및 생각하는 법에 대해서이다. 내게는 독창적으로 보는 법이나 생각하는 법 따위는 도저히 불가능한 일이니까.

나는 다만 중국인 중에서 가장 우수하고 총명한 사람들의 눈에 비쳐서, 민족적 예지와 문학으로 되어 나타난 인생관이나 자연관에 대해 이야기하고 싶다. 그러나 그것이 어떤 한가한 생활에서 생긴 한가한 철학이 어떤 특정한 시대에 전개된 것임을 나는 잘 알고 있다.

그러나 내게는 이러한 인생관이야말로 본질적으로는 진실한 인생관으로서, 인간은 한 꺼풀 벗기면 만인이 다 같은 것처럼, 한 나라에서 사람의 마음을 움직이는 것은 온 인류를 움직일 수도 있다는 기분을 금할 수가 없다.

나는 여기서 중국의 시인이나 철인들이 그들의 상식과 현실주의, 시적 감각에 의해서 평가한 중국인풍의 인생관을 독자에게 소개해야만 하겠다. 그리고 크리스천이 아닌 이교도 세계에서 모종(某種)의 미, 즉 인생의 애상·미·공포·희극의 느낌을 그려 보고 싶다. 대개 이러한 이교도적인 미감(美感)은 동물로서 인간이 별것 아님을 절감하면서도 인간의 긍지를 상실하지 않은 사람들의 마음에 비치는 것이다.

중국 철학자들은 한쪽 눈을 뜨고서 꿈꾸는 사람들이다. 그들은 사랑과 달콤한 풍자로 인생을 바라본다. 회의(懷疑)와 온화한 인종(忍從) 정신을 혼합하여, 인생의 꿈에서 깨어나선 다시 졸고, 졸다간 다시 깨어난다. 그리고 깨어 있을 때보다도 자고 있을 때 오히려 사물을 생생하게 느낀다. 따라서 깨어 있을 때 인생의 꿈과 몽환 세계의 황홀함이 깃들이게 하려 한다. 그리고는 신변의 잡일이나 내 노력의 헛됨을 반만 뜬 눈으로 바라본다. 그러나 그 속을 살아가고자 결심할 만큼의 현실감은 간신히 잃지 않고 있다. 환상이 없으니 환멸하는 일도 적으며, 대망을 품고 있지 않으니 실망하는 일도 별로 없다. 이런 심경으로 중국인의 정신은 해방되어 있는 것이다.

내가 왜 이런 말을 하느냐 하면, 나는 중국의 문학 · 철학 분야를 탐구하고 다음과 같은 결론에 도달했기 때문이다. 중국인에게 교양의 최고 이상은 언제나 현인의 깨달음을 지니고 초연한 정신으로 인생을 살아가는 데 있다는 것이다. 이러한 마음에서 고상해지려는 마음이 생긴다. 이것이 있기에 사람들은 대범한 풍자의 멋으로 세상을 건너고, 명성이나 부귀나 공명의 유혹도 피하며, 필경은 죽음의 운명까지도 감수할 수가 있다. 그리고 이 초연한 정신에서 자유의 감각이나 방랑에 대한 애착, 긍지와 소탈과 평정이 생기는 것이다. 결국 강렬한 삶의 기쁨에 도달할 수 있음은 오직 이 자유와 소탈한 생각이 있기 때문이다. 내가 말하는 철학을 서구인이 지지하느냐 않느냐 하는 것을 말해 본들 무슨 소용이랴. 서구인의 생활을 이해하려면 태어날 때부터 서구인의 입장에서, 즉 서구인으로서의 기분과 그 육체적인 특질과 그 신경 구조에서 바라봐야만 한다.

정녕 미국인의 신경은 중국인의 신경이 못 견디는 많은 것에 견딜 수 있다. 그 반대의 경우도 마찬가지다. 즉 미국인이 못 견디는 것이라도 중국인이라면 능히 견딜 수 있는 것도 있다. 또 그래서 좋은 것이며, 우리는 다 저마다 타고난 성질이 달라야 마땅한 것이다.

하지만 그것은 비교 문제이다. 미국인의 생활의 소란스러움 중에는 틀림없이 많은 불만스러움이 있을 것이다. 그들 역시 일 없는 오후에 크고 아름다운 나무 밑 풀밭 위에 벌렁 누워서 빈둥거리고 싶다는 신성한 희망을 꽤나 가지고 있을 것이다. 흔히 세상에서 "일어나라, 살아야 한다."고 외치는데, 그런 소리를 외쳐야만 한다는 것은 곧 인간답게 살고자 하는 소수의 현명한 미국인이 하루 중에서 몇 시간쯤은 꿈을 꾸며 보내고 싶어한다는 증거이다.

결국 미국인 전체가 하나같이 그런 비난을 받아 마땅한 것은 아니다. 다만 미국인이 방금 내가 말한 소질을 다소라도 가지고 있느냐의 여부, 또 그런 식으로 해 나가려면 미국인의 생활을 어떻게 안배하면 되느냐 하는 것이 문제가 될 따름이다.

우리는 중국인이 대체로 생각하고 있는 철학이나 생활 방법에 대해 고찰해 보려 한다. 좋은 뜻에서든 나쁜 뜻에서든 나는 세상에서 중국인의 철학이나 생활 방법에 비슷한 것은 없지 않나 하고 생각한다. 중국인은 아주 색다른 사고방식으로 전혀 새로운 인생관에 도달한 것이다.

무릇 어느 국민의 문화도 그 정신의 산물임을 말할 나위가 없다. 그러므로 서구문화 세계와는 인종적으로도 다르며, 역사적으로도 고립되어 있는 한 국민의 사고방식이라는 것이 있다면, 우리는 인생문제에 대해 새로이 해답을 기대할 권리가 있다. 더 나아가서 서로 다른 두 가지 것을 접근시키는 새로운 방법, 혹은 또 인생문제 그 자체의 새로운 취급 방법을 구할 권리가 있는 것이다.

중국인의 사고방식 중에는, 적어도 역사에 나타나 있는 바로는 좋은 점도 있거니와 결함도 있음을 알고 있다. 그중에는 빛나는 예술도 있거니와 경멸해야 할 과학도 있다. 굉장한 상식도 있거니와 유치한 논리도 있다. 인생에 대한 섬세하고 여성적인 잔소리는 있어도 큰 문학으로서의 철학은 없다.

일반적으로 알려진 바로는 중국 국민성은 매우 실제적이며 빈틈이 없다. 그리고 또 중국 예술의 애호가들은 중국 민족성에는 깊은 감수성이 있다고들 한다. 또 극소수의 사람들은 심원한 시적(詩的) · 철학적 정조(情操)를 그 속에 인정하고 있다.

적어도 중국인은 사물을 철학적으로 생각하는 국민으로 유명하다. 그것은 중국인에게는 위대한 철학이 있고, 또 몇 사람의 대철학자가 있음을 나타내고도 남는다. 한 국민이 몇몇 철학자를 가졌다는 것은 그다지 진귀한 일이 아니나, 사물을 철학적으로 생각한다는 것은 놀라운 일이다.

하여튼 중국인을 한 국민으로서 생각하면 실제적이라기보다는 차라리 철학적이다. 설사 그렇지 않다 하더라도 4천 년의 장구한 세월에 걸친 능률적 생활의 고혈압에 견딜 수 있었던 자는 중국인밖에 없음은 분명하다. 4천 년이나 능률적 생활을 계속한다면 대개의 국민은 두 손을 들고 만다. 이런 국민성이므로 다음과 같은 중대한 결과를 빚어낸다. 즉 서구인들 중에는 정신 장애자가 썩 많아서 정신병원에 처박히게 되는데, 중국에는 정신 장애자가 극히 드물고, 도리어 우리는 정신 장애자를 존경하는 것이다. 중국 문학에 대한 지식만 있으면 이 사실은 누구든 증명할 수 있다.

결국 내가 노리는 것은 바로 이 점인 것이다. 하긴 중국인은 천하태평한, 쾌활하다고까지 생각되는 철학을 가지고 있다. 그리고 그들의 철학적인 기분을 가장 잘 나타내고 있는 것은 그들의 현명하고도 유쾌한 생활철학이다.

민족성에 관한 유사한 과학 공식

　이상과 같은 생활철학을 낳은 중국인의 정신 구조를 탐색하는 데서부터 시작해 보자. 그 생활철학이란 위대한 현실주의, 불충분한 이상주의, 강한 유머 감각, 자연과 인생에 대한 고도의 시적 감수성이다.

　무릇 인간은 모두 이상주의자와 현실주의자로 나누어져 있는 것 같다. 이상주의와 현실주의는 인류 발전을 형성하는 두 개의 큰 힘이다. 인간성이라는 점토(粘土)는 이상주의라는 물로 개어져 마음대로 변형할 수 있게 만들어져 있다. 그렇지만 흙이 흙으로 굳어져 있는 까닭은 결국 흙 그 자체에 있다. 그렇지 않다면 우리는 정기(精氣)로 증발해 버릴 게 아닌가? 이상주의와 현실주의의 힘은 모든 인간적 활동, 즉 개인적 · 사회적 · 국민적 활동 속에서 서로 끌어당기는 것이며, 진실의 발달은 이 두 성분이 적당히 혼화되어야만 가능한 것이다. 그 때문에 이 점토는 이상적으로 변형이 자유 자재하여 가공하기 쉬운 상태로 놓여 있다. 절반은 질고 절반은 되어서 굳지도 않고 조각하기 어렵지도 않으며, 또 녹아서 곤죽이 되는 일도 없다.

　가장 건전한 국민, 이를테면 영국인 등은 현실주의와 이상주의를 알맞은 비율로 가지고 있다. 그것을 흙으로 비유한다면, 점토가 너무 굳어서 조각가가 작업하기에 곤란한 정도의 것도 아니고, 그렇다고 형체가 유지되지 못할 만큼 질퍽하지도 않은 것과 같은 것이다. 세상의 나라들 중에는 항시 혁명의 소용돌이 속에 있는 나라가 있는데, 그것은 미처 적당히 동화되지 않은 외국 사상이라는 액체가 점토 속으로 들어가서 점토가 그 형체를 유지할 수 없게 되기 때문이다.

　막연하여 비판력이 없는 이상주의는 언제나 웃음거리가 된다. 그것이 지나치게 많으면 인류에게 위험한 경우가 있다. 공연히 공상적인 이상을 쫓아다니다가 아무런 이익도 없었다는 것이 그 결말이다. 어느 사회나 민족 중에 이러한 환상적 이상주의자가 지나치게 많으면 반드시 혁명이 일어나게 될 것이다. 인간 사회라는 것은 기대가 너무 많은 부부와 같아서, 한 곳에 살다가도 금세 싫증이 나서 석 달에 한 번은 꼭 이사를 해야만 되는 속성이 있다. 이사를 한다 하더라도 그 이유라는 것이 어느 곳도 이상적이 아니고, 자기가 안 사는 곳은 그저 자기가 살고 있지 않으니까 좋게 보인다는 간단한 것이다.

그런데 다행스럽게도 인간에게는 또 유머를 이해하는 힘이 주어져 있어서, 그로 인해 인간의 꿈을 비판하고 그 꿈을 현실세계와 접촉시킬 수가 있다는 것이다. 적어도 나는 그렇게 생각한다. 인간이 꿈을 꾼다는 것은 정녕 필요한 것이긴 하지만, 그 꿈을 웃으며 바라볼 수 있다는 것 또한 필요한 것이 아닐까? 이것은 큰 능력이다. 그런데 중국인은 어느 정도 이 능력을 가지고 있다.

나는 인류 진보의 구조와 그 역사적 변천을 나타내는 공식에 대해 가끔 생각했다. 그것은 다음과 같은 것이리라.

현실 – 꿈　 =　동물
현실 + 꿈　 =　마음의 고통(세상에서 이상주의라고 하는 것)
현실 + 유머 = 현실주의(보수주의라고도 함)
꿈 – 유머　 =　광신(狂信)
꿈 + 유머　 =　환상
현실 + 꿈 + 유머 = 예지(叡智)

그 때문에 예지, 다시 말해서 가장 좋은 사고방식은 우리의 꿈 또는 이상주의를 현실에 기인한 훌륭한 유머 감각을 가지고 완화하는 것에 있다.

이상은 유사 과학적 공식의 모험적 시도에 불과한 것인데, 우리는 나아가서 아래와 같은 방식으로 여러 국민의 성격을 해부해 보자.

나는 유사 과학적이라는 말을 사용했다. 그것은 인간 사이에 일어나는 일이나 인간의 갖가지 개성과 관계 있는 것을 표현하려는 모든 죽은 공식이나 기계적 공식을 안 믿기 때문이다. 인간 사이에 일어나는 일을 엄격한 공식에 담으려는 것은 결국 유머 감각을 잃고, 그 때문에 또 예지의 결핍을 보이는 것이다. 세상에서 이런 일이 행해지지 않는다는 뜻이 아니며, 사실 그것은 행해지고 있는 것이다. 유사 과학적인 것이 오늘날 세상에 너무도 많은 까닭은 여기에 있다.

심리학자는 인간의 I.Q 또는 P.Q[1]를 측정할 수 있는데, 그것은 아주 빈약한 세계이다. 즉 전문가들이 다가와서 엉뚱한 인간학(人間學)을 손아귀에 넣어 버린 것이다. 그러나 이런 공식은 어떤 의견을 표명하는 편리한 도해적(圖解的) 방법에 불과함을 인정하고, 상품의 광고 수단에 과학이라는 신성한 이름을 남용하지 않는 한 아무런 폐해도 없는 것이다.

다음에 싣는 것은 몇 개 나라의 국민성을 나타내는 공식인데, 전적으로 나 개인의 해석으로 입증이나 증명 등은 전혀 불가능하다. 다수의 통계적 사실이나 계수(計數)에 의해서 자기 의견을 실증할 수 있다고 주장하지 않는 한, 누구든지 내 공식을 논의하고 변경하고, 혹은 독자적인 것을 가미해도 무방하다.

여기서 'R'은 현실(혹은 현실주의)이라는 뜻, 'D'는 꿈(혹은 이상주의)의 뜻, 'H'는 유머 감각, 그리고 중요한 요소를 여기에 하나 덧붙이겠는데 그것은 'S'로서 감수성을 나타내는 약자로 해 두자. 또 '4'는 '매우 우수함', '3'은 '우수함', '2'는 '양호함', '1'은 '부족함'의 표시이다. 이렇게 해서 몇 개국의 국민적 성격을 나타내는 다음과 같은 유사 과학의 공식을 얻었다. 인간과 인간사회는 그 구성을 달리함에 따라서 저마다 다른 행동을 한다. 황산염(黃酸塩)과 황화물(黃化物), 혹은 일산화탄소와 이산화탄소가 서로 다른 작용을 하는 것과 같은 것이다. 언제나 흥미를 느끼는 것은 인간

---

1) I.Q는 Intelligence Quotient의 머리 글자로 지능지수를 말한다. P.Q는 Performance Quotient의 머리 글자로 작업지수라는 정도로 생각해 두면 좋다.

사회나 국가가 동일한 조건에 있으면서 어떻게 다른 행동을 하는가를 관찰하는 일이다.

화학 방식에 따라서 'humoride'나 'humorate'와 같은 말을 발명할 수는 없으니까, 이런 식으로 나타내기로 하자. '현실주의 3개, 꿈 2개, 유머 2개, 감수성 1개를 합하면 영국인이 된다'는 식으로 말이다. 이런 식으로 진행하면 다음과 같이 된다.

R③ D② H② S① = 영국인

R② D③ H③ S③ = 프랑스인

R③ D③ H② S① = 미국인

R③ D④ H① S② = 독일인

R② D④ H① S① = 러시아인

R② D③ H① S① = 일본인

R④ D① H③ S③ = 중국인

이탈리아인 · 스페인인 · 인도인, 기타 국민에 대해서는 별로 잘 알지 못하므로, 그 국민적 성격의 공식을 시도해 보는 것조차 불가능하다. 또 위에 실은 것도 보시다시피 애매한 것으로, 불원간 모진 비평을 각오해야만 된다는 것도 잘 알고 있다. 권위가 있다기보다는 먼저 사람을 화나게 하는 정도의 것이리라.

앞으로 새로운 사실을 알아서 새로운 인상이 생긴다면 나 개인의 소용을 위하여 이들 공식을 차츰 변경해 나갈 것을 약속해 둔다. 우선 현재로는 가치가 있다는 것뿐이다. 말하자면 내 지식의 진보와 무지의 간격을 나타내는 기록인 것이다.

여기서 약간 관찰을 해 둘 필요가 있겠다. 유머 감각과 감수성에서 중국인은 프랑스인과 아주 비슷하다고 나는 보고 있다. 그것은 프랑스인의 저술(著述) 방법이나 식사 방법을 보면 분명하다. 그러나 또 프랑스인의 한층 변덕스러운 성격은 중국인보다 풍부한 이상주의에서 온 것으로, 그것은 추상적 관념에 대한 애호라는 형태로 되어 나타나 있다.(문학·예술·정치 운동에서 프랑스인의 선언문을 상기하도록 한다.)

중국인의 현실주의는 R④이므로 중국인은 가장 현실적인 국민이라는 것이다. 인생의 규범이나 이상에 대한 중국인의 사고방식은 무언가에 저해를 받아서 그다지 변화하지 않는다. D①이 그것을 나타내고 있다. 중국인의 유머와 감수성에 대해 현실주의와 마찬가지로 좋은 점수를 준 것은 아마도 내가 중국인들과 너무 가까운 처지에 있어서 인상이 선명한 때문이리라. 중국인의 감수성이 풍부하다는 것은 거의 증명할 필요가 없다. 중국의 산문·시·그림의 모든 역사가 그것을 증명하고 있다.

일본일과 독일인은 비교적 유머가 모자란다는 점에서 매우 비슷하다. (두 국민의 전체적 인상이 그렇다.) 그렇지만 어떤 국민의 어떤 특징에 대해서도 '제로'의 점수를 주는 것은 사실상 불가능하다. 중국인의 이상주의에 대해서조차 '제로'를 줄 수는 없다. 결국은 모두가 정도 문제이다. 어떤 국민에게 어떤 종류의 성질이 전혀 결여되어 있다고 단정하기란, 그 국민에 관한 깊은 지식이 있다면 가능하지가 않다. 그래서 일본인이나 독일인에게 H⑩을 주지 않고 H①을 주었는데, 직관적으로 정당한 점수라고 생각한다. 그러나 일본인과 독일인은 다른 국민보다 유머 감각이 결여되어 있으므로 현재 정치적으로 고통받고 있으며, 과거에도 고통을 받아 왔던 것이다. 나는 군이 그렇게 믿고 있다.

프러시아의 추밀 고문관은 얼마나 추밀 고문관이라 불리고 싶어하고, 그 제복과 훈장을 얼마나 사랑했었던가! 논리적 필연(가끔 '신성한' 필연이라거나 '깨끗한' 필연이라고도 불린다.)을 확신하는 것, 즉 어떤 목표 주위를 맴돌지 않고 너무도 일직선으로 거기에 뛰어들려고 하는 경향에 빠지면 인간은 이따금 엉뚱한 곳까지 가 버린다. 일본인의 논리적 필연성에 대한 신념이란, 중요한 것에 대한 신념이라기보다는 오히려 그것을 믿고 그 신념을 행동으로 옮기려는 방법을 말하는 것이다. 일본인의 이상주의에 대해서 나는 D③을 주었는데, 그것은 그들의 천황과 국가에 대한 광신적 충성 때문이며, 그것으로 해서 유머 감각은 H①이라는 낮은 점수를 차지하게 된 것이다.

이상주의라 하더라도 나라에 따라 사물에 따라 갖가지로 다를 것이다. 이른바 유머 감각이라는 것도 사실은 매우 광범위한 변화를 가지고 있다. 미국의 이상주의와 현실주의에는 재미있게도 서로 끌어당기는 관계가 있기 때문에 다같이 3이라는 좋은 점수를 주었다. 이 사실이 미국인의 정력적 특성의 근원이 되는 것이다.

미국인의 이상주의란 무엇이냐 하는 것은 오히려 미국인으로 하여금 탐구하게 하는 것이 좋으리라. 미국인을 보면, 그들은 언제나 무언가에 열중하고 있다. 이 이상주의의 대부분은 꽤나 훌륭하다. 단, 이렇게 말하는 것은 미국인이 훌륭한 이상이나 훌륭한 말에 움직이기 쉽다는 뜻에서 하는 것이다. 그러므로 어떤 사람에게는 내 말이 지레 짐작에 불과한 것이 될지도 모른다. 또 미국인이 말하는 유머라는 것은 대륙에서 말하는 유머와는 뜻이 다르다.

생각건대 독자도 아는 저 미국 기질, 즉 익살을 좋아하는 성질이나 선천적으로 풍부한 상식 같은 것은 미국 국민의 최대의 자산이다. 위기 변동이 와야 할 때에 제임스 브라이스가 말한 것 같은 풍부한 상식이 미국인에게는 요긴한 것이다. 이것이 있음으로써 미국인은 위기를 극복한 것이다.

그러나 나는 미국인의 감수성에 대해서는 나쁜 점수를 매긴다. 왜냐하면 미국인은 갖가지 사항에 대해 꽤나 둔감한 듯한 인상을 주기 때문이다. 이에 대해 언쟁할 필요는 없을 것이다. 결국 끝없는 언쟁이 될 테니까.

영국인은 전체적으로 생각하면 가장 건전한 민족인 듯하다. 시험삼아 영국인에 대해 내가 매긴 'R③ D②'와 프랑스인에게 매긴 'R② D③'을 비교해 보라. 나는 단연코 영국인 편을 든다. 'R③ D②'는 안정을 의미한다. 내가 이상적이라고 생각하는 공식은 'R③ D② H③ S②'일는지도 모른다. 왜냐하면 이상주의도 감수성도 지나치면 다 좋은 것은 아니기 때문이다.

또 나는 영국인의 감수성에 대해 S①이라는 점수를 매겼는데, 설사 점수가 지나치게 나쁘다 한들 비난하는 것은 영국인밖에 또 있겠는가. 도대체 영국인은 사물에 대해 느낌이 있는 것일까? 이를테면 환희·행복·격분·만족 따위의 느낌이 영국인에게 있는 것일까. 새삼스레 따지는 것은 미련한 짓이다. 보라, 영국인은 언제 어떤 경우에도 무뚝뚝한 표정을 하고 있지 않은가.

이 공식은 작가나 시인에게도 그대로 적용할 수가 있을지도 모르겠다. 저명한 몇 사람의 예를 들어 보면, 다음과 같다.

셰익스피어 = R④ D④ H③ S④
하이네   = R③ D③ H④ S③
셸리   = R① D④ H① S④
포   = R③ D④ H① S④
이백   = R① D③ H② S④
두보   = R③ D③ H② S④
소동파   = R③ D② H④ S③

이것은 얼핏 머리에 떠오른 생각에 지나지 않는다. 그러나 시인들에게도 모두 높은 감수성이 있다는 것은 분명한 일이다. 그렇지 못하다면 그들을 시인이라고 할 수 있을까? 포(Poe)는 기괴한 그의 공상적인 재능에도 불구하고 매우 건전한 천재라고 나는 생각한다. 그는 추리를 좋아하지 않았던가?

중국 민족성에 대한 내 공식은 다음과 같이 된다.

R④ D① H③ S③

이 공식에서 고도의 감수성을 나타내는 'S③'에 대해 먼저 언급한다면, 바로 이것이 있기에 중국인은 무던한 예술가적 태도로 인생에 친밀해질 수가 있고, 산다는 것은 아름다우며 따라서 인생은 참으로 사랑스럽다는 확신을 가지는 것이다. 하지만 그 이상의 뜻이 있다. 그것은 중국인이 실제로 예술가적 태도로 철학에까지도 친밀해짐을 나타내고 있는 것이다. 그것은 또 중국 철학자의 인생관은 그 본질에서는 시인의 인생관으로, 중국에서는 철학이 시에 연관되는 것이며, 서구에서처럼 과학에 연관되는 것이 아님을 입증하는 것이다.

지금부터 내가 말하는 것을 음미해 본다면, 인생의 애락이나 그 색조의 변천에 대한 중국인의 높은 감수성으로 해서 그 밝은 철학이 생길 수 있었다는 것이 아주 명료해질 것이다. 우리가 인생을 비극이라 생각하는 것은, 가는 봄의 슬픔을 깊이 느끼는 데서 오는 것이며, 인생에 대한 야릇할 만큼 다정한 감각은, 아침에 피어났다가 저녁에 시드는 꽃을 슬퍼하는 다정함에서 우러나오는 것이다. 우선 애수와 패잔(敗殘)의 감회가 있으며, 그후에 저 고대 노회 철학자[2]의 각성과 큰 웃음이 있는 것이다.

한편 또 R④는 강한 현실주의를 나타내고 있다. 그것은 인생을 있는 그대로 수용하는 태도, 즉 숲 속의 두 마리의 새보다도 손아귀에 쥔 한 마리가 낫다고 생각하는 태도를 뜻한다. 그 때문에 이 현실주의는 인생이 덧없고도 아름답다고 하는 예술가의 확신을 뒷받침해 주기도 하고 보충해 주기도 하며, 그들이 인생으로부터 아주 도피해 버리는 것을 거뜬히 구제한다. 몽상가는 말한다.

"인생은 한순간의 꿈이다."

그러자 현실주의자는 그에 응답한다.

"정녕 그렇다. 그렇다면 이 꿈을 되도록 아름답게 살리라."

그러나 깨어 있는 자의 현실주의는 시인의 현실주의이지 사업가의 현실주의는 아니다. 노회 철학자의 큰 웃음은, 이미 고개를 쳐들고 턱을 내

---

2) 이 책에서 노회(老獪)라는 단어가 앞으로 가끔 나올 것이다. 원어는 'Old rouge'인데 노장파(老莊派) 철학에서의 노회사상을 말한다.

밀며 노래를 불러, 성공으로의 길로 돌진하는 저 함부로 날뛰는 청년들의 웃음은 아니다. 이것은 덥수룩한 흰 수염을 매만지면서 부드럽고 낮은 음성으로 말하는 노인의 웃음이다. 그와 같은 몽상가는 평화를 사랑한다. 누구도 꿈 때문에 싸울 수는 없기 때문이다. 그는 동료 몽상가들과 더불어 합리적이며 좋은 생활을 하는 데 한층 열렬해질 것이다. 이리하여 인생의 격심한 긴장은 완화되는 것이다.

그렇지만 현실주의적 감각의 주요한 작용은 필요없는 것을 모조리 생활철학으로부터 구축해 버리는 데 있다. 즉 공상의 날개를 저어 아름다워야 할 공상과 몽환 세계로 날아다니는 것은 좋으나, 지나쳐서 가공의 세계로 가 버리지 않도록, 말하자면 인생의 목덜미를 단단히 누르고 있는 그런 작용이 현실주의인 것이다.

결국 인생의 예지란 필요없는 것을 배제하는 데 있으며, 갖가지 철학 문제를 다음과 같은 몇 가지로 줄여 버리는 것이다. 즉 가정의 즐거움(남편과 아내와 자녀의 관계), 생활의 즐거움, 자연의 즐거움, 인류 문화에 접촉하는 즐거움으로 단순화하고, 다른 일체의 빗나간 과학적 훈련이나 무익한 지식 추구를 몰아내 버리는 것이다. 이리하여 중국의 철학자에게 인생 문제는 매우 수효가 적고 단순한 것이 되어 버린다.

그것은 또 형이상학에 진절머리가 났다는 증거이며, 인생 그 자체에 실제적 의의를 조금도 가져다 주는 일이 없는 지식 추구에 진절머리가 났다는 증거이다. 그리고 또 지식을 얻든 물건을 얻든 간에 온갖 인간적 활동은 먼저 인생 자체에 즉시 비추어 보아 그 필요 여부를 물어야 할 것이며, 생활 목적에 유효하냐 아니냐를 검토해야 한다는 뜻이기도 하다. 거듭 말해 두거니와 여기에 중대한 결론이 나오는 것으로, 삶의 목적은 어떤 형이상학적 실체가 아니라, 정녕 인생 그 자체인 것이다.

중국인은 이러한 현실주의를 태어나면서부터 가지며, 논리나 이지(理智) 그 자체에 깊은 의혹을 품고 있으므로, 그들에게 철학은 인생 그 자체에 직접 결부되는 긴밀한 감정 문제가 되는 것으로서, 어떤 체계에 묶이는 것도 달갑게 여기지 않는다. 왜냐하면 늠름한 현실감이 거기에 있기 때문이다. 그것은 순수한 동물적 감각이며, 이성 그 자체를 부숴 버리고, 까다롭고 어려운 철학 체계의 출현을 불가능하게 하는 생각과 판단이다.

중국에는 유교·도교(道教)·불교의 세 종교가 있어 모두가 큰 조직을 가지고 있는데, 중국인 특유의 강인한 상식은 어느 종교도 힘없는 것으로 만들어 버리고, 인생의 행복이란 무엇이냐 하는 평범한 문제로 끌어내리고 말았다. 대체로 중국인들은 너무 깊이 생각하는 짓을 하지 않으며, 어떤 하나의 관념이나 신앙이나 혹은 철학의 학파를 마음속으로부터 신뢰하지 않는 사람들이다. 공자의 친구 한 사람이, 자기는 행동을 하기 전에 언제나 세 번 생각한다고 말했을 때, 공자는 대단히 재치있게 대답했다.

"두 번만으로도 충분하다."

철학의 한 학파를 신봉하는 학도는 철학의 한 연구원에 불과하다. 그러나 인간은 인생의 학도이다. 아니, 그 스승일지도 모른다.

이러한 문화와 철학에서 드디어 다음과 같은 결론이 나온다. 중국인은 서구인보다도 자연과 어린이에 가까운 생활을 하고 있다. 거기서는 본능과 정서가 자유롭게 해방되어, 지적 생활에 대항해서 감각적 생활이 고조되어 있다. 육체에 대한 집착과 자존 정신, 심원한 예지와 어리석은 쾌활성, 비상한 궤변 버릇과 어린애 같은 소박함, 그런 것들이 기묘하게 결부되어 있는 것이다.

그래서 나는 말하고 싶다, 중국 철학의 특질은 다음 세 가지에 있다고. 첫째, 인생을 모두 예술로서 보는 천부의 재질, 둘째, 단순 철학으로의 의식적 회귀(回歸), 셋째, 중용적 생활 이상(理想). 마지막 특질은 좀 이상한 말이기는 하지만, 농민이면서 방랑자인 시인에 대한 숭배이다.

자유인에 대하여

정신적으로는 동양과 서양의 혼혈아인 나로서는 인간의 위엄은 인간이 짐승과 다른 다음의 여러 가지 사실들에 있다고 생각한다. 첫째, 인간에게는 유희적 호기심과 지식을 탐구하는 천부의 재질이 있다. 둘째, 갖가지 꿈과 높은 이상주의가 있다.(막연하여 매듭이 없고 자만에 빠지는 수도 있지만, 그래도 대단한 것이다.) 셋째, 한층 중요한 것이지만, 인간은 유머 감각으로 꿈을 정정하고, 더 씩씩하고 건전한 현실주의로 이상주의를 억제할 수가 있다. 마지막으로 인간은 동물처럼 기계적·획일적으로 환경에 반응하지 않고 자진해서 자기 반응을 결정하고 자기 의지로 환경을 바꾸는 능력과 자유를 가지고 있다.

이 마지막 사실은 인간의 개성은 끝내 기계적 법칙에 복종시킬 수 없는 것임을 가리키고 있는 것이다. 여하튼 인간의 마음이란 영구히 파악할 도리가 없고, 포착하기 힘들며, 예언하기 어려운 놈이다. 머리가 돈 심리학자나 독신의 경제학자들이 사람에게 강요하려 드는 기계적 법칙이나 유물변증법으로부터 어물어물 빠져나가 버리는 놈인 것이다. 때문에 인간이란 기묘하고 꿈 많은, 유머러스하고 변덕스런 동물인 것이다.

내가 최근에 저술한 《내 나라, 내 국민》에서는 내가 '노회 철학자'를 예찬하려 들었다는 것이 독자 여러분의 에누리 없는 인상인 것 같았다. 그런데 이 책에 대한 에누리 없는 인상으로서 자유인의 예찬에 저자가 최선을 다했다고 생각해 주기 바란다. 그래 주었으면 하고 생각하고 있다. 하지만 보기에는 간단한 듯해도 세상 물정은 그리 간단히 되는 것은 아니다. 데모크라시와 개인적 자유가 위협당하는 이 마당에 살면서 번호순으로 세어지는 일이 없도록 하려면, 오직 이 자유인과 자유인의 정신이 있을 뿐이리라. 자유인이야말로 독재 체제에는 가장 두려운 최후의 적이리라. 그들이야말로 인간의 위엄과 개인의 자유를 지키는 용사로서 최후까지 정복(征服)에 만족하지 않는 사람들이리라. 모든 인류 문명은 오로지 이러한 인물에 달려 있다.

나는 중국인으로서 말하거니와, 어떤 문명이라도 인위(人爲)에서 자연을 향해 진보하고, 의식적으로 소박한 사색과 생활로 돌아가기 전에는 이것을 '완전'이라고 부를 수 없으리라. 나는 또 어떤 인간이라도 현인의 지혜에서 어리석은 자의 지혜로 진보하며, 먼저 인생의 비극을 느끼고, 이어 인생의 희극을 느끼고 웃는 철학자가 되기 전에는 이를 현명하다고는 하지 않는다. 왜냐하면 우리는 웃기 전에 울어야만 하니까. 슬픔에서 깨달음이 생기고, 그 깨달음에서 온정과 관용을 겸비한 철학자의 큰 웃음이 생긴다.

나는 세계가 매우 엄숙한 것이라 믿는다. 매우 엄숙한 것이기 때문에 현명하고 쾌활한 철학이 필요한 것이다. 만일 무엇인가 니체의 말로 부를 수 있다면, 중국인의 생활철학이야말로 정녕 '쾌활한 과학'이라 부를 수 있으리라. 결국 쾌활한 철학만이 심원한 철학이다. 서양풍의 엄숙한 철학은 인생이 무엇이냐 하는 것에 대해서는 이해의 '이'자(字)에도 미치지 못한다.

이것은 내 개인적인 생각이지만, 철학의 유일한 기능이 어떤 것이냐 하면, 세상의 일반 실업가들이 생각하고 있는 것보다도 좀더 소탈하고 쾌활하게 인생을 해석하는 것을 가르침에 있다. 50세나 되어서, 은퇴할 때가 되었는데도 그것을 행하지 못하는 실업가는 내 눈에는 철학자로는 안 보이기 때문이다. 이것은 단지 우연한 착상은 아니다. 내게는 근본적인 사고방식이다. 인간이 이 소탈하고 쾌활한 정신에 젖을 때야말로 세상은 한층 평화롭고 온당한 생활을 할 수 있는 장소가 된다.

현대인은 인생을 너무도 엄숙하게 받아들인다. 너무도 엄숙하니까 세상은 성가신 일투성이가 되는 것이다. 그러므로 인생을 충심으로 즐기도록 하고, 인간의 기질을 좀더 온당하고 평화롭고, 그리고 냉정한 것으로 만들려면 도대체 어떻게 하는 것이 좋을까를 곰곰이 생각해 볼 필요가 있다.

아마도 이것은 한 학파의 철학이라기보다는 중국 민족의 철학이라 불려야 될 것으로 나는 생각한다. 이것이야말로 공자보다도 위대하며 노자보다도 위대한 철학이다. 왜냐하면 이 철학에는 공자, 노자, 그밖의 옛 철학자들보다 더 위대한 것이 있기 때문이다. 이 철학은 이러한 사상의 원천에서 솟아나왔고, 그것을 하나의 전체적인 것으로 조화시켜서 그들의 예지의 추상적 요령을 추출하여, 어떤 현대인도 알 수 있고 가까이 할 수 있는 실제적 생활법을 창조한 것이다.

나는 중국의 문학·예술·철학을 전체적으로 연구한 끝에 다음의 명료한 결론에 이를 수가 있었다. 즉 현인의 깨달음과 늠름한 인생의 즐거움을 존중하는 철학이야말로 중국의 문학·예술·철학을 일관하는 메시지이며 가르침이다. 그리고 또 가장 끈덕지고 가장 이색적이며, 가장 집요한 중국 사상의 후렴(後斂)인 것이다.

제 2장
여러 가지 인간관

기독교도, 고대 희랍인 및 중국인의 인간관

인간을 보는 관점은 몇 가지가 있다. 기독교 전통의 신학적 인간관, 고대 희랍인의 이교도적 인간관, 그리고 중국인의 도교적·유교적 인간관이 그것이다.(불교적 인간관은 너무 슬프니까 여기서 빼기로 한다.) 이 세 가지 것에 포함된 우화적 뜻까지 곰곰이 생각하면 본래는 세 가지 모두가 별로 다를 바가 없다. 더구나 진보된 생물학·인류학 지식이 있는 현대인이 이것을 좀더 광범하게 해석하면 그 차이는 한층 적어진다. 하지만 그 원시적 형태로는 저마다 차이가 있었던 것이다.

전통적인 정통(正統)파 기독교도의 생각으로는, 인간은 완전하고 죄 없는, 어리석기는 하지만 행복한 자로 창조되어 에덴동산에서 벌거숭이로 살고 있었던 것으로 되어 있다. 그 다음 지식과 지혜가 들어왔다. 그리고 낙원을 잃게 되고 인간의 고통이 시작된다. 주로 다음과 같은,

첫째, 사나이는 이마에 땀 흘리며 일할 것.

둘째, 여인은 분만(分娩)의 고통을 겪을 것.

인간은 본래 죄 없이 완전한 것이었을 터인데, 오늘날 이 불완전한 꼬락서니가 되어 있음을 설명하기 위해 새로운 속임수가 끼어들었다. 말할

것도 없이 악마라는 것이 그것이다. 인간의 높은 본성은 마음속에 작용하고 있는데, 악마는 주로 육체를 통해 작용하는 것으로 되어 있다. 기독교 신학사상(神學史想) '영혼'이라는 것이 언제 처음 만들어진 것인지 나로서는 알 수 없으나, 이 '영혼'은 인간의 기능 이상의 것이 되어서 조건이 아니라 실체가 되었다. 그러나 동물은 하느님께 구원받을 만한 영혼을 갖지 못했으므로 이 영혼의 유무로써 사람과 짐승이 명백히 구별되기에 이르렀다.

그러나 논리는 여기서 딱 막히고 만다. 악마의 기원을 설명해야만 되기 때문이다. 중세기의 신학자들이 그 스콜라 철학의 논리로 이 문제를 해결하려다 궁지에 빠져 버렸다. 하느님이 아닌 악마가 하느님 자신에게서 나왔음을 인정할 수는 물론 없으며, 또 우주 태초에 하느님이 아닌 악마가 하느님과 더불어 영구적 존재였음을 인정할 수도 없다. 그래서 궁지에 몰린 끝에 악마는 천사가 타락한 것임에 틀림없다는 데에 일치했다. 그러나 이것은 악의 기원이라는 문제를 오히려 기만하는 것이다.(그것은 이 타락한 천사를 유혹한 다른 악마가 있어야만 되기 때문이다.) 그러므로 이 해석에는 만족할 수 없는 것이지만, 그냥 버려둬야만 했었다.

그럼에도 불구하고 이러한 생각으로부터 영혼과 육체의 기묘한 이분법(二分法)이 이루어짐에 이르렀다. 이 신화적 관념은 오늘날에도 역시 아주 널리 유력하게 유포되고 있는 것으로서, 인생과 그 행복에 대해 철학적 영향을 미치고 있다. *

그 다음에 속죄라는 사고방식이 생겼다. 이것 역시 속죄의 어린양이라는 근대적 관념을 빌려 쓰고 있는데, 옛날로 거슬러 올라가면 신은 구운 고

---

* 근대 사상의 진보와 더불어 이 악마가 맨 먼저 팽개쳐지게 된 것은 유쾌한 일이다. 어떤 형태로든 신을 믿고 있는 자유주의적인 기독교도 백 명 가운데, 비유적인 의미에서가 아닌 진짜 악마를 아직도 믿고 있는 사람은 다섯 명도 안되리라고 나는 믿는다. 지옥이 진짜 있다는 생각도 천국이 정말 있다는 생각보다 먼저 소멸되기 시작하고 있다.

기 냄새를 좋아하여 '희생을 바치지 않으면 인간의 죄를 용서하지 않는 다'는 관념에 도달한다. 이 속죄라는 사고방식에서 모든 죄가 단번에 용서 된다는 수단이 발견되어 교리를 완성하는 방법이 다시금 찾아진 것이다.

기독교 사상의 가장 기묘한 사고방식은 그 '완성' 사상이다. 이것은 고대 세계의 쇠퇴기에 일어난 것이므로 사후의 생명을 강조하는 경향이 생기고, 행복론 내지는 그저 산다는 문제가 구세(救世·Salvation)의 문제로 바뀌었다. 확실히 부패와 혼란 속에 잠겨 최후의 파멸로 내닫고 있는 이 현세로부터 어떻게 하면 산 채로 빠져나갈 수 있는가 하는 것이 구세 사상 의 사고방식이다.

그래서 압도적으로 불멸(不滅)의 문제에 치중하게 되었다. 그런데 이 것은 하느님이 인간의 영생을 바라지 않았다는 창세기 본래의 이야기에 대해 모순되는 것이 된다. 창세기 이야기에 따르면, 아담과 이브가 에덴동 산에서 쫓겨난 것은 일반적으로 믿어지는 것처럼, 지혜의 나무 열매를 먹 었기 때문이 아니다. 만일 그들을 쫓아내지 않으면, 또 하느님의 명령을 어기고 이번에는 생명의 나무의 열매를 먹고, 영원한 생명을 얻을까봐 하 느님이 두려워했기 때문이다.

여호와 하느님께서는 '보라, 이제 사람이 우리들처럼 선과 악을 알게 되었 으니, 손을 내밀어 생명의 나무 열매까지 따먹고 끝없이 살게 될지도 모른다.' 고 생각하시어 에덴동산에서 내쫓으시고, 그리고 땅에서 나왔으므로 땅을 갈 아 농사를 짓게 하셨다. 이렇게 아담을 쫓아내신 다음, 하느님은 에덴동산의 동쪽에 거룹들을 세우시고 돌아가는 불칼을 장치하여 생명나무에 이르는 길 목을 지키게 하셨다.

지혜의 나무는 에덴동산의 한복판에 있었으리라 생각되며, 생명의 나 무는 동쪽의 길목 근처에 있었다. 그곳은 우리가 다 알고 있듯이 아직도 천사 거룹들이 진을 치고는 인간이 접근하지 못하도록 감시하고 있다.

요컨대 모든 것을 타락이라고 믿는 생각이 아직도 두루 퍼지고 있는 것이다. 즉 '인생의 즐거움은 죄이며 사악이고, 불쾌한 생각을 하고 사는 것이 훌륭한 행위이며, 또 인간은 본래 커다란 외부의 힘에 의하지 않고서는 구제받을 수 없다'라는 것이다. 오늘날 일반적으로 행하여지고 있듯이 죄의 교의(敎義)는 여전히 기독교의 근본 가정(假定)으로서, 기독교의 선교사는 개종시키려고 하는 사람들에게 죄의식과 인간성의 사악 의식을 심어주는 데서부터 시작하는 것이 보통이다.(선교사가 주머니에 준비하고 있는 기성품의 구원이 필요하게 되기 위해서는 물론 그것은 절대 불가결한 전제이다.) 요컨대 첫째는 스스로 죄인이라고 믿게 하지 않으면 크리스천으로 만들 수가 없다. 어떤 사람은 약간 준엄한 말투로 이렇게 이야기한 일이 있다. "우리 나라 종교는 너무 편협하여 죄에 대한 것만 생각하게 했기 때문에, 상당수의 인간은 벌써 교회에 얼굴을 내밀려 하지 않게 되었다."

고대 희랍의 이교도적 세계는 독특한 별천지이며, 따라서 또 인간이라는 것에 대한 사고방식도 매우 색다르다. 가장 내 흥미를 끄는 것은 기독교도가 인간이 신과 같기를 바라고 있는 데 반하여, 고대 희랍인은 신이 인간을 닮게 만들었다는 것이다.

저 올림피아의 신들은 쾌활하고 여자를 좋아하며, 사랑도 하거니와 엎드려 자기도 하고, 싸움도 하거니와 맹세도 파기하고, 걸핏하면 화를 내는 자들이다. 희랍인 자신처럼 사냥을 즐기고, 전차도 타며, 창던지기도 한다. 아니, 결혼까지 하는 자들로서 어처구니없을 만큼 많은 사생아를 두고 있다. 신과 인간의 차이라면, 신은 단지 공중에 우레를 일으키고 땅의 초목을 번성케 하는 힘을 가졌고, 죽지 않고 영원히 사는 존재들로 포도주 대신 음료〔神酒〕를 마실 따름이다. 술을 만드는 과일은 대체로 같은 것이 없다.

희랍인은 이 많은 신들과 친해질 수 있을 것 같은 생각을 했으며, 배낭을 지고 아폴로나 아테네의 신과 함께 사냥에 나가거나, 혹은 길에서 머큐리 신을 불러 세워, 웨스턴 유니언 회사의 메신저 보이하고라도 대화하듯이 서서 이야기할 수 있는 것쯤으로 생각했다. 그리고 이야기가 너무 흥이 나게 되면 머큐리 신이, "여어, 좋아! 그런데 안됐지만 난 한달음에 가서 이 편지를 72번지에 배달하고 와야겠는걸."이라고나 할 듯한 상황이 상상된다.

'때로는 잔혹한 운명에도 따라야만 하는 한정된 인생'이라는 생각이 대개 고대 희랍인의 머리에 있었다. 일단 이런 생각을 인정하면 인간은 그 현상에 만족하고 매우 행복해졌다. 그래서 고대 희랍인은 이 인생과 이 우주를 사랑하고, 자연계를 과학적으로 이해하는 데 몰두했을 뿐더러 인생의 진선미를 이해하는 데도 흥미를 가지고 있었던 것이다.

희랍에는 에덴동산과 같은 신화적 '황금시대'가 없으며, 따라서 인간 타락의 우화도 없다. 희랍인 자체는 큰물 뒤에 평원지방으로 이주해 온 듀갈리온과 그 아내 피르하가 손으로 주워 올려 어깨 너머로 팽개친 돌멩이로 이루어진 인간에 불과했던 것이다. 인간의 질병이나 고생에 대한 설명은 우스꽝스럽다. 질병과 고생은 어떤 보석 상자, 즉 판도라의 상자를 열어 그 속을 보고 싶어서 안달하는 젊은 여성의 욕망에서 온 것으로 되어 있다.

고대 희랍인의 공상은 아름다웠다. 그들은 인간성을 넓게, 있는 그대로 보았다. 기독교도에게 묻는다면, 고대 희랍인은 생자필멸(生者必滅)의 체념을 가졌던 것이라고 말할지도 모른다. 그렇지만 필멸치고는 너무도 아름다웠다. 즉 거기에는 이해력과 자유로운 사색의 정신을 작용시킬 충분한 여지가 있었다. 고대 희랍의 궤변학자들 중에는 인간의 본성을 선하다고 생각한 자도 있고 악하다고 생각한 자도 있는데, 거기에는 근세의 홉스 대 루소와 같은 두드러진 모순은 없었다. 최후에 플라톤에 의해 인간은 욕망과 정서와 사상의 혼합물로 간주되고, 이상적인 인생은 예지, 즉 참된 이해력에 따라서 이 세 가지의 조화 속에 생활하는 것이라고 생각되었다. 플라톤에 따르면, '이념'은 불멸의 것이지만 인간 개개의 심령은 정의·학문·절제·미를 사랑하느냐 않느냐에 따라서 비속(卑俗)해지거나 고상해진다고 생각되었다. 소크라테스의 경우에는 《파이드로스편》에 있듯이 영혼도 역시 독존불멸(獨存不滅)의 존재를 획득하고 있다. 즉 "영혼이 단독으로 존재하고 그것이 육체에서 떨어져 있거나 또 육체가 영혼에서 떨어져 있다면, 그것은 죽음 외의 무엇이겠는가."라고 했다. 영혼 불멸에 관한 신앙은 분명히 기독교도, 고대 희랍인, 노장 철학자 및 유교도의 견해에 공통된 것이 있다. 다만 이것은 근대의 영혼 불멸을 믿는 사람이 덤벼들 정도의 것은 아니다. 재생설(再生說)과 같은 불멸설을 지지하는 소크라테스의 여러 전제는 현대인에게는 수긍이 안 간다.

중국인의 인생관도 인간은 창조주(만물의 영장)라는 생각에 도달했다. 유교의 사고방식으로는 '천·지·인(天地人)' 삼재(三才)에서 인간은 천지와 격(格)을 같이한다. 그 배경은 정령설(精靈說)이다. 즉 만물은 살아 있으며 정령을 지니고 있다. 산과 내도 많은 햇수를 거듭한 것은 모두 살아 있다는 것이다. 바람이나 우레는 정령 그 자체이며, 어떤 큰 산이나 큰 강도 사실 그것을 소유하는 정령에 지배당하고 있다. 모든 꽃은 봄, 가을에 번영을 주재하는 작은 요정을 하늘에 가지고 있다. 백화선자(百花仙子)라는 것이 있어 그 탄생일은 2월 12일(花朝)로 되어 있다. 어떤 버드나무도, 측백나무도, 여우도, 거북도 수백 년이나 되는 고령에 달하면 그 불멸이라는 사실만으로 모두 '정령'을 갖게 된다.

이 정령설은 배경이 있는 것이므로 인간도 영(靈)의 나타남이라고 생각하는 것은 당연하다. 이 영은 온 우주의 모든 생명과 마찬가지로 남성의 능동적·적극적인 양(陽)의 원리와, 여성의 수동적·소극적인 음(陰)의 원리와의 결합에 의해 생긴다. 이것은 사실 후세의 양전기·음전기의 원리를 상상한 것이 빈틈없이 잘 들어맞은 데 불과하다.

이 영이 인간의 육체에 깃들이면 백(魄)이라 불린다. 그것이 육체에 깃들이지 못하고 영인 채 떠돌고 있는 것을 혼(魂)이라고 한다.(강렬한 개성, 즉 '영'을 지닌 사람은 백력(魄力), 즉 넋의 에너지를 많이 가진 사람이라 이른다.) 이 혼은 사후에도 계속 떠돌아다닌다. 그 영은 보통 인간을 괴롭히지 않는 것이지만 사자를 매장하고 공양하는 자가 없으면 '망령(亡靈)'이 된다. 익사했거나 객사하여 장사지내는 자가 없는 사람들의 영에 대해 널리 공양하기 위해 7월 보름을 우란분(盂蘭盆)으로 정하고 있는 것은 이 때문이다. 또 암살당하거나 억울한 죄로 죽거나 했을 경우에는, 그 망령이 원통한 나머지 허공을 헤매며 원한이 풀리고 원령(怨靈)이 만족할 때까지는 재앙을 준다. 원령이 만족하면 재앙은 그쳐 버린다.

인간이 살아 있는 동안은 영이 육체에 깃들이고 있는 것이니까 아무래도 모종의 번뇌·욕망, 즉 '활력'의 흐름, 좀더 쉽게 말하면 마치 '정신력'이라는 것에 해당하는 것을 가지고 있다. 이것들은 그 자체로는 좋을 것도 나쁠 것도 없지만 그저 인생의 특질로서 구비되고, 떨어져서는 안되는 것이다. 모든 남녀는 정열, 자연적 욕망, 고상한 야심, 그리고 양심을 가지고 있다. 성·굶주림·공포·분노가 있으며, 질병·고통·오뇌·죽음을 면치 못한다.

수양이란 이러한 번뇌와 욕망을 조화적으로 표현하는 일이다. 그것이 유교의 사고방식이며, 우리가 갖추고 있는 이 인간성과 조화하여 생활함으로써 제6장의 끝에 인용한 것처럼 인간은 천지와 동격(同格)으로 될 수 있다고 믿는 것이다. 그런데 불교도는 인간의 육의 욕망을 본질적으로 중세기의 기독교도와 같게 본다. 즉 몰아내야 할 번뇌의 개(犬)라고 생각하는 것이다. 너무 머리가 좋아서 지나치게 생각하는 남녀는 왕왕 이 사상에 물들어 승려(僧侶)가 된다. 그러나 유교의 상식은 대체로 이것을 금한다.

그리고 또 다소 노장철학의 영향에서 오는 것이지만, 기구한 운명에 시달리는 미인은 인간적 망상을 지녔다거나, 천상 세계의 의무를 게을리 했다거나 하는 이유로 벌을 받아 이 지상으로 내쫓겨 인간적 고난의 숙명을 살아가는 '타락한 선녀'로 간주되고 있다.

인간의 정신은 에너지의 흐름으로 생각되고 있다. 정신이란 문자 그대로 '정(精)의 신(神)'이며, 이 '정(精)'이라는 것은 본질적으로는 여우의 정, 바위의 정, 소나무의 정이니 할 때에 쓰인다. 영어로 제일 가까운 동의어는 앞에 말했듯이 vitality(활력), 혹은 정신력이라는 말이며, 하루 종일, 일생 동안 시시각각으로 바닷물처럼 드나드는 것이다.

이 세상에 태어난 자는 누구나가 어떤 번뇌와 욕망, 그리고 이 활력을 가지고 인생을 출발하는 것이며, 그것들은 유년시절·청년시절·장년시절·노년시절 및 죽음을 통하여 갖가지 주파(周波)를 가지고 활약한다. 공자는 이렇게 말하고 있다.

젊었을 때는 여색(女色)을 경계해야 하고, 장년에는 다툼을 경계해야 하며, 노년에는 이득(利得)을 경계해야 한다.

이것은 그저 청년은 이성(異性)을 사랑하고, 장년은 투쟁을 좋아하며, 노년은 돈을 좋아한다는 뜻이다.

중국인은 이 육체적·정신적·도덕적인 것의 혼합물에 당면할 때 인간 그 자체에 대해서도 다른 모든 문제를 대하는 것과 같은 태도를 취한다. 그것은 '적당히 해 나가자'고 하는 한마디로 요약될 것이다. 즉, 무엇이건 너무 많은 것을 기대하지 않고, 너무 적게 기대하지도 않는다는 태도다.

말하자면 인간은 하늘과 땅, 이상주의와 현실주의, 숭고한 사상과 비천한 번뇌 사이에 끼여 있다. 이렇게 끼여 있다는 것이 원래 인간성의 본질인 것이다. 지식에도 갈증을 느끼고 물에도 갈증을 느낀다. 훌륭한 사상도 좋지만 한 접시의 맛있는 돼지고기도 좋으며, 지언명구(至言名句)도 좋지만 미인도 버리기 어렵다는 것이 인간적인 것이다.

이것이 실상이니까, 이 세상은 아무래도 불완전한 세계라 할 수 있다. 인간 사회를 상대로 하여 그것을 여러모로 개선할 기회는 물론 있겠지만, 중국인은 완전한 평화라든지 완전한 행복 따위는 별로 바라지 않는다. 그런 사고방식이 다음과 같은 우화에 나타나 있다.

한 남자가 지옥에 떨어졌다가 이제 막 환생하려 할 때 염라대왕에게 말했다.

"대왕께서 나를 인간으로 사바세계에 환생시켜 주신다면, 내가 바라는 조건이 아니면 싫습니다."

대왕은 물었다.

"그 조건이란 대체 뭐냐?"

그러자 그 남자는 대답했다.

"이번에 인간으로 환생한다면, 장관의 아들로서, 또 장래의 '장원'(과거에 장원 급제한 사람)의 아버지로 태어나지 않으면 싫습니다. 집 주위에는 1만 정보의 땅과 물고기가 노는 못과 온갖 과실과 어질고 다정한 예쁜 아내와 고운 첩들이 없으면 싫습니다. 천장까지 황금과 진주로 아로새긴 많은 방과, 곡물이 그득한 많은 창고와, 돈이 잔뜩 든 가방이 없으면 싫습니다. 그리고 나 자신은 왕후장상이 되어 명예와 번영을 마음껏 누리고 백세까지 장수하지 않으면 싫습니다."

그러자 염라대왕은 대답했다.

"사바세계에 그런 인간이 있을 수 있다면 내가 바로 환생해서 사바세계로 가겠다. 너 따위를 보낼 것 같으냐!"

우리에게는 이 인간성이라는 것이 있기 때문에, 있는 그대로의 모습으로 인생을 영위하려고 생각하는 것이 도리 있는 태도인 것이다. 인간성으로부터 도망치는 길은 그밖에 없다. 번뇌니 본능이니 하는 것은, 본디 좋으니 나쁘니 하고 따져봤자 크게 유익하지 않다. 오히려 인간이 그 때문에 질질 끌려 다닐 위험이 있다. 모름지기 중도(中道)에 머물러라.

이러한 중용적(中庸的) 철학에서 일종의 관대한 철학이 생긴다. 적어도 중용의 정신을 받들며 살아가는 교양 있는 너그러운 철인의 눈으로 볼 때는, 법률적이건 도덕적이건 정치적이건 간에 '인간의 공통성'(좀더 분명히 말하면 정상적인 인간적 번뇌)의 부류에 속하는 모든 인간적 과실 내지 단정치 못한 품행은 용서해야 한다는 것이 이 철학이다.

중국인은 일보 전진해서 생각했다. 하늘, 즉 신 자체는 제법 말이 통하는 것이다. 그러므로 인간은 자기가 최선이라 믿는 바에 따라서 중용의 생활을 한다면 두려워할 아무것도 없으며, 양심의 평안이라는 것이 최대의 보람으로, 마음이 흐리지 않은 사람은 망령까지도 두려워할 필요가 없다.

바로 그 합리적인 것과 불합리한 것을 다 같이 관장하는 중용의 신이 있기 때문에 세상은 만사가 잘 되어 나가는 것이다. 결국 폭군은 죽고 반역자는 자살하며, 탐욕스런 인간의 재산은 남의 손에 넘어가고, 명예 높고 부자인 골동품 수집가의 자식들은(부친이 욕심 많고 무정했다는 이야기를 모르는 사람은 없다) 부친이 몹시 고심해서 모은 수집품을 미련없이 팔아치워, 그 골동품은 지금은 산산이 흩어져서 남의 소유로 되어 있다. 그런 것이다. 살인자는 시체로 발견되고, 욕을 당한 여인은 남이 원수를 갚아 준다. 흔치 않은 일이지만 때로는 학대받은 사람이 부르짖는다. "하느님도 부처님도 없단 말인가!(정의는 장님이다.)"라고.

결국 도교나 유교 어느 것이든 그 철학의 결론과 최고 목적은 곧 자연을 완전히 이해하는 것, 자연과 완전히 조화시키는 것이라 하겠으며, 이 사상을 분류하는 적당한 용어가 필요하다면 '중용주의적 자연주의'라고나 일컬어 두겠다. 이 중용주의적 자연주의자는 일종의 동물적인 만족을 느끼고 이 인생에 안정하는 것이다. 어느 무식한 중국 여성이 말했다.

"누군가가 우리를 낳았고, 우리는 누군가를 낳는다. 그밖에 뭘 하라는 것이지."

"누군가가 우리를 낳았고, 우리는 누군가를 낳는다." 이 말에는 무서운 철학이 있다. 이렇게 되면 인생은 한낱 생물적 과정이 되며, 불멸론 따위는 어디에도 없는 것이다. 그것은 손자의 손을 끌고 과자를 사러 가는 중국인 할아버지의 기분인 것이다. 그 할아버지는, "5년이나 10년 뒤면 우리도 땅속으로 가는 거야, 조상님 곁으로 가는 거야." 하는 정도로 생각하고 있다. 이 세상에 살면서 바랄 수 있는 최상의 것은, 망신스런 자식이나 손자를 두지 않는 것이다. 중국식 생활법은 모두가 이 한가지 생각에서 이루어져 나오는 것이다.

땅 위에 있는 인간의 존재

그래서 필경 이렇게 된다. 어쨌든 살고는 싶다. 그러나 결국 지상의 생활이다. 천국에 사느니 하는 문제는 다 훌훌 털어 버리자. 영혼에 날개를 돋게 하여 신 곁으로 날아오르게 해서 지상을 망각해 버리는 일이 없도록. 한정된 목숨이 아닌가? 언젠가는 죽게 마련이다. 주어진 인생은 겨우 70년, 영혼이 너무 불손한 생각을 일으켜 영생을 원하거나 하면, 이 70년은 너무 덧없을지도 모른다. 그러나 다소나마 자기 자신을 안다면 이것으로 충분하다. 70년이나 된다면 대강은 알 수 있고, 웬만한 즐거움은 다 맛볼 수 있다. 인간의 바보스러움을 바라보고, 또 스스로 예지를 쌓는 데는 아비·아들·손자의 3대는 기나긴 세월이다. 3대에 걸친 세대의 추이를 통하여 세상의 풍습·도덕·정치의 변천을 몸소 바라본 현인이라면 인생의 막이 내렸을 때 진심으로 만족하고 자리에서 일어나, "오오, 재미있는 구경거리였다."고 한마디 남기고 영원히 가야 마땅하다.

우리는 지상의 존재이다. 지상에 태어나 지상에서 자란다. 말하자면 70년의 길손으로 이 세상에 태어난 것은 하등 불행한 일은 아니지 않는가? 설사 그것이 움막일지라도 가장 즐거운 움막으로 만들어야만 하는 것이다. 그런데 움막이 아니라 6, 70년 동안을 이 아름다운 지상에 있으면서 즐겁게 살지 못한다는 것은 배은망덕한 짓이다. 때로는 야심이 너무 많아서 겸손하고 관대한 지구를 경멸하는 일도 있겠지만, 정신의 조화가 유지되고 싶다면 이 육체와 정신의 임시 처소인 지상에 대하여 '어머니이신 대지'라는 기분과 참된 애정과 집착을 가져야만 한다.

그러므로 우리는 이 지상의 생명을 우선 있는 그대로의 모습으로 바라보는 동물적 신앙과 같은 일종의 동물적 무신론을 가져야만 한다. 또 자기를 흙과 같은 것으로 느끼고, 겨울에는 봄볕을 고대하는 흙처럼, 느긋한 참을성을 다분히 가지고 있는 저 숲의 시인 소로(Thoreau)와 같은 건전성을 상실해서는 안된다. 소로는 아무리 실망에 빠져 있을 때라도 '정신을 찾는 일'은 자기의 할 일이 아니요, 자기를 찾는 일이 정신의 할 일이라 생각하려고 했다. 그의 행복은 스스로 말했듯이 두더지의 행복과 흡사한 것이었다. 결국 하늘은 실재가 아니나 지구는 실재다. 실재의 지구와 실재가 아닌 하늘 사이에 우리가 태어났음은 이 무슨 행운이었을까!

적어도 훌륭한 실천철학이라면 인간에게는 육체라는 것이 있음을 승인하는 데서부터 출발해야만 한다. 근래 인간이 동물임을 정직하게 인정하는 사람들이 나타났는데, 정녕 그래야만 할 때다. 이미 진화론의 기본 진리가 수립되어 생물학, 특히 생물화학의 장족의 진보를 보인 오늘날, 그것을 피할 수는 없는 것이다.

우리의 스승이나 철학자가 지성이라는 것에 학자다운 직업적 자랑을 갖는 이른바 인텔리 계급에 속해 있었다는 것은 심한 재난이었다. 구둣방 주인이 가죽을 자랑하듯 '정신, 정신' 하는 치들은 정신을 자랑으로 여긴다. 정신이라 하는 것만으로는, 아직도 그윽하고 추상적인 감이 모자란다

해서, 때로는 '본질'이라든지 '심령'이라든지 '관념'이라든지 하는 말을 써서 과장되게 대문자로 써야만 된다.

인간의 육체는 이 '현학(衒學)'이라는 기계로 증류되어 일종의 정기(精氣)로 변하고, 정기는 또 일종의 농축액[汁]으로 압축되었다. 알콜 음료를 만드는 데도 좀 맛있는 음료로 만들고 싶다면 맛이 들지 않은 물을 섞어서 하나의 '형(形)'을 지니게 해야만 된다는 것을 잊고 있다. 그리고 이 딱한 우리들 속인이 압축된 정신의 농축된 것을 마실 수 있다고 멋대로 생각하고 있다.

이런 식으로 정신을 너무 역설한 것은 치명적인 결과를 빚어냈다. 즉 인간으로 하여 자연 본능과 악전 고투케 만든 것이다. 따라서 내가 주로 비난하는 것은 그로 인해 완전히 원숙한 인간성의 이해가 불가능하게 되어 버렸다는 것이다. 생물학·심리학이란 무엇인가, 감각·정서, 특히 본능은 인생에서 어떤 지위를 차지하고 있는가 하는 것들을 충분히 알지 못하므로 이런 오류가 생기는 것이다. 인간은 육체와 정신으로 이루어져 있다. 때문에 그 정신과 육체가 조화되고 양자가 일치하도록 하는 일이 철학자의 임무이어야만 한다.

생물학적 인간관

인간의 육체적 기능이나 정신적 과정을 더 깊이 알게 되면, 우리 자신의 일에 대해서 좀더 올바르고 넓은 견해가 생기게 되며, 내가 말하는 '동물적'이라는 말에 대하여 사람들이 예로부터 지녀온 나쁜 감정도 얼마쯤은 누그러질 것이다. "앎은 용서이다."라는 옛 속담은 우리의 육체적·정신적 과정에도 적용되는 것이다. 육체적 기능을 좀더 잘 이해하게 되면 육체를 그다지 경멸하지 않게 된다. 그것은 이해하기 때문이며, 이상하게 여길 사람이 있을지도 모르나, 정녕 그대로이다.

　중요한 것은 인간의 소화 작용이 고상한 것이냐 천한 것이냐를 논하는 일이 아니며, 다만 그것을 이해하는 일이다. 이해하고 나면 소화 작용이라는 것이 어쩐지 고상한 것으로 보여진다. 발한(發汗) 작용이나 못쓸 것의 배설 작용에서 췌장액(膵臟液)·담즙·내분비선의 작용, 그리고 섬세한 감정 작용이나 사색적 작용에 이르기까지 인체의 생물학적 기능과 작용 일체는, 이해만 하게 되면 고상하게 보여진다. 그러면 이미 신장을 경멸하지 않게 되고 다만 그것을 이해하려 들게 된다. 나쁜 이(齒)를 보고 이윽고 육체가 썩어 버릴 징조라 생각한다거나, 영혼의 행복을 소중히 하라고 알려 주는 것이라느니 하는 터무니없는 일은 없어지고, 오직 치과 의사를 찾아 진찰을 받고 지시대로 적당히 치료하게 될 뿐이다. 하여튼 치과 의사의 진료실에서 나온 사람은 이미 자기 이를 경멸하지 않고, 도리어 한층 이를 소중히 생각하며 지금까지보다 큰 기쁨을 가지고 사과나 닭의 뼈를 씹게 되기 때문이다.

　이는 악마의 것이니 어쩌니 하고 형이상학자는 점잖은 말을 하며, 신플라톤 학파의 철학자는 하나하나 이의 존재를 부정하지만, 철학자가 치통에 시달리거나 낙천 시인이 소화불량에 걸리거나 하는 것을 보면 나는 언제나 심술궂은 기쁨을 느낀다. 어째서 치통 따위에는 관계치 않고 잘난 철학적 논고를 강행하지 못하는 것인가? 어째서 여러분이나 나나 이웃집 여자처럼 뺨을 손으로 누르고 있는 것인가? 어째서 또 낙천주의는 소화불량의 시인에 대해 그토록 무력한 것일까? 시인이라면 어째서 좀더 못 읊는 것이냐. 그러게 내가 뭐라고 하던가! 창자가 제대로 작용하고 있어 인체에 하등 해를 입히지 않는데도 창자에 대한 것을 잊고 정신을 읊다니 이 무슨 배은망덕이냐!

　인체의 작용에 관한 경이감과 신비감을 심화시켜 인체를 한층 존경할 것을 인간에게 가르친 것은(만일 무언가가 가르친 것이라면) 과학이다.

과학은 우선 동물 발생학에 의해 인간이 어떻게 하여 발생했는가를 이해하는 데서 시작하여, 인간은 점토에서 만들어진 것이 아니라 동물계통수(動物系統樹)의 꼭대기에 위치하는 것임을 알게 한다. 그것은 굉장한 감격이어야만 한다. '정신, 정신'이라 하며 공연히 정신에 도취되어 있는 사람이 아니라면 그 누구도 충분히 만족시키기에 족한 것이다.

그러나 우리가 오늘날 이 지구상에서 두 발로 선 자세로 걷게 하기 위해, 공룡은 분명코 수백만 년 전에 살다가 죽어 갔다는 따위의 논법을 나는 믿지 않는다. '인간이 걷게 되기 위해서' 운운하는, 묘하게 불손한 논법이 아니더라도 생물학은 조금도 인류의 위엄을 손상하지 않으며, 인류는 지구상의 생물 중에서 가장 훌륭한 동물일 것이라는 데 대해 조금도 의혹을 던지고 있지는 않는 것이다. 그러므로 인류의 위엄을 주장하고 싶어 하는 누구도 충분히 만족시킬 수 있다.

둘째로 우리는 인체의 신비와 아름다움에 대해 전에 없던 깊은 인상을 받았다. 인체의 내부 기관의 움직임과 그 상호간의 놀라운 작용을 알게 되면 우리는 아무래도 다음과 같이 생각하지 않을 도리가 없다. 즉 이 같은 상호 작용이 이루어짐은 실로 극도로 어려운 자연 작용이지만, 더구나 그 작용이 수행해 가는 것은 극도로 단순하고 궁극적 신비라는 느낌이 든다.

과학도 이 신비에 직면하면 인체 내부의 화학적 과정을 분명히 하고, 그것을 단순한 원리로 설명할 수 없으므로 점점 설명하기 어려운 것이 되어 버린다. 이 내부 기관의 화학적 과정은 생리학 지식이 없는 보통 사람이 상상하는 것보다도 믿지 못할 만큼 어려운 것이다. 인체 밖의 우주의 큰 비밀도 인체 안의 비밀과 비슷한 것이다.

생리학자가 인체 생리의 생물 생리학적, 생물 화학적 과정을 분석하고 연구하려 들면 들수록 그 경이는 증가하게 된다. 지나친 경이에 타격을 받은 끝에 광활한 정신을 지닌 생물학자까지도 때로는 생명 신비설에 항복하지 않을 수 없게 된다. 알렉시스 캐럴(Alexis Carrel) 박사의 경우가 그러하다. 그의 저서,《미지의 존재, 인간》속의 박사의 의견에 대한 찬부(贊否)는 차치해 두고, 인체 내부 기관에 관한 여러 사실은 일찍이 설명한 일도 없거니와 앞으로도 설명할 수 없다는 설에는 찬의를 표하지 않을 수가 없다. 우선 물질 그 자체에 내재하는 지성의 감각을 탐구하는 데서부터 시작한다.

인체의 여러 기관은 그 분비액과 신경계통에 의해 상관관계를 유지한다. 인체의 각 요소는 자신을 다른 요소에 적응시키고, 후자는 또 그밖의 요소에 적응한다. 이 적응 방식은 본질적으로는 목적론적이다. 기계론자나 생명론자가 주장하는 것처럼 각 조직 안에 우리의 이 지력(知力)과 똑같은 지력이 있다고 한다면, 생리적 여러 작용은 일정한 목적을 달성하기 위해 서로 연합하는 것 같다. 유기체 안에 궁극성이 존재한다는 것은 부정할 수 없다. 각 부분은 현재 및 장래의 전체로서의 필요가 무엇인가를 알고 있는 듯하여, 그에 따라서 움직인다. 인체 조직에서의 시간·공간의 의의는 인간의 정신에서의 경우와는 같은 것이 아니다. 인체는 가까운 것도 지각(知覺)하고 먼 것도 지각한다. 또 현재와 더불어 장래까지도 지각한다.*

한 예를 들면 창자가 상했을 때 우리가 전혀 치료하려 들지 않는데도 창자는 그 자신의 상처를 고치는데, 생각건대 실로 경탄할 만한 일이다.

상한 창자는 우선 움직이지 않게 된다. 일시적으로 마비되는 것인데, 이렇게 하여 변(便)이 복강으로 새어 나오는 것을 막는 것이다. 그와 동시에 다른 창자, 혹은 장강막(腸綱膜)의 표면이 상처로 접근하여 이미 알려져 있는 복막(腹

---

* 《미지의 존재, 인간(Man, the Unknown)》, p.197

膜)의 고유성에 의해 상처에 접착한다. 그러면 4,5시간 안에 상처는 아문다. 설혹 외과 의사의 바늘이 상처를 접합시켰다 하더라도 치유시키는 것은 복막 표면의 자연적 유착(癒着)의 결과이다. *

육신 자체가 이와 같은 지력(知力)을 보여 주고 있는데, 왜 우리는 육신을 경멸하는 것인가? 우리는 결국 육체를 부여받고 있는 것이다. 그것은 자신이 영양을 보급하고 자신이 조정하고 자신이 수리하고 자신이 기동하고 자신이 재생산하는 기계이다. 출생 때 한번 장치되면 성능이 뛰어난 추시계처럼 조금만 손질을 해도, 1세기의 4분의 3이나 유지한다. 그것은 무선(無線) 시각과 무선 청각을 갖춘 기계이며, 세계에서 가장 복잡한 전신 전화의 구조보다도 더 복잡한 신경과 임파 조직을 가진 기계이다.

인체에는 매우 복잡한 신경 조직에 의해 갖가지 정보를 정리하는 시스템이 있다. 그 일하는 모양은 매우 능률적인 것으로 비교적 중요하지 않은 서류는 다락방에 보존하고 다른 서류는 좀더 가까운 책상에 보존해 두는데, 다락방에 보존해 둔 서류로서 30년 정도나 거의 소용없던 것이라도 여차하면 번개 같은 속도와 능률로써 찾아낸다.

인체는 또 제동이 완전한, 절대 소리를 내지 않는 자동차처럼 운전할 수 있다. 만일 그 자동차가 사고를 일으켜 유리나 핸들이 파손되면 자동차는 자동적으로 분비작용을 일으켜 유리의 대용품을 만들고 핸들을 제조하는 데 최선을 다한다. 적어도 스티어링 샤프트 끝의 불룩한 데서 그럭저럭 운전이 가능케 한다. 결국 인체에 대해서 말한다면 한쪽 신장이 떼내어진다 해도 남은 신장이 비대해져서 오줌의 정상량을 통과시킬 수 있도록 기능이 증대한다는 사실을 잊어서는 안된다.

인체는 또 화씨 1도의 10분의 1쯤의 오차밖에 없도록 정상 체온을 유

---

* 앞장의 《미지의 존재, 인간(Man, the Unknown)》, p.200

지하고, 음식물을 생리조직으로 변형시키기 위해 자기에게 필요한 화학
약품을 제조한다.

극히 오묘한 것은 인체가 생명의 리듬감각과 시간감각을 가지고 있다
는 것이다. 게다가 몇 시간, 며칠의 감각만이 아니라 수십 년의 감각도 가
지고 있다. 즉 유년기·발정기·성년기를 조정하고, 성장을 그쳐야 할 때
는 성장을 멈추며, 아무도 생각이 못 미칠 때에 사랑니를 나게 한다. 인간
의 의식적 지혜는 사랑니와는 아무런 관계도 없는 것이다. 또 인체는 독소
(毒素)에 대한 특수한 해독소를 만들어 내는데, 그것은 놀라운 성공을 거
두고 있다.

인체가 이러한 모든 작용을 할 때는 절대로 소리를 내지 않으며, 공장
에 으레 따르는 소음도 없다. 그 덕분으로 그 잘난 체하는 형이상학자는
소음에 방해받지도 않고 의기양양하게 정신이나 진수(眞髓)에 대하여 마
음껏 사색에 잠기는 것이다.

인생, 이 한 편의 시

생물학적 입장에서 볼 때 인생은 한 편의 시에 가까운 듯싶다. 인생에
는 인생 특유의 리듬도 있고 맥박도 있으며, 생장과 노쇠의 내부적 주기
(週期)도 있다.

순진한 유년시절에서 비롯하여 성인 사회에 적응해 가려고 서두는 딱
딱한 청춘기가 그에 잇따른다. 거기에는 청춘의 고민과 어리석음이 있다.
이상과 야심이 있다. 이윽고 격한 활동의 성년기에 이르고, 경험을 살리며
사회와 인간성을 더욱 깊이 배운다. 이 중년기에 들면 약간 긴장이 풀려
과일이 익고 술이 익듯이, 성격도 성숙해진다. 그리고 지금까지보다 배짱
도 커지고 냉소를 이해하며, 동시에 인생을 차츰 다정스러운 눈으로 바라

보게 된다. 이어 인생의 황혼기에 들면 내분비선의 분비가 활발치 못하게 된다. 만일 그 시절에 우리가 진정한 노년 철학을 지니고 그에 따라 생활 방법을 정해 간다면, 그것은 평화·평안·한적(閑適)·지족(知足)의 삶이 된다. 최후에 생명은 꺼지고 영원히 잠들어 다시는 깨지 않는다.

우리는 이 인생의 리듬의 아름다움을 알아야 한다. 대교향악을 들을 때처럼 주된 악상(樂想), 그 어지러운 가락, 잘 조화된 그 마지막 화음을 맛 보아야 할 것이다. 인생의 주기 운동(週期運動)은 보통 사람의 생애에서는 다 같은 것이지만, 음악은 개개인이 작곡해 나아가야만 한다. 사람에 따라서는 불협화음이 차츰 격해져서 마침내 멜로디의 주된 가락이 압도되거나, 사라져 버리거나 하는 일이 있다. 또 어떤 때는 불협화음이 지나치게 강해져서 주악이 더는 계속할 수 없게 되어, 권총 자살을 하거나 강물에 뛰어들거나 한다. 정성스러운 자기 수양이 결여되어 있는 탓으로 본래의 주된 가락이 빛을 못 보게 되어 절망한 결과 그렇게 되는 것이다. 그런 경우를 제외하면 정상적인 인생은 엄숙한 행진이나 행렬처럼 착실히 최후까지 계속되는 것이다. 그런데 째지는 듯한 잡음이나 조잡한 단음이 너무 많은 일이 가끔 있다. 그럴 때는 박자가 맞지 않으므로 귀에 거슬린다. 밤낮으로 유유히 흘러 영원히 바다로 들어가는 저 갠지스 강의 장중하고 웅대한 템포야말로 우리가 동경하는 바이다.

유년시절·장년시절·노년시절이 저절로 갖추어지는 이 인생이, 아름다운 자연의 배치가 아니라고는 그 누구도 말 못할 것이다. 하루에 아침·낮·저녁이 있고 일년에 봄·가을이 있으니, 그대로의 모습이 좋은 것이다. 인생에 정사선악(正邪善惡)은 없다. 춘추의 계절에 따르면 무엇이든 다 선이다. 그러므로 우리가 이 생물학적 인생관으로써 인생의 춘하추동에 맞추어 고분고분 살려고만 한다면, 우쭐대는 바보나 공허한 이상주의자가 아닌 한, 인생은 한 편의 시(詩)로서 살아갈 수 있는 것임은 부정할 수 없다.

셰익스피어는 인생의 7단계에 관한 문장 속에서 이 생각을 가장 또렷이 나타내고 있다. 많은 중국 문인들도 같은 말을 하고 있다. 셰익스피어는 별로 종교적인 데가 없었다. 혹은 별로 종교에 흥미를 갖지 않았다. 이것은 좀 기이한 감이 들지만, 나는 이것이 바로 그의 위대한 점이라 생각한다. 그는 인생을 넓게, 있는 그대로 바라보았다. 그리고 그가 묘사한 희곡 중의 인물이 모두 있는 그대로의 모습을 나타내고 있듯이 그는 지상의 모든 섭리에 대해 주제넘은 소리를 하는 일이 없었다. 셰익스피어는 대자연 그 자체인 것 같았다. 이 말은 곧 세상의 문인이나 사상가에게 드리는 최대의 찬사이다. 그는 오직 살아 있는 인생을 바로 보았다. 그리고 죽었다.

제 3 장
인생의 즐거움에 대하여

원숭이와 인간 세계

그렇지만 이 생물학적 인간관 덕분에 인생의 미와 리듬을 감상할 수 있게 된다면, 동시에 어이없는 인간의 한계도 알게 되는 것이다.

이와 같은 방법으로 사물을 보게 되면 동물로서의 인간의 실태가 한층 또렷이 그려져, 인간 자신과 인간계의 사상(事象)의 진보를 한층 잘 이해하게 된다. 동물을 조상으로 하여 시작된 인간성을 더욱 진실하게, 더욱 깊이 이해하면 사물에 대한 동정심이 두터워지고 거기서 대범한 풍자주의까지 생기게 된다. 인간이 네안데르탈인이나 북경인[1]의 자손이며, 더욱 거슬러 올라가서 유인원(類人猿)의 자손임을 조용히 상기할 때, 이른바 인간 희극의 감각이라 일컫는 잔재주에 감탄하게 되며, 동시에 인간의 죄장(罪障)*과 한계를 스스로 비웃는 능력이 생기는 것이다. 이것은 클래런스 데이(Clarence Day)의 계발적인 논저(論著), 《이 유인원의 세계》에 나타난 아름다운 사상이다.

---

1) 네안데르탈인이란 홍적기(洪積期)의 화석 인류. 북경인이란 네안데르탈인보다 90여만 년 전에 지구에 생존한 것으로 생각되는 원시 인류
* 죄업에 의한 성불(成佛)의 장애

이 글을 읽노라면 우리는 모든 동포를 용서할 수 있을 듯한 기분이 든다. 즉 검열관, 홍보부의 간부들, 파시스트의 편집자, 나치의 라디오 방송원, 상원의원과 입법자, 독재자, 경제 전문가, 국제회의 대표, 그리고 남의 생활에 간섭하는 모든 참견자들……, 그런 치들의 가엾음이 이해되므로 자연히 용서할 기분이 드는 것이다.

이런 뜻에서 나는 중국인이 쓴 원숭이의 대서사시,《서유기》의 예지와 통찰력을 한층 높이 사고 싶다. 인류사의 진보는 다음과 같은 관점에서 바라보면 한층 잘 이해할 수가 있는 것이다. 즉 인류사는 저 불완전한 반(半)인간적 동물들의 서방정토(西方淨土) 순례에 아주 많이 닮아 있는 것이다.

즉 인간의 지력(知力)을 상징하는 원숭이 손오공, 좀더 미련한 성질을 상징하는 저팔계, 상식을 상징하는 사오정, 예지와 정도(淨道)를 상징하는 현장 삼장법사 일행이 그것이다. 삼장법사는 이 진기한 동행의 호위를 받으며 불전을 손에 넣기 위해 중국에서 인도로 여행한다. 지독하게 불완전한 동물들의 모임인 이 일행은 어리석음과 장난 때문에 언제나 위험에 빠지기도 하고 우스꽝스런 꼴을 당하기도 하지만, 인류사의 진보를 곰곰이 생각해 보면 정녕 이 순례와 똑같다.

장난꾸러기인 원숭이, 색골인 돼지, 이런 치들은 딱한 못난이로 그 비열한 생각 때문에 천신만고를 겪게 되는데, 삼장법사는 몇 번이나 그들을 책망하고 징계해야만 했다. 인간의 온갖 본능, 즉 약한 의지와 힘없는 행동, 분노, 복수, 성급함, 호색, 관용심의 결핍, 특히 자만·겸양심의 결여 등이 인간이 성인(聖人)의 영역을 향해 고된 수행을 하는 이 순례 여행 중에 끊임없이 나타나고 있다. 파괴성이 증가함에 따라 기술 또한 진보한다. 우리는 오늘날 신통력이 있는 손오공처럼 구름 위를 걷고 공중에서 빙빙 돌 수도 있다. 원숭이 다리에서 털을 뽑아 무수한 작은 원숭이로 바꾸게 하여 적을 괴롭힐 수도 있다. 삼엄한 천계의 문을 두드려 그 문지기를 난폭하게 몰아내고는 신들의 자리에 한몫 끼게 해 달라고 요구할 수도 있는 것이다.

손오공은 영리한 놈이었다. 그러나 자만심도 강했다. 천계로 밀고 들어갈 만큼의 신통력은 가지고 있었으나, 천국에서 평화롭게 살기에는 정신의 건전성, 그 평형(平衡)과 절제가 모자랐다. 지상의 생물과 더불어 살기에는 지나칠 정도로 영리한 동물이었으나 천계에서 신들과 살기에는 좀 모자랐다. 손오공은 거칠고 장난꾸러기에다 반역적인 성벽(性癖)이 있었다. 그것이 옥(玉)의 티였다.

손오공이 순례의 일행에 가담하기 전의 이야기지만, 그가 천계로 밀고 들어갔을 때, 동물원의 우리를 깨고 도회의 거리로 뛰어나온 성난 사자처럼 천계에 대공황을 일으킨 일이 있는데, 그것도 이 성벽에서 온 것이다. 속수무책인 천부적인 장난꾸러기 기질 때문에 서천 황후 왕모(西天皇后王母)가 천계의 신들과 신선들을 초대하여 베푼 일년에 한 번 있는 큰 잔치를 뒤엎고 말았다.

그 잔치에 초청받지 못한 것을 분하게 여겨, 신의 사자인 체하고는 잔치 마당으로 가는 과족선인(跛足仙人)을 붙잡고서 잔치 마당이 변경되었다고 거짓말하여 엉뚱한 방향으로 쫓은 다음, 그 선인으로 둔갑하여 잔치 마당 쪽으로 왔다. 다른 많은 선인들도 다 이 수법에 속아 넘어갔다.

손오공이 안마당으로 들어가 보니, 자기가 첫 손님인 것 같았다. 복도에 줄지어 있는 술독을 지키고 있는 하인들밖에는 아무도 없었다. 거기서 오공은 잠 벌레로 둔갑하여 하인들을 돌아가며 쏘아서 재워 버리고는 몇 독이나 되는 많은 술을 전부 마셔 버렸다. 거나하게 취한 나머지 잔치 마당에 갈지자(之)걸음으로 들어가서는 식탁 위에 놓여 있는 불로불사(不老不死)의 복숭아를 먹어 치워 버렸다.

손님들이 도착하여 엉망이 되어 버린 잔칫상을 발견했을 때 오공은 재빨리 잔치 마당을 빠져나와, 다른 먹을 것을 찾아 태상노선(太上老仙)의 집에 잠입하여 불로불사의 선단(仙丹)을 훔쳐 먹으려 하고 있었다. 오공은 둔갑한 채 드디어 천계를 떠난다. 곤드레가 되어 행패를 부린 일에 대한 보복도 두려웠겠지만, 오히려 잔치에 초청받지 못한 것이 괘씸했던 것이다.

그리고는 자기가 왕으로 군림하여 뻐길 수 있는 원숭이의 왕국에 돌아가서 작은 원숭이들에게 자초지종을 이야기해 주고, 깃발에 '제천대성 (齊天大聖)'이라고 크게 써서 천계에 대해 반기를 들었다. 이리하여 오공과 천군(天軍) 사이에 격전이 시작되었는데, 관음보살이 구름 위로부터 부드러운 꽃 가지 하나로 오공을 쳐서 넘어뜨리는 바람에 그만 신들에게 붙잡혔다.

인간도 손오공처럼 영구히 반역한다. 하늘로부터 관음보살의 부드러운 꽃에 발목이 잡혀 정복될 때까지는 인간의 마음에 평화와 겸양의 생각은 일지 않을 것이다. 과학이 우주의 한계를 탐구할 때까지는 인간은 참된 겸양의 가르침을 배우지 못할 것이다.

《서유기》에서 손오공은 포로가 되고 나서도 모반을 일으켜 천계의 왕 옥황상제에 대해, 왜 좀더 높은 천계의 역할을 안 주는 것이냐고 대든다. 그래서 석가여래, 즉 부처님과의 최후의 내기에 의해서 겸양의 미덕을 배워야만 했다. "신통력으로 땅끝까지 가보일 테니, 가게 되면 '제천대성'의 자리를 주시오. 못 가게 되면 깨끗이 항복 하겠소." 하는 오공 대(對) 부처님의 내기다.

그는 공중으로 치솟아 올라 번개처럼 대륙을 뛰어넘어서 오봉(五峯)의 산까지 날아갔다. 여기야말로 지상의 생물이 닿지 못한 극지(極地)임에 틀림없다고 그는 생각했다. 그래서 여기까지 왔다는 증거로 한복판의 봉우리 기슭에 오줌을 찍 갈기고는 이제 됐다 싶어 의기양양하게 돌아와서 석가여래께 그 전말을 고했다. 그러자 석가여래는 한쪽 손을 펴서 그 가운데 손가락의 첫 마디 부근의 지린내가 나는 것을 오공에게 맡게 하고, "너는 아까부터 내 손바닥에서 한발짝도 빠져나가지 못했던 거야." 하고 말해 주었다.

오공이 겸양이라는 것을 알게 된 것은 겨우 이때부터였다. 그후 5백 년간 사슬에 묶여 바위에 매달린 뒤에 삼장법사의 구제를 받고 그 순례 여행에 가담했던 것이다.

결국 오공은 우리 인간의 모습이다. 자만과 지나친 장난은 멎지 않지만, 역시 몹시 사랑스러운 동물이다. 인간성도 약점·결점투성이지만 이 또한 몹시 귀엽지 않은가.

원숭이와 인간의 모습

이렇게 되면, 인간은 신의 모습을 본떠서 만들어졌다는 성경적인 사고방식을 고집하는 것을 그만두고, 인간은 원숭이의 모습을 본떠서 만들어진 것임을 알게 된다. 또 인간이 완전한 신의 모습과 거리가 먼 것은, 마치 개미와 인간의 차이만큼이나 큰 것임을 알게 된다. 인간은 지극히 영리한 동물이다. 이것은 말할 나위도 없다. 그러나 때에 따라서는 이 영리함을 좀 뽐낸다. 인간에게는 정신이라는 것이 있기 때문이다.

그런데 생물학자라는 작자가 나타나서 이런 것을 가르쳤다. 적어도 명백한 사변(思辨) 능력이란 점에서만 말한다면, 정신이란 결국 아주 뒤늦게 발달한 것이다. 넓은 의미에서 정신 작용에 관한 섬유 조직에 포함되어 있는 것 중에는 이른바 정신 외에 일련의 동물적 본능, 혹은 야만 본능이라는 것이 있는데, 이것은 정신보다 훨씬 강력하며 인간이 개인적으로나 또는 집단생활 중에 왜 불미스러운 짓을 하느냐에 대한 설명이 여기서 얻어진다. 이리하여 인간이 아주 자랑스럽게 여기는 인간 정신이란 무엇인가를 한층 잘 이해할 수가 있다.

우선 그것은 비교적 현명한 정신이긴 하되 아직 불완전한 것임을 알 수 있다. 두개골 진화의 자취를 연구하면 그것이 척추골이 확대된 것에 불과함을 알 수 있으며, 따라서 그 기능은 척추의 기능과 마찬가지로 본질적으로는 위험을 지각하고 외계의 환경에 대응하며 생명을 유지하는 것이지, 사고활동이 아니라는 것을 알 수 있다. 사고 기능은 보통 극히 빈약하게 되어 있다. 밸푸어 경은 "인간의 머릿골은 돼지의 코와 마찬가지로 먹을 것을 찾는 기관이다."라고 말했는데, 그는 이 경구(警句) 하나만으로도 후세에 전해져야 할 인물이다. 나는 이것을 진정한 풍자라고는 보지 않는다. 오히려 인간을 널리 이해한 말이라 하고 싶다.

우선 인간이 불완전한 것임을 발생론적 입장에서 배워 보자. 불완전함이라고 말해야만 될까? 하지만 신이여, 확실히 그렇소이다. 그러나 신은 인간을 이렇게밖에 만들어 주지 않은 것이다. 그렇지만 그것은 아무래도 좋다. 문제는 다음 사실에 있다. 태고적 우리 조상은 타잔처럼 헤엄치기도 하고 기어 다니기도 하고, 원시림 사이를 이 가지에서 저 가지로 뛰어다니기도 하고 혹은 거미원숭이처럼 팔이나 꼬리로 나무에 매달려 있었던 것이다.* 내가 생각하기에는 저마다의 진화 단계에서는 오히려 놀라울 만큼 완전한 것이었다. 그런데 우리는 지금 야만스럽기는커녕 너무 진보한 결과, 문명의 폐해를 조절해야만 된다는 가공스러운 곤란한 일에 직면하고 있는 것이다.

인간이 그 문명을 만들어 내면, 생물을 창조한 창조주까지도 기가 질릴 발전상을 보이는 것이다. 자연에 대한 적응이라는 말을 꺼낸다면 자연계의 온갖 생물은 놀랄 만큼 완전한 것이다. 완전히 적응하지 못하는 것은 모두 자연계에서 멸종되어 버린다. 그런데 우리는 이미 자연에 적응하라고는 명령받고 있지 않다. 오히려 자기 자신에, 즉 이른바 문명이라는 것

---

* 그네를 뒤쪽으로 구르고 나서 앞쪽으로 다시 구르려고 할 때, 옛날에 꼬리가 붙어 있던 척추 끝이 이상한 기분이 드는 것은 이 때문인지도 모른다. 반사 작용은 지금도 아직 그 부위에 남아 있어서 이미 없어진 꼬리로 무언가를 붙잡으려 하고 있는 것이다.

에 적응해야만 되는 것이다.

태어나면서 본능 그 자체는 모두 훌륭한 것이었으며, 건전한 것이었다. 그런데 이 사회에서는 모든 본능을 야만이라 부른다. 어떤 쥐도 다 도둑질을 한다. 그러나 도둑질을 한다고 해서 쥐가 도덕적이라거나 부도덕하다고 말하지는 않는다. 개는 다 짖는다. 고양이는 밤에 집에 돌아오지 않으며, 그 손에 닿는 것은 무엇이든지 할퀸다. 사자는 먹이를 죽인다. 말〔馬〕은 위험을 느끼면 다리로 도망친다. 거북이는 하루의 가장 좋은 시간을 잠으로 보내고, 곤충과 파충류·조류·수류(獸類)는 모두 공공연히 생식 작용을 영위한다.

지금 이것을 문명의 용어로 표현한다면 모든 쥐는 다 도둑놈이며, 모든 개는 다 시끄러운 존재이고, 고양이는 모두 작은 야만족이거나 불량한 남편이다. 사자나 범은 다 살인자이며, 말은 겁쟁이, 거북은 게으름뱅이, 그리고 또 곤충·파충류·조류·수류의 자연스런 생식 작용의 영위는 외설스러운 것이 된다.

이 얼마나 엄청난 가치의 전도인가. 이런 식으로 생각하니까 신은 왜 인간을 이런 불완전한 것으로 만든 것일까 하고 절실하게 놀라게 되는 것이다.(이야기가 다르지 않은가!)

죽는 것에 대하여

인간은 반드시 죽는다. 이 사실의 결과로 다음과 같은 중대한 일이 일어난다. 첫째, 언젠가는 죽어야만 된다. 둘째, 위(胃)라는 것과 억센 근육이라는 것과 호기심이라는 것이 있다. 이와 같은 사실은 기초적인 것이므로 인류 문명의 성질에 심각한 영향을 끼친다. 너무도 뻔한 사실이므로 아무도 생각해 본 사람이 없지만, 이런 것을 확실히 모르면 인간과 그 문명을 이해할 수가 없다.

　왕후이건 영세민이건 인간은 다 1.5미터에서 1.8미터의 육체와, 50년이나 60년의 수명이 고작이다. 이 천부(天賦)의 사실에서 모든 데모크라시, 모든 시가(詩歌), 모든 철학이 생겨나는 게 아닌가. 그러나 대체로 이쯤이 꼭 알맞다. 인간의 키는 너무 크지도 않거니와 너무 작지도 않다. 1미터 63센티로도 극히 만족한다. 50년, 60년이라는 시간은 내겐 몹시 긴 시간처럼 여겨진다. 사실 그것은 2대나 3대에 걸치는 문제다. 우리가 이 세상에 태어나면 연세가 많은 조부가 있다. 이윽고 조부는 죽고 우리 자신이 조부가 되며, 그러면 다른 작은 아이가 태어난다는 식이다. 그러나 그것으로 만사가 완전한 듯한 기분이 든다. 중국의 옛 속담에, "만석지기 땅이 있을지라도 5척(1.5미터)의 평상에서 잔다."는 말이 있는데, 모든 이치는 이 가운데 있다. 국왕이라 할지라도 침대가 아주 길어서 2미터 이상이나 필요하다고 생각할 수는 없지 않은가. 밤에는 그 침대에 몸을 눕혀야만 될 것이다. 그러니까 나는 임금님 부럽지 않은 신분이다. 또 아무리 돈이 있더라도 성경에 이른바 70수명을 넘는 자는 적다. 70을 넘으면 중국어로 '고희(古稀)'라 불리는 나이이다. 그러므로 중국의 옛말에 "인생칠십고래희(人生七十古來稀)"라고 했다.

　재산 또한 그렇다. 인생에 대해서는 누구든지 제 몫을 가지고 있지만, 인생의 저당권을 가진 자는 아무도 없다. 그래서 인생이라는 것을 좀더 소탈하게 볼 수가 있다. 즉 우리는 이 지상에 영원히 사는 존재가 아니고 일시적인 손님이다. 그리고 누구나 지상의 나그네로서 농사를 지어 수확을 거두는 사람도 되고, 토지의 소유자가 되기도 한다. 그러므로 '지주(地主)'라는 말의 뜻은 다소 애매해진다. 주인이라는 것은 약간 꽤씸하다. 참으로 집을 소유하는 자는 아무도 없거니와, 밭을 소유하는 자도 아무도 없다. 중국의 어느 시인은 노래한다.

황금 같은 산기슭의 옥토여!

새로 온 자 남이 간 곡식을 거둔다.

그러나 기뻐하지 마라, 새로 온 자여.

남이 또 기다린다, 그대 뒤에서.

죽음의 평등을 즐기는 자는 별로 없다. 그러나 죽음이 없다면 나폴레옹에게 세인트 헬레나도 시시한 곳일 터이며, 지금쯤 유럽이 어떻게 되어 있을지 모를 일이다. 영웅이나 정복자들의 전기(傳記)도 생겨나지 않았을 것이다. 설혹 전기가 나온다 할지라도 전기 작가는 주인공에 대해 좀더 가혹하고 가차없는 필봉을 들 것이다. 위인이나 영웅을 관대한 눈으로 바라볼 수 있는 것은 그들이 죽었기 때문이다. 죽어 주었기 때문에 그들과 같이 우리도 위대해진 듯한 기분이 드는 것이다. 어떤 장례식이나 '인류 평등'이라는 글씨가 적힌 깃발을 세우고 간다.

무상관(無常觀)은 모든 중국 시가의 배경이 되어 있다. 서양의 시가도 대개는 그렇다. 즉 인생의 실태를 사물에 비유하면, 아름다운 황혼녘에 조각배를 저어 흘러가는 그 배 안에서의 일장춘몽에 불과하다. 꽃은 피었다 지고, 달은 차서 기울며, 인간의 목숨 또한 첫 울음 소리를 내어 사람이 되고, 이윽고 다음에 오는 자에게 자리를 양보하고는 죽어간다. 이렇게 같은 일을 되풀이하며 동식물계의 영원한 행진에 참여하는 것이다.

덧없는 세상의 공허함을 알 때에 사람은 비로소 철학적이 된다. 장자(莊子 = 莊周)는 일찍이 나비로 화(化)한 꿈을 꾼 이야기를 하고 있다. 꿈 속에서는 날개를 움직이는 듯한 기분을 느끼기도 하고 모든 것이 현실처럼 느껴졌는데, 깨고 보니 자기는 여전히 장자이며, 장자야말로 진실한 자신임을 깨달았다. 그래서 그는 생각에 잠겼다. 나비가 된 꿈을 꾼 장자가 진짜 장자인가, 아니면 꿈에서 장자가 된 나비가 진짜 장자인가, 꿈이 나비냐 나비가 꿈이냐, 나비가 장자냐 장자가 나비냐, 도대체 어느 쪽인 것이냐!

인생은 본래 한순간의 꿈이며, 인간은 영겁의 강의 흐름을 타는 나그네에 불과하다. 어딘가의 강변에서 배에 오르고, 강 아래쪽에서 승선을 기다리는 사람에게 자리를 비워주기 위해 어딘가에서 또 배에서 내리는 객(客)과 같은 것이다. 인생은 남가일몽(南柯一夢)인가, 승객을 태운 뱃길인가, 아니면 배우 자신이 연극인 줄도 모르는 일 막이냐. 아무튼 이런 감상(感傷)이 없으면 인생의 시가(詩歌)의 절반은 잃어버릴 것이다. 중국의 철인 유대성(劉大聲)은 그의 친구에게 이렇게 쓰고 있다.

모든 것 중에서 우리가 가장 진지하게 원하는 것은 관리가 되고자 함이며, 가장 시시하게 여기는 것은 연극배우가 되는 것이다. 그러나 이와 같은 생각은 모두 어리석다고 생각한다. 무대의 배우들이 저마다 현실의 인간이라고 믿으면서 노래하고, 울고, 서로 욕하고, 농담을 하고 있는 것을 몇 번인가 본 일이 있다.

그러나 현실은 이렇게 연출되는 옛날의 인물이 아니라, 오히려 그런 인물로 분장하는 배우들, 그 자신들인 것이다. 그들은 모두 부모 처자가 있으며, 모두 부모 처자를 부양하고 싶어한다. 그래서 노래하고, 울고, 웃고, 욕하고, 농담을 해서 그 양식을 벌고 있는 것이다. 그들이야말로 자기들이 분장하려는 진짜 무대의 인물인 것이다.

배우들 중에는 관복을 입고 관리의 모자를 쓰고 자기 연기로 진짜 관리라고 생각해 버리는 자가 있다. 나는 그런 사람들을 본 일이 있다. 그러니까 이것이 연극이라고 생각하는 자는 아무도 없다고 생각한다. 연극을 하는 동안 굽실거리고, 조아리고, 착석하고, 이야기하고, 주위를 둘러보고, 아니 엄숙한 관리로 분장하고 그 앞에 죄인들이 떨고 있을 때조차 노래하고, 울고, 웃고, 욕하고, 농담을 해서 부모 처자를 부양해야만 하는 하찮은 배우에 불과하다는 것을 깨닫지 못하는 것이다!

정말, 자기 창자와 오관(五官—본능과 감정)이 몽땅 연극에 지배당할 때까지 자기가 실은 배우라는 것을 전혀 깨닫지 못하고 어떤 연극, 어떤 역할, 어떤 대본, 어떤 대사의 어떤 억양이나 형(型)에 몰두하고 있는 사람들이 이 세상에는 많은 것이다!

먹는 것에 대하여

사람에게는 위(胃)라는 밑 빠진 구덩이가 있다. 이것은 인간이 동물임을 입증하는 가장 중대한 사실의 하나다. 그것은 인간의 온 문명을 채색하고 있다. 중국의 쾌락주의자 이립옹(李笠翁)은 생활법 전반을 논한 그의 저서의 《식물편(食物篇)》 머리말에서 인간에게 이 밑 빠진 구덩이가 있다는 것에 대해 불평을 하고 있다.

인체의 여러 기관, 귀·눈·코·혀·손·발·몸통 등이 각기 필요한 기능을 지니고 있음은 다 아는 바이다. 그런데 아무 필요도 없이 조물주로부터 받은 기관이 둘이 있다. 입과 밥통이 그것이다. 이것이 있기 때문에 인류는 오랫동안 궁하게 시달려 온 것이다. 이 입이 있고, 이 위가 있기 때문에 먹어야 한다는 문제가 복잡해졌다. 그리고 인간 생활에 교활과 거짓과 부정직이 생겼다. 교활과 거짓과 부정직이 나타나면 형법(刑法)이 생긴다. 그러면 국왕은 어진 정치를 펴서 서민을 감싸줄 수가 없게 되며, 부모는 뜻한 대로 부모의 사랑을 발휘할 수 없게 되며, 친절한 창조주마저 자기 뜻과는 반대되는 행동으로 나와야만 하게 된다. 이런 것들은 다 창조에 즈음하여 창조주가 인체의 설계에 약간 선견지명이 모자랐던 결과다. 즉 인간에게 입과 밥통을 만들어 주었기 때문인 것이다.

식물은 입과 위가 없어도 살 수 있고, 바위나 흙은 아무런 영양도 취함 없이 존재하고 있다. 그렇다고 인간은 왜 입과 위라는 쓸데없는 두 기관을 얻어야만 했단 말이냐! 꼭 있어야 하는 거라면 왜 어류나 패류가 물에서 양분을 취하고, 귀뚜라미나 매미가 이슬에서 취하듯 해 주지 않았단 말이냐. 이런 것들은 다 이슬이나 물로 성장하고, 정력을 얻고, 헤엄치고, 날고, 뛰고, 울고 있지 않은가. 만일 그런 식으로 해 주었다면 이렇게 헐떡이는 일도 없을 것이며, 인간의 슬픔도 없어질 것이다.

그뿐이 아니다. 조물주는 인간에게 이 두 기관을 준 데다 갖가지 식욕이나 욕망도 주었다. 덕분에 구덩이는 밑 빠진 것이라기보다는 영원히 차지 않는 골짜기나 바다처럼 되어 버렸다. 그런 까닭에 불충분하나마 이 두 기관의 욕구를 채우기 위해서 다른 모든 기관이 있는 힘을 다해서 일을 하게 된 것이다.

나는 이 문제를 거듭거듭 생각했지만, 아무래도 창조주를 비난하지 않을 수가 없다. 물론 창조주도 이 잘못을 틀림없이 후회했으리라는 것을 알고 있지만, 이제 와서는 어쩔 도리가 없다는 것쯤으로 생각할 것이다. 설계나 견본이 이미 다 완성되어 있기 때문이다. 이것저것 비교해 생각하면 법률이나 제도를 제정할 때 아주 신중히 임해야 한다는 것은 인간에게 얼마나 중요한 일인가!

채워 주어야만 되는 이 밑 빠진 구덩이가 있는 한 이미 어쩔 도리가 없다. 위가 있다는 사실은 아무리 과소평가한다 해도 인류사(人類史)의 코스를 채색하고 있다.

공자는 인간의 성품을 너그러운 태도로 해석하여, 그 큰 욕망을 둘이라고 했다. 영양과 생식, 좀더 쉽게 말하면 먹을 것과 여자다. 용케 성욕(性慾)에서 헤어난 사람은 많지만, 어떤 성인도 음식 없이 산 자는 없다. 금욕생활로 수도한 고행자는 있지만, 어떤 정신적인 인간도 네댓 시간 이상이나 먹을 것을 잊어버릴 수는 없다. 몇 시간마다 영락없이 뇌리에 일어나는 변함없는 후렴은 '언제 먹을까' 하는 것이다. 이것은 적어도 하루에 세 번은 일어난다. 어떤 때는 네 번, 다섯 번도 일어난다.

국제회의 석상에서 아무리 중요하고 긴급한 정치 정세를 토론하고 있더라도 점심 식사를 위해 회의를 쉬어야 하는 것이다. 국회는 식사 시간에 차질이 없도록 일정을 잡아야만 한다. 또 대여섯 시간이나 계속되거나 점심시간과 겹치거나 하는 대관식은 대중에게 괴로움을 끼친다 하여 즉각 비난받을 것이다. 우리는 모두 위를 가졌으므로 할아버지에 대해 정식으로 경의를 표하고자 생각한다면, 가장 좋은 방법은 그분을 위해 한자리를 베풀어 생일잔치를 열어 드리는 일이다.

거기에는 일리가 있다. 식사 자리의 친구들은 화평한 마음으로 모이는 것이다. 일품의 연와탕(燕窩湯)이나 맛있는 죽면(粥麵)은 논쟁의 열기를 식히고, 격한 의견 대립을 쉽게 완화시키는 것이다. 그런데 아무리 사이가 좋은 친구끼리라도 배가 고플 때 두 사람을 한 곳에 두어 보라. 싸우고 헤어질 게 뻔하다. 맛있는 식사의 효과는 몇 시간만이 아니고 몇 주간, 몇 달간도 계속된다. 서너 달 전에 융숭한 음식 대접을 해 준 아무개의 정성에 대해 별로 달갑지 않은 비평을 하는 것은 누구라도 망설인다.

인간성에 높은 안목을 가지고 있는 중국인 사이에서 온갖 다툼이나 입씨름이, 재판소가 아닌 식탁에서 해결되는 까닭이 여기에 있다. 중국인은 입씨름이 일어났다 하면 식사 자리에서 그것을 해결할 뿐만 아니라, 같은 수단으로 입씨름이 일어날 것을 예방도 한다. 이것이 중국인의 생활방식이다. 중국에서는 이따금 식사를 하거나 음식 대접을 하여 모든 사람들의 환심을 산다. 사실 이 식사란 놈은 정계에서 성공하는 유일하게 안전한 인도자다. 누군가 통계를 내 보는 자가 있다면, 친구에게 음식 대접을 하는 횟수와 관계(官界) 출세율이나 속도 사이에 절대적 상관관계가 있음을 발견할 수 있을 것이다.

이 먹고 마시는 문제가 우리에게 미치는 영향은 실로 근본적인 것이다. 즉 혁명, 평화, 전쟁, 애국심, 국제적 이해, 우리의 일상생활에서 인간의 사회생활의 전 조직에 이르기까지 심각한 영향을 받는 것이다.

프랑스 혁명의 원인은 무엇이었던가? 루소 · 볼테르 · 디드로인가? 아니다, 오로지 음식에 있다. 러시아 혁명과 소비에트제 실시의 원인은 무엇이었던가? 다시 말하거니와 오로지 먹을 것이다. 전쟁으로 말하면, 나폴레옹은 "군대는 그 밥통으로 싸운다."고 말했거니와, 그의 예지의 물질적 깊이는 여기에 나타나 있다. 횡격막 밑에 평화가 없을 때 '평화, 평화' 하고 부르짖어 보았자 무슨 소용이 있겠는가.

이 사실을 개인과 마찬가지로 국가에 대해서도 말할 수 있다. 민중이 굶주렸을 때 허다한 제국이 붕괴하고, 어떤 강력한 정권도 공포정치도 쓰러지고 만다. 기아에 빠지면 민중은 일하는 것을 거부하고, 군대들은 전쟁을 거부하며, 프리마 돈나는 노래하는 것을 거부하고, 상원의원은 토론을 거부하며, 대통령조차 국가 통치를 거절한다. 가정에서 맛있는 식사를 할 수 있다는 기대가 없다면 세상의 남편들이 무엇 때문에 종일 땀 흘리며 밖에서 일하겠는가! 때문에 "마음으로 통하는 으뜸가는 길은 밥통이다."라는 속담이 있게 마련인 것이다.

식욕이 채워져 있으면 정신은 한결 평정해지며, 마음이 편하고, 이성도 그리워지며, 눈도 높아지는 것이다. 새로 만든 옷이나 새 구두나 곱게 그린 눈썹이나 의자의 새 커버를 남편이 알아주지 않는다고 투덜대는 아내는 어느 집에나 흔히 있겠지만, 맛있는 비프 스테이크나 맛있는 오믈렛을 알아주지 않는다고 투덜대는 아내들이 있을까.

애국심이라는 것도 따지고 보면 어린 시절에 먹었던 맛있는 음식에 대한 기호 이외의 그 무엇이겠는가. 어딘가에서 한 말이지만, 엉클 샘[2]에 대한 충성은 도넛, 햄, 스위트 포테이토에 대한 충성이며, 조국에 대한 독일인의 충성은 알과자나 크리스마스의 빵과자에 대한 충성이다. 산해진미에 접하면 중국인은 얼마나 열중해지는가 보라! 중국인은 위와 장이 맛있는 것으로 가득 차게 되면 인생은 좋은 것이라고 외치고 싶은 것이다.

---

2) 엉클 샘은 미국 정부의 별칭(別稱)이다.

이런 위장에서 정신적인 행복이 넘쳐서 빛나는 것이다. 중국인은 본능에 의지한다. 그 본능은 중국인이 말하는 '밥통만 채워진다면 만사가 안성맞춤'이다. 중국인을 위해 내가 본능에 아주 가까운 생활과 그것을 좀더 당당히 승인시킬 만한 철학을 주장하는 이유가 여기에 있다. 어딘가에서도 내가 언급했듯이 중국인의 행복 관념은 '따뜻한 옷, 포식, 침침한 규방, 요염한 아름다움'에 있다. 저녁을 맛있게 먹고 나서 취침할 때의 상태를 말하고 있는 것이다. 중국의 한 시인이 "포식한 위야말로 위대하도다. 그밖의 것이야 있으나마나!" 하고 말한 것도 당연하다.

이 철학을 지닌 중국인은 그래서 음식을 먹는데 점잔을 떨거나 입맛다시는 것을 사양하거나 하지 않는다. 중국인이 맛있는 육수를 한 모금 마시면 마음속으로부터 맛있다는 듯이 입맛을 다신다. 물론 서양풍의 식사 예법으로는 버릇없는 짓일 것이다. 그런데 이 서양풍이라는 놈 말인데, 소리를 내지 않고 수프를 마시고, 즐거운 듯한 표정 따위는 전혀 숨기고, 살금살금 식사를 해야만 된다는 예법이야말로 서양 요리법의 진보를 정체시킨 진짜 이유가 아닐까. 나는 정말 그런 기분이 든다.

서양인은 식탁을 대하고는 왜 그토록 낮은 소리로 이야기를 하고 무표정한 얼굴을 하고는 점잔을 떨거나 거드름을 피우거나 하는 것일까. 북채 같은 새 뼈를 손에 쥐고는 빨아대고 먹어대는 근사한 맛을 대개의 미국인은 모른다. 속으로는 대단히 비참한 기분이면서도, 그런 말은 한마디도 못하고 나이프와 포크로 점잖게 고기를 써는 시늉을 하고 있다. 새가 진정 맛있다면 그런 짓을 하는 건 죄악이다.

이른바 식사 예법이라는 녀석 말인데, 어린이가 입맛을 다시는 것을 어머니로부터 금지당했다면 처음부터 인생의 슬픔에 첫발을 내디딘 것이 된다. 진정 그렇다. 기쁨을 숨기면 기쁨을 느끼는 작용마저 멈추어 버리고, 이어 소화불량·우울증, 그밖에 성인 생활 특유의 온갖 정신상의 질환이 일어나게 된다. 이것이 인간의 심리인 것이다.

모름지기 프랑스인을 본받아, 종업원이 맛있는 송아지의 커틀릿을 가져왔을 때는 먼저 "오!" 하고 탄성을 지르고, 첫술을 맛보고 나서 "음, 음, 음!"과 같은 동물과 흡사한 신음을 내는 것이 좋다. 식사를 즐기는데 뭐가 부끄러울 게 있겠는가? 정상적인 건강한 식욕을 가진 것이 왜 부끄러운가? 중국인은 부끄러워하지 않는다. 식사 예법이야 좋지 못하지만 음식을 만족하게 즐기는 것이다.

인간생활의 진정한 기쁨이란 정말 몇 안되는 것이지만, 음식은 그중의 하나로 손꼽히게 된다. 이 식욕의 본능은 성(性)이라는 다른 본능보다도 금기나 사회적 법규에 억눌리는 일이 적다. 또 일반적으로 말하면, 음식에 관해서는 도덕 문제 따위는 일어나지 않는다. 이건 정말 괜찮은 이야기다. 성(性)에 관한 경우와는 달리 먹을 것에 관해서는 점잔을 뗄 필요가 훨씬 적다. 철학자도, 시인도, 상인도, 예술가도 다 같이 당당히 식탁에 앉아서 뭇사람이 둘러보는 가운데서 아무 스스럼없이 영양 기능을 수행할 수 있다는 것은 고마운 일이다. 그렇지만 어느 미개인은 식사에 관한 수치심이 발달해 있어서 혼자 있을 때에만 음식을 먹는 것으로 알려져 있다. 성의 본능은 뒤에 고찰할 생각이지만 적어도 여기서 말하는 하나의 본능, 즉 식욕은 구속당하는 일이 적은 만큼 갖가지 형태의 도착(倒錯)이나 정신착란이나 범죄 행위가 일어나는 일도 적다. 다 같이 본능이라고 하지만 식욕과 성욕을 비교하면 그 사회적인 함축에 차이가 있다. 이것은 정말 아주 당연한 일이다. 그러나 그렇다고 해도 식욕의 본능이라는 것이 내가 지금까지 말해 온 것과 같은 것임에는 아무런 변동이 없다. 인간의 심리 생활을 혼동시키지도 않고 인간에게 은혜 그 자체인 본능이란 바로 이 식욕의 본능이다. 생각건대 누구든지 허심탄회하게 다룰 수 있는 유일무이한 본능이기 때문이다.

이 본능에는 억제라는 문제가 없으므로 이것 때문에 신경병이나 정신병이나 도착(倒錯)이 일어나지는 않는다. 그릇이 입술에서 미끄러지는 일은 가끔 있지만, 일단 먹을 것이 입 안으로 들어가면 다른 데로 빠져나간 다는 일은 대체로 드물다. 모든 인간이 먹을 것을 취해야만 한다는 것은 누구나 선뜻 인정하지만, 성의 본능은 그렇지가 못하다. 또 이 식욕의 본 능은 채워지더라도 귀찮은 일은 일어나지 않는다. 최악의 경우라 해도 소 화불량에 빠지는 자가 생기거나, 위궤양이나 간경화증이 나타나거나, 자 기 자신의 이(齒)로 무덤구덩이를 파는 그런 자가 얼마간 생기는 정도이 다. 요즈음의 중국의 고관대작 중에는 그런 결과를 초래하는 자가 있다. 그래도 별로 수치로 여기지도 않는다.

같은 이유에서 음식에 유래하는 사회적 범죄는 성의 경우보다 적다. 형법에는 간통·이혼·폭행에 대해 방대한 조문이 있는데, 음식의 불 법·부도덕·부정(不貞)이니 하는 죄는 형법과는 별로 관계가 없다. 아무 리 불미스럽게 된다 하더라도 가장(家長)이 냉장고의 음식을 찾아 돌아다 니는 정도일 것이다. 그러나 그것을 방지하고자 하여 냉장고를 고정시켜 움직일 수 없게 한다 하더라도 교수형에 처하는 일은 아마 없을 것이다. 또 이런 사건이 언제라도 일어나게 되면 재판관도 충분히 동정하게 될 것 이다. 인간은 누구나 먹어야만 한다는 것을 솔직히 인정하기 때문이다. 굶주림으로 고통받는 민중에게는 마음이 움직여지지만, 수도원의 수녀 따위는 어떻게 되든 상관없다. 세상 사람들은 성 문제에 관해서 끔찍하게 도 무지하지만, 먹을 것에 관해서라면 이런 일은 드물다. 그러므로 내가 말하는 것은 결코 무익하지 않다. 중국 동북부지방의 가정에서는 딸들에 게 결혼 전에 요리법과 함께 성애의 기교를 가르치는데 다른 나라들에서 는 어느 정도의 것일는지.

먹을 것 문제는 지식의 햇빛을 받고 있지만, 성은 여전히 옛날이야기 와 신화와 미신에 싸여 있다. 먹을 것 문제에 대해서는 햇빛이 빛나고 있 지만 성 문제에 대해서는 햇빛이 겨우 비칠 뿐이다.

한편 또 인간에게 모래주머니나 모이주머니나 되새김 동물의 제4의 위장 등이 없다는 것은 실로 불행한 일이다. 만일 이와 같은 기관이 갖춰져 있었더라면 인간사회는 상상도 못할 만큼 달라져 있을 것이다.

사실 전혀 다른 인종이 출현되어 있을 것이다. 되새김 위나 모래주머니를 갖추고 있다면, 인류는 닭이나 새끼 양처럼 아주 평안스럽고 충족한 유순한 성질을 띠고 있을 것이다. 부리가 생기고 심미감(審美感)이 바뀌었을지도 모른다. 어쩌면 토끼목(目) 동물과 같은 이빨이 났을지도 모른다. 씨나 과실만으로도 충분한, 그런 동물이 되어 푸른 산 중턱에서 풀을 뜯는 생활을 하고 있을는지도 모른다. 자연은 언제나 무한히 풍요하기 때문이다. 먹을 것을 구해 싸우거나, 싸움에 진 적의 고깃덩이에 이빨을 들이대거나 할 것까지는 없으므로, 인간은 오늘날 볼 수 있는 것과 같은 몹시 호전적인 동물이 되지는 않았으리라.

먹을 것과 기질 사이에는 자연의 맥락이 있어 상상 이상의 밀접한 관계가 있다. 초식동물은 모두가 그 성질이 평화롭게 되어 있다. 양·말·소·코끼리·참새 등등. 그런데 육식동물은 모두가 싸움꾼이다. 이리·사자·범·독수리 등이 그것이다. 인간이 만일 초식동물이었다면 성질이 좀더 부드러웠을 것이 틀림없다. 자연은 다툴 필요가 없는 데에 호전적 기질을 낳지는 않는다. 수탉은 아직도 싸우는데 그것은 먹이 때문이 아니라 암탉 때문에 싸우는 것이다. 그야 인간사회의 남성 사이에도 아직은 다소 이런 종류의 싸움이 이루어지고 있지만, 그렇다 해도 오늘날 유럽에서 볼 수 있는 것처럼 수출용 통조림을 둘러싼 투쟁과는 매우 다른 것이다. 나는 원숭이가 원숭이를 먹는다는 말은 들은 적이 없지만, 사람이 서로 잡아먹는다는 것은 알고 있다. 인류학은 모든 증거를 열거하여 식인 풍습이 제법 널리 행하여지고 있었음을 분명히 가르치고 있다. 그들은 우리 육식류의 조상이었다. 그러니 오늘날 인간이 아직도 갖가지 의미에서 서로 잡아먹고 있다는 것이 뭐가 이상하겠는가? 개인적으로나 사회적·국가적으로 말이다.

식인종에 대해 특필해야 할 것은 살인이라는 것의 선악을 잘 분별하고 있다는 것이다. 즉 살인한다는 것은 바람직스러운 짓은 아니나 피하기 어려운 악임을 인정하면서도, 죽어 넘어져 있는 적의 맛있는 등심살·갈빗살·간장 따위를 먹고서, 그 살육에서 어떤 성과를 얻으려고 한다. 식인종과 문명인의 차이는 식인종이 적을 잡아먹는 데 반해, 문명인은 적을 죽여서 장례 지내고 그 유해 위에 십자가를 안치하며, 그 영혼을 위해 기도드리는 데에 있는 모양이다. 이리하여 인간의 자만과 성급함에 또 하나 어리석음이라는 것이 더해진다.

인간이 완성으로의 도상(途上)에 있음은 잘 알고 있다. 그것은 곧 현재로는 인간은 모두 인정해야 하는 불완전성을 지니고 있다는 것이다. 나는 그것이 인간의 참모습이라고 생각한다. 인간이 모래주머니적인 기질을 발휘하게 되기까지는 참으로 문명화되었다고는 할 수 없다.

나는 현재의 인류에서 육식동물과 초식동물의 두 모습을 보고 있다. 상냥한 기질과 그렇지 못한 기질 말이다. 초식동물적인 사람은 자기 자신의 일을 생각하면서 일생을 보내지만, 육식동물적인 사람은 남의 생활에 참견하여 자기 생계를 꾸린다.

나는 10년 전에 넉 달 동안 정치의 맛을 보고 나서 드디어 그것과 인연을 끊고 말았는데, 그것은 내 성질이 육식동물이 아님을 일찍이 발견했기 때문이다. 하기야 맛있는 비프 스테이크는 좋아하지만. 세계의 절반은 자기 일을 하는 데 시간을 보내고 세계의 절반은 남에게 자기 일을 시키기 위해서든가, 남이 아무것도 할 수 없게 하기 위해서든가, 그중 하나를 위해 살고 있다.

육식동물적 인간의 특징은 다음과 같은 것에서 절대적 기쁨을 느끼는 데에 있다. 즉 권투, 통나무 굴리기, 줄다리기, 그리고 또 사람을 배신하거나 앞지르거나 기선을 제압하는 일……. 이런 것들은 다 진정한 흥미와 실력이 있어야만 하는 것이겠지만, 내게는 일고의 가치도 없는 것들임을 고백해 둔다. 그렇지만 이 모두 본능 문제다. 권투선수의 본능을 지니고 태어난 사람들은 그 본능을 향락하고 만끽하고 있는 것 같지만, 동시에 참된 창조적 재능, 즉 자기 자신의 일을 하고, 자기 자신의 문제를 아는 재능은 그다지 뚜렷하지 않은 경향이 있다.

얼마나 많은 유유자적하는 호학(好學)의 선비, 초식동물적 교수들이 경쟁 마당에서 승리를 얻고자 하는 의욕과 능력이 결여되어 있는 것인가. 그렇지만 나는 그 사람들을 정말 찬미한다. 세계의 모든 창조적 예술가들은 '남의 일에 참견하고 있기보다는, 자기 자신의 일을 생각하고 있는 편이 훨씬 우러러보이는 태도다. 즉 초식동물에 속하는 것이 훌륭하다.' 하는 의견을 내세울 수는 없는 것일까.

인류의 참된 진보는 육식동물적인 종류의 인간들보다는 초식동물적인 인간을 증가시키는 데에 있는 것이다. 그렇지만 당분간은 육식동물이 지배할 것은 뻔하다. 강건한 근육을 신봉하는 세계에서는 그것이 당연하다.

인간이 지능과 정신을 가졌다는 것에 대하여

인간의 정신(지능)은 조물주가 창조한 것 중에서 아마도 가장 고상한 산물일 거라고 사람들은 말한다. 이것은 보통 사람이 인정하는 주장이다. 긴 수학 방정식으로 우주의 곡면공간(曲面空間)을 증명할 수 있는 아인슈타인과 같은 지능, 축음기와 활동사진을 발명할 수 있는 에디슨과 같은 지능, 다가오는 별이나 멀어져가는 별빛을 측정하거나, 눈에 안 보이는 원자의 구조를 논하거나 하는 여러 물리학자들의 지능, 또는 천연적 활동 사진기를 발명한 지능, 이런 사람들의 지능을 가리켜 말할 경우에는 더욱 그런 느낌이 든다. 원숭이가 목적도 없고 변덕스럽고 마구잡이로 찾아다니는 호기심을 가진 데 비해, 인간은 자기가 태어난 우주를 이해할 수 있는 고상하고 빛나는 지성을 가졌음을 인정해야만 한다.

그러나 보통 사람의 정신은 고상하다기보다는 차라리 애교가 있다. 만일 보통 사람의 정신이 고상한 것이었다면 인간은 죄도 약점도 과오도 없는 완전한 이성적 존재가 되어 버릴 테지만 그런 세계는 얼마나 시시한 세계이겠는가! 그렇게 되면 인간은 동물처럼 매력 없는 존재가 되어 버리고 말리라. 죄 없는 성인(聖人)에는 흥미가 없다. 나는 이처럼 휴머니스트다. 그런데 인간에게는 불합리성도 있거니와 모순도 있고, 어리석은 짓도 하며, 바보 소동도 일으키거니와, 축제일에는 들떠서 돌아다니며, 편견과 옹고집과 건망증이 있다. 인간의 재미는 거기에 있는 것이다.

만일 두뇌가 모두 완전하다면 새해마다 새로운 결심을 할 필요가 없다. 섣달 그믐날 밤에 그 해의 처음에 결심한 것을 상기해 보면, 실행한 것이 3분의 1, 실행치 못한 것이 3분의 1, 나머지 3분의 1은 무엇이었는지 생각조차 나지 않는다. 바로 이런 점에 인간생활의 좋은 점이 있는 것이다. 남김없이 실행될 게 뻔한 계획이라면 더 이상 재미가 없다.

전쟁에 임하는 장군이 싸우기 전부터 승리를 훤히 알고 있어서 사상자의 정확한 숫자까지도 예언할 수 있다면 전쟁에 대한 모든 흥미를 잃고 말 것이다. 전쟁을 하기는커녕 전쟁이고 뭐고 포기해 버릴지도 모른다. 만일 상대의 머리가—좋든 나쁘든 그저 보통이든 간에—착오가 없는 머리임을 알고 있다면, 그를 상대로 장기를 둘 사람은 없으리라. 만일 소설 중의 각 인물의 마음이 어떻게 움직일 것인가를 정확히 알고 있어서 확실한 결론을 예고할 수 있다면 모든 소설은 도저히 읽을 수 없을 것이다.

소설을 읽는다는 것은 결국 이런 것이다. 어느 변덕스러운, 어떻게 될지 짐작이 안 가는 인간의 마음이 거기에 있어서, 진전하는 환경의 미로를 더듬어가면서 어느 순간 헤아려 알 수 없는 결심을 한다. 그러면 그 뒤를 독자가 쫓아간다. 그 정도의 것에 불과한 것이다. 언제든지 관대해지지 못하는 엄격하고 가혹한 부친에게는 인간적인 인상이 없어지고, 단정치 못한 남편이라도 언제까지고 단정치 못하기만 하다면 이윽고 독자에게 싫증을 준다.

　누구의 부탁으로도 어떤 미인을 위한 가극(歌劇)을 작곡시킬 수 없었던 고명하고 건방진 작곡가라도, 자기가 지겹게 혐오하는 경쟁 상대가 그 일을 하려고 생각한다는 소리를 들으면 즉시 그 일에 착수한다. 또 어느 과학자는 원고를 신문에 싣는 것을 지금까지 줄곧 거절해 왔는데, 경쟁 상대인 과학자가 단 한 자를 빠뜨린 것을 발견하자, 여러 해 전부터의 철칙을 잊고 잇따라 원고를 발표하기 시작한다. 이러한 경우를 상상해 보라. 정신이라는 것의 불가사의한 인간성을 느낄 수가 있는 것이다. 인간의 마음이 매력이 있는 이유는 거기에 불합리성이 있고 구제하기 힘든 편견이 있으며, 변덕스러움이 있고 예측하기 어려운 점이 있기 때문이다. 만일 이 진리를 배우지 않는다면 1세기에 걸치는 인류 심리학 연구도 헛되고 만다. 다시 말하면 인간의 정신 속에는 아직도 원숭이와 같은, 목적이 없는 암중모색의 지성이 남아 있는 것이다. 정신의 진화를 생각해 보자. 인간의 정신은 본디 위험을 발견하여 생명을 유지하기 위한 기관이었다. 이 정신이 마침내 논리학이나 정확한 수학의 방정식을 이해하게끔 된 것은 단순한 우연에 불과하다고 생각한다. 정신이 그런 목적을 위해 만들어진 것이 아님은 확실하다. 정신은 먹을 것의 냄새를 맡기 위해 만들어진 것이지만, 먹을 것의 냄새를 맡고 나서 추상적인 방정식의 냄새를 맡을 수 있다면 더욱 다행한 일이다.

　인간의 두뇌는──다른 동물의 두뇌도 마찬가지이지만──문어나 불가사리의 촉수(觸手)와 같은 것이라고 생각된다. 촉수는 진리를 더듬고 그것을 얻기 위한 것이다. 우리는 지금도 아직 진리를 '생각한다'고 하기보다도 '느낀다'고 말한다. 두뇌는 다른 감각기관과 함께 갖가지 촉수를 구성한다. 그 촉수가 어떻게 해서 진리를 느끼느냐는 눈의 망막 속에 있는 시자홍(視紫紅)의 감광성(感光性)과 마찬가지로 지금도 아직 생리학의 커다란 신비로 되어 있다. 두뇌가 그 공통적 감각기관에서 떨어져 나와 이른바 '추상적 사색'에 잠길 때마다, 윌리엄 제임스의 이른바 '지각적 현실'에서 떨어져 나와 개념적 현실로 도망쳐서 활력과 인간미를 상실하고 타락하게 된다.

우리는 모두 정신의 진짜 기능은 사고(思考)에 있다는 오해 아래 수고하고 있다. '사고'라는 말의 개념 그 자체를 정정하지 않는 한 이와 같은 오해를 하고 있다가는 철학은 반드시 중대한 과오에 빠지고 말리라. 이러한 오해를 하고 있으니까, 서재를 나와 시장의 군중을 바라보는 철학자는 환멸을 느끼기 일쑤인 것이다. 사고라는 것이 우리의 일상의 행위에 뭔가 중대한 관계라도 있는 듯이 생각하는 착각 말이다!

인간의 정신은 현재 눈에 보이는 대로의 애교 있고 불합리한 쪽이 좋다. 인간이 모두 완전무결한 이성적 동물이 된 듯한 세계는 보기도 싫다. 나는 과학적 진보를 믿지 않는 것일까? 아니다, 다만 성인 군자적인 완벽을 믿지 않는 것이다. 나는 주지론(主知論)에 반대하는 것일까? 그럴지도 모른다, 어쩌면 그렇지 않을지도 모르고. 나는 오직 인생과의 사랑에 빠져 있는 것이다. 그러므로 끝까지 지성을 믿지 않는 것이다.

독자여, 이런 세계를 상상해 보라. 신문에는 살인 기사가 나지 않는다, 모든 사람이 전지전능하며, 도대체 화재란 없다, 비행기 사고도 없다, 남편이 아내를 버리는 일도 없다, 합창대 아가씨와 사랑의 도피를 하는 목사도 없다, 사랑 때문에 왕위를 버리는 국왕도 없다, 아무도 결심을 바꾸는 자가 없다, 사람들은 모두 논리적 정확성을 가지고 열 살 때 자신이 세운 생각을 실천하는 데 노력하고 있다는 등의 세계를 말이다. 그렇게 된다면 이 유쾌한 인간 세계도 안녕이다! 인생의 온갖 자극과 애매함은 없어지고 말리라.

죄도 없어지고, 잘못도 없어지고, 인간적 약점도 없어지고, 정열의 폭발도 없어지고, 편견도 죄장(罪障)도 없어지고, 그중 나쁜 것은 경이(驚異)

가 없어지는 것이며, 때문에 문학도 없어지고 말리라. 그렇다면 4, 5만의 관중이 너나없이 모두 우승할 말〔馬〕을 미리 알고 있는 경마와 같은 것이 되고 만다.

예상을 뒤집는다는 것은 장애물 경마에 꼭 있어야 하는 흥미거리인데, 그와 마찬가지로 인간의 애매함은 인생의 꿀맛이다. 완미(頑迷)한 편견이 없는 존스턴 박사 같은 인물을 상상해 보라! 우리가 완벽한 이성적 동물이었다면, 완전한 예지를 향해 성장해 나가지 않고 자동인형으로 퇴화할 따름이다. 그렇게 되면 인간의 정신은 어떤 충동을 가스계량기처럼 정확하게 기록할 따름인 것이다. 그러니까 인간적이 아니다. 인간적이 아닌 것은 다 나쁘다.

독자는 내가 필사적으로 인간의 약점을 변호하고 악덕을 미덕이라고 억지 부리고 있는 거라고 의심할는지도 모른다. 하지만 그렇지는 않다. 완전히 이성적인 정신의 발달에서 오는 행위의 정확성에서 우리가 뭔가 얻는 바가 있다면, 한편 인생의 재미와 연애 감정을 잃어야만 된다. 세상의 남편이나 아내의 도덕적 귀감이니 하는 따위의 생활을 하는 것만큼 멋없는 것은 없다. 이와 같은 완전히 이성적인 사회는 언제까지나 완전하게 존속하는 데는 안성맞춤인지도 모른다. 그러나 사실이 그렇다 해도 그런 식으로 존속되어 보았던들 과연 얼마만큼의 가치가 있는가. 단연코 질서 정연한 사회를 맞이하라. 그러나 지나친 질서정연함은 없을지어다!

복도에 역사상의 큰 인물의 상이 줄지어 놓인 어느 기념관을 쓰윽 한 바퀴 돌아보고 그 위인들이 세상에 있었던 시절을 상기해 보라. 그들은 행위의 합리성이니 하는 따위는 어지간히 가지고 있지 않았음을 알 수 있으리라.

클레오파트라와 사랑에 빠진 저 줄리어스 시저……. 한 여인 때문에 정녕 대제국을 잊을 뻔했을 정도로 꼴사납게 이성을 잃었던 위대한 줄리어스 시저.(안토니오는 완전히 잊어버렸다) 시나이 산에서 신과 함께 40일이나 걸려서 받은, 율법과 계명을 새긴 신성한 석판을 격분한 나머지 깨뜨려 버린 저 모세. 이런 행위에 이르러서는 모세도, 그가 없는 동안에 신을 버리고 황금 송아지를 예배하기에 이른 이스라엘 사람보다 더 이성적이라고는 말하기 어렵다. 다윗 왕, 그는 잔인해졌나 싶으면 관대해지고, 믿음이 깊어졌나 싶으면 믿음이 없어지고, 신을 예배하고는 죄를 범하고, 회개하는 시편을 쓰고는 또 예배했다. 예지의 화신이라 일컬어지는 솔로몬 왕은 그 아들에 대해서는 아주 무력했다.…… 공자는 방문객에 대해 집에 없는 체했고, 방문객이 돌아가려고 하며 아직 문 앞에 있을 때 집에 있음을 알리기 위해 이층에서 노래를 불렀다. ……게세마네 동산에서 눈물을 흘리고, 십자가 위에 그 의혹을 남긴 예수. ……아내에게 '두 번째로 좋은 침대'를 유품으로 준 셰익스피어. ……밀턴은 17세의 아내와 함께 살 수 없으므로 《이혼론》을 썼다. 비난을 받자 이번에는 《아레오파기티카》를 공표하여 맹렬히 언론자유의 옹호를 시도해 보았다. ……괴테는 19세 난 자식을 옆에 세우고 아내와 교회에서 결혼식을 올렸다. 조나단 스위프트와 스텔라……입센과 에밀리 바르다하.(그는 이성을 유지했다. 본인을 위해서는 썩 다행한 일이다.)

세계를 지배하는 것은 이성보다도 정열이다. 이는 뻔한 사실이 아닌가. 위의 위인들에게 사랑스러운 인간성을 부여한 것은 그 이성이 아니라 '이성의 결여'가 아니었을까?

유족(遺族)의 자녀들이 쓴 중국인 남녀의 망인(亡人)의 약전(略傳)이나 전기적 스케치는 정말 읽기가 역겹다. 재미가 없고 진실미가 없다. 이상하게도 모든 조상을 완전하고 도덕적인 인간처럼 보이게 하려고 하기 때문이다.

중국을 논한 내 저서에 대한 중국 동포의 혹평은, 내가 중국인을 지나치게 인간적으로 만들었다는 것, 중국인의 장점과 더불어 그 약점을 파헤쳤다는 데 있었다. 중국 동포(적어도 조무래기 관리들)는 내가 중국을 유교의 성인만 살고 있는 천국처럼 묘사하고, 평화와 이성의 황금시대를 구가하고 있는 듯이 쓰는 것이 가장 유효한 중국 홍보가 될 것이라고 믿고 계시다! 정말 관리의 어리석음이란 끝이 없다.

그런데 전기를 이루는 매력 그 자체, 읽을 만한 가치 그 자체는 우리 범인과 아주 흡사한 큰 인물의 인간적 측면을 묘사하는 데 있는 것이다. 전기에 나타나는 모든 이성(理性) 없는 행동의 단편은 우리의 현실감을 수긍시키기에 족한 번득임이다. 《Lytton Strachey전(傳)》이 성공한 것은 오직 이 때문이다.

말할 나위 없이 건전한 정신이 훌륭한 실례로 되어 나타나 있는 것은 영국인이다. 영국인의 논리는 좋지 않지만, 위험을 발견하고 몸을 지키는 데는 안성맞춤의 촉수를 머리 속에 지니고 있다. 그 국가적 행위나 이성의 역사를 훑어보아도 논리적인 것은 거의 찾아볼 수가 없다. 그들의 대학·헌법·교회 등은 모두 조각·나무 세공 등속이며, 역사적 성장 과정에서 자연히 점점 커지게 된 것이다.

대영제국의 힘 그 자체도, 영국인의 뇌의 작용이 모자라고 남의 견해를 이해하는 능력이 아주 모자라서, 자기 방식만이 유일한 옳은 방식이며 자기 음식만이 유일한 맛있는 음식이라고 확신하는 데 있는 것이다. 만일 영국인이 합리적으로 생각하는 것을 터득하고 강렬한 자기 신뢰를 상실하면, 그 순간 영국은 붕괴할 것이다. 대체로 자기에 대해 의혹을 품으면, 그 누구도 세계 정복을 바랄 수 없기 때문이다.

영국인의 국왕에 대한 태도, 그 충성, 그 지극히 순진한 애정에 대해 생각해 보더라도, 내용은 절대 빈약하고 결점투성이다. 국왕이라 하더라도 국민들에게 언론의 자유를 박탈당하고, 적당히 행동하고 적당히 왕위를 포기하도록 국민들로부터 개략적인 요구를 받고 있는 데 불과하다. ……엘리자베스 왕조 시대의 영국이 제국을 지키기 위해 해적을 필요로 했을 때, 엘리자베스 여왕은 그 사태에 대처하기에 충분한 해적을 구성할 수가 있었다. 게다가 그 해적을 우대(優待)했다.

영국은 어떤 시대에도 적당한 적에 대해 적당한 동맹국과 더불어 적당한 측에 서서 적당한 때에 적당히 전쟁을 해 왔다. 그런데도 언제나 그렇지 않다고 주장해 왔다. 이런 재주를 부릴 수 있는 것이다. 그것은 논리가 아니다. 그런 일이 논리로 가능할 듯싶은가. 그것은 더 말할 나위 없이 촉수(觸手) 덕분이다.

영국인은 불그스름한 낯빛을 하고 있다. 그것은 런던의 안개와 크리켓 경기에서 오는 것임에 틀림없다. 대단히 건강한 피부는 인간의 사려(思慮), 즉 평생 자기가 취해야 할 길을 감지하는 과정에 반드시 중요한 역할을 하는 것이다. 그런데 영국인이 건강한 피부로 사물을 생각하듯이, 중국인은 그 현묘(玄妙)한 창자로 사물을 생각한다. 이건 중국에서는 정말 누구든지 인정하고 있는 사실이다.

우리 중국인은 정말 창자로 무얼 생각한다는 것을 체득하고 있다. 중국의 시인·철인은 '만복(滿腹)의 사상', '만복의 학식', 또는 '만복의 시문'을 가진 자라 일컬어지고, 혹은 '만강(滿腔)의 애상', '분노', '회한', '울분'을 품은 사람들이라 일컬어진다. 헤어져 있는 중국인의 연인끼리는 서로 편지를 쓰되, '수장(愁腸) 맺혀 백 마디를 이룬다'고 하며, 마지막 헤어짐에는 '단장(斷腸)'이라고 한다. 중국의 학자가 논문이나 연설을 위해 자기 사상을 정리하여 그것을 아직 종이에 써 나타내기 전에는 '복안(腹案)'이 세워졌다고 한다. 즉 그 사상을 모두 뱃속에서 정리한 것이다. 정말 '복예(腹藝)'를 한 것이다.

이것은 물론 엄격한 뜻에서도 과학적이며 실증할 수도 있다. 현대의 심리학자가 인간의 정서적 성질이나 조직을 더욱더 잘 알게 되면 특히 그렇다. 그러나 중국인에게는 과학적 증명이 필요없다. 중국인은 오직 배로 느끼는 것이다. 중국 음악의 멜로디가 매우 정서적인 것은 가수의 횡격막 밑에서 소리가 나오기 때문이라는 것을 음미할 수만 있으면 그윽한 정취가 담긴 중국 음악을 누구나 이해할 수 있는 것이다.

인간의 지능이 자연계나 인간관계 밖의 모든 문제를 다룰 때의 능력을 경시해서는 안된다. 나는 과학의 정복에 대해서는 낙관적이다. 그러나 인간적 문제를 다루는 비판적 정신이 어디까지 전반적 발전을 이룰 것인가, 혹은 인류가 과연 갖가지 번뇌를 훨씬 초월하는 항심(恒心)과 오성에 도달할 수 있을는지 어떤지 하는 것에 대해서는 약간 생각하지 않을 수 없다. 개인으로서의 인류는 매우 고도의 발달을 이루었겠지만, 사회적 집단으로서는 여전히 원시적 욕정에 사로잡혀 가끔 원시시대로의 후퇴와 야만적인 본능을 노출하고 간헐적인 광신과 집단적 히스테리에 공격당한다.

정신분석학자는 정신병을 고치는 데 종종 환자에게 그 과거를 회고케하여 생애를 객관적으로 보도록 하는 방법을 쓴다. 인류도 그 과거사를 더 생각한다면 틀림없이 좀더 자기 모습을 잘 이해할 수 있을 것이다. 인간에게는 동물의 유전이 있다는 것, 또 아주 동물에 가깝다는 것을 알고 있다면, 동물과 같은 행동을 하는 것을 조금은 막을 수 있을 것이다.

동물의 우화나 수필, 즉《이솝 우화》나, 초서의《새들의 의회》나, 스위프트의《걸리버 여행기》나, 아나톨 프랑스의《펭귄 섬》등을 읽으면 인간 자신의 모습을 역력히 알 수 있듯이, 동물적 유전이라는 것을 알면 자기 모습을 쉽게 분별할 수 있다. 이들 동물의 우화는 이솝 시대에도 훌륭한 것이었지만, 기원 4천 년이 되더라도 역시 내세울 만한 것이리라.

우리는 어떻게 하면 이 사태를 바로잡을 수 있을까? 비판적 정신은 너무 약하고 너무 차가우며, 머리의 생각은 철저하지 못한 것이며, 이성도 별로 쓸모가 없다. 여기에는 오직 이른바 중용적 사려분별이 있을 따름이다. 그것은 온정에 불타고 정서가 풍부하며, 직각적인 사고방식으로서 인간을 그 조상의 형태로 복귀하지 않게끔 지켜 주는 것이다. 인간의 생활을 본능과 조화하도록 발전시켜야만 인간은 구제받는다. 나는 사상 교육보다 차라리 감각과 정서 교육 쪽이 중요하다고 생각한다.

제4장
인간적인 것에 대하여

인간의 질서인 권위에 대하여

앞장에서는 인간이 동물로부터 계승한 유전, 즉 인간과 짐승에게 공통하는 부분과, 인간 문명의 성질에 끼친 그 영향에 대해 고찰했다. 그러나 그것만으로는 아직 완전치 못함을 알 수 있다. 인간성과 인간의 권위 전반에 걸친 완전한 견해라기에는 아직 뭔가 석연치 못하다. 그렇다. '인간의 권위', 이 말이 그것이다! 인간의 권위라는 것에 대해서는 역설해 둘 필요가 있다. 또 그것이 무엇에서 성립되었는가를 알아 두어야만 한다. 그렇지 않으면 논점이 흐려지고 알 수 없게 되어 인간의 권위 그 자체를 간과해 버릴 우려가 있기 때문이다. 왜냐하면 이 20세기, 특히 현재와 앞으로 수십 년 사이에 인간이 그 권위를 상실해 버릴지 모른다는 위험이 아주 명료하게 느껴지기 때문이다.

"그대가 인간도 동물이라고 주장하는 것은 그렇다 치고, 인간은 동물 중에서 가장 경탄스러운 동물이라고는 생각지 않는가?" 하고 묻는 사람이 있다면 나는 대답한다. "그렇고 말고." 문명을 만들어 낸 것은 인간뿐이다. 이것을 쉽사리 잊어서는 안된다.

동물 중에는 인간 이상의 여러 동물이 있다. 인간보다 모습도 근사하고 기품 있는 모양을 하고 있는 것도 있다. 말 같은 것이 그것이다. 또 사자처럼 훌륭한 근육을 가진 것, 개처럼 후각과 온순함과 충성심이 뛰어난 것, 독수리처럼 날카로운 시력을 가진 것, 비둘기처럼 방향감각이 예민한 것, 개미처럼 대단히 근면하고 훈련이 잘 되어 부지런히 일하는 능력을 가진 것, 비둘기나 사슴처럼 기질이 온순한 것, 소처럼 강한 인내심과 만족감을 가진 것, 종달새처럼 훌륭한 가수, 앵무새나 공작처럼 몸치장이 아름다운 것들이 있다. 그리고 또 나는 이런 동물들보다도 원숭이가 마음에 든다. 마음에 드는 무언가가 원숭이 속에 있다. 그러나 그 원숭이보다 인간인 편이 낫다는 것은 인간 속에 있는 원숭이의 호기심과 원숭이의 영리함 때문이다. 이미 언급했듯이 개미는 인간보다도 이성적이며, 인간보다 훈련된 동물임은 인정한다. 그러나 그들은 도서관이나 박물관이 없지 않은가. 개미나 코끼리가 거대한 잠망경을 발명하거나 새로운 변광성(變光星)을 발견하거나 일식을 예언할 수가 있다면, 혹은 바다표범이 미적분학을 발견할 수 있고, 바다삵이 파나마 운하를 개통시킬 수가 있다면 나는 언제라도 그들에게 세계의 총수, 창조주로서의 선수권을 양보할 생각이다.

확실히 인간은 자기 자신을 자랑할 만한데, 자랑해도 좋도록 해 준 것은 무엇인가, 인간 권위의 본질은 무엇인가, 그것을 발견하기 위해 먼저 노력해야 한다.

그런데 이 인간의 권위라는 것은 이미 이 책 첫머리에서 언급했듯이, 중국 문학의 찬미 대상인 자유인의 네 가지 특징으로 이루어져 있다. 즉 유희적 호기심, 꿈꾸는 능력, 그 꿈을 정정하는 유머 감각, 끝으로 행동의 변덕스러움과 분방함이다. 이 네 가지를 합하면 미국의 이른바 개인주의 교의(敎義)를 중국식으로 근사하게 바꾸어 놓은 것이 된다. 중국 문학에 묘사된 자유인의 모습 이상으로 개인주의자의 생생한 모습을 묘사할 수는 없다. 미국 개인주의를 대표하는 최대의 문학(文學) 선수 월트 휘트먼 자신이 '위대한 한인(閑人)'이라 불린 것은 분명히 우연은 아니다.

호기심에 대하여

하는 일 없이 떠도는 상태에서 인간은 어떻게 하여 문명의 진보를 개시했는가. 장차 진화 끝에 굉장한 생물이 될지도 모른다고 생각될 만한 최초의 징후, 혹은 발전성 있는 최초의 조짐은 어떤 것이었던가. 이 물음에 대해 그것은 인간의 유희적 호기심이라고 지체없이 대답할 수가 있다. 즉 손으로 무엇을 더듬거나, 무엇이건 까뒤집어서 조사하려고 하는 최초의 노력이 그것이다.

원숭이를 보면 안다. 원숭이는 틈만 있으면 저희끼리 눈꺼풀이나 귀를 까뒤집어 뭔가 조사하고 있다. 이〔虱〕라도 찾고 있는 것인지, 또는 아무것도 찾는 것이 아닌지, 아무튼 그저 까뒤집기 위해 까뒤집고 있다.[1] 동물원에 가서 두 마리의 원숭이가 서로 귀를 잡아당기고 있는 광경을 보라. 바로 거기에 장차 뉴턴이나 아인슈타인이 출현할 낌새가 숨겨져 있는 것이다.

인간의 손이 뭔가를 찾아 구하는 듯한 모습으로 재미삼아 더듬거리는 정경에는, 단순한 정경 이상의 것이 있다. 즉 거기에는 과학적인 진실이 있는 것이다. 인류 문명의 최초의 기초는, 인간이 두 다리로 서서 직립의 자세를 취하게 된 결과, 두 손이 지상으로부터 해방된 데서 비롯된다.

이와 같은 유희적 호기심은 고양이에게조차 있다. 앞발이 걷는 의무와 몸을 떠받치는 의무에서 해방되었을 때의 고양이 모습이 그것이다. 그러므로 인간이 원숭이로부터 진화했다면, 고양이로부터 진화했다고도 할 수 있을지 모른다. 다만 원숭이의 경우는 항시 나뭇가지를 붙잡고 있으니까 손가락이 이미 발달되어 있는데, 고양이의 발은 아직 발이며, 살이나 연골 덩어리에 불과하다. 이 점을 빼면 고양이로부터 진화했다고도 할 수 있다.

---

1) 원숭이가 동료의 몸뚱이를 샅샅이 뒤지는 것은 땀의 결정체인 소금을 찾고 있는 것이다.

나는 전문적인 생물학자는 아니지만 그 이야기는 차치하고, 손의 해방에서 연유한 인류 문명에 대해 생각해 보자. 누군가가 이미 언급한 사실이 있는지 없는지는 모르지만 나는 여기서 얼마간 하고 싶은 말이 있다. 직립 자세를 취하기에 이르렀다는 것, 그 결과로서 손이 지상에서 해방되었다는 것, 이 두 가지는 인류 진화사에 대단히 커다란 결과를 가져다주었다. 우선 연장의 사용과 수치심과 여성의 예속을 가져오고, 그에 관련하여 아마도 언어의 발달도 이루어졌을 것이며, 끝으로 유희적 호기심과 무엇을 찾아다니는 본능을 현저히 증대시켰다. 인간의 문명은 연장의 발견에서 비롯되고, 연장의 발견은 손의 발달에서 왔다는 것은 대체로 다 아는 사실이다.

거대한 유인원(類人猿) 한 마리가 나무에서 내려오려 할 때(아마 몸뚱이가 너무 무거웠던 것이리라.) 취하는 두 가지 방법이 있다. 즉 언제나 네 발로 걷는 비비의 자세이거나, 뒷발만으로 걷는 것을 배우기 시작한 성성이의 스타일을 따르거나 둘 중 하나이다. 인류의 조상이 네발짐승(또는 네손짐승)인 비비에서 나왔다고는 생각할 수 없다. 비비의 앞발은 너무 일이 많을 것이기 때문이다. 그런데 능숙하건 서투르건 간에 성성이가 직립 자세를 획득했기에 손이 자유를 얻은 것이다. 이 자유가 모든 문명에 얼마나 중요한 것이었던가.

이때 이미 유인원은 그 큰 주둥이로 열매를 따지 않고 틀림없이 손으로 따는 것을 알고 있었을 것이다. 유인원이 높은 벼랑 위의 동굴에 살게 되고부터 벼랑을 기어올라 오는 적을 겨누어 돌이나 자갈을 굴리는 것은 열매를 손으로 따는 것과는 겨우 일보의 차이다. 인간이 사용한 시초의 연장이 그것이었다. 유인원이 무언가를 집으면 그것을 만지작거리고 손을 놀리는 광경을 우리는 상상해야만 된다.

뭔가 목적이 있었는지 아닌지는 모르지만, 이윽고 앞이 뾰족한 부싯돌이나 깔죽깔죽한 돌조각이 그들의 생활 속에 나타나게 된다. 그것은 별

다른 이유 없이 사물을 만지작거리고 있는 사이에, 적을 죽이는 데는 민둥한 돌덩이보다는 뾰족뾰족한 편이 좋다는 것을 우연히 발견한 것이다.

그저 약간 사물의 방향을 바꾼다는 행위, 이를테면 귓불의 앞쪽과 마찬가지로 뒤쪽도 본다는 행위를 하게 되면, 이미 사물을 전체로서 이해하는 힘이 증가된 것이 되며, 따라서 머릿속에 그려져 있는 갖가지 영상의 수도 증가된 것이 분명하다. 이리하여 두뇌의 전두엽(前頭葉)이 자극을 받게 된다.

나는 인간의 성적(性的) 수치심의 기원도 역시 이 직립 자세에 있다고 믿는다. 성적 수치심이라는 것은 다른 동물에게는 전혀 없다. 왜냐하면 대자연이 그 창조를 계획하는 데 십중팔구 생각지도 못했던 직립이라는 새로운 자세를 취한 것이니까, 본디 신체 후부에 해당했던 어떤 부분이 단숨에 신체 중앙부를 차지하기에 이르고, 등 뒤에 있어야 할 부분이 앞면으로 돌아왔기 때문이다. 이 가공할 새 사태와 더불어 주로 여성에게 난처한 갖가지 불편한 일이 생겨났다. 즉 유산이 많아지고 월경이 불순해지게 된 것이다.

해부학적으로 말하면, 인간의 근육은 본래 네 발 자세로 설계되어 그에 따라서 발달해 온 것이다. 이를테면 어미돼지는 그 뱃속의 새끼를 수평의 척추에 매달고 있다는 것이 된다. 마치 세탁물이 그 중량을 알맞게 나누어서 하나의 줄에 매달려 있는 듯한 것이다.

임신한 부인에게 직립하라는 것은, 빨랫줄을 수직으로 세우고 빨래에게 원위치를 유지하라는 것과 같은 것이다. 인간의 배 근육은 직립 자세를 위해서는 불편하게 이루어져 있다. 만일 인간이 본래부터 두 발 짐승이었다면 그런 근육은 어깨 쪽에 교묘히 붙어 있어야 할 것이다. 그렇게되면 모든 게 잘 되어 가는 것이다. 자궁이나 난소에 관한 해부학 지식을 가진 자라면, 그것이 그럭저럭 위치를 유지하고 작용을 계속한다는 것과, 전위증(轉位症)이나 월경불순이 이 정도로 그친 것을 알고는 크게 놀랄 것이다.

월경에 관한 모든 비밀은 지금도 아직 충분히 설명되어 있지 않다. 난소의 주기적 갱신이 필요함은 인정한다 치더라도, 월경이라는 것이 그 기능을 다하는 데에 극히 비능률적이며, 소용없이 오랫동안 공연한 고통을 여성에게 주고 있음을 분명히 인정해야만 한다. 그리고 이 비능률이 두 발 직립 자세에 유래하고 있음은 의심할 여지가 없다.

이것은 이윽고 또 여성의 예속을 가져다주었다. 그리고 십중팔구 오늘날 볼 수 있는 인간사회의 발달도 초래했다. 인류의 모친이 만약 네 발로 걸을 수 있었더라면 남편에게 아주 예속되는 그런 일은 없으리라 생각한다.

두 가지 힘이 동시에 작용을 시작했다. 한편으로는, 이미 그 무렵에는 남녀가 모두 매일 빈둥빈둥 놀며, 호기심이 많고 놀기 좋아하는 동물로 되어 있었다. 색욕의 본능은 새로운 표현을 향해 발달했다. 그러나 입맞춤은 아직도 진짜 재미있는 것은 아니었으며, 도무지 잘 되지 않았다. 저 단단한 뻐끔거리는, 쑥 내민 입으로 키스하고 있는 두 마리의 침팬지의 모습을 보면 알 수 있는 일이다.

그런데 손은 지금까지보다 감각적이며 부드러운 동작을 새로이 발달시켰다. 토닥거리거나 쓰다듬거나 간지럽히거나 끌어안거나 하는 동작이 그것인데, 이것은 모두가 서로의 몸뚱이의 이〔虱〕를 잡는 데서 일어난 우발적인 결과이다. 만일 텁수룩한 인류의 조상의 몸에 이가 뒤끓고 있지 않았더라면 오늘날의 서정시(抒情詩)는 발달하지 못했음에 틀림없다. 그렇다면 이 새로운 동작은 색정(色情)의 본능을 발달시킴에 크게 기여했을 것이 뻔하다.

한편으로 두 발로 걷는 인류의 임신부는 꽤 오랫동안 슬프고 의지할데 없는 상태를 참아야만 했다. 인간이 미처 직립 자세에 완전히 적응치못했던 당초에는 임신부가 짐을 안고 걷는 것은 좀더 곤란했을 듯싶다. 다리와 발꿈치가 알맞게 개선되고 몸 앞쪽의 짐과 균형이 잡히도록 골반이 알맞게 뒤로 오므라들기까지는 더욱더 곤란한 것이었다. 태초에는 두 발로 걷는 자세가 너무 거북스러워서, 지질시대(地質時代)의 어머니들은 아픈 허리를 쉬기 위해 남몰래 부끄러운 듯이 네 발로 기어야만 했다.

이와 같이 매우 곤란한 일이 많았으며, 그밖에도 여성 특유의 고생이 있었기에 여성들은 성애의 유입과 유희를 하기 시작했다. 이래서 독립 정신이 다소 상실된다. 맙소사! 그녀들은 그 임신 기간 중 토닥거림이나 애무를 받아야만 했던 것이다!

직립 자세는 또 갓난애가 걷는 법을 배우는 데 곤란케 하고, 어린애로서의 기간을 길게 했다. 소나 코끼리의 새끼는 거의 태어나자마자 설 수 있는데, 인간의 갓난애만은 같은 것을 배우는 데 두세 해나 걸렸다. 더구나 그동안 어린것을 돌봐주는 데 제일 자연스러운 사람은 모친 말고 누가 있으랴!*

인류는 그로부터 전혀 새로운 발달의 길을 걷게 되었다. 성(性)을 좀더 넓은 뜻으로 해석하고, 그것이 인간의 일상생활을 다채롭게 하기 시작했다는 단순한 사실에서 인간 사회는 발달했다.

여성은 더욱 의식적으로 끈질기게 암컷보다는 '여자'로 되어 갔다. 암표범보다는 흑인 여자로, 암사자보다도 백작 부인으로 말이다. 제법 개화된 뜻에서 남녀의 분화가 일어나기 시작했다. 아마 얼굴이나 가슴의 털을 뽑는 데서 시작되었겠지만, 여자가 먼저 몸을 꾸미기 시작했다. 동물계 일반처럼 남자부터가 아니다. 모두 생존을 위한 전술 문제다. 생존 전술은 동물계에서는 또렷이 나타나 있다. 범이 공격하고, 거북이 숨고, 말이 도주한다. 모두가 생존 때문이다. 여성의 애정이나 아름다움, 그리고 그 상냥한 속임수는 과연 생존 전술의 가치가 있다. 남성 쪽이 아마도 완력이

---

* 부모가 돌봐 주는 이 기간은 차츰 길어져서, 야만인의 어린것이 6, 7세로 사실상 독립하고 있는데, 문명국의 어린이는 생활법을 배우는데 1세기의 4분의 1을 요한다. 더욱이 그 나이가 되더라도 일체를 다시 배워야만 한다.

세었으리라. 그러니 남자와 싸워 보았자 이로울 게 없다. 어찌 남자를 매수하고 기분을 맞추고 기쁘게 해 주지 않을 수 있겠느냐는 것이 된다.

이것이 오늘날에도 인류 문명의 성질 그 자체이다. 여자는 저항하고 공격하는 것을 배우지 않고 매료시키는 것을 배웠으며, 힘으로 목적을 달성하려 들지 않고 좀더 부드러운 수단에 의지하려고 전력을 다했다. 그래서 결국 보드라운 맛이라는 것이 문명인 것이다. 그러므로 나는 오히려 인간의 문명은 남자로부터 비롯된 게 아니라 여자로부터 비롯된 것이라고 생각한다.

그리고 또 오늘날 언어라 불리는 잔소리의 발달에 대해서도 여자는 남자보다 큰 역할을 해냈다고 생각지 않을 수가 없다. 여자의 수다 본능은 꽤 뿌리 깊으므로, 인간의 언어를 창조하는 데도 여자는 남자보다도 크게 이바지했을 것이 틀림없다고 나는 확신한다.

원시인은 극히 무뚝뚝하고 성미가 깐깐한 동물이었으리라고 생각된다. 인간의 언어는 다음과 같은 광경에서 비롯된 것이리라. 옛날의 한 수컷 유인원이 동굴의 거처에서 나와 먹을 것을 찾으러 나간 동안, 이웃에 사는 두 암컷이 동굴 앞에서 윌리엄은 해럴드보다 좋은 남자라는 둥, 아니 해럴드 쪽이 윌리엄보다 좋은 남자라는 둥, 해럴드는 어젯밤 짜증나게 그거였다는 둥, '그 사람 꽤 성미가 까다로워서 말이야.'라는 둥, 이렇게 주고받는, 대체로 그런 식으로 시작되었음에 틀림없다. 그밖의 형식을 취할 리는 절대 없다. 물론 손으로 먹을 것을 잡게 되었으니까, 지금까지처럼 먹을 것을 물어서 먹는다는 턱 본래의 이중 부담은 가벼워졌지만, 그 때문에 결국 또 턱이 점점 퇴화하고 작아져서 언어의 발달을 돕게도 된 것이다.

그러나 앞에서도 언급했듯이 이 새로운 자세가 빚어낸 중요한 결과는 두 손의 해방이며, 원숭이의 한가한 이잡기 놀이가 상징하고 있듯이 사물의 방향을 바꾸거나 까뒤집고 조사하는 등의 자유가 손에 주어진 데 있는 것이다. 지식의 자유로운 검토나 연구 정신은 이 이잡기에서 발달되고 있다. 오늘날 인류 진보도 그 대부분은 인간사회를 괴롭히는 모종의 이를 잡는 데 있다.

인간 정신으로 하여금 온갖 문제, 온갖 사회적 질환을 자유롭게 유희적으로 탐구하게 하는 호기심이라는 본능이 발달했다. 이 정신적 활동은 먹을 것을 찾는 것과는 아무런 관계도 없다. 그것은 순수히 단순한 인간 정신의 작용이다. 원숭이는 먹기 위해 이를 찾는 건 아니다. 그저 재미있으니까 찾는 것이다. 그리고 이것이야말로 모든 가치 있는 인간의 학문과 학식의 특질이다. 즉 사물 자체에 갖추어진 재미이며, 있는 그대로를 알고 싶어하는 한가한 유희적 희망인 것이다. 결코 지식이 직접 또는 간접으로 배를 채우는 데 도움을 주기 때문은 아니다.(중국인으로서 내가 여기서 자기모순에 빠지는 것이라면, 자기모순에 빠지는 것이 중국인으로서 나의 행복이다.)

나는 이것이 특히 인간적이며, 인간의 권위에 대단히 공헌하는 것이라고 생각한다. 지식 또는 지식 탐구 과정은 유희의 한 형식이다. 진정 훌륭한 성과를 이룩할 만한 권위있는 과학자·발명가는 모두가 이런 식이다. 연구심이 강한 훌륭한 의사는 인간보다도 미생물에 흥미를 가지며, 천문학자는 수억 킬로미터나 멀리 떨어진 별의 운동을 기록하려고 한다. 별은 틀림없이 이 유성에 살고 있는 인간 생활에 직접적으로 아무런 관계가 있을 리 없다. 대개의 동물은, 특히 어릴 적에는 유희 본능을 가지고 있다. 그러나 유희적 호기심이 제법 발달을 이룩한 건 인간뿐이다.

내가 검찰관을 싫어하고 사상을 단속하려 드는 정부의 모든 기관과 형식을 싫어함은 이 때문이다. 이러한 검찰관이나 당사자는 의식적이건 무의식적이건 인간의 예지를 모욕하는 것이라고 생각하지 않을 수 없다. 사상의 자유가 인간 정신의 최고 활동이라면, 자유에 대한 압박은 우리 인간에게 가장 불명예스러운 것이다.

옛날 유리피데스는 노예를 정의하여, 사상 또는 의견의 자유를 상실한 인간이라 했다. 전제정치는 모두 훌륭한 유리피데스식 노예를 생산하는 공장이다. 이러한 실례(實例)는 동서간에, 20세기라는 이 시대에, 문화의 본고장에 얼마든지 있지 않은가? 그러므로 그 형식 여하를 불문하고 전제정치는 다 지적(知的)으로 퇴보한 것이다. 일반적으로 유럽의 중세 시대가 그 실례이며, 특수한 것으로는 스페인의 종교 재판이 그것이다.

식견이 좁은 정치가나 종교가들은 신앙과 사상의 획일성은 평화나 질서에 공헌하는 것이라고 생각할는지 모르나, 역사에 비추어 보면 항시 인간 생활을 짓누르고 악화시키는 결과가 되고 있다. 이들 전제자는 국민의 외부적 행동을 단속할 뿐만 아니라, 더 나아가서 국민의 내부적 사상과 신앙을 지배하려 드는데, 이는 틀림없이 일반 국민을 지독하게 경멸하고 있기 때문이다. 그들은 단순히 이런 식으로 믿고 있는 것이다.

'인간의 정신은 획일성에 견디어 나가리라, 정부측 홍보계나 홍보부 나으리의 말씀대로 책에도, 협주곡에도, 영화에도 좋아지거나 싫어지거나 할 것이다.'라는 식으로 말이다.

모든 전제 정부가 선전으로 문학을 혼란시키고, 정책으로 예술을 교란하고, 애국심으로 인류학을, 현존 지배자에 대한 예배로써 종교를 혼란에 빠뜨리려 했다.

단적으로 말하거니와 그것은 불가능한 일이다. 사상을 단속하는 자가 인간성 그 자체에 너무 상반된 짓거리를 하면 스스로 몰락의 씨를 뿌리는 게 된다. 맹자는 말하고 있다.

임금이 신하 보기를 손발처럼 한즉, 신하가 임금 보기를 배나 가슴같이 한다. 임금이 신하 보기를 개나 말처럼 한즉, 신하가 임금 보기를 천한 백성 보듯 한다. 임금이 신하를 하찮게 여기면, 신하가 임금 보기를 원수처럼 여긴다.

천하에 인간의 사상을 도둑질하는 것보다 큰 도둑은 없다. 사상과 자유를 도둑맞아 버리면 다시 네 발로 기게 되어, 두 발로 걷던 시대의 경험은 다 잘못된 것이었다고 깨닫고, 적어도 3만 년 전의 옛 자세로 되돌아가는 것과 같은 것이다. 그렇기 때문에 맹자의 말을 빌면 전제자가 민중을 경멸하듯이 민중은 이 도둑놈을 증오한다. 게다가 양쪽이 같은 비율로 말이다. 도둑놈이 도둑질하면 할수록 민중은 더욱더 도둑놈을 증오한다. 우리의 몸에 지녀온 도덕적·종교적 신앙만큼 귀하고 소중하며 친근한 것은 없다. 그러므로 믿는 것을, 또 믿을 권리를 우리에게서 뺏은 자에 대한 증오만큼 큰 것은 또 없다. 그런데 이러한 근시안적인 우매함이 전제정치에서는 당연한 것이다. 그것은 전제자가 항시 지적으로 퇴보되어 있기 때문이라고 나는 믿는다. 인간성에는 반항심이라는 게 있으며, 양심에는 누르기 힘든 자유가 작용하고 있기 때문에 반드시 반발하여 전제자에게 복수하는 것이다.

꿈에 대하여

세상 사람들은 불만을 신성한 것이라고들 한다. 아무튼 불만이라는 것이 인간 특유의 것임은 아주 분명하다.

동물 진화 가운데 원숭이는 첫 불평가였다. 침팬지 이외의 동물이 참으로 슬픈 표정을 짓는 걸 본 적이 없다. 나는 이러한 동물이야말로 진정한 철학자로군, 하고 가끔 생각한다. 왜냐하면 슬픔과 심사숙고는 흡사하기 때문이다. 그런 표정을 보면 뭔가 생각에 잠기고 있다는 생각이 든다. 그런데 소는 생각에 잠기는 것같이 보이지는 않는다. 적어도 철학적 사색을 하는 것 같지는 않다. 소는 언제나 크게 만족한 듯한 표정을 짓고 있기 때문이다. 코끼리 또한 가공할 분노를 심중에 지니고 있긴 할 것이로되, 항상 코를 흔들고 있으면 사색은 고사하고 가슴 속에 가득한 불평을 몰아낸 것같이 보인다. 온통 생활에 권태로운 듯한 표정을 지을 수 있는 건 오직 원숭이뿐이다. 위대할손 원숭이여!

요컨대 모든 철학은 이 권태롭다는 감각에서 나온 것이리라. 아무튼 어떤 이상(理想)에 대해 슬픈 듯한, 종잡을 수 없는 부러운 듯한 동경을 지니는 것은 인류의 특징이다. 인간은 현실의 세계에 살고 있더라도 또 다른 세계를 꿈꾸는 능력과 경향을 가지고 있다. 인간과 원숭이의 차이는, 원숭이는 오직 지루해 하고 있을 따름인데, 인간은 지루해 하는 외에 '상상력'이라는 걸 가지고 있는 데에 따른 것이리라.

우리는 누구나 옛 상태를 탈피하고 싶어한다. 누구든지 자기 이외의 뭔가가 되어 보고 싶어한다. 즉 누구나 꿈을 꾸고 있다. 졸병은 하사관을 꿈꾸고, 하사관은 대위를, 대위는 소령이나 대령을 꿈꾸고 있다.

그런데 대령 자신은, 그가 제법 멋있는 인물이라면, 대령인 것을 그저 덤덤하게 여긴다. 좀더 점잖은 말투로, "아니 뭐, 대수롭지 않은 봉사 역할에 불과해." 하고 말한다. 그리고 사실인즉 그와 다를 게 없다. 훌륭한 사람을 보고는 "훌륭한 분이시군!" 하고 세상 사람들은 말하는데, 그런 말을 들은 사람이 정말 훌륭하다면 분명코 이렇게 대답한다. "훌륭하다니, 무슨 뜻이지?"

그러므로 세상이란 일품요리점과 흡사하다. 옆 테이블에서 주문한 음식이 자기 것보다 훨씬 좋아 보이고, 맛있어 보이는 것이다. 현대의 어느 중국의 교수는 사람의 욕심이 너무 많음에 대해 이런 경구(警句)를 토했다.

"마누라는 남의 것이 좋아 보이고, 책은 자기가 쓴 것이 좋아 보인다."

그러므로 이런 의미에서 아주 만족하고 있는 자는 이 세상에 하나도 없다. 사람은 모두 누군가가 되고 싶어한다. 그 누군가가 자기 자신이 아닌 한은 말이다.

이러한 인간의 특색은 분명히 그 상상력과 꿈꾸는 능력에서 오고 있다. 상상력이 크면 클수록 언제나 더욱 불만족하다는 생각을 한다. 상상력이 많은 어린이가 늘 다른 어린이보다 다루기 힘들다는 것은 이 때문이다. 인간은 소처럼 행복해 하고 만족해 하기보다는, 원숭이처럼 슬픈 듯이 까다로운 표정을 짓는 편이 많다. 그러므로 이혼(離婚) 등은 아무래도 상상력이 모자란 사람들보다도 이상주의자나 상상력이 풍부한 사람들 사이에서 많이 이루어지게 되어 있다. 인생의 이상적인 반려자를 갖고 싶다고 생각하는 환영은, 상상력이 모자라고 이상주의적인 면이 적은 사람은 못 느끼는 강렬한 힘을 갖는 것이다. 인류는 대체로 이상주의 덕분에 향상도 하거니와 사악한 길로 들어가 방황하기도 하는데, 상상력 없이 인류가 진보한다는 것은 전혀 생각할 수 없다.

인간에게는 향상심이라는 것이 있다고들 말한다. 향상심이 있다는 것은 대단히 바람직스럽다. 결국 그것은 대체로 고귀한 정신으로 지적되고 있기 때문이다. 사실 또 그렇지 않은가. 개인으로도 국민으로도 우리는 모두 꿈을 지니고, 크건 작건 그 꿈을 좇아 행동한다. 어떤 사람은 다른 사람보다 다소 꿈이 크다. 그것은 어느 집이나 꿈이 많은 어린이와 그다지 많지 않은 어린이가 있는 것과 같은 것이다. 나는 여기서 고백해 두겠다. 사실 내 마음은 꿈꾸는 어린이 쪽을 좋아하는 것이다.

꿈꾸는 자는 다른 사람보다 대체로 슬픔이 많은 사람이다. 하지만 그렇다고 해서 나쁠 게 없다. 슬픔이 많다는 것이야말로 더 큰 환희와 감동을 느낄 수 있고 드높은 황홀경에도 드나들 수가 있게 한다. 즉 라디오 세트가 공중에서 음악을 감수하게끔 만들어져 있듯이 인간은 사상에 대한 수신기 같은 구조를 가지고 있다고 생각한다. 감수력(感受力)이 예민한 세트는 다른 세트가 감수하지 못하는 가냘픈 단파를 감수한다. 아득한 곳에서 오는 가냘픈 음악은 좀처럼 감수하기 힘든 것이긴 하지만, 그렇다고 해서 좋은 음악이 아니라고 할 이유가 어디 있단 말인가. 어릴 적의 꿈은 보통 생각하듯 그렇게 종잡을 수 없는 것은 아니다. 아무튼 소년 시절의 꿈은 평생 남아 있다. 그러므로 내가 만일 세계의 어떤 작가라도 될 수 있다면, 나는 누구보다도 한스 크리스천 안데르센이 되고 싶다. 인어가 무슨 생각을 하고 있을까 하는 따위의 공상을 하거나, 자라면 물 위로 떠올라가 보고 싶다는 생각을 하면서, 인어 이야기를 쓰기도 하고 자기 자신이 인어가 되어 보기도 한다는 것은, 아마도 인간의 마음으로 느낄 수 있는 가장 섬세하고 가장 아름다운 기쁨의 하나를 느끼는 것이 될 것이다.

어린이는 길바닥이나, 다락방이나, 헛간 속이나 또는 물가에 누워 뒹굴면서 언제나 꿈을 꾸고 있다. 더욱이 그 꿈은 그대로 이루어진다.

토머스 에디슨도 그렇게 꿈을 꾸었다. 로버트 루이스 스티븐슨도 그랬다. 월터 스콧 경도 그랬다. 세 사람이 모두 어린이 시절에 꿈을 꾸었다. 이러한 마법 같은 꿈속에서 인간이 일찍이 본 일이 없었던 찬란하고 아름다운 직물이 짜여 나오는 것이다.

그러나 소수의 어린이들도 이런 꿈을 꾼다. 꿈의 환상이나 내용은 다르더라도 기쁨의 크기에는 다름이 없다. 어린이는 다 동경심을 가지고 있다. 잠자리에 들어가 끊임없이 제멋대로의 동경을 지니고 있다. 그 동경을 지닌 채 내일 아침 깨어났을 때 꿈이 진짜기 되어 주었으면 좋을 텐데, 하고 생각하면서 잠이 든다. 누구에게도 꿈에 대해서는 이야기하지 않는다. 꿈은 자기만의 것이다. 그러기에 마음의 가장 깊숙한 곳에서 싹트며, 이윽고 자라나고자 하는 자아(自我)의 일부인 것이다.

어린이의 꿈 중에는 다른 꿈보다 또렷하고 실현력을 가진 것이 있다. 한편 나이를 먹음에 따라 그다지 또렷하지 않은 꿈은 잊어버린다. 그리고 모두 어릴 적의 꿈을 남에게 이야기하고자 시도하면서 일생을 보내고, 결국 '이야기할 말도 모른 채' 죽어 버리는 수도 있다.

또 어수선한 꿈, 현실과 일치하지 않는 꿈을 꾸면 위험한 일도 있다. 왜냐하면 꿈은 한편 도피를 뜻하는 것으로서, 몽상가는 흔히 목표도 없이 이 세상으로부터 도피하는 꿈을 꾸기 때문이다. '파랑새'는 항시 로맨티시스트의 공상을 끌어당긴다. 인간에게는 누구에게나 현재의 자기와는 다른 자기가 되고 싶다는 욕망, 현재의 생활로부터 벗어나고 싶다는 욕망이 있는 것으로, 무엇이든 변화를 가져다주는 것이라면 대중 심리를 가공할 매력으로 끌어당긴다.

전쟁에는 언제나 매력이 있다. 전쟁이 나면 시청 서기도 제복을 입고 각반을 치고 공짜로 여행할 기회가 주어지기 때문이다. 그런데 또 참호전이 서너 해나 계속되면 언제든지 휴전과 평화가 그리워진다. 왜냐하면 휴전이 되면 출전했던 군인은 집에 돌아와 평복을 입고 빨간 넥타이를 맬 기회가 주어지기 때문이다. 인간에게는 분명 이와 같은 무언가의 자극이 필요하다. 그러므로 만일 전쟁놀이를 그만두고 싶다면, 각국 정부는 20세에서 45세까지의 국민을 징병제도식으로 징집하여 10년에 한번 유럽 여행을 시키고 박람회든 뭐든 구경시켜 주어도 좋을 것이다.

영국 정부는 그 재군비(再軍備) 계획에 50억 파운드를 투입하고 있다. 50억 파운드라면 모든 영국인을 리비에라에 여행시키기에 족한 금액이다. 그런데 전비(戰費)는 필요하지만 여행은 사치라는 반대론이 일어날 게 뻔하다. 그러나 아무래도 나는 그 반대론에 찬성할 수 없다. 오히려 여행은 필요하되 전쟁은 사치스러운 게 아닌가.

이밖에도 꿈은 있다. 유토피아의 꿈, 불로불사의 꿈이 있다. 불로불사의 꿈은 제법 인간미가 있다. 동서고금에 이 꿈이 없는 곳이 없었음을 주의하기 바란다. 그러나 불로불사의 꿈도 유토피아의 꿈도 잡을 수 없는 것으로, 불멸의 생명이 막상 손에 들어온다면 그때부터 어쩌자는 것인가, 그것을 알고 있는 사람은 거의 없다.

결국 불로불사(不老不死)의 소원은 정반대의 자살 심리와 매우 흡사하다. 양쪽이 다 현세는 별로 좋은 게 아니라고 제멋대로 단정하려 든다.

왜 이 현세는 멋지지 않다는 것인가? 한번 봄볕을 받으며 지팡이를 짚고 전원에 나선다면, 이러한 질문에 대한 답변은커녕 틀림없이 질문 그 자체에 어안이 벙벙해질 것이다.

유머 감각에 대하여

오늘날까지 유머가 얼마나 중요한 것인가가 충분히 인정되어 왔던 것일까. 유머를 어떻게 사용하느냐에 따라 인간의 모든 문화생활의 수준이나 성격들이 변화할 수 있다는 것, 유머가 정치·학문·인생에 어떤 위치를 차지하고 있느냐는 것이 충분히 인정되어 왔던 것일까. 나는 이를 의심한다. 유머 기능은 물리적이라기보다 과학적이므로 사상과 경험의 기본적 조직을 변질시켜 버린다.

웃지 못했던 탓으로 전 카이저 빌헬름은 한 제국을 잃었다. 또 미국인 식으로 말하면 독일 국민은 카이저가 웃어 주지 않았기 때문에 수십억 달러를 탕진했다. 빌헬름 호엔촐레른 역시 사생활에서는 웃을 수 있었겠지만, 공생활에서는 항시 누가 못마땅한 것인지 그 카이저 수염을 치켜세우고는 몹시 무서운 표정을 짓고 있었다. 그러므로 카이저의 웃음이 어떠냐, 그 웃음의 대상이 누구냐 하는 것이 카이저의 운명을 결정하는 중대한 요인이었던 것이다. 그런데 그가 만족하게 웃었던 것은 승리의 웃음, 성공의 웃음, 세계에 군림하는 웃음이었다. 빌헬름 호엔촐레른이 언제 웃어야 할지, 또 무엇을 웃어야 할지를 몰랐기 때문에 독일은 전쟁에 패했다. 카이저의 꿈은 유머의 웃음에 의해 제어당하지 못했던 것이다.

우리를 위해 전쟁을 일으켜 준 자는 과연 누구인가? 야심가, 능력가, 재주꾼, 선동가, 조심하는 자, 영리한 자, 거만한 자, 애국심이 지나친 자, 인류를 위해 '봉사'하고 싶다는 열의에 불타는 자, '경력'을 쌓아올려 세계에 '인상'을 남기고 싶어하는 자, 죽은 후 어딘가에서 늠름하게 말을 타고 있는 동상이 되어, 두 눈으로 길이 후세를 굽어보고자 염원하는 자들인 것이다.

기묘하게도 유능하고 영리하고 야심적이고 거만한 자들은 동시에 가장 겁쟁이며 얼간이며 유머리스트의 용기와 깊이와 명민성이 모자란다.

그들은 언제까지고 시시한 문제만 논하고 있다. 그러나 더욱 넓은 정신 영역을 지닌 유머리스트는 좀더 대국(大局)을 직시할 수가 있다.

그런데 현재의 상황은 보시다시피 소곤거리고 그럴싸하게 굽실거리는 꼬락서니를 하고, 착실하며 조심스러운 태도를 취하지 못하는 외교관은 전연 외교관 자격이 없다. …… 그렇다고 무리하게 세계 구제의 유머리스트 국제회의를 열어야만 되는 것도 아니다. 이른바 유머 감각이라는 이 우수품은 누구나가 풍부한 재고품으로서 가지고 있는 것이다. 그러므로 유럽에도 파멸적 전쟁 위기가 내습할 듯한 때 국제회의에 가장 나쁜 외교관을 파견하는 것도 나쁠 것은 없으리라. 가장 '능숙하고', 확신이 있으며, 야심적이며, 또 가장 잘 소곤거리고 굽실거리며, 그럴싸한 겁먹은 꼬락서니를 하는 외교관, 그리고 인류를 위한 '봉사'에 가장 열심인 외교관을 파견하는 것도 좋으리라. 그러나 그때는 매일 오전 오후에 회의가 열릴 때, 미키 마우스를 10분간씩 강제적으로 구경시킬 수 있다면 어떤 전쟁도 일어날 리가 없다.

이것은 유머의 화학적 작용이라고 생각한다. 즉 사상의 질을 변화시키는 작용이다. 오히려 이 작용이야말로 인류 문화의 근간에까지 미치어, 장차 인류 사회가 중용(中庸) 시대에 이르는 길을 여는 것이라고 생각한다. 인류에게 중용 시대라는 이상보다 위대한 이상을 기대할 수는 없다. 왜냐하면 더욱 큰 이성적 정신을 가지며, 상식과, 소박한 사고방식과, 평화적 기질과, 문화적 견해를 오늘날보다 광범하게 갖춘 인종이 출현하는 것이 결국 유일한 중요 문제이기 때문이다.

인류의 이상세계는 합리적인 세계가 아니다. 또 어떤 의미로도 완전한 세계가 아니다. 그것은 불완전성이 즉각 인식되고, 다툼이 매끈하게 해결되는 세계일 것이다. 솔직히 말해서 그것이 인류가 바랄 수 있는 최선의 것이리라. 또 우리가 이것저것 생각한 끝에 별로 무리없이 실현할 수 있는 최고의 꿈이다. 그 속에는 다음과 같은 것이 내포되어 있으리라고 생각한다. 즉 사고의 소박성, 철학의 쾌활성, 중용 문화를 가능케 하는 섬세한 상식 등이다. 그런데 이런 것들은 흔히 유머의 특질로서, 유머로부터 발생되어야 할 것이다.

이러한 신세계를 상상하기란 쉽지가 않다. 현재의 세계와는 너무나 동떨어져 있기 때문이다. 대체로 현대인의 생활은 너무 복잡하다. 학문은 너무 진지하고, 철학은 너무 음울하며, 사상은 너무 혼잡하다. 사상과 학문이 이처럼 너무 착잡하기 때문에 이 세상은 오늘날처럼 불행한 것이 되어 버린 것이다.

여기서 우리는 생활과 사상의 단순성은 문명과 문화에 대한 최선 최고의 이상이라는 것, 문명이 단순성을 상실하고 난해한 이론이 순수한 이치로 돌아가지 않는 한, 문명은 더욱더 고달프고 퇴폐해 가리라는 것을 인정해야만 한다. 이런 사태가 계속되면 인간은 스스로 빚어낸 개념·사상·야심·사회조직의 노예가 된다. 이와 같은 개념·야심·사회조직이라는 무거운 짐을 잔뜩 진 인류는 그것들을 지배할 위치에 설 것 같지도 않다.

그러나 다행히도 이런 모든 개념·사상·야심을 초월하여 미소로써 그것을 바라볼 수 있는 인간의 정신력이 있다. 이 힘이야말로 유머리스트의 묘미이다. 골프나 당구 선수가 공을 다루듯, 카우보이 선수가 올가미를 다루듯, 유머리스트는 사상이나 개념을 다룬다. 거기에는 숙련에서 오는 마음의 여유와 확실성과 처리의 경쾌한 묘미가 있다.

결국 자기 사상을 소탈하게 다룰 수 있는 자만이 그 사상의 주인공이며, 자기 사상의 주인공인 자만이 사상에 예속당하지 않는 것이다. 진실성이란 결국 노력의 표시일 따름이다. 노력한다는 것은 완전히 숙달되어 있지 않은 증거이다. 세상의 이른바 벼락부자라는 자는 어딘지 모르게 어색한 것으로, 세상에 나가도 침착하지 못하고 항시 자기 출신 성분이 머리에 들러붙어 있는 것이며, 너무 진지한 저술가라는 것도 어딘지 모르게 어색하고 침착하지 못한 것이다. 왜냐하면 자기 사상을 여유 있게 받아들이기에 이르지 못했기 때문이다.

그러므로 역설적으로 보이긴 하되 단순성이라는 것은 사상의 깊이의 외적 증거이며 상징이다. 학문이나 저작에서 이 단순성에 도달하기란 좀체로 쉽지 않은 듯하다. 사상을 명철하게 나타내기란 그 얼마나 어려운 일이겠는가. 그런데 단순성은 사상이 명철해질 때만 가능한 것이다. 저술가가 어떤 개념에 시달리고 있을 때는 그 개념 쪽도 틀림없이 저술가에 시달리고 있을 것이다.

우등으로 학교를 갓 나온 젊은 대학 강사의 강의는 대체로 난해하며 복잡한 것으로, 사상의 참된 단순성과 표현의 소탈함은 숙달된 노교수들의 말에서만 찾아볼 수 있다. 세상에 흔히 있는 이 사실을 보아도 내가 지금 말한 것은 수긍이 갈 것이다. 젊은 교수가 현학적(衒學的)인 말을 안 쓴다면 그야말로 우러러봄직한 것으로 크게 기대된다. 전문(專門)에서 단순으로의 과정, 전문가에서 상식가로의 과정에 내포되어 있는 것은 본질적으로 지식의 소화 과정이며, 바로 신체의 신진대사 작용에 비교할 만한 것이다.

아무리 학식이 깊은 학자라도 그 지식을 스스로 소화하고 자기 인생관과 관련시키기 전에는 그 전문적 지식을 단순한 말로 나타낼 수가 없다. 그가 열심히 지식(윌리엄 제임스의 이른바 심리적 지식)을 탐구하는 동안에는 먼 길을 여행하고 나서 한 잔의 냉수를 마시듯 몇 번이고 '잠깐 한 모금'을 취할 거라고 생각한다. 그 한 모금을 취하는 사이에 진짜 인간적인 많은 전문가들은 아주 중요한 이런 자문(自問)을 시도하리라. "도대체 나는 무얼 논하고 있는 것일까?" 하고.

단순성은 소화(消化)됨에 따라 성숙해지도록 되어 있다. 나이를 먹음에 따라 우리의 사상은 점점 명료해지고, 문제의 중요치 않은 점이라든지 혹은 틀린 듯한 곳은 제거되므로, 우리를 불안에 빠뜨리는 그런 일은 없어진다. 관념은 더욱더 명확한 형체를 갖추고, 장황한 사상의 연속은 차츰 간편한 공식으로 정리되며,(어느 맑게 갠 아침에 그런 공식이 문득 머리에 떠오른다.) 그렇게 되면 비로소 이른바 예지라고 불리는 절대 진리의 경지에 도달하는 것이다. 그러면 힘들다는 느낌은 없어지고 이미 진리는 분명해진 것이므로 간단히 이해하게 되며, 독자는 진리 그 자체는 단순하며 그것을 식으로 나타내는 편이 자연스럽다는 것을 깨닫게 되어 유례없는 기쁨에 젖을 수가 있는 것이다.

사상과 표현 형식의 자연스러움은 중국의 시인이나 비평가가 매우 칭찬하는 바로서, 흔히 점차 성숙하는 발전 과정이라고들 말한다. 소동파(蘇東坡)의 산문이 원숙한 경지에 들어간 것을 비평할 때, 흔히 "소동파도 좀 더 자연의 경지에 다가섰다."고 표현한다. 즉 청년시절에 애호했던 과장이나 현학적으로 대가인 체하는 태도나 문학적인 흥행사(興行師) 근성을 청산한 문체를 말하는 것이다.

그런데 유머 감각이 이 사고의 단순성을 조장함은 당연하다. 이론가가 지나치게 개념에 사로잡혀 있음에 반해, 일반적으로 유머리스트는 사실 그 자체에 접근해 간다. 사상이 몹시 착잡한 것은 개념 그 자체에 매여 있는 경우뿐이다. 유머리스트는 다르다. 개념과 현실의 모순을 전광처럼 신속하게 나타내고, 상식이나 기지(機智)의 번득임을 마음대로 구사한다. 이리하여 문제를 매우 단순하게 만드는 것이다.

현실과 끊임없이 접촉하고 있으므로 유머리스트에게는 탄력성이 있으며, 경쾌하며 섬세한 묘미가 갖추어진다. 온갖 형태의 자세, 허위, 현학적 넌센스, 아카데믹한 어리석음, 사회적 허식은 슬쩍 요령 있게 몰아내게 된다. 사례가 세밀해지고 기지를 이해하게 되므로, 자연히 현인의 품격을 갖추게 된다. 모두가 단순하고 모두가 명료하다. 생활과 사고의 단순성을 특징으로 하는 건전하고 분별있는 정신은, 장차 유머러스한 사고방식이 오늘날보다 훨씬 널리 행해져야만 얻어질 수 있는 거라고 내가 믿는 까닭이 여기에 있다.

인간의 어리석음과 변덕스러움에 대하여

여러 가지 이론이 있겠지만 나는 어디까지나 자유인을 찬미한다. 단연코 자유인을 찬미한다. 집 없는 선비를 찬미한다.

인간의 역행성(逆行性 : contrary-mindness)이야말로 인류 문명의 유일한 희망이다. 이유는 아주 간단하다. 인간은 소에서 진화된 게 아니고 원숭이에서 진화되었기 때문이다. 그러므로 또 성질이 역행적인 이유도 인간이 원숭이에서 진화된 것, 즉 고상한 원숭이에 불과하기 때문이다.

생각건대, 소는 소대로 온순하고 무슨 일에도 만족하는 성질을 가지는 편이 좋다. 그러므로 인간의 명령 하나로 타고난 귀한 정신을 발휘하여 유유낙낙(唯唯諾諾) 목장에도 가고 도살장에도 가는 것이 좋다. 그저 오로지 주인을 위해 자기를 희생한다는 것을 염두에 두라.

나는 인간으로서 이러한 아주 제멋대로의 생각을 가지고 있다. 그러나 그와 동시에 나는 강하게 인류를 사랑하므로 소 따위는 되고 싶지 않다. 소가 모반심을 일으켜 인간의 콧대가 너무 센 것을 느끼기 시작하고, 좋다, 그렇다면 어디 두고 보자 하여 변덕스런 행동으로 나오거나, 지금까지처럼 기계적으로 움직이지 않게 되거나 한다면 그때야말로 나는 비로소 소를 인간적이라 말해 주겠다. 내가 대체로 독재주의란 다 나쁘다고 생각하는 것은 생물학적인 이유 때문이다. 독재자는 소하고라면 함께 할 수 있겠지만 원숭이하고는 같이할 수 없다.

유럽에서 생긴 개인적 자유의 전통이 어째서 잊혀지고, 또 오늘날 왜 그릇된 방향으로 추(錘)가 움직이고 있는가를 검토하는 것은 쉬운 일이다. 그 이유는 두 가지인데, 첫째는 집산주의(集産主義)를 목표로 하는 오늘날의 경제운동의 결과이며, 둘째는 빅토리아 중기(中期)의 기계론적 관찰로부터의 유산이다.

모든 종류의 집산주의—사회적·경제적·정치적—가 발흥하기 시작하고 있는 현대에서는 인간이 인간적 반항성을 잊어 그것을 상실하고 개인의 위엄을 잃어 가고 있는 것은 당연한 일이라 생각한다. 다른 모든 형태의 인간적 사고를 압도하는 경제 문제와 경제 사상이 버티고 있기 때문에, 좀더 인간미가 있는 지식이나 개인적 생활 문제를 대상으로 하는 좀더 인간미가 있는 철학에 대해 우리는 아주 무지해지고 무관심해져 버리고 있는 것이다. 어쩌면 당연한 일일 것이다. 위궤양 환자가 밤낮 위에 대한 것만 생각하고 있듯이, 경제적 질환에 걸려 있는 사회는 언제까지고 경제에 대한 것만 생각하고 있다.

그런데 그 결과 개인에 대해 전연 무관심하게 되고, 자기 존재를 거의 잊어버리게 되는 것이다. 인간이 인간인 것은 인간다움 때문이다. 그런데 오늘날 일반적으로는 물질적 법칙 내지 경제적 법칙에 맹목적으로 복종하는 자동인형으로 생각하게 되었다. 우리는 이미 인간을 인간으로 생각지 않고, 톱니바퀴의 톱니의 하나로, 조합이나 계급의 일원으로, 이민 할당률에 의해 입국을 허가받는 외국인으로, 경멸적으로 불리는 '소시민 계급(Petit bourgeoisie)'으로, 비난해야 할 자본가로, 혹은 노동자라는 이유만으로 동지라 불리는 노동자로 생각한다.

소시민 계급이거나 자본가·노동자라는 표찰을 한 장 붙이면 그것으로 인간을 이해한 것으로 되어, 인간은 그 분류에 따라서 쉽사리 미움받기도 하고 동지로서 갈채받기도 한다. 이미 개인도 인간도 아니다. 단순한 계급에 불과한 것이다.

이것은 너무도 사물을 간단히 처리해 버리는 건 아닌가. 이상(理想)의 자유인은 모습을 아주 감추고 말았다. 그리고 환경에 맞서 자유분방하게 작용하는 훌륭한 자유인적 소질을 가진 사람도 없어져 버렸다. 인간 대신 계급의 일원이 있을 뿐이다. 사상과 개인적 호오(好惡)와 개인적 성벽 대신 이데올로기, 즉 계급사상이 있을 뿐이다. 개성 대신 맹목적 힘이 있다. 개인 대신 인간 활동 일체를 제약하고 예시하는 마르크스적 변증법이 있다. 결국 모두가 개미처럼 되고자 하여 희희낙락 일만 하고 있는 셈이다.

나는 지금 케케묵은 민주적 개인주의에 대해 말하고 있음에 불과하다. 그건 물론 알고 있다. 그러나 또 마르크시스트도 칼 마르크스 자신이 한 세기 이전의 헤겔 논리학과 빅토리아 중기의 영국 정통 경제학파의 산물임을 상기해 주기 바란다. 오늘날 헤겔의 논리학이나 빅토리아 중기의 경제 사상의 정통학파만큼 구식인 것은 없다. ——중국인의 인본주의적 견지에서 보아 이토록 이해가 안 가는 거짓투성이인 몰상식하기 짝이 없는 것은 없다.

그렇지만 기계학이 그 공적과 자연 정복을 자랑하던 시대에, 이 인간 기계관(人間機械觀)이 출현한 연유를 우리는 잘 안다. 즉 이 과학은 도용당한 것이다. 그 기계적 논리는 옮겨져서 인간사회에 적용되고, '자연법칙'이라는 언제나 당당한 이름은 인간 문제 연구가들에게도 강하게 요망되었던 것이다. 거기서 환경은 인간보다 위대하며, 개개인이라고 하는 것은 거의 방정식으로 풀어 버릴 수가 있다는 학설이 이루어지기에 이르렀다. 그건 훌륭한 경제학일는지는 모르나 생물학으로선 좋지 못하다.

훌륭한 생물학이 인정하는 바로는 외계에 대한 개개인의 반응력은 물질적 환경과 마찬가지로 생명 발전의 중요한 요인이다. 마치 현명한 의사가 병자의 기질과 개인적 반응이 투병에 극히 중요한 요인임을 인정하고 있는 것과 똑같은 것이다. 오늘날의 의사는 인간 개인의 힘이라는 것이 헤아려 알 수 없는 중요한 요인임을 더욱더 강하게 인식하게 되었다. 이치와 전례로 미루어 생각하면 무슨 짓을 해도 살아날 수 없는 많은 병자가 간단히 죽음에서 벗어나고 회복되어 의사를 놀라게 한다. 같은 병에 걸린 두 환자에 대해 같은 치료를 베풀고, 동일한 효과가 있을 것으로 생각하는 의사가 있다면, 일종의 사회적 위협이라고 보아서 마땅하리라. 그런데 이 의사에 못지않은 사회적 위협은 개인을 잊고 저마다 다른 개인의 반응력을 잊고 자유분방한 인간의 행동을 망각한 사회철학자이다.

인간의 소중함에 대하여

현대인은 여러 가지 사상의 나라에 살고 있다. 어떤 이는 크건 작건 큰 사회 변혁에 위협당하고 있는 민주국가에 살고 있다. 어떤 이는 그 민주주의의 이상에 차츰 복귀되어 가고 있는 공산주의 국가에 살고 있다. 또 어떤 이는 독재 체제 아래서 살고 있다.(주민이 죽고 독재 체제가 남느냐, 독재 체제가 허물어지고 주민이 남느냐, 그 어느 쪽이냐.) 이와 같은 여러 가지 경우가 있는데, 어느 경우든 인간의 개인 생활은 때의 흐름에 온갖 방향이 주어지겠지만, 그래도 개성을 보유하는 하나의 완전한 실체로서 남는다.

철학은 개인에서 시작될 뿐만 아니라 또한 개인에서 끝난다. 개인은 생명의 궁극적 사실이기 때문이다. 개인은 그 자체가 목적이지, 인간 정신이 다른 것을 창조하기 위한 수단은 아니다. 영국 같은 세계 최대의 제국도, 서섹스 지방의 개개인이 나름대로 행복한 인간다운 생활을 하기 위해 있는 것이다. 그런데 사이비 철학은 서섹스 지방의 영국인은 대영제국을 있게 하기 위해 생활하는 거라고 하신다. 아무리 훌륭한 사회철학이라도 영국과 같은 통치국에서 생활하면 인간은 다 저마다 행복한 개인 생활을 할 수 있으리라는 정도 이상으로 객관적인 이론을 말하려 들지는 않을 것이다. 만일 인간의 최종 목적으로서 개인 생활의 행복을 부정하는 사회철학이 있다면, 병적으로 뒤집힌 정신의 소산이다.

인간 문화라는 점에 한정해서 말한다면, 갖가지 형태의 문화에 대해 최종적 가치 판단을 내리는 것은 그 문화가 빚어내는 남녀의 타입 여하라고 나는 곧잘 생각한다. 미국인 중에서도 가장 현명하고 달견(達見)한 인물의 하나인 월트 휘트먼이 그의 논문 〈민주주의의 전망〉 속에서 모든 문명의 최종 목표로서 '개(個)'의 원리, 즉 '개성주의'를 밝히고자 노력한 것은 바로 이러한 뜻에서이다.

그리고 만일 생각이 여기에 이르고 보면, 풍요하고 윤택하며 변화 무쌍한 개성주의가 아니라면, 문명 그 자체는 본디 무얼 기초로 하여 서 있는 것일까. 종교 · 예술 · 학교 등을 가진 문명은 그밖에 도대체 무슨 목적을 가진 것일까. 모든 것이 다 이 개성주의를 향하고 있는 것이다.

오늘날 민주주의가 다른 주장보다 나은 건 무엇 때문인가. 그것은 개성주의 세상을 건설하려는 목적을 지닌 민주주의만이 대자연과 같은 큰 규모 아래 인류의 무한한 황무지를 개간하고, 씨를 뿌리고, 만인을 향해 정정당당한 경기를 해 나가고 있기 때문이다.

한 나라의 문학 · 시가(詩歌) · 미학(美學) 등이 무엇 때문에 중요한 것인가. 그것은 주로 그것들이 그 나라의 여성과 남성에 대해 개성이 무엇인가를 알게 하는 재료와 암시를 주고 무수히 유효한 방법으로 그것을 역설하기 때문이다.

궁극적 사실로서 개성에 대해 휘트먼은 이렇게 말하고 있다.

인간이 가장 건전한 심경에 있을 때에는 의식이 있고, 뚜렷이 높은 사상이 있다. 일체 의지하지 않고 유아독존(唯我獨尊)하며, 별처럼 조용하게 영원히 빛난다. 이것이야말로 본체론(本體論)의 사상이다. 즉 네가 누구건 네 것은 너의 것, 내가 누구건 내 것은 나의 것, 언어를 초월한 기적 중의 기적, 지상의 꿈 중에서 가장 심령적이며, 가장 망막하고, 게다가 가장 엄연한 기초적 사실, 온갖 사실로 통하는 둘도 없는 문(門)이 경건한 황홀에 심취하고 심원한 천지의 경이 속에 있으면, '무엇을 가지고 심원타 하랴, 천지의 중추에 내가 앉았거늘'. 고래의 신조도 전통도 모조리 힘을 잃고, 이 간단한 자아의 관념 앞에 무가치한 것으로 되어 버린다. 환상이 참으로 빛나는 곳에 자아의 사상은 독존하고 광채를 발한다. 이야기 속의 난쟁이처럼 한번 자유를 얻어 지상을 떠나면 천지에 퍼지고 하늘 꼭대기에 이른다.

이 전형적인 미국 철인이 개인의 영광을 아주 잘 서술한 말 중에서 좀
더 여러 가지를 인용하고 싶은 생각이 간절하지만 다음과 같이 요약해 두
겠다.

……그래서 마지막 결론과 요약은(이것이 없으면 일체 만물의 운행은 목적이 없
어지고 속임수이며 파멸이다.) 간단한 사상에 불과하다. 최종 최선의 바탕은 인
성(人性) 그 자체에 있다. 아무런 미신도 수반하지 않은 인간 고유의 정상적이
고 무르익은 소질에 있는 것이다.

민주주의의 목표는 어디 있느냐. ……온갖 변질을 타개하고 끝없는 조소와
논의와 표면상의 실패를 돌파하며, 온갖 위험을 무릅쓰고, 다음과 같은 교의
(敎義)나 이론을 천명하는 데 있는 것이다.

"최고 최선의 자유 가운데 올바로 훈련된 인간이야말로 하나의 법칙, 일련
의 법칙이 될 것이다. 아니, 되어야만 한다."

결국 중요한 것은 우리의 환경이 아니라, 그 환경에 대하여 어떻게 반
응하느냐이다. 프랑스·독일·영국·미국은 모두가 같은 기계 문명 속에
서 생활하고 있지만 그 생활하는 방식과 지닌 맛은 모두가 다르며, 각국이
그 정치 문제를 다른 방법으로 해결하고 있다. 인간에게 이러한 변화무쌍
한 생활을 할 수 있는 여지가 있음을 알면서, 또 같은 화물 자동차를 운전
하는 두 운전기사라도 익살을 이해하는 방법이 각각 다르다는 걸 알면서,
인간이 기계의 힘으로 해서 누구나가 모두 똑같은 따분한 상태에 처박혀
야만 된다면 정말 어리석기 짝이 없는 이야기다.

여기에 두 아들을 둔 부친이 있어, 이들에게 같은 교육을 베풀어서 동
시에 사회에 내보냈다고 치자. 그러면 두 아들이 각각 스스로의 내부적 법
칙에 따라서 차츰 그 생활을 형성해 나가는 모습이 부친에게 이해될 것이
다. 두 사람이 다 같은 액수의 자본금이 있는 은행장이 되었다 하더라도

여러 가지 생활 관계나 행복을 형성하는 여러 사정은 두 사람이 각기 다르다. 주소도, 사투리도, 기질도 모두 다르다. 그리고 그 책략과 문제를 다루는 법도 다르거니와 행원(行員)에 대한 태도도 다르다. 행원들에게 두려워 보이는가, 존경받고 있는가, 가혹하고 고집쟁인가, 쾌활하고 마음이 태평한 자인가 하는 차이가 있다. 돈을 모으는 법, 돈 쓰는 법도 다르거니와 도락(道樂) · 친구 · 사교클럽 · 독서 · 부인 등 개인 생활도 가지각색이다.

신문의 사망자 난을 보면, 같은 시대에 생활하고, 같은 날에 죽은 사람들이 전연 다른 생활을 한 데 놀라지 않을 수가 없다. 즉 동일한 환경에 있더라도 그토록 많은 변화가 있을 수 있는 것이다. 어떤 사람은 대단한 열성을 가지고 이거다 싶은 작업에 힘을 내고 그 속에서 행복을 발견한다. 아무개는 산전수전을 겪고, 아무개는 발명하고, 아무개는 탐험하고, 아무개는 농담을 하고, 아무개는 성미가 까다로워 유머가 없고, 아무개는 명성과 부귀를 향해 로켓처럼 날아가지만, 로켓의 화약 가스 속에서 고꾸라지고 만다. 또 아무개는 얼음 장사와 석탄 장사를 해서 금화로 2만 달러나 벌었지만, 창고 속에서 칼침을 맞고 죽는다.

참으로 이런 것이다. 인간 생활은 이 발달한 산업시대에서도 어이없을 정도로 기묘한 것이다. 인간이 인간으로 존재하는 동안은 이 갖가지 양상에 부닥치는데, 이것이 인생의 묘미인 것이다.

그렇지만 개인이 중요한 것은, 개인생활이 모든 문명의 목적인 때문만은 아니다. 사회생활 · 정치생활 · 국제관계의 개선은 한 국민을 구성하는 개인의 행동과 기질의 총화(總和)에서 오는 것이 사실이며, 그것은 결국 개인의 기질과 성질이 어떠한가에 따라서 오는 것이다. 때문에 일국의 정치와, 어느 단계에서 다음 단계로 나아가는 국가의 진화를 결정하는 요인은 국민의 기질이다. 다시 말하면 산업 발전의 법칙을 초월하여, 어느 국민이 어떤 종류의 일을 하고, 어떤 식으로 문제를 해결하는 버릇을 가졌느냐 하는 한층 중요한 요인이 있기 때문이다.

루소는 프랑스 혁명의 진로와 나폴레옹의 출현을 미리 알 수가 없었다. 칼 마르크스 또한 그 사회주의 이론의 실제적 발전과 스탈린의 출현을 예견치 못했다.

프랑스 혁명의 진로는 자유 · 평등 · 박애의 슬로건에 의해 결정된 게 아니라, 일반적으로는 인간성의 어떤 특색에 의해서, 특수하게는 프랑스인 기질의 어떤 특색에 의해서 결정되었던 것이다. 칼 마르크스의 사회 혁명의 진로에 관한 예언은, 그 엄숙한 변증법이 있었음에도 불구하고 비참하게 실패했다. 프롤레타리아 혁명은 그가 예언했듯이 논의의 모든 법칙에 입각하여 산업 문명이 가장 진보하고 강력한 노동계급이 있는 데서 일어나야만 했었다. 첫째는 영국, 혹은 미국, 아니면 독일일는지도 모른다는 예상이었다. 그런데 공산주의는 유력한 프롤레타리아 계급이 전연 존재치 않은 러시아 같은 농업국에서 첫 실험의 기회를 얻었다.

칼 마르크스가 계산을 망각한 것은, 영국인이나 미국인의 인간적 요인이었다. 영국인이나 미국인의 일하는 방식이나 문제를 다루는 법이었다. 대체로 미숙한 경제학의 큰 실수는 국민적 문제의 밑바닥에 작용하는 일종의 불가해한 요인의 탐구가 소홀한 데에 있다.

이론이나 슬로건을 안 믿는 영국인의 성질, 필요할 경우에는 느릿느릿 솜씨 없는 세공을 하지만, 좌우간 항시 느긋하게 그 진로를 발견하는 영국인의 수법, 개인적 자유를 애호하는 앵글로색슨의 성질 · 자존심 · 상식 · 질서에 대한 사랑, 이것들은 영국과 미국에서 사건 진로를 결정하는 데 독일식 변증법 학자의 모든 논리보다도 훨씬 강력한 요소인 것이다.

이와 같이 국민적 문제의 처리와 그 사회적 · 정치적 발전의 진로는 결국 국내의 온 개인을 지배하는 일정한 관념에 의해서 한정되는 것이다. 이 민족적 기질, 즉 우리가 추상적으로 '국민의 천품'이라 일컫는 것은 결국 국민 전반에 걸친 개인의 총화이다. 왜냐하면 민족적 기질이라는 것은 곧 어떤 문제, 또는 위기에 임하여 행동하는 국민성이기 때문이다.

이 '천품'이 어떤 시문(詩文)의 재주 이상의 것이라도 되는 듯이 생각하고, 중세기 신학(神學)의 영혼과 같은 신화적 존재라고 생각하는 것은 아주 잘못된 생각이다. 한 국민의 천품이란 곧 국가의 일을 해 나가는 태도와 방법인 것이다. 그것은 한 나라의 '운명'이라는 것을 생각하는 경우처럼 독자적(獨自的) 존재를 가진 추상물(抽象物)과는 달리 오직 행동으로만 인정받을 수 있는 것이다.

무슨 사태나 위기가 닥쳐왔을 때, 국민의 최종적 진로를 결정하는 것은 일종의 선택 문제이다. 어느 것을 취하고 어느 것을 버리며, 어느 것을 좋아하고 어느 것을 싫어한다는 문제로 돌아간다. 옛 학파의 역사가는 헤겔을 본받아, 한 나라의 역사는 관념의 발전이며, 일종의 기계적 필연에 의한 행진에 불과하다고 생각하려 한다. 그에 반해 좀더 올바로 이해하는 현실적 역사관은 대부분 우연의 문제라고 본다.

중대한 시기에 당면할 때마다 국민은 선택을 했다. 그때 상반하는 세력, 대립하는 정열 사이에 투쟁이 벌어지게 되는데, 어떤 감정이 약간 많거나 다른 감정이 약간 적거나에 따라서 저울은 어느 쪽으로든 기우는 것이리라. 이러한 특정의 위기에 나타나는 이른바 국민의 천품이란, 그 어느 것이 좀더 갖고 싶다거나 이미 충분하다거나 하는 의지를 분명히 하는 국민의 결의이다. 결국 모든 국민은 저마다 좋아하는 것, 그 마음에 맞는 것을 취해서 나가고 참을 수 없는 것은 버리고 가기 때문이다. 이런 선택은 국민의 사조(思潮)와 일련의 도의적 감정과 사회적 편견에 입각하여 이루어지는 것이다.

유교는 세계 평화 문제를 개인 생활의 수양에 결부시켰다. 송나라 시대 이후의 유학자가, 학생이 배워야 할 것으로 결정한 교훈에는, 다음의 구절이 포함되어 있다.

예전의 명덕(明德)을 천하에 밝히고자 하는 자는 먼저 그 나라를 다스렸다.

그 나라를 다스리고자 하는 자는 먼저 그 집을 다스렸다. 그 집을 다스리고자 하는 자는 먼저 그 몸을 닦았다. 그 몸을 닦고자 하는 자는 그 마음을 바르게 했다. 그 마음을 바르게 하고자 하는 자는 먼저 그 뜻을 참되게 했다. 그 뜻을 참되게 하고자 하는 자는 먼저 알아서 깨닫는다. 알아서 깨달음은 사물의 이치를 연구함에 있다.

사물의 이치를 연구하면 깨달음에 이른다. 알아서 깨달은 후에 뜻이 참되게 된다. 뜻이 참되게 된 후에 마음이 바르게 된다. 마음이 바른 후에 나라가 다스려진다. 나라가 다스려진 후에 천하가 태평하다. 천자(天子)로부터 서민에 이르기까지 전심전력으로 몸을 닦는 것을 근본으로 삼는다. 그 근본이 어지러우면 끝이 다스려질 리 없다. 두텁게 하는 자가 엷고, 엷게 하는 자가 두터웠던 일은 일찍이 없었다.

사물에는 위와 아래가 있고, 일에는 처음과 끝이 있다. 먼저 하고 뒤에 할 바를 알면 곧 도(道)에 가깝다.

제5장
성현들의 인생을 즐기는 방법

너 자신을 발견하라 ──장자

근대 사회에서 철학자라는 존재는(설사 그런 인간이 실제로 있다면) 대체로 우선 세상에서 가장 존경받거나 아니면 가장 소외당하는 인간이다. '철학자'라는 말은 단지 사회적 경칭이 되어 버렸다. 성미가 까다롭고 괴팍한 사람을 누구나 '철학자'라고 한다. 또 현실에 초연해 있는 자도 '철학자'라고 한다. 후자의 뜻이라면 다소 수긍이 간다. 셰익스피어가 《뜻대로 하세요》 속에서 터치스턴에게, "양치는 이여, 그대는 철학이라도 가졌는가."라고 말하게 했는데, 그것은 후자의 뜻으로 쓰인 것이다.

그 뜻으로는 철학이라는 것은 자연과 인생 전반에 관한 평범하고 조잡하며 흔히 있는 사고방식에 불과하다. 이 정도의 것이라면 누구라도 다소는 가지고 있다. 현실의 전경(全景)을 그 표면적 가치에서 바라보는 것을 거부하고, 혹은 신문에 나타난 말을 믿는 것을 거부한다면, 누구라도 약간은 철학자라 할 수 있을 것이다. 즉 철학자란 속아 넘어가지 않는 인간이다.

대체로 철학에는 언제나 깨달음의 꿀맛이라는 게 있다. 철학자가 인생을 바라보는 법은 화가가 풍경은 바라보는 것과 같은 것으로, 베일이나 안개를 통해서 바라보는 것이다. 그러면 사물 자체의 제 모습은 다소 흐려지므로, 도리어 그 윤곽을 짐작할 수가 있다. 적어도 중국의 예술가나 철학자의 사고방식은 이런 것이다.

그러므로 철학자라면 평소의 업무에 안달하여, 그 성패득실(成敗得失)이 진실이라고 생각하는 철저한 현실주의자와는 정반대의 입장에 서는 것이다. 이런 사람은 무엇에 의문을 품는 일조차 없으므로, 어떻게 할 수도 없거니와 어떻게 시킬 수도 없다. 때문에 공자는 말하고 있다.

"어떻게 한담, 어떻게 한담, 하고 말하지 않는 자는 나도 어떻게 할 수 없다."

이 한마디는 내가 공자의 말씀 중에서 별로 찾아볼 수 없었던 의식적인 해학(諧謔)의 하나이다.

나는 이 장에서 중국 철학자들이 생각한 인간의 생활방식에 대해 얼마간 언급하고 싶다. 이들 철학자들의 생각은 저마다 다르지만 그만큼 또 일치점도 있다. 즉 인간은 현명해야만 한다. 그리고 유쾌한 생활을 하는 것을 주저해서는 안된다는 것이다. 맹자의 생각은 적극주의로 보이고, 노자의 생각은 노련한 평화주의로 보이지만, 그만큼 또 이 양자는 이른바 중용 철학 속에 융합되어 버리는 것이다.

그러나 나는 이 철학을 일반 중국인의 종교라 생각한다. 활동과 무위(無爲)와의 대립은 모종의 타협, 다시 말하면 이 지상에 만들어진 극히 불완전한 천국에 만족한다는 사고방식으로 끝나는 것이다. 여기서 현명하고 쾌활한 생활철학이 생기며, 중국의 온 역사를 통하여 최대의 시인이며 최고의 조화적 인격이라 할 수 있는 도연명(陶淵明)의 생활에서 그 전형(典型)을 찾아볼 수 있다.

모든 중국 철학자가 최대의 중요사라고 무의식 중에 생각한 유일한 문제는 어떻게 인생을 즐길 것인가, 누가 인생을 가장 잘 즐길 수 있느냐 하는 문제다. 그것은 저 완전주의도 아니다. 바랄 수 없는 것을 바라고, 알 수 없는 것을 알려고 하는 것도 아니다. 그것은 이 가련한 인생의 모습을 있는 그대로 바라보고, 평화롭게 일하고, 훌륭히 참고, 유쾌하게 살려면 생활을 어떻게 구성해야 할 것이냐를 문제로 하는 것이다.

'대관절 우리는 무엇이냐!' 최초의 문제가 이것이다. 그것은 정말 답변이 불가능한 문제다. 그러나 일상의 활동에 안달하며 동분서주하는 우리의 자아는, 결코 진실한 자아가 아니라는 것에 우리는 모두 동의를 표한다. 단지 이 세상에 사는 것을 구하는 것만으로는 무엇인가 모자란다는 것은 모두 믿고 있다.

여기 무언가를 찾아 구하면서 들판을 뛰어다니는 사람이 있다면, 그것을 바라보고 있는 모든 사람에게, 어떤 현자(賢者)가, "저 사람이 무얼 잃어버렸는지 맞춰 보시오." 하고 문제를 제기할 수가 있을 것이다. 어떤 사람은 시계라고 할 것이며, 어떤 사람은 다이아몬드의 브로치라고 생각할 것이다. 그밖의 사람들도 갖가지로 상상할 것이다. 그러나 그것은 결국 다 틀린 것이다. 현자도 그 사람이 무엇을 찾고 있는지는 모르지만 뭇 사람을 향해 다만 이렇게 말할 것이다. "그대들에게 가르쳐 주겠소. 저 사람은 뭔가 몹시 소중한 것을 잃어버린 것이오."라고. 그 말이 지당함은 누구도 부정하지 못한다.

이와 마찬가지로 우리는 생활에 동분서주하는 사이에 종종 진실한 자기를 망각하는 것이다. 그것은 마치 사마귀를 노리는 새가 자신의 위험을 망각하고, 사마귀 또한 다른 먹이를 노리느라고 자신의 위험을 망각하는 것과 같은 것이다. 맹자가 공자의 말씀을 훌륭하게 기술(記述)하였듯이 장자는 노자의 뜻을 훌륭하게 이어받았다. 다같이 그 스승과는 약 1세기나 떨어져 있다. 노자가 공자와 거의 동시대인이었듯이 장자는 맹자와 동시대인이었다. 그렇지만 맹자와 장자는 다음과 같은 점에서 일치한다. 즉 인간은 무언가 소중한 것을 잃어버리고 있으므로, 철학의 중요 임무는 잃어버린 것, 여기에서는 맹자의 이른바 '갓난애의 마음'을 발견하고 또 되찾는 데에 있다는 것이다.

맹자는 말한다. "큰사람이란 그 갓난애의 마음을 잃지 않는 자이다."
맹자는 문명의 기교적 생활이 인간이 태어나면서부터 천진한 마음에 끼
치는 영향을, 산림을 함부로 베는 것과 같은 것이라 생각하고 있다.

맹자가 말하기를, 우산(牛山)의 나무가 전에는 아름다웠다. 그런데 대국(大
國)의 성 밖에 있어서 도끼에 찍혀 고이 자랄 수 없게 되었다. 이에 밤낮이 양
육시키고, 비와 이슬이 적셔 주어 그루터기에 싹이 돋아나지만, 소와 양을 놓
아먹이니 저렇게 벌거숭이가 되어 버렸다. 사람들은 그 벌거숭이 산을 보고 우
산에는 큰 나무가 있던 적이 없는 줄로 알지만, 그게 어찌 산의 본성이랴.

사람으로 태어난 자, 어찌 본디 인의(仁義)의 마음이 없었으랴. 그 양심을 잃
음이 또한 도끼로 나무를 찍음과 같은 것이다. 날마다 이를 찍어내면 양심이
밤낮으로 되살아나고, 새벽 공기에 소생하나, 인의를 좋아하고 불의를 미워함
이 남과 같지 못함은 낮에 하는 행위가 또 이것을 어지럽혀 잃게 하기 때문이
다. 이 양심 해치기를 되풀이하면 밤새 되살아나는 기운이 있으나마나 하다.
밤새 되살아나는 기운이 있으나마나 하게 되면 짐승이나 다를 바 없게 된다.
사람들이 그 짐승 같음을 보고 본디 인의의 재질이 없는 줄로 알지만, 그게 어
찌 인간의 본성이랴.

그러므로 만물이 육성될 힘을 얻으면 반드시 성장하고, 육성될 힘을 잃으면
반드시 소멸되고 만다. 공자가, "꼭 잡아 지키면 남아 있고, 방치하면 없어진
다. 드나듦이 일정치 않고 머물러 있는 일정한 장소를 알 수 없다."고 한 것도
바로 이 마음을 말한 것이다.

정(情)·지(智)·용(勇)——맹자

인생을 가장 잘 즐길 수 있는 이상적인 성격은, 마음에 온정이 있고 근심이 없으며 게다가 용기있는 성격이다. 맹자는 이른바 '대현(大賢)'이 이루는 덕(德)으로 세 가지 덕을 들었는데, '지(智)·인(仁 : Compassion)·용(勇)'이 그것이다. 나는 Compassion이라는 말의 Com을 떼어버리고 대현의 성격을 '정(passion)·지·용'의 셋으로 생각하고 싶다. 다행히 영어에는 'passion'이라는 말이 있어서, 중국어의 '정(情)'이라는 말과 매우 흡사한 뜻으로 사용되고 있다.

둘 다 성적 정의(性的 情意)라는 좁은 뜻에서 나왔으나, 둘 다 그보다 좀더 넓은 뜻을 지니고 있다. 장조(張潮)는 말했다. "정이 있는 사람은 항시 이성(異性)을 사랑하지만, 이성을 사랑하는 사람이 언제나 정이 있는 사람이라고는 할 수 없다. 또 정은 인간세계의 밑부분을 지탱하는 것이지만, 재주는 그 지붕을 채색하는 것이다."라고.

따라서 정이라는 것이 없으면 인간은 이 세상에 태어나서 아무것도 할 수 없다. 인생의 정기(精氣), 별의 빛남, 음악의 곡조, 꽃의 환희, 새의 날개, 여자의 아름다움, 학생다운 생활, 이것들은 모두 정이 정으로서 나타난 것이다. 표현이 없는 음악을 생각할 수 없듯이, 정이 없는 마음은 있을 수 없다. 정이야말로 유쾌하게 인생을 대할 수 있는 따뜻한 기분과 풍부한 생명력을 주는 것이다. 중국의 문인들이 정이라 하는 것을 'passion'이라는 말에 적용을 시켜 표현하는 것은 어쩌면 잘못인지도 모른다. 'passion'이라는 말보다 조용하고 광기로 날뛰는 정열이라는 격한 뜻이 적은 '센티멘트'라는 말로 번역해야 할까? 아니면 왕년의 낭만주의자가 일컬은 '센시빌리티'라는 것으로 생각해야 할까. 이것은 따뜻하고 여유있는 예술가적 심정 속에 찾아볼 수가 있는 것이다.

이 패션이라는 감정, 혹은 그보다 좀 나은 용어인 센티멘트라는 것은 우리가 태어나면서부터 약간은 지니고 있는 것으로, 양친을 선택할 수 없 듯이 우리는 나면서부터 냉정한 성격이라든가 따뜻한 성격을 마음대로 선택할 수가 없다. 사람의 힘으로는 어쩔 수가 없다. 불행하게도 이것은 사실이다. 한편 또 마음의 밑바닥까지 쌀쌀한 성질을 지니고 태어나는 어린이는 아무도 없다. 우리가 마음의 훈훈함을 잃는 것은, 오직 청년시절의 싱싱한 심정을 잃는 정도에 비례할 뿐이다.

중년이 되면 우리의 다감성은 무자비한 환경 때문에 말살되고, 질식 당하고, 냉각되고, 또 위축될 때가 있다. 그 이유의 대부분은 이런 순정을 잃지 않도록 노력하지 않는 우리의 태만에 있거나, 혹은 무자비한 환경의 영향에서 벗어날 힘이 없는 까닭이다. '처세 체험'을 배워 가는 중에 외계의 많은 힘이 우리 본래의 천성에 작용하기 때문에 자기를 무감각하게 하고, 기교적이게 하고, 때로는 냉혹 무정하게 하는 것을 배운다. 그래서 처세 체험을 좀 쌓은 것을 뽐낼 무렵에는 신경은 한층 둔감해지고 마비되어 버리고 만다.

정치와 상업 세계에서는 특히 이런 경향이 심하다. 그 결과 누구든 밀어젖히고 자신이 선두로 돌진하는 저 가공할 '재주꾼'이 나타난다. 강철 같은 의지와 굳센 결의는 있지만, 대체로 인간적인 인정미는 거의 사라지고 겨우 찌꺼기만 남는 사람도 있다. 이런 사람은 도리어 인정미 따위는 터무니없는 이상주의나 감상으로 보고 만다. 내가 경멸하고 싶은 건 이런 사람들이다.

세상에는 마음이 쌀쌀한 사람이 너무도 많다. 만일 단종(斷種)이라는 것을 국가 정책으로 행한다면 도덕적으로 무감각한 자, 미적 감각이 썩은 자, 정감이 무딘 자, 잔인하고 냉혹하게 출세하는 자, 구제하기 힘든 냉혈한, 혹은 인생의 멋을 잃은 모든 인간들부터 먼저 단종에 착수해야 할 것이다. 생활고 때문에 정신장애자가 된 자나 그 희생이 된 자보다도 오히려 그들을 먼저 단종해야 한다.

생각건대 정열이나 인정미가 있는 사람은 턱없는 짓이나 엉뚱한 짓을 저지르는 일이 있을지 모르나, 인간에게 그게 없으면 우스꽝스러운 것으로, 한 장의 만화와 같다. 저 도데의 사포[1]에 비하면 이런 인간은 벌레나, 기계나, 자동인형이나, 지상의 추악이다. 매춘부 중에도 성공한 실업가보다 마음이 고상한 사람이 많이 있다.

사포는 죄를 범했을지 모르나 그게 어쨌다는 것인가. 과연 그녀는 죄를 범했다. 하지만 그녀는 인간을 사랑했다. 강하게 인간을 사랑할 수 있는 사람이라면, 그 죄는 대체로 용서받아야 한다. 아무튼 그녀는 현대나 진배없는 가혹한 속세에서 나타난 것이지만, 저 돈 많은 백만장자에 비해 훨씬 싱싱한 애정을 가졌었다.

막달라의 마리아를 숭배함은 마땅하다. 정열이나 인정미가 있기에, 언젠가는 그에 알맞은 속죄를 해야만 되는 잘못에 빠짐은 부득이하다. 그러나 세상에는 죄를 지은 엄마가 그 죄가 있기에 때로는 도리어 더욱 훌륭한 사랑의 판단을 내릴 수 있는 경우도 있다. 혹은 또 세상에 흔히 있는 엄격하고 준엄한 사람들처럼 딱딱한 일생을 보내지 않고, 가족과 좀더 즐거운 생활을 했더라면 하고 나이가 들고 나서 생각하는 엄마도 반드시 있을 것이다.

전에 친구한테 들은 이야기인데, 78세가 된 어떤 노파가 다음과 같은 말을 했다고 한다.

"78세의 생애를 돌이켜보고 내가 죄를 범했을 적의 일을 상기하는 것은 정말 유쾌합니다. 그러나 내가 우둔했던 일을 상기하면, 이 나이가 되어서도 나를 용서할 수가 없습니다."

그렇지만 이렇게 따뜻하고 너그러운 도량을 가지고 세상에 대처해 가려면 하나의 철학을 가지고 자신을 지켜야만 한다. 왜냐하면 세상은 가혹

---

1) 도데의 장편소설에 등장하는 창녀 파니 르그랑의 별명

하여 온정만으로는 모자라기 때문이다. 이 때문에 정(情)은 지(智)와 용(勇)에 결부되어야만 한다. 내 생각으로는 슬기도 용기도 같은 하나의 것이다. 왜냐하면 용기란 인생을 잘 이해하는 데서 생기기 때문이다. 때문에 인생을 완전히 이해하는 자에게는 언제나 용기가 있다. 어쨌든 우리에게 용기를 주지 못하는 슬기는 아무 쓸모가 없다. 우리가 쓸데없는 야심을 부정하고, 사상에 관한 것이건 생활에 관한 것이건 간에 이 세상의 망집(妄執)을 버릴 때 슬기와 용기는 맺어지는 것이다.

이 세상에는 적잖은 망집이 있다. 중국의 불교도는 갖가지 작은 망집을 크게 두 가지로 분류했다. 명성과 부귀가 그것이다. 그에 따르면 옛날 건륭 황제(乾隆皇帝)가 남중국에 여행하여, 바다를 굽어보는 언덕에 올라 많은 돛단배가 바쁜 듯이 지나해(支那海)를 오고 가는 것을 바라보았다. 그때 황제는 옆에 있는 신하에게 저 수백 척의 배 안에 있는 자들은 도대체 무얼 하고 있는 것이냐고 물었다. 신하가 대답하되, "두 척의 배가 보일 뿐입니다. 배 이름을 '명예'와 '부귀'라 합니다."라고 했다는 것이다.

많은 교양 있는 사람들은 부(富)의 유혹을 뿌리칠 수 있다. 그러나 명예의 유혹을 물리치는 일은 극히 위대한 사람이 아니면 안된다. 옛날에 한 승려가 세속적 번뇌의 두 원천에 대해 그 제자에게 설명했다.

"명예욕을 버리는 것보다는 금전욕을 버리는 편이 쉬운 것이다. 숨어 사는 학자나 승려조차도 역시 그 동료 사이에서 두각을 나타내어 이름을 떨치고자 한다. 많은 청중이 있는 공식 석상에서 설교를 하고 싶어서, 너와 나 단둘만으로 스승 하나 제자 하나뿐인 작은 절에 숨어 있고 싶어하진 않는 것이다."

그러자 제자는 대답했다.

"스님, 정말 그렇습니다. 스님이야말로 명예욕을 극복한 유일한 분이십니다."

그러자 스님은 미소했다.

나 자신의 눈으로 인생을 관찰한 바에 의하면 인간적 망집의 이러한 불교도적 분류는 완전하다고는 할 수 없다. 인생의 큰 망집은 두 가지가 아니라 세 가지다. 즉 명예·부귀·권력이다. 이 세 가지를 하나의 큰 망집으로 포괄할 만한 말이 미국에 있다. '성공'이 그것이다. 그러나 많은 현명한 사람들은 알고 있는 사실이지만 성공, 즉 명예와 부귀에 대한 욕망이라는 것은 실패·빈곤·무명(無名)에 대한 공포를 완곡하게 형언한 명칭이며, 이와 같은 공포가 우리의 생활을 지배하고 있는 것이다.

세상에는 이미 명성·부귀를 얻고서도 더욱 사람을 지배하려고 안간힘을 쓰는 사람이 꽤 있다. 이런 사람은 그 나라를 위해 자기 생활을 바치는 사람이긴 하다. 그러나 그 희생은 때로는 아주 큰 것이다.

일단 명성이나 권력의 망집에 사로잡히게 되면 인간은 곧 그밖의 모든 우발적인 망집의 노예가 되고 만다. 남의 생활을 개선하고, 그 덕성을 높이고, 악을 뿌리 뽑겠다고 말하는 그런 사람은 자기가 진심으로 가치있는 어떤 일을 하고 있다고 생각하여 실제로 훌륭한 인물이 된 것 같은 환상에 빠진다.

이에 버금가는 사회적 망집이 여기 있다. 강력하고 일반적인 망집으로 체제라는 것이 그것이다. 자기의 자연스러운 모습을 유지하는 용기 있는 사람은 사실 드문 것이다. 희랍의 철학자 데모크리토스는 생각했다. 자신은 두 가지의 큰 공포, 즉 신의 공포와 죽음의 공포의 압박으로부터 인간을 해방시켜 주었으니 위대한 일을 했다고. 그래도 죽음과 신의 공포처럼 보편적인 또 하나의 공포로부터 우리를 해방시켜 주지는 못한다. 즉 이웃 사람에 대한 공포이다. 신이나 죽음의 공포로부터 해방된 사람이라도 이웃 사람, 즉 인간에 대한 공포로부터 해방된 자는 얼마 되지 않는다. 의식적이든 무의식적이든 우리는 모두 인간의 승인을 거친 역할과 모습으로 연극하는 인생의 배우이다.

연극적 재능은, 그 연극의 일부로서 관계가 깊은 모방의 재능과 함께,

우리가 원숭이 족속으로부터 이어받은 습성 중에서 가장 두드러진 특징이다. 의심할 여지도 없이 사람들이 보아주기를 바라는 인간의 습성에서 오는 유익한 점은 여러 가지가 있다. 가장 눈에 띄기 쉬운 것은 관중의 갈채를 받기 때문이다. 그렇지만 갈채가 큰 만큼 무대 뒤에서의 걱정도 더 많다. 그러나 그것 또한 일종의 사는 법이긴 하다. 그러므로 대중이 좋아하는 식으로 자기 역할을 연출하더라도 결코 수치가 아니다.

다만 반대론은 다음의 한 점에 있다. 배우가 인간으로 바뀌어 본래의 인간이 완전히 상실되어 버리는 일이다. 명성과 높은 지위가 있더라도 그저 항상 미소를 띠고 본래의 자기 모습을 바꾸지 않는 엘리트들은 그다지 많지가 않다. 이런 사람들이야말로 연극은 연극이라는 것을 알고 있는 사람이며, 지위니, 신분이니, 재산이니, 부귀니 하는 인위적인 환각과는 무관한 인물로서, 찾아오는 사람들을 언제나 관대한 미소로써 받아들이고, 자기는 보통 사람들과는 좀 사정이 다르다는 따위의 생각은 하지 않는 사람들이다. 그 개인생활에서 본질적으로 간소한 생활을 하는 사람들은 이런 계층의 사람들이며, 이런 사람들이야말로 참으로 위대한 정신을 가진 선비이다. 대체로 간소라는 것이 언제나 참으로 위대한 사람의 징표가 되는 것은 그들이 위와 같은 갖가지 환각을 받아들이지 않기 때문이다. 뭐니 뭐니 해도 자기가 위대하다는 환각에 빠져 있는 보잘것없는 시골 벼슬아치나, 보석을 자랑스럽게 남의 눈에 띄게 하는 벼락부자가 된 사교계의 여자나, 불후의 작가에 한몫 끼고 싶어서 홀연히 그 간소하고 자연스러운 생활을 잃어버리는 신출내기 작가만큼 세상에 딱하고 오죽잖은 것은 없을 것이다.

우리의 연극적 본능은 이토록 심각한 것이므로, 때에 따라선 무대를 떠나서 살아야 한다는 것을 잊어버리는 것이다. 이리하여 우리는 이마에 땀흘려 일하며 이 인생을 살아가지만, 그것도 참된 인간의 본능에 따라서 자기를 위해 살아가는 게 아니라, 사회로부터 추대(推戴)받기 위해 살아가는 것이다. 중국의 속담에 있듯이, "남의 집 처녀의 웨딩드레스를 만들고 있는 노처녀"와 같은 것이다.

인간의 냉소, 어리석음, 은둔에 대하여 ─노자

지독하게 교활한 노자의 '노회(老獪)' 철학은 옛부터 중국인의 최고 이상인 평화·관용·소박·지족(知足) 정신의 바탕이 되어 왔다. 이것은 얼핏 보기에 역설적으로 보이지만 사실이다. 이러한 가르침에는 어리석은 이의 예지, 도회(韜晦)의 유익, 약자의 힘, 또는 진실한 뜻에서 회의로 일관하는 자의 소박함이 내포되어 있다. 나무꾼이나 어부의 자연 생활에 대한 시적 환상과 찬미에 차 있는 중국 예술은 이러한 철학이 없이는 존재할 수 없는 것이다.

중국인의 평화주의의 밑바닥에는, 인생 다소의 손실 따위는 염두에 두지 않고 행운이 돌아오는 걸 기다리는 편이 낫다는 생각이 있는 것으로, 그것은 다음과 같은 신념에 기인한다. 즉 동(動)과 반동(反動)의 법칙에 의해 운행되고 있는 자연을 그 모태(母胎)로 하는 만물의 도식(圖式) 속에는, 영구적으로 우월한 지위에 있는 자도 없거니와, 평생 역경에서 헤어나지 못하는 '큰 바보'도 있을 수 없는 것이다.

큰 지혜는 우둔함과 같고,
참된 웅변은 도리어 눌변(訥辯)과 같다.
자꾸 움직이면 추위를 이기고,
가만히 있으면 더위를 이긴다.
조용히 덕을 베풀면 천하의 주인이 되는 것이다.

자연의 큰 도(道)에서는 영원히 우위(優位)에 있는 자도 없거니와, 평생 역경에서 헤어나지 못하는 큰 바보도 없다는 것을 알면, 당연한 결론으로서 인생은 아무것도 다툴 필요가 없다는 것을 알게 된다. 노자는 "현인은 그 다투지 아니함으로써 세상 또한 이와 다투는 일이 없다."고 했다. 그는 또 이렇게도 말하고 있다.

힘으로 밀고 나가는 자는 곱게 죽지 못한다.
나는 이 교훈을 가르침의 근본으로 삼으련다.

현대인이라면 여기에 덧붙여서 이렇게 쓸 것이다.
"비밀경찰의 도움 없이 독재를 강행할 수 있는 자가 있다면 데려오라. 나는 그 부하가 되어 주마."
그래서 노자는 말하는 것이다.
"천하에 도(道)가 서면, 군마(軍馬)는 물러나서 밭을 갈리라."

훌륭한 장군은 남을 앞지르지 아니하고,
전쟁에 능한 사람은 격분하지 않는다.
적을 잘 이기는 자는 어울려 싸우지 아니하고,
사람을 잘 부리는 사람은 겸손하게 행동한다.
이를 일러 다투지 않는 덕이라 하고,
이것을 일러 사람을 부리는 힘이라 하며,
이를 일러 하늘의 도(道)에 짝한다 하거니와,
옛날 도의 극치인 것이다.

동(動)과 반동(反動)의 법칙은 힘에 대항하는 힘을 낳는다.

도(道)로써 임금을 돕는 사람은 병력으로써 천하에 강함을 나타내지 않거니와,

그 일은 되돌아오기를 잘 하기 때문이다.

군대가 머물렀던 곳에는 가시나무가 생겨나고,

큰 전쟁 뒤에는 반드시 흉년이 있게 마련이다.

그러므로 명장(名將)은 목적을 달성하는 데 그칠 뿐,

구태여 강함을 취하려 하지 않는다.

목적을 이루되 자랑하지 말고,

목적을 이루되 뽐내지 말고,

목적을 이루되 마지못해서 해야 하고,

목적을 이루되 강하게 굴지 말아야 한다.

모든 사물은 강장(强壯)하게 되면 노쇠하는 법,

이를 일러 도(道)에 어긋난다 하거니와,

도에 어긋나면 일찍 망하게 된다.

중국인의 평화주의는 몽상적 박애주의자가 말하는 그러한 평화주의가 아니라, 저 노회철학에 바탕을 둔 평화주의다. 즉 그것은 보편애(普遍愛)에 입각한 것이 아니라, 확고부동하고 현묘(玄妙)한 예지에 입각한 것이다.

이것을 오므리게 하고자 할 때는

반드시 이것을 팽팽히 당겨야 한다.

이것을 약하게 만들고자 할 때는

반드시 이를 강하게 해야 한다.

이것을 폐지하고자 할 때는

잠시 흥하게 그냥 두어야 한다.

이것을 빼앗고자 할 때는

반드시 이것을 주어야 한다.

이를 미명(微明)이라고 한다.

유약한 것은 굳센 것을 이긴다.

물고기가 연못을 벗어나선 안되며,

국가의 이기(利器)를 남에게 보여선 안된다.

약자의 힘, 평화애의 승리, 스스로 낮추는 것의 유익함을 노자보다 효과적으로 논한 사람은 지금까지 없다. 노자에게서 물은 영원히 약한 자의 힘의 상징이어야 한다. 조용히 한 방울씩 떨어져 바위에 구멍을 뚫는 저 물, 가장 낮은 데 처하려고 하는 위대한 노자와 같은 예지를 갖춘 저 물.

큰 강이나 바다가 온 골짜기의 왕이 됨은,

그것이 낮게 처하여 겸허하기 때문이다.

이와 똑같이 사람들의 입에 오르내리는 것은 저 '골짜기〔谷〕학설'로서, 골짜기란 비어 있는 동굴, 만물의 자궁이며, 모체(母體), 현묘(玄妙)함, 또는 암컷을 말하는 것이다.

골짜기의 신은 영원불멸하며, 이를 현묘한 암컷이라 한다.

현묘한 암컷의 음문(陰門)은 곧 천지를 낳는 생명의 근원이다.

면면히 태곳적부터 이어져 왔으니, 다함이 없는 그 불멸함이여.

동양 문명은 암컷의 원리를 대표하며, 서구 문명은 수컷의 원리를 대표한다 해도 지나친 말은 아니리라. 그것은 여하튼 자궁이라는 말과, 중국인의 이른바 수동적 힘으로서 골짜기〔谷〕라는 말 사이에는 아주 흡사한 점이 있다. 그것은 노자의 말을 빌려서 표현하면, "온 세상이 사모하는 큰 골짜기가 되면 언제나 변치 않는 덕이 몸에 깃든다."는 것이 된다. 나는 노장사상(老莊思想)의 학설을 요약하여 다음의 한 구절로 만들었다.

어리석은 자의 슬기,

침착함의 멋,

미련함의 묘리(妙理),

하찮은 이익.

기독교도에게는 정녕 산상의 설교처럼 느껴질 것이다. 그리고 산상의 설교나 마찬가지로 아마 별다른 감명도 받지 않을 것이다. 그 설교의 복음에 대해 노자는 "어리석고 못난 이에게 축복 있으라, 그가 지상의 가장 행복한 자이니." 하고 덧붙였는데, 꽤나 교활하다. 노자의 유명한 구절, "진짜 완전한 것은 어딘지 모자란 듯 보이고, 진짜 웅변은 도리어 눌변으로 보인다."에 따라서 장자는 "작은 지혜에서 떠나라."고 말했다.

8세기 사람, 유종원(柳宗元)은 근처의 산을 '우구(愚丘)'라 부르고, 옆을 흐르는 내를 '우계(愚溪)'라 칭했다. 18세기 사람 정판교(鄭板橋)에게는 유명한 다음과 같은 말이 있다.

"어리석음도 어렵고 어짊도 어렵다. 그러나 어짊을 끝내고 어리석음으로 들어가는 길은 더더욱 어렵다."

중국문학에는 어리석음의 찬미가 그친 적이 없다. 이런 태도를 지니는 예지는 원래 미국인도 다음과 같은 속담을 통해 이해된 일이 있다. '영리함도 정도껏'이라는, 그러므로 으뜸가는 현인은 때로는 '몹시 얼빠진 표정'을 하고 있는 사람 속에 있는 것이다.

그렇기 때문에 중국인의 교양 속에는 기괴한 현상이 눈에 띄는데, 그것은 자기를 의심하기 시작하는 높은 지성이며, 그리고 내가 아는 바로는, 유일한 무지(無知)의 복음과 옛 사람의 도회설(韜晦說)을 발전시켜 처세의 가장 좋은 무기로 삼는 높은 지성이다.

장자의 이른바 "작은 지혜에서 떠나라."는 권고와, 어리석고 못난 이의 예찬은 그 차이가 근소하다. 그것은 거지나 산림에 묻혀 사는 선인(仙人)이나 괴짜 중이나, 혹은 도적수(屠赤水)의 《명료자(冥寥子)》에 나오는 색다른 은자(隱者)들을 그린 중국의 회화나 문학적 스케치 속에 언제나 반영되어 있다. 누더기를 걸친 가엾은 반미치광이 중이 최고의 예지와 품성의 숭고함을 나타내는 상징이 되고 보면, 이와 같은 총명한 인생의 깨달음은 낭만적이며 종교적인 맛을 띠기에 이르고, 드디어 시적 환상의 세계로 드나드는 것이다.

중국의 역사에는 유명한 우인(愚人)이 많다. 모두가 정말 미쳐 있거나, 또는 미친 체하는 사람들로서, 대단히 이름도 떨치고 사람들에게 사랑을 받고 있다. 이런 사람들 중에 이를테면 송나라 때의 저 유명한 화가 미불(米芾)이 있다. 미전(米顚, 반미치광이)이라고도 하는데, 자신이 '의부(義父)'라 부르는 기암(奇巖)의 일각을 예배하기 위해 예복을 입고 간 일이 있고부터 이 별명을 얻은 것이다. 이 미불과, 원나라 때의 화가 예운림(倪雲林)은 약간 속세에 대한 공포증이 있었다. 즉 까다로운 결벽증이 있었다. 또 유명한 괴짜 중으로는 시인인 한산(寒山)이 있다. 쑥대머리에 맨발로 나다니며, 이 절 저 절의 부엌에서 기묘한 삯일을 하고는, 먹다 남은 밥을 얻어먹고 절이나 부엌의 벽에 불후의 시를 남겼다.

중국인의 공상을 사로잡은 위대한 괴짜 중은 말할 나위 없이 제전(濟顚, 濟미치광이), 또는 제공(濟公, 濟大人)으로서, 이 중의 유명한 이야기는 한없이 늘리고 덧붙여져서 돈키호테의 세 배쯤이나 되며, 지금도 아직 그치지 않지만, 이야기의 주인공인 그는 마법 · 영약 · 괴벽 · 만취의 세계에 살고 수백 킬로미터나 떨어져 있는 타국의 도시에도 당일로 날아갈 수 있는 마술을 체득하고 있었다. 그를 추모하는 비석이 지금도 항주(杭州)의 서호에서 가까운 호포사(虎跑寺)에 서 있다.

이밖에도 그만은 못하지만 16세기, 17세기의 위대한 낭만파의 천재들은 우리와 마찬가지로 버젓한 정상적인 사람들이지만, 그 괴이하고 익살스러운 풍채나 언행을 통하여 일반에게 기인이나 광인의 인상을 주기 쉽다. 이 부류에 속하는 사람들에 서문장(徐文長)·이탁오(李卓吾)·김성탄(金聖嘆)이 있다.(이 마지막 사람은 문자 그대로 '성탄(聖嘆)'으로, 그가 태어날 때 마을의 향교 속에서 이상한 탄성이 들렸다 하여 자기가 붙인 이름이다.)

중용철학—자사자

거침이 없고 근심이 없는 생활을 취지로 하는 철학은 너무 번잡한 생활과 무거운 책임에 근접치 말도록 우리를 훈계하는 경향이 몹시 강하다. 그러기 때문에 인간의 행동욕을 감쇄하는 경향이 있다. 이것은 의심할 여지가 없다. 그렇지만 한편 근대인은 몸에 유익할지언정 아무런 해가 없는 이 철학의 신선한 바람을 쐴 필요가 있다.

인간을 몰아세워 무익하고 헛된 활동을 하게 하는 일로매진주의(一路邁進主義)는 고금을 통해, 온갖 견유철학(犬儒哲學)에 비하면, 인류에 끼친 손해는 아마도 더 큰 바가 있을 것이다. 누구에게나 이와 같은 철학에 항시 반발하려고 하는 생물학적 충동은 너무도 많다. 그러므로 이 우유철학(優遊哲學)이 널리 행하여지고 있음에도 불구하고 중국인은 세계에서 가장 근면한 민족의 하나이다.

대다수의 인간은 견유철학자가 될 수 없는 사람들이다. 이유는 간단하다. 대다수의 인간이 철학자가 아니니까. 그러므로 내 생각으로는 견유철학이 대중들 사이에 널리 유행될 위험은 매우 희박하다. 노장철학이 본능적으로 그 심금을 울리고 수천 년에 걸쳐 영향을 미쳐, 모든 시나 온갖 산수화 속에서 우리를 응시하고 있는 중국에서조차, 부귀·명성·권력의 망신자(妄信者)들의 대부분이 자기 국토를 위해 일하고자 단단히 결의하고 열망하고 있는 것이며, 이래서 인생은 쾌활하게 나아가는 것이다. 또 그렇지 못하면 이 세상은 잘되어 나갈 수 없을 것이다.

중국인은 실패했을 때만 익살꾼이나 시인이 되는 것이며, 중국 국민의 대다수는 꽤나 능숙한 흥행사이다. 노장적 익살 철학의 영향은 중국인의 생활 속도를 그저 완만하게 만들 뿐이며, 천재(天災)를 당하거나 정치의 그르침을 당해서는 결국 정의를 가져다줄 만한 '동(動)과 반동의 법칙'에 대한 신뢰를 돕는다.

그렇지만 이 거침이 없고 근심이 없는 철학, 즉 자연 우유철학에 대립하는 정반대인 철학적 영향이 중국인의 사상 전체 속에 있는 것이다. 말하자면 자연적 신사(神士)철학에 대한 사회적 신사(神士)철학이다. 곧 노장 철학에 대한 유교이다. 노장사상과 유교가 인생에 대한 단순한 소극적 견해와 적극적 견해를 뜻하는데 불과하다면, 그것이 중국 특유의 것이 아니라 모든 민족에게 갖추어지는 것이다. 우리는 모두 절반은 노장파(老莊派), 절반은 유교파(儒敎派)로 태어났다.

그러나 노장주의자로서 철저하려면 그 논리적 결론에 따라 산림으로 들어가 선인(仙人)이나 은자(隱者) 생활을 하고, 나무꾼이나 어부처럼 될 수 있는 한 속세를 떠나 원시적 생활을 해야만 한다. 즉 푸른 산의 주인, 파란 물의 주인인 나무꾼과 어부 생활로 들어가야 한다. 산마루 위의 구름에 반쯤 숨어 있는 노장파의 은자는 초부(樵夫)와 어부를 위에서 굽어보고 있다. 초부와 어부는 "산은 영원히 푸르고, 물은 주야로 흘러 그치지 않는다. 만사가 이만하면 족하다."느니 하며 한가한 이야기를 하고 있다. 이 하찮은 두 사람의 이야기 동무 따위와는 하등 상관 없이 산은 푸르고 물은 흘러간다. 이 고요한 생각의 세계에서 은자는 완전한 평화를 체득한다. 그러나 그것은 인간사회에서 완전히 격리된 것을 가르치는 가엾은 철학이다.

중국에는 이 자연주의보다는 좀더 위대한 철학이 있다. 휴머니즘, 즉 인간주의 철학이다. 중국 사상의 최고 이상은, 자기가 태어날 때부터 부여받은 행복을 지키기 위해서는 반드시 인간사회와 인간생활로부터 도피해 버릴 필요는 없다는 인간의 견해이다. 인간사회로부터 도피하여 산속에 홀로 사는 은자는 지금도 아직 환경에 지배받는 이류(二流)의 은자에 불과하다. 그러므로 '큰 은자는 시장에 숨는다.' 왜냐하면 유유히 자주 독립의 힘을 갖추고 있기에 환경을 두려워할 필요가 없다. 그러므로 인간의 거리로 돌아와서, 돼지를 잡아먹고, 술을 마시며, 여자와 사귀고도 자기 마음을 더럽히지 않는 사람이야말로 훌륭한 스님이다.

이렇기 때문에 두 가지 철학을 혼화(混和) 융합할 수가 있다. 유교와 노장철학의 모순은 상대적인 것으로, 다만 두 극단에서 출발한 교의(敎義)이며, 양자 사이에는 많은 중간적 단계가 있는 것이다. 절반만 견유철학자인 사람이 최고의 견유철학자이다. 결국 가장 모범적인 생활은《중용》의 저자이며, 공자의 손자인 자사자(子思子)가 논한 미묘하고 사려 깊은 생활이다. 인간 문제를 논한 동서고금의 철학을 통람(通覽)하더라도 사물의 두 극 사이에 있는 '알맞은 생활' 의 가르침, 즉 중간 또 중간,《중용》의 가르침보다도 더 심원한 진리를 발견한 일은 여지껏 없었다.

절반은 나타나고 절반은 숨어 있는 생활을 하는 사람의 이상 속에 엿볼 수 있는 것은, 활동과 무활동 사이의 완전한 균형에 도달하는 이 미묘한 심사숙고의 정신이다. 즉 반쯤 태만하고 반쯤 활동하며, 반쯤 일하고 반쯤 태만한 정도, 집세를 못 치를 만큼 가난하지도 않거니와 조금도 일할 필요 없을 만큼 부자도 아니며, 또 지나치게 부자여서 그 때문에 오히려 '잔돈푼만 있으면 약간이나마 친구를 도와주겠는데' 운운하는 인정머리 없는 생각을 할 정도도 아니며, 피아노는 있지만 아주 친한 친구에게만 들려주든가, 아니면 주로 혼자서 즐기는 정도의 것, 수집은 하되 수집품을 선반 위에 늘어놓는 정도, 독서는 하되 지나치지 않고, 학문은 제법 하되 전문가는 되지 않으며, 글은 쓰되 신문에 기고한 것이 때로는 빠지기도 하고 때로는 실리는 정도, ─한마디로 말해서, 중국인에게 발견된 가장 건전한 생활 이상이라고 내가 믿는 것은 중산계급의 생활 이상(理想)이다. 이것은 이밀암(李密庵)의 〈중용의 노래〉 속에 잘 나타나 있다.

중용의 노래

무슨 일이든 세상은 정도껏이라 생각하고 살아왔다.

그것 참 이상하다

이 '중용', 씹으면 씹을수록 맛이 난다

중용의 기쁨보다 더한 것 없네.

재미있다, 모든 게 절반

당황치 않고, 서둘지 않고, 속도 편하다.

천지(天地) 사이는 넓은 것

도시와 시골 중간에 살며

산과 강 사이의 농토를 갖네.

알맞은 것 아는, 알맞은 지주(地主)

일도 절반 놀이도 절반

아랫것들에게도 알맞게 대한다.

집은 좋지도 않고, 누추하지도 않고

꾸밈도 절반, 노출도 절반

헌 옷도 아니고, 새 옷도 아니고

먹는 것도 적당하게.

하인은 바보와 똑똑이의 중간

아내의 머리도 알맞은 정도

그리고 보니, 나는 반은 부처이고

반은 노자일세.

이 몸의 절반은 하늘로 돌아가고

나머지는 자식들에게 남기고,

자식의 일도 잊지는 않되

죽어서 염라대왕께 올릴 말씀,

이럴까 저럴까 생각도 절반.

술도 절반쯤 취함이 좋고

꽃구경은 반쯤 핀 것이 좋다네.

반 돛단배가 제일 안전하고

말고삐는 반 늦추고 반 당김이 제격일세.

재물이 지나치면 근심이 있고

가난하면 둔해지는 게 세상의 이치.

세상은 달고도 쓰다고 깨닫고 보면

절반 맛이야말로 제일이라네.

　　이래서 우리는 노장철학의 냉소주의가 유교의 적극론과 합하여 중용 철학이 되는 것을 본다. 어처구니없을 정도로 저돌적이며, 맹진주의(猛進主義)를 신봉하는 서구인에게는, 내 말이 얼핏 듣기에 불만족스럽게 느껴질는지 모르지만, 인간은 실재하는 대지와 가공의 천국 사이에 태어난 것이다. 누가 뭐라 해도 그것은 최대의 철학이라고 나는 믿는다. 이것이야말로 가장 인간미 있는 철학인 것이다. 이렇게 생각하면 세계 최초로 대서양의 무착륙 단독 비행에 성공했던 린드버그 대령도 미국을 떠나 대서양 한가운데를 지나는 도중에 중단해 버리고 말았으면, 그에게 더 행복한 일이 아니었을까.

　　물론 이 사회에 탐험가, 정복자, 대발명가, 위대한 대통령, 역사의 코스를 바꾸는 영웅 등과 같은 초인이 얼마간 필요함은 말할 것도 없지만, 그렇다 치더라도 가장 행복한 사람은 가까스로 경제적으로 독립할 수 있게 된, 인류를 위해 대단한 일은 못했지만 그래도 약간은 했으며, 사회에서 다소 이름이 알려졌지만 별로 고명하지도 않은, 그런 정도의 중간계급에 속한 사람들이다. 개인이 가장 행복을 느끼고 가장 잘 처세해 나가는 것은, 생활에 우선 걱정이 없고, 그렇다고 전혀 걱정이 없는 것도 아닌 정도, 그 정도의 유명 속의 무명, 한줌의 재정 능력이랄 수 있는 하찮은 환경의 사람들뿐이다.

아무리 지겨워 보았던들, 우리는 이 세상을 살아가야만 한다. 그러므로 철학은 천상으로부터 지상으로 끌어내려야만 한다.

삶을 사랑한 사람──도연명

이런 경위로 인생의 소극적 견해와 적극적 견해를 적당하게 융합시킴으로써, 조화 있는 '중용' 철학에 도달할 수가 있는 것이다. 그러나 그것은 활동과 무활동의 중간에 사는 것을 뜻하며, 아등바등 안달하고 헛되이 수고하는 일도 없고, 그렇다고 인생의 책임에서 완전히 도피하지도 않는다는 뜻으로, 모든 세계의 철학에 비추어 보더라도 이런 사고방식이야말로 가장 건전하고 행복한 처세 이상(理想)임을 알 수 있다.

더욱 중요한 것은 이 두 가지 서로 다른 사고방식을 융화하면 조화 있는 개성을 함양할 수가 있으며, 이 조화 있는 개성이야말로 인간의 모든 교양 및 교육의 목표로서 인정되고 있는 것이다. 그리고 또 주목해야 할 것은 이 조화 있는 개성에 의해 우리는 인생의 기쁨과 사랑을 발견할 수 있다는 것이다.

이러한 인생애(人生愛)란 무엇이냐, 하는 것을 설명하기란 쉽지가 않다. 그걸 알리려면 어떤 우화에 대하여 이야기하거나 또는 참으로 삶을 사랑한 사람의 생애를 있는 그대로 이야기하는 편이 쉽다. 그래서 어쩔 수 없이 내 머리에는 중국 문화가 낳은 최대의 시인이며 최고의 조화적 소산인 도연명의 생애가 떠오른다.

도연명은 중국 학예의 온 역사를 통하여 가장 완전하게 조화를 이룬 원만한 인격이었다고 말한다 해도 중국에서는 아무도 반대하지 않을 것이다. 별로 고관의 경력이 있는 것도 아니고, 권세나 세상 사람들 사이에서 공명(功名)이 있었던 것도 아니며, 남아 있는 저술로는 약간의 시편과 논설이 있을 뿐이다. 그러나 그가 죽은 지 천몇백 년이 지난 오늘날도 도연명, 그분은 아직도 찬연히 빛나는 별이며, 후대의 군소 시인이나 문인들에게 최고의 인간성이란 어떠한 것이라는 걸 보여주는 상징으로 되어 있는 것이다. 그의 생활을 보면 그 시풍에서와 같이 참되고 솔직한 맛이 우러나 있어서, 그보다는 활기있고 이론을 좋아하는 패들에게 두려움을 느끼게 하는 데 충분하다.

이리하여 오늘날 그가 놓여진 지위는, 참으로 인생을 사랑하는 자의 더할 나위 없는 전형이라는 데에 있다. 왜냐하면 그의 경우는 세속적인 욕망에 반항은 하되 그것을 전혀 도피하지도 않으며, 관능을 잊지 않는 생활과 잘 조화를 유지하고 있기 때문이다.

중국에서는 약 2백 년에 걸쳐 문학적 낭만주의와 한적한 생활을 구가하는 노장(老莊)의 열기, 즉 유교에 대한 반역이 유행했지만, 결국 왕년의 유교 철학과 협력하여 도연명에서 보는 것 같은 조화적 성격의 출현을 가능케 한 것이다. 도연명의 사상을 보면 여러 유형의 적극적 견해가 없는 건 아니지만, 그 쓸데없는 자기만족을 벗어나고, 회의철학은 그 준열한 반역성을 떠나서,(저 소로조차 아직도 이 냄새가 물씬하다는 느낌이 든다.) 인간의 예지가 비로소 관대한 아이러니의 맛에 원숙함을 볼 수 있는 것이다.

도연명이야말로 이 현묘하고도 특이한 중국인의 교양을 보여주는 표징이다. 그것은 육체에 대한 애착과 고답적 정신, 금욕이라고까지는 할 수 없는 정신성과, 유육론(唯肉論)이라고까지는 할 수 없는 유물론의 불가사의한 결합이며, 거기에는 관능과 정신이 하나의 조화 속에 병립하고 있다. 생각건대, 이상적 철학자란 여성의 아름다움을 이해하되 예의를 잊지 않고, 인생을 깊이 사랑하되 스스로 절도(節度) 있으며, 세속의 성패(成敗)와 손익이 허망함을 알고 속세를 초월한 안목은 있지만, 그것을 반드시 적대시하지는 않는 선비를 말한다. 도연명은 그 정신적 성숙의 결과 이러한 참된 조화에 도달한 것이며, 거기에는 내적 갈등 따위는 조금도 없고, 그의 인생은 그의 시처럼 자연스럽고 솔직한 것이었다.

　도연명은 기원 4세기 말경에 어느 고명한 학자며 또한 관리였던 사람의 영민한 손자로 태어났다. 그의 조부는 바쁨을 좋아하는 사람으로, 언제나 무슨 일인가를 하고 있어야만 직성이 풀리는 사람이어서, 아침에 일어나면 한 무더기의 기왓장을 한 곳에서 다른 곳으로 나르고, 오후가 되면 또 원래의 장소에 도로 옮긴다는 그런 사람이었다.

　도연명은 청년 시절에 노친을 부양하기 위해 하찮은 관직에 나갔지만, 곧 그만두고 전원으로 돌아가 한 사람의 농부로서 손수 밭을 갈고 있다가 마침내 병을 얻게 되었다. 하루는 친척들과 친구들에게 이렇게 물었다.

　"전답을 유지하기 위해 방랑 시인이 되어 돈을 벌고 다니는 편이 내게 어울리는 게 아닐까."

　이 말을 들은 친구 하나가 발 벗고 나서서 구강(九江)에 가까운 팽택(彭澤)의 영(令)으로 취직시켰다.

　그의 유일한 약점은 술을 좋아한 점이다. 유유자적한 생활을 하고 있었으므로 별로 손님을 대하는 일은 없었지만, 술만 있으면 비록 상대 주인과 면식이 없더라도 함께 술잔을 기울였다. 또 다른 경우, 자기가 주인역일 때도 자기가 먼저 거나해지면 언제나 손님에게 이렇게 말한다.

　"나는 취해서 졸립군, 그대는 돌아가게나."

　그는 칠현금을 하나 가지고 있었으나 줄이 하나도 없었다. 칠현금이라는 것은 중국 옛날 악기인데, 매우 부드럽게 타서 마음이 조용하게 가라

앉았을 때만 음악으로 즐길 수 있는 것이다. 술이 취하여 음악적인 기분이 솟아나면, 이 줄 없는 칠현금을 쓰다듬어 그 풍취를 내려고 했다. 그는 말한다.

"거문고 속의 풍취를 얻었노라, 어찌 줄로써 소리 내기를 애쓰랴."

가난하고 담백하며 빼어난 인물이었으므로 사람과 사귀기를 마음 내켜 하지 않았다. 도연명의 숭배자였던 강주 자사(江州刺史) 왕홍(王弘)이 그와 깊이 사귀기를 바랐으나 꽤나 어려운 것임을 알았다. 도연명은 아주 솔직하게 이렇게 말하는 것이다.

"내가 이렇게 자적한 생활을 하고 있는 것은 천성이 사교생활에 맞지 않기 때문이며, 건강이 좋지 않아 집에서 이러고 있는 것이다. 빼어나고 뛰어난 명성을 얻기 위해 이런 생활을 하고 있는 건 결코 아니다."

그 무렵 도연명이 살고 있던 여산(廬山)의 산중에 선종(禪宗)의 고승들의 훌륭한 단체가 있어, 이 단체의 책임자이며 대학자였던 혜원법사(慧遠法師)가 도연명을 초청하여 그 백련사(白蓮社)에 가입시키려 했다. 어느 날 도연명은 산 속의 이 단체 사람들로부터 초청받았는데, 술을 마셔도 좋다는 것이다. 불교도의 금주계를 깨도 괜찮다면 가겠다고 하여 그는 가마를 타고 산으로 들어갔다. 그런데 막상 단체에 가입한다는 서명을 하는 단계에 이르자 '상을 찌푸리고 가 버렸다.' 이 단체는 사령운(謝靈運)과 같은 대시인조차 가입하려 했다가 못했던 단체이다.

도연명이 도망쳐 돌아가고 나서도 혜원법사는 호의를 보이고, 어느 날 다른 한 노장파의 친구 육수정(陸修靜)과 함께 도연명을 술자리에 불렀다. 이리하여 세 사람이 모이게 되었는데, 혜원법사는 불교를 대표하고, 도연명은 유교를, 육수정은 도교를 대표하고 있었다. 혜원법사는 날마다 산책할 때 호계교(虎溪橋)를 넘지 않는다는 걸 엄수하고 있었던 것인데, 그날 친구와 함께 도연명을 전송할 때 너무 재미있게 이야기에 열중하고 있었으므로 무심코 그 다리를 넘어 버렸다. 그걸 알고서 세 사람은 껄껄 웃었다. 이 세 노인이 웃고 있는 장면은 호계삼소도(虎溪三笑圖)라 하여 중국 회화에 흔히 있는 화제(畫題)가 되었다.

즉, 그것은 거침이 없고 근심이 없는 세 현인의 즐거운 대화와 쾌활함의 상징이며, 세 가지 종교의 가르침이 하나의 유머 감각으로 통일됨을 나타내는 것이다.

도연명은 이렇게 살았다. 그리고 거칠 것도 근심도 없는 한 빈농 시인, 현명하고 쾌활한 노옹으로서 죽었다. 그렇지만 술이나 전원을 읊은 작은 두루마리의 시나, 두셋의 산문의 우연한 작품이나, 아이들에게 주는 한 편의 서한, 희생자적 기분이 넘치는 세 수의 기도,(그 하나는 그 자신에 대한 것이다.) 혹은 그 후손에게 끼친 그의 몇 가지의 말 등을 음미하면 완전무결하게 자연에 도달하고, 또 누구도 능가할 수 없는 조화 있는 생활에 대한 정감과 재능을 볼 수 있다. 기원 405년 11월에 참군(參軍) 관직을 내놓고 고향으로 돌아가고자 결심했을 때에 그가 지은 〈귀거래사(歸去來辭)〉에 담겨 있는 것은 실로 이 위대한 인생애이다.

귀거래사

돌아가리로다, 고향의 전원이 황폐해 가는데 어찌 안 돌아가리오.

이미 마음이 육신의 종이 되었으니, 어찌 근심하여 홀로 슬퍼하리오.

지난 일은 어쩔 수 없음을 깨닫고, 장래 일은 이제부터라도 늦지 않음을 알았다.

실로 길 잃음이 오래지 않았으니, 오늘이 옳고 지난 일이 잘못되었음을 알겠노라.

배는 흔들리며 가볍게 미끄러지고 바람은 고요히 옷깃을 스친다.

길손에게 앞길을 물으니 새벽빛의 희미함을 원망한다.

이제야 누추한 내 집을 보고 기뻐 달려가니,

사내종은 반겨 맞이하고 애들은 문에 나와 기다린다.

정원의 세 오솔길은 황폐했으나 송국(松菊)만은 아직 그대로구나.

어린것을 데리고 방에 드니 술이 있어 독에 가득하다.

술잔을 당기어 자작하며, 뜰의 나뭇가지를 보고 기쁜 웃음을 짓는다.

남창(南窓)에 기대어 편히 앉으니, 집은 좁으나 편안함이 그만이다.

뜰을 날마다 거닐어 정을 붙이고, 문은 있으나 종일 닫혀 있다.

지팡이에 의지하여 뜰을 거닐다, 때로 고개를 들어 먼 곳을 본다.

구름은 무심히 산간을 빠져나가고, 새는 날기에 지쳐 둥지로 돌아올 줄 아는구나.

경치는 바야흐로 어둠에 덮이려 하고, 나는 외로운 소나무를 쓰다듬으며 거닐고 있노라.

돌아가리로다! 원컨대 교제를 끊고 놀이를 끊으련다.

세상과 나 서로 잊어버렸으니, 다시 수레를 타서 무엇을 구하리오.

친척과의 정담을 즐기고 금서(琴書)를 벗 삼아 세상사를 잊으리라.

농부가 봄이 옴을 내게 고하니 장차 서쪽 밭에 일이 있겠구나.

혹은 포장 수레를 분부하고, 혹은 외딴 배를 노 젓는다.

고요히 골짜기를 찾고 또 허위허위 언덕을 오르내린다.

초목은 나날이 무성해 가고, 샘물은 졸졸 흐르기 시작한다.

만물이 때를 만나 생동함을 볼 때, 내 인생 이제 쉼을 찾아감을 느낀다.

두어라, 몸이 이 세상에 삶이 또 얼마나 되랴.

가고 머무는 일을 어찌 자연에 맡기지 않으랴. 어찌 황황히 어딜 가고자 하랴.

부귀는 내 소원이 아니며, 하늘나라는 기약할 바 못 되니.

알맞은 때라 싶으면 혼자 가고, 혹은 지팡이를 세워 놓고 김매고 북도 주리라.

동쪽 언덕에 올라 조용히 읊조리고 맑은 내에 임하여 시를 짓는다.

얼마간 자연의 조화에 따르다가 천명대로 돌아가리니, 천명을 한껏 즐긴다면 또 무엇을 염려하랴.

도연명을 '은자'라고 생각하는 사람이 있을지 모르나 결코 그렇지가 않다. 그가 도피하고자 한 것은 정치이지, 인생 그 자체는 아니다. 만일 그가 논리를 존중하는 사람이었다면 불교의 승려라도 되어 인생으로부터도 동시에 도피해 버리려고 결심했을는지도 모른다. 그러나 그에게는 위대한 인생애가 있었으므로 그것이 불가능했으리라. 아내나 자식들은 그에게 너무도 참된 존재였다. 전원이나 안뜰의 나뭇가지, 마음에 든 언덕의 외로운 소나무 모두에게 너무도 애착이 있었으며, 논리적인 사람이 아니라 도리를 아는 사람이었기에 그것들로부터 떠나지 못했던 것이다. 그것은 인생에 대한 사랑 때문이었고, 또 그에 대한 질투 때문이었다.

또 그의 교양의 특징인 인생의 조화에 도달할 수 있었음은 적극적이긴 하되 사려 깊은 인생에 대한 태도 때문이었다. 인생과의 이 조화로부터 가장 위대한 중국의 시가가 솟아났던 것이다.

이 세상에 속하고 이 세상에 태어난 인간으로서 그의 결의는 인생으로부터 도망쳐 나가는 것이 아니라, "좋은 때라 싶으면 혼자 가서, 혹은 지팡이를 세우고 김 매고 북도 주리라."는 데 있었던 것이다.

도연명은 오직 전원과 가족의 품으로 돌아간 것이다. 구하는 것은 조화(調和)였지 반역이 아니었다.

제6장
행복에 대하여

행복이란 무엇인가

인생의 즐거움에는 여러 가지가 있다. 우리 자신의 즐거움, 가정생활의 즐거움, 나무, 꽃, 구름, 시내, 폭포, 그밖의 삼라만상을 보는 즐거움, 그리고 또 어떤 형태의 마음의 교류, 시가(詩歌), 미술, 사색, 우정, 유쾌한 대화, 독서의 즐거움 등이 그것이다. 맛있는 음식이나, 유쾌한 모임이나, 가족의 단란이나, 아름다운 봄날의 산 놀이의 즐거움처럼 분명한 것도 있거니와, 시가·미술·사색의 즐거움처럼 그다지 분명치 않은 것도 있다.

이들 두 부류의 즐거움을 물질적이라거나 정신적이라고 부르는 것은 불가능하다고 생각한다. 왜냐하면 나는 첫째로, 이 구별을 믿지 않으며, 둘째로, 이렇게 분류하려고 생각할 적마다 당혹스럽기 때문이다. 남녀노유의 유쾌한 피크닉 모습 등을 보고 있노라면, 그들의 즐거움 중 어느 것이 물질적이고 어느 것이 정신적이라 하겠는가. 한 아이는 풀숲 위에서 깡충거리고, 다른 아이는 데이지(프랑스 국화)의 화환을 만들어 놓고 있고, 엄마는 한 조각의 샌드위치를 들고 있고, 삼촌은 잘 익은 사과를 먹고 있으며, 아버지는 하늘을 나는 구름을 바라보며 땅바닥에 누워 있고, 할아버지는 입에 파이프를 물고 있다. 어쩌면 누군가가 축음기를 틀고 있을 것이며, 멀리서는 음악이나 물결 소리가 아득히 들려온다. 이러한 즐거움 중 어느 것이 물질적이고 어느 것이 정신적인 것이겠는가.

샌드위치를 먹는 즐거움과 우리가 시정(詩情)이라고 부르는, 경치를 관상하는 즐거움 사이에 경계선을 긋는 것이 그리 쉬운 일이겠는가. 우리가 예술이라 부르는 음악의 즐거움이, 물질적이라 일컬어지는 파이프 취미보다 단연 고급스런 즐거움이라 생각할 수 있겠는가.

그러므로 물질적 즐거움과 정신적 즐거움을 구별한다는 것은 내게는 당혹스러운 노릇이며, 틀리기도 하거니와 별로 머리가 신통치 못한 것처럼 생각된다. 그것은 정신과 육체를 엄히 구별하고 참된 즐거움을 좀더 단도직입적으로 음미하지 않는 그릇된 철학에서 온 건 아닐까. 아니면 내 주장이 너무 독단적인 것일까. 또는 인생의 목적은 본래 어떠한 것이냐 하는 문제를 논할 때 논점의 중심을 잃고 있는 것일까.

나는 지금까지 생활의 목표는 그 참된 즐거움에 있다고 굳이 말해 왔다. 사실이 그러니까 그렇다는 것뿐이다. 오히려 나는 '목표'니 '목적'이니 하는 말을 쓰는 것을 주저한다. 참된 즐거움을 취지로 하는 인생의 목표니 목적이니 하는 것은, 인생에 대한 인간 본래의 태도가 어떠한가라는 그런 의식적 목적이 아니다. '목적'이라는 말은 너무 공부니 노력이니 하는 것을 생각하게 한다.

누구든지 이 세상에 태어나서 당면하는 문제는, 이제부터 노력해서 도달해야 할 목적이 무엇이냐는 것이 아니라, 우선 평균 5, 60년의 인생을 어떻게 살아가느냐는 일이다. 이에 대한 대답이 인생 최대의 행복이 발견되게끔 인생을 규정해 나가자는 것이라면, 그것은 주말을 어떻게 보낼까 하는 것과 같은 것이며, 대우주의 기획 속에서 인생의 신비한 목적이 무엇이냐 하는 그런 형이상학적인 명제보다도 실제에 근거한 문제이다.

이에 반하여 인생의 목적이 무엇이냐는 문제를 해결하고자 대비하는 철학자들은 처음부터 인생에는 목적이 있어야만 한다고 독단하고 나서는 것이므로 애당초 논리의 앞뒤가 잘못되어 있다. 서구의 사상가들이 너무나 맹렬히 파고든 이 문제가 오늘날 중요성을 갖게 된 것은 의심할 것도 없이 신학(神學)의 영향 때문이다. 우리는 모두 설계니 목적이니 하는 것을 지나치게 가정한다. 사람들이 이 문제에 해답을 주려고 노력도 하고 논쟁도 하지만 전혀 알지 못하는 것을 보면, 이와 같은 문제가 아주 헛수고이며 불필요하다는 것을 알 수 있는 것이다. 만일 인생에 목적이나 설계가 있다면 그것을 발견하는 것이 그토록 난해하고 막연하며, 귀찮은 것일 리가 만무한 것이다.

문제는 결국 두 가지로 될 것이다. 즉 신이 인간을 위해서 정한 신적인 목적이거나, 아니면 인간이 자기에 대해 정한 인간적 목적이거나 둘 중하나이다.

전자에 관한 한 나는 이 문제에 개입하고 싶지 않다. 왜냐하면 우리가신의 배려 속에 있다고 생각하는 것은 모두 우리 자신의 머리에서 나온 것임에 틀림없기 때문이다. 즉 우리는 신이 그렇게 생각한다고 공상하고 있을 뿐인 것이다. 그러므로 인간의 지능으로서 신의 지능을 추측하는 일은사실 곤란한 것이다. 흔히 이러한 이론의 최종 결과는 신을 우리 군대의기수로 삼아 인간과 마찬가지로 맹목적 애국자로 만드는 것이다.

다음으로 후자에서의 논점은, 인생의 목적은 무엇이냐는 것이지, 무엇이어야 하느냐는 것이 아니다. 따라서 실제 문제이지 형이상학적 문제가 아니다.

인생의 목적은 무엇이어야 하느냐는 것이라면 누구라도 자기 사고방식이나 자기의 가치 판단을 꺼낼 수가 있다. 우리가 이 문제에 대해 항상논쟁하는 것은 위와 같은 이유에서이며, 가치 판단이 사람에 따라 각기 다르기 때문이다. 내 경우에 대해 말하면 너무 철학적이 아니고 좀더 실제적이면 족하다. 나는 인생에는 목적이나 의의가 꼭 있어야만 한다느니 하고억측으로 판단하지 않는다. "이렇게 살고 있다, 그것만으로 충분하다."고

월트 휘트먼도 말하고 있다. 살고 있다, 그것만으로 족하다. ─아마도 아직 수십 년이나 더 살아갈 것이다. ─여기에 인생이라는 게 있다. 그것만으로 충분하다. 이런 식으로 생각하면 문제는 몹시 간단해지고, 두 가지의 다른 대답이 나올 리가 없다. 오직 하나가 있을 따름이다. 즉 인생을 즐기는 것 외에 인생에 어떤 목적이 있는가.

모든 이교도 철학자들에게는 큰 문제인 이 행복론을 기묘하게도 기독교도 사상가들은 전혀 등한시하고 있다. 신학의 영향을 받고 있는 사람들을 괴롭히는 큰 문제는 인간의 행복이라는 것이 아니라, 참혹한 말이지만 인류의 '구제'라는 것이다.

이런 말을 들으면, 가라앉아 가는 배 안의 사람들의 심정을 생각하게 된다. 그것은 꼼짝없는 최후의 운명이라거나, 살아남자면 어떻게 하면 제일 좋으냐는 것을 생각하는 심정이다. '망해 가는 두 세계의 마지막 탄식' ─희랍과 로마─이라 일컬어지고 있는 기독교에는 아직도 그 찌꺼기가 남아 있다. 왜냐하면 구제라는 문제를 강조하기 때문이다. 어떻게 살아야 하느냐는 문제는, 어떻게 해서든지 구제받고 이 세상에 살고 싶다고 하는 문제 속에서는 망각되어 있다. 멸망할 운명이라는 걸 생각하면서 구제라는 것에 대해 왜 그토록 골치를 썩여야만 하는 것인가. 신학의 영향을 받고 있는 사람들은 구제라는 것에 너무도 열중하여 인생의 행복이라는 걸 별로 생각지 않는다.

그렇게 때문에 미래에 대해 그들이 가르칠 수 있는 것은 모두가 그저 막연한 천국이 있다는 것뿐이며, 인간은 거기서 무얼 하는가, 천국에 가면 어떤 즐거움을 얻을 수 있는가 하는 질문을 받게 되면, 성가 소리가 들리고 백의의 천사가 날아다니고 있다는 극히 막연한 소리를 하는데 불과하다. 적어도 마호메트만은 좋은 술과 과일이 가득하고, 검은 머리에 큰 눈을 한 정열적인 처녀들이 놀고 있는 천국의 행복을 묘사하고 있다. 이런 것이라면 누구라도 알 수 있다.

천국이라는 것이 좀더 분명하여 확신이 서는 것이 아닌 한, 이 지상의 생활에 대한 것까지 잊어버리고 천국에 가려고 노력할 이유가 어디 있는 것인가? 누군가가 말했다. '내일의 씨암탉보다는 오늘의 계란'이라고. 여름휴가를 어떻게 보낼까 하고 계획을 세울 때 우리는 적어도 가고자 하는 지방에 대해 여러 가지를 알고자 노력을 한다. 이때 관광 안내소가 아무것도 모른대서야 싱겁기 짝이 없다. 그렇다면 아무 데도 안 가고 가만히 있는 편이 낫다.

　진보와 노력을 믿고 있는 사람들은 틀림없이 천국에도 진보와 노력이 있다고 믿고 있다고 나는 생각하는데, 우리는 천국에서까지 분투 노력해야만 하는 것일까? 그러나 인간은 벌써 완전한 것인데 어떻게 그 이상 노력하고 진보할 수 있겠는가. 아니면 천국에서는 그저 빈둥거리며 아무런 노고도 하지 않고 있을 것인가? 그렇다면 천국 생활의 준비로서 살아 있는 동안에 빈둥거리는 것을 배워 두는 편이 현명하지 않을까.

　만일 우리가 하나의 우주관을 반드시 가져야 한다면, 모름지기 자아를 잊고 우주관을 인생에 한정하는 짓을 그만두어야 할 것이다. 그것을 좀더 널리 생각하고, 우리의 생각 속에 바위나 나무나 동물 등의 우주 만물의 의의까지도 포함시키지 않으면 안된다.

　자연과 사물에는 일정한 짜임이라는 것은 있다.(그러나 이 말은 내가 몹시 싫어하는 목표니 목적이니 하는 말과는 뜻이 다르다.) 내 말의 뜻은 자연과 사물에는 하나의 규범이 있다는 것이며, 궁극론으로서는 아니더라도 이 온 우주에 대해 인간은 모종의 사고방식에 도달하고, 그후에 우주에 대한 인간의 위치를 정할 수가 있다는 뜻이다.

　자연과 자연 사이에서 인간의 위치가 어떠한가라는 것은 자연스러운 사고방식일 것이다. 왜냐하면 인간은 살아 있는 동안은 자연과 떼어 놓을 수 없는 것이며, 죽으면 자연으로 돌아가기 때문이다. 인간의 격에 맞지 않는 것을 꾀하여 단번에 결론에 도달하는 그런 짓만 하지 않는다면, 천문학·지리학·생물학·역사는 모두 우리에게 많은 재료를 제공하여 분명한 사고방식을 안출(案出)시켜 줄 것이다.

조화의 목적을 이같이 크게 생각한다면 인간의 위치는 다소 빈약해지지만, 그런 건 조금도 관계없다. 인간에게는 인간의 위치가 있고, 따라서 주위의 자연과 조화 있는 생활을 한다면 인생 그 자체에 대해 실제적으로 분별 있는 사고방식을 지니게 된다. 그걸로 충분하다.

행복은 감각적인 것

인간의 행복은 모두가 생물적인 행복이다. 이 사고방식은 아주 과학적이다. 오해받을 위험은 있으나, 이 점을 좀더 분명히 해 두어야 하겠다. 거듭 말하거니와 나는 인간의 행복은 전부 관능적인 행복이라고 말하는 것이다. 유심론자(唯心論者)들은 틀림없이 나를 오해할 것이다. 그러나 유심론자와 유물론자는 언제까지든 서로 오해하게 마련인 것이다. 왜냐하면 이 양자는 같은 말로 논하지 않는다. 그렇지 않으면 같은 말을 하더라도 다른 것을 가리키고 있다.

우리는 또 이 행복 보존론(保存論) 속에 서서 유심론자에게 기만당해야만 하는 것일까. 그리고 참 행복이란 오직 정신의 행복이라는 것을 승인해야만 하는 것일까. 우선 한 발 양보하여 그들이 하는 말을 승인하자. 그리고 즉시 우리의 논지를 진행시켜 이렇게 말하자. "정신이란 내분비선의 기능이 완전히 이루어지고 있는 어떤 상태이다. 만일 그렇다면 도대체 정신적 행복이란 어떤 것이란 말이냐."라고.

내게는 행복이란 주로 밥통의 문제이다. 인간의 행복은 주로 오장육부의 작용에 관계된 문제라는 말을 하여, 내가 세상에서 받고 있는 명성이나 존경을 잃지 않으려면, 저 미국 어떤 대학 총장의 소맷자락 밑에 숨어야만 한다. 여기서 말하는 미국의 대학 총장은 신입생의 각 학급에 훈시를 할 때 언제나 이런 말을 했던 것이다.

"여러분이 명심해야 할 것이 딱 두 가지 있다. 즉 성경을 읽을 것과 용변(用便)을 잊지 말 것이다."

정말 훌륭하고 지혜로운 사람이다. 총장으로서 이런 말을 하다니 대단히 현명하며 단맛 쓴맛을 다 씹어 본 사람이 아닌가. 내장만 움직이고 있으면 행복하다. 움직이지 않는다면 불행하다. 문제는 오직 이것이 있을 뿐이다.

행복이라는 것을 말할 때 추상적인 것에 빠지지 않도록 하자. 그리고 진짜 행복한 때란 어떤 때인가를 우리 스스로 사실에 근거하여 해부해 보지 않겠는가.

이 세상에서는 행복이라는 것이 소극적인 경우가 대단히 많다. 즉 슬픔, 괴로움, 육체적 고통이 전혀 없는 상태를 행복이라 하고 있다. 그러나 행복이라는 것은 적극적인 경우도 있을 수 있는 것이며, 그런 경우 우리는 그걸 환희라 부르고 있다. 이를테면 우선 내 경우라면 참으로 행복한 한때란 다음과 같은 것이 있다.

푹 자고 나서 아침에 눈을 뜨고 새벽 공기를 마시면, 허파가 마음껏 부푼다. 그러면 더 깊이 숨을 들이쉬고 싶어지고, 가슴 주위의 피부나 근육에 기분 좋은 운동 감각이 일어나며 따라서 일도 할 수 있을 것 같은, 그러한 한때. 손에 파이프를 쥐고 의자에 발을 내뻗고 있으면 담뱃불이 천천히 연기를 피워 올리는, 그러한 한때. 여름날 여행길에서 목이 타는데, 곱고 맑은 샘이 있어 물 솟아나는 소리가 기분 좋게 귀에 들려온다. 구두고 양말이고 벗어 던지고 콸콸 솟는 찬물 속에 발을 담그는, 그러한 한때. 맛있는 음식을 배불리 먹고 나서, 안락의자에 기대앉는다. 동료는 뜻이 맞는 사람뿐, 흥겹고 즐거운 이야기가 꼬리를 물고 경쾌히 이어 나간다. 몸도 마음도 천하태평인, 그러한 한때. 한 여름의 오후, 지평선을 바라보니 먹

구름이 뭉게뭉게 솟아오르고 있다. 15분쯤 뒤엔 초여름의 소나기가 올 것이 뻔하다. 비를 맞고 싶은데 우산을 안 가지고 빗속을 외출하는 것도 어색하다. 그래서 서둘러 나가서 들판의 한가운데쯤에서 소나기를 만난 것으로 친다. 이윽고 흠뻑 젖어 가지고 돌아와서 식구들에겐, "대단치 않아, 약간 비를 만나서 말야." 하고 말하는, 그러한 한때.

아이들이 지껄이는 소리를 듣거나, 그 통통한 다리를 보거나 할 때, 도대체 나는 아이들을 육체적인 의미에서 사랑하고 있는 것인지 정신적인 의미에서 사랑하고 있는 것인지 종잡을 수가 없다. 그와 마찬가지로 마음의 환희와 육체의 환희를 구별하기란 도저히 불가능하다. 육체적으로 이성을 사랑하지 않고 정신적으로 사랑하는 것이 가능할까. 또 사랑하는 자기 부인의 아름다움, 즉 그 웃음, 미소, 고개를 흔드는 모습, 여러 가지 사물에 대한 각각의 태도, 그런 것을 해부하거나 분석한다는 것이 남자에게 그렇게 쉬운 일일까.

결국 어느 처녀건 좋은 옷을 입고 있을 때는 더 행복하다고 생각한다. 입술연지나 볼연지에는 여자의 마음을 부풀게 하는 뭔가가 있다. 또 미용지식에서 오는 정신적인 침착성과 안정이라는 것도 있다. 이건 그 처녀 자신에게는 참되고 명료한 것이지만, 세상의 정신주의자라 불리는 자들로서는 이런 일은 생각지도 못한다.

우리는 모두 목숨 있는 육신이므로 육체와 정신과의 차이는 지극히 작은 것이며, 어떤 섬세한 정서나 위대한 정신미가 정신세계에서 찬미받는다 하더라도 감각을 무시하고 그에 이르는 것은 불가능하다. 촉각·청각·시각에는 도덕성이라든지 비도덕성이라든지 하는 건 없다. 인생의 적극적 환희를 받아들일 힘이 없어지는 것은 주로 관능적인 감수성이 줄었기 때문이며, 또 만족하게 그것을 사용하지 않기 때문이다. 이러한 가능성은 아주 많다.

그러나 도대체 무엇 때문에 헛된 논의를 하고 있단 말인가. 차라리 빨리 구체적 실례에 대해, 동서에 걸친 삶을 사랑한 모든 위대한 자의 글 중에서 약간을 뽑아, 그들이 그 즐거운 한때라는 것을 어떻게 말하고 있는가, 또 그들이 귀로 듣고, 코로 맡고, 눈으로 본다는 그 중요한 감각과 어떻게 밀접하게 결부되어 있는가를 고찰해 보지 않겠는가?

다음에 인용하는 것은 숲의 시인 소로*가 귀뚜라미 소리를 들었을 때에 얻은 시취(詩趣)이며, 대단한 미적인 감회에 대해 말하고 있다.

우선 귀뚜라미의 우는 소리에 귀를 기울여 보라. 귀뚜라미는 돌 틈에 얼마든지 있다. 한 마리뿐이라면 더욱 흥취가 깊다. 그 우는 소리를 듣노라면 어쩐지 한가한 놈이라는 느낌이 든다. 그러나 이 세상의 짧은 목숨이 끝나면 영원한 죽음으로 들어가야만 하는 생물의 운명을 생각하기에 우는 벌레 소리를 한가하다고도 생각하고, 또 쓸데없이 안달하고 있는 인간의 번뇌에서 보기에 그런 느낌도 드는 것이다. 그러나 그것은 본래 모든 시간관념을 초월하고 있는 것이므로, 한가하다느니 하는 말은 결코 할 수 없다. 오히려 봄의 욕정이나 여름의 열광 한복판에 홀로 가을의 서늘함과 무르익음을 생각게 함이 있는 것이다.

새에게 귀뚜라미는 말한다.

"너희는 아이들처럼 충동으로 울고 있다. 자연은 너희를 통해 말을 한다. 그러나 우리에게는 무르익은 지혜가 있다. 우리에겐 사시(四時)의 변동이 없다. 우리는 사시의 자장가를 부르고 있는 거야."

이리하여 그들은 영원히, 풀숲 속에서 노래한다. 이미 그들은 천국에 있다. 그러니 새삼 끌어올려 천국에 보낼 것까지도 없다. 영원히 변함없다. 5월도 동짓달도.(안 그런가?) 조용한 예지, 그 노래에는 산문의 분명함이 있다. 술은 안 마시되 이슬을 빤다. 교미기가 지나면 사라져 버리는 덧없는 사랑의 가락은 아

---

* 소로는 모든 미국 작가 중 그 전(全)인생관에서 가장 중국인답다. 나는 그 정신에서 그와 아주 흡사한 듯한 느낌이 든다. 나는 소로의 시 몇 절을 중국어로 번역하여 누구에게도 중국 시인의 글이라고 믿게끔 할 수 있다고 생각한다.

니다. 신의 영광을 찬미하고 영원히 그것을 즐기고 있는 것이다. 사시의 변동이 없어 그 가락은 진리인 양 변치 않는다. 맑은 마음에야말로 귀뚜라미 소리는 들릴 것이다.

휘트먼이 가진 후각·시각·청각이 그의 정신성을 높이는 데 어느 정도의 힘이 있었던가. 또 그가 그들 감각을 얼마나 중대시했던가, 다음 문장에서 보도록 하라.

아침부터 내린 눈보라는 종일토록 멎지 않는다. 그러나 펄펄 내리는 눈에 젖어, 나는 같은 숲, 같은 길을 두 시간 남짓이나 걸었다. 바람은 잔다. 헌데 소나무 사이에서 가냘픈 음악적인 속삭임이 들린다. 아주 또렷하고 기묘한 소리. 여울인 듯하다. 때로는 조용히, 때로는 또 흘러 떨어지는 듯한 소리. 모든 감각, 시각·청각·후각의 형언할 수 없는 만족한 희열.

눈은 내려 쌓인다. 상록수·호랑가시나무·월계수, 기타 모든 나무마다 잎과 가지에 쌓이고 쌓인다. 잎은 흰색으로 부풀어 올라 에메랄드의 윤곽이 또렷해진다. ─즐비하게 있는 소나무의 높고 곧은 기둥─희미한 송진 냄새가 눈의 향기와 섞인다.(향기가 없는 건 없다. 눈마저 그렇다. 다만 여러분이 맡을 수가 있다면 말이다─두 장소, 아니 순간과 순간, 각각 어딘지 다르다. 아주 같다는 일은 없다. 한낮과 한밤중, 겨울과 여름, 바람이 있는 한때와 고요한 한때, 그 향기의 그럴싸한 차이!)

정오와 한밤의 향기, 겨울과 여름의 향기, 폭풍우의 한때와 정적의 한때의 향기를 식별할 수 있는 사람이 몇 사람 있겠는가. 대체로 시골에서 사는 것보다도 도회에서 사는 쪽이 불유쾌하다면, 도회의 시각·후각·청각의 변화와 뉘앙스가 시골보다 선명치 못하기 때문이다. 어디를 바라보아도 단조로운 회색 담 벽이나 시멘트의 보도 속으로 그것들이 사라져 버렸기 때문이다.

이른바 유쾌한 한때의 진정한 한계, 진정한 자격, 진정한 성질이 어떠하냐는 점으로 말하면, 중국인과 미국인에게는 공통점이 있다. 다음에 게재하는 어느 중국학자가 쓴 '유쾌한 순간에 관한 33절'을 번역해서 독자에게 보이기 전에, 그것과 비교하는 뜻에서 휘트먼에게서 한 절(節)을 더 인용하고자 한다. 이것을 읽으면 중국인의 감각과 유사함을 알 수 있을 것이다.

활짝 갠 삽상한 어느 날, 건조하여 가냘프게 흔들리는, 공기 속엔 산소가 가득하다. 나를 감싸고 나를 녹이는 건전하고 말없는 아름다운 갖가지 기적—나무·물·풀·햇빛·첫서리—그중에서 내가 제일 좋게 바라보는 것은 가을 특유의 맑은 창공, 구름이라면 크고 작은 흰 구름뿐, 고요히 무얼 생각하는 듯 크나큰 창공 속에 움직인다. 아침녘의(그렇다, 일곱 시부터 열한 시까지인가?) 그 빛은 줄곧 투명하면서도 싱싱한 푸른빛. 그러나 한낮에 가까워지면 색깔이 엷어져 두세 시간은 마치 회색—그리고는 잠시 색이 바래서 해질녘으로— 큰 나무가 있는 언덕마루의 틈새에서 찬연한 빛을 쏘는 일몰을 본다. 화염의 빛줄기, 씩씩하고 큰 담황(淡黃)의 장관, 간장(肝臟) 빛깔, 해지기 전의 수면(水面)에 뿌려진 비스듬히 퍼진 은빛 광택, 투명한 그림자, 빛살, 섬광, 그림에도 나타낼 수 없는 선명한 색조.

훌륭하게 충족된 이 가을의 한때, 나에겐 이 한때가 있었다. 무엇인지 모르지만 주로 하늘로 인한 가을의 기쁨이라고 나는 생각한다.(가끔 나는 생각한다. 태어나면서 지금까지 하늘을 매일 보고 있지만, 참되게 본 적은 일찍이 없었던 것이다). 말할 나위 없는 유쾌한 한때라고, 이 말조차도 못하는가. 전에 읽은 적이 있다. 바이런은 죽기 전 친구에게 말했다. 전 생애를 통해서 즐거운 때는 단 세 시간밖에 없었다고. 이와 똑같은 임금님의 종에 관한 옛 전설이 독일에도 있다. 가까이 집 밖에 나가 나무 틈으로 비치는 아름다운 석양을 바라보고, 나는 바이런이나 종(鍾) 이야기를 생각했다. 그러면 나는 행복한 때를 보내고 있다는 생각이 든다.(몹시 즐거운 한때의 기억을 적어 놓은 일은 정말 없다. 그럴 때에 부딪치면 메모를 하여 미감(美感)을 해치는 게 싫은 것이다. 나는 그저 기분에 내맡긴다. 기분 내키는 대로 행동한다. 고요한 황홀경에 몸을 내맡기면서.)

그러나 도대체 행복이란 무엇인가. 내가 경험한 것 같은 때의 하나인가, 또는 그와 흡사한 것인가, 몹시 미묘하여 순식간에 사라지는 색조인가, 형언할 수가 없다. ──그러나 좋아하는 대로 모르는 재미를 즐기게 해 주소서, 신이여. 투명한 그 감청색 속에 나와 같은 환자를 위한 약이 있는가.(오, 신체가 고르지 못한 상태, 마음의 병이 이 3년간 계속된 것이다.) 신은 대기(大氣)를 통하여 나에게 신의 뜻의 현묘한 명약을 남몰래 떨어뜨리신 것인가.

김성탄의 행복한 순간 33절

우리는 여기서 어느 중국인이 쓴 〈유쾌한 한때〉라는 글을 음미하고 감상해 보고 싶다. 그 중국인의 이름은 김성탄(金聖嘆)이라 하며, 17세기의 위대한 인상파 평론가이다. 그는 《서상기(西廂記)》라는 희곡의 평석(評釋) 속에서 33절에 걸쳐 유쾌한 한때라는 것을 열거하고 있다. 이것은 언젠가 그가 한 친구와 비를 만나서 열흘 동안 어느 사원(寺院)에 갇혀 있을 때, 둘이서 손꼽아 세어 본 것이다. 다음의 33절은 인간의 정신이 관능과 딱 어울려서, 인생의 참된 유쾌함을 맛볼 수 있는 한때라고 그는 생각하는 것이다.

1. 때는 6월의 어느 더운 날, 해는 아직 중천에 걸려 있어 바람 한 점 없고, 하늘에는 한 조각의 구름도 안 보인다. 앞뜰도 뒤뜰도 마치 둥근 화로 속과 같다. 나는 새는 아주 자취를 감추고, 땀은 온몸에 흘러 폭포수 같다. 점심상을 받았으나 혹서로 인해 수저를 들 기분도 안 난다. 그래서 자리를 가져오게 해서 땅바닥에 깔고 그 위에 벌렁 누웠다. 그런데 자리는 눅눅하고 파리들이 코언저리를 어른거려, 쫓아도 사라지지 않는다. 이리 되면 나는 아주 무력하다.

그때 돌연 천둥이 우르릉 울려 퍼지고 먹구름이 층층이 하늘을 덮고 전쟁터로 향하는 군대처럼 당당히 밀어닥쳐 온다. 이윽고 추녀에서 빗물이 폭포수처럼 떨어지기 시작한다. 그러면 땀이 가시고, 땅의 눅눅한 곳도 없어지고, 파리는 모두 어디론지 숨어 버리고, 간신히 밥이 먹힌다. 아, 이 또한 유쾌한 일이 아니겠는가.

2. 십 년이나 못 만났던 친구가 해질녘에 갑자기 찾아온다. 문을 열고 그를 맞아들여, 배편으로 왔느냐 육로로 왔느냐도 묻지 않고, 침대나 침상 위에서 임시 쉬라고 이르지도 않은 채, 먼저 내실에 가서 염려하면서 아내에게 이렇게 말한다. "소동파의 부인처럼 듬뿍 술을 사다 줄 수 없겠소." 그러면 아내는 선뜻 금비녀를 빼며, "이것을 팔지요." 한다. 우선 사흘은 충분히 마실 수 있다는 계산. 아, 이 또한 유쾌한 일이 아니겠는가.

3. 아무도 없는 방 안에 나는 멍하니 앉아 있다. 그러자니 베갯머리에 쥐가 와서 차츰 귀찮아진다. 도대체 살금살금 뭘 하고 있는 걸까. 뭘 갉고 있는 걸까, 어떤 책을 갉는 걸까, 이런 생각을 하며, 어떻게 하면 좋을지 대책도 없이 있노라면, 홀연 무서운 얼굴을 한 고양이가 뭘 노리기라도 하는 듯 꼬리를 흔들며 눈에 불을 켜고 나타난다. 나는 꼼짝도 않고 숨을 죽이며 잠시 동안 기다린다. 그러면 쥐는 홀연 살짝 소리를 남기고 바람처럼 사라진다. 아, 이 또한 유쾌한 일이 아니겠는가.

4. 서재 앞의 해당화와 박태기나무를 뽑고 열 그루나 스무 그루의 파릇파릇한 파초를 심는다. 아, 이 또한 유쾌한 일이 아니겠는가.

5. 봄의 하룻밤을 낭만적인 벗들과 술잔을 주고받아 꽤 취기가 돈다. 술잔을 놓기도 싫거니와 더 마시기도 어렵다. 그러면 사정을 눈치 챈 곁의 동자(童子)가 열두세 자루의 큰 폭죽을 담은 바구니를 지체 없이 가져온다. 나는 술자리에서 일어나 뜰에 나가 폭죽을 터뜨린다. 유황냄새가 코를 찌르고 머리를 자극하여 기분이 썩 좋다. 아, 이 또한 유쾌한 일이 아니겠는가.

6. 거리를 가노라니 두 불량배가 뭔가 심히 다투고 있다. 얼굴은 상기되고 눈

은 분노에 번득이며 마치 불구대천의 원수 같은 꼬락서니다. 그러나 서로 예의를 갖춰 팔을 들거나 허리를 굽히거나 하며 인사를 하고, '댁에서는' 이라든가, '댁을……' 이라든가, '어떻게 된 일인고 하면……' 이라든가, '그렇지 않습니까?' 라는 둥, 꽤나 조심스럽고도 점잖은 말을 쓰고 있다. 그 티격태격은 끝이 없다. 거기에 느닷없이 육 척 장신의 우락부락한 사나이가 팔을 휘두르며 와서 큰소리로, '집어치워!' 하고 외친다. 아, 이 또한 유쾌한 일이 아니겠는가.

7. 독에서 물이 흘러나오듯 내 자식들이 옛 문장을 줄줄 암송하고 있다. 나는 그걸 가만히 듣고 있다. 아, 이 또한 유쾌한 일이 아니겠는가.

8. 식사 뒤의 심심풀이로 근처의 가게를 찾으면 대단찮은 것이 사고 싶어진다. 잠시 흥정을 하는데, 거의 다 되어 가는 판인데도, 가게의 점원 아이가 선뜻 내주려 들지 않아서 실랑이를 계속하게 된다. 그래서 나는 깎는 값에 해당될 만한 사소한 것을 소맷자락에서 꺼내어 점원 아이에게 준다. 그러면 점원 아이는 금방 미소를 띠고 정중히 인사하며 말한다. "정말 나으리께선 매우 너그러우십니다." 아, 이 또한 유쾌한 일이 아니겠는가.

9. 식후의 심심풀이 삼아 헌 가방을 열고는 이렇다 할 까닭도 없이 안을 뒤진다. 그러면 내 집에서 돈을 빌려 준 사람들의 수십, 수백 장의 차용증서가 나온다. 채무자 중에는 고인도 있거니와 아직 살아 있는 사람들도 있다. 그러나 아무튼 돌려받을 가망은 없다. 나는 슬며시 그걸 묶어서 불에 던지고 하늘을 쳐다보며 연기가 완전히 사라져 버리는 걸 바라본다. 아, 이 또한 유쾌한 일이 아니겠는가.

10. 어느 여름날 맨머리에 맨발로 문밖에 나가서, 젊은이들이 무자위(펌프의 일종)를 밟으며 소주(蘇州) 민요를 부르는 것을 양산을 쓰고 골똘히 듣는다. 논물은 백은(白銀)이나 백설(白雪)이 녹은 것처럼 거품을 내며 흘러서 무자위로 퍼 올려진다. 아, 이 또한 유쾌한 일이 아니겠는가.

11. 아침잠을 깨자, 엊저녁에 누가 죽었노라고 집사람들이 수군거리는 기미. 나는 곧, 누가 죽었단 말이냐고 집사람들에게 묻는다. 그리고 그게 마을 안

에서 제일 타산적인 놈이었다는 걸 안다. 아, 이 또한 유쾌한 일이 아니겠는가.

12. 여름날 아침 일찍 잠을 깨니, 홈통으로 쓴다며 소나무 선반 밑에서 커다란 대나무를 톱으로 자르고 있는 게 보인다. 아, 이 또한 유쾌한 일이 아니겠는가.

13. 한 달 내내 장마가 져서 술 취한 사람이나 병자처럼 늦잠을 자서 이젠 일어나기도 싫다. 그러자 창밖에 비가 갬을 알리는 새소리가 들린다. 나는 급히 침실의 커튼을 걷고 창문을 밀어젖힌다. 아름다운 태양이 눈부시고, 나무들은 막 목욕하고 난 듯이 산뜻하다. 아, 이 또한 유쾌한 일이 아니겠는가.

14. 한밤중, 누군가가 멀리서 나를 생각하고 있는 듯한 기분이 든다. 이튿날 나는 그 사람을 찾아간다. 그 집에 들어가 거실을 보니 본인은 남쪽을 향해 책상 앞에 앉아서 무슨 기록을 읽고 있다. 내 모습을 보자 재미있다는 듯이 고개를 끄덕이며 내 소매를 잡아 거기 앉히고, "마침 잘 왔네. 이걸 읽어 보게나." 한다. 이리하여 우리는 서로 웃으며 벽의 햇살이 사라질 때까지 즐겁게 이야기를 나눈다. 이윽고 친구는 배가 고파진 듯 내게 슬며시 말한다. "자네도 배가 고프지." 아, 이 또한 유쾌한 일이 아니겠는가.

15. 내 집을 세우겠다고 별로 진지하게 생각한 것도 아닌데, 뜻밖에 약간의 돈이 들어왔으므로 집을 세울 생각을 한다. 그리고 나면 아침저녁으로 재목을 사라느니, 돌을 사라느니, 기와나 벽돌, 도료, 못을 사라느니 하고 성화다. 나는 그것들을 사기 위해 거리마다 샅샅이 찾아 헤맨다. 그것도 모두가 집을 짓기 위한 것, 그렇다고 그 짓을 하고 있는 동안 새집에 살 수 있는 것도 아니다. 이윽고 그런 것은 단념하고 싶어진다. 그러던 어느 날 드디어 간신히 집이 준공된다. 벽에는 덧칠이 이루어지고 방바닥은 말끔히 청소되고 창문에는 종이를 바르고 벽에는 족자를 건다. 일꾼들은 다 가고 벗들이 찾아와 잘 정돈된 여기저기의 침상에 걸터앉는다. 아, 이 또한 유쾌한 일이 아니겠는가.

16. 겨울 밤 술을 마시는 동안에 방안이 몹시 추워진 걸 갑자기 알게 된다. 창을 열고 내다보니 큰 눈이 내려 지상에는 벌써 세 치〔寸〕 남짓 쌓여 있다. 아,

이 또한 유쾌한 일이 아니겠는가.

17. 나는 오랫동안 승려가 되고 싶다고 생각하고 있었다. 그러나 고기를 먹을 수 없다고 하여 생각만 하고 있었는데, 승려가 되어도 공공연히 육식을 해도 괜찮게 됐다고 치자. 그리 되면 대야에 가득 더운물을 끓이고 잘 드는 면도로 여름 동안에 머리를 깎는다. 아, 이 또한 유쾌한 일이 아니겠는가.

18. 여름날 오후 새빨간 큰 소반에다 새파란 수박을 올려놓고, 잘 드는 칼로 자른다. 아, 이 또한 유쾌한 일이 아니겠는가.

19. 신체의 음부에 약간의 습진이 생겼으므로 문을 꼭 닫고 이따금 김을 쐬기도 하고 더운물에 담그기도 한다. 아, 이 또한 유쾌한 일이 아니겠는가.

20. 가방 속에서 우연히 옛 친구들의 자필 편지를 발견한다. 아, 이 또한 유쾌한 일이 아니겠는가.

21. 가난한 선비가 돈을 빌리러 온다. 그러나 이야기를 꺼내지도 못하고 우물쩍거리며 화제를 엉뚱한 데로 돌리려고 한다. 정녕 딱하게 생각하여, 둘만이 있는 곳으로 데리고 가서, 얼마나 필요하냐고 묻는다. 그리고 나서 방에 들어가 돈을 건네주고 이렇게 묻는다. "그대는 지금 당장 가서 문제를 해결해야만 하는가. 좀더 앉아서 한 잔 하고 가면 어떤가." 아, 이 또한 유쾌한 일이 아니겠는가.

22. 여기는 조각배 안. 미풍이 상쾌하게 불지만 배에는 돛이 없다. 그러자 홀연 큰 배 하나가 나타나서 바람처럼 빨리 다가온다. 나는 그 배에 다가가 갈고랑이 막대를 거기에 걸려고 하자 뜻밖에도 용케 걸린다. 그래서 그 배에 줄을 던져, 그 배에 끌려서 가게 된다. 그리고는 두보(杜甫)의 시를 읊기 시작한다. "靑惜峰巒 黃知橘柚(푸른 산봉우리의 지남을 애석해 하고, 노란 것은 귤·유자임을 안다.)" 그리고는 유쾌하게 웃는다. 아, 이 또한 유쾌한 일이 아니겠는가.

23. 벗 하나와 같이 살 집을 찾고 있는데, 마땅한 집이 눈에 띄지 않는다. 그때 누군가 와서 알맞은 집이 있다고 한다. 별로 크지도 않고 열두 개쯤의 방이 있으며, 강에 잇닿아 있고, 아름다운 수목에 둘러싸여 있다고 한다. 나는 그 사

람에게 식사를 권하고, 식사가 끝난 다음 어떤 집일까 하는 생각 따위는 하지도 않고 함께 나서서 어슬렁어슬렁 보러 간다. 문을 들어서자 커다란 빈터가 있고 곳간이 예닐곱 개나 있다. 그래서 나는 속으로 말한다. "이제부턴 채소나 참외 걱정을 할 것도 없겠는데." 아, 이 또한 유쾌한 일이 아니겠는가.

24. 나그네가 먼 여행에서 돌아온다. 그리운 성문이 보이고 냇물의 양쪽 둑에서 여자들이나 아이들이 우리말로 지껄이고 있다. 아, 이 또한 유쾌한 일이 아니겠는가.

25. 옛 자기(磁器) 등이 깨지면 좀처럼 본디대로 되는 일이 없음은 당연한 일이다. 깨진 그릇을 뒤집거나 바라보거나 하면 더욱 울화가 치미는 것이다. 이럴 때는 그것을 요리사에게 건네고, 다른 헌 그릇과 마찬가지로 쓰라 이르고, 일단 깨진 그 그릇을 다시는 내 눈에 띄지 않게 하라고 분부한다. 아, 이 또한 유쾌한 일이 아니겠는가.

26. 나는 성인군자가 아니므로 좋지 못한 짓을 하지 말라는 법은 없다. 밤중에 뭔가 좋지 못한 짓을 하고 아침에 일어나면 그로 인해 몹시 불쾌하다. 그때 문득 생각나는 것은 좋지 못한 짓을 숨기지 않음은 참회나 같다고 하는 불교의 가르침이다. 그래서 나는 낯선 사람이건 오랜 벗이건 간에 주위 사람 모두에게 나의 좋지 못한 짓을 털어놓는다. 아, 이 또한 유쾌한 일이 아니겠는가.

27. 길이가 한 자나 될 만한 큰 글씨를 누군가가 쓰고 있다. 그걸 옆에서 바라보고 있다. 아, 이 또한 유쾌한 일이 아니겠는가.

28. 창문을 활짝 열어젖히고 방안에서 말벌을 내쫓는다. 아, 이 또한 유쾌한 일이 아니겠는가.

29. 고을의 관원에게 북을 치게 하여 퇴청 때를 알리게 한다. 아, 이 또한 유쾌한 일이 아니겠는가.

30. 누군가가 날리고 있던 연줄이 끊어져서 연이 날아간다. 그것을 바라보는 일, 이 또한 유쾌한 일이 아니겠는가?

31. 초원에 들불이 타고 있다. 그걸 본다. 아, 이 또한 유쾌한 일이 아니겠

는가.

32. 빚을 다 갚아 버린다. 아, 이 또한 유쾌한 일이 아니겠는가.

33.《규염객전(虯髥客傳 · 唐代의 傳奇小說)》을 읽는다. 아, 이 또한 유쾌한 일이 아니겠는가.

생애 중에 단 세 시간밖에 유쾌한 때를 갖지 못했던 불쌍한 바이런 경이여. 그의 정신은 병적이거나 몹시 불균형한 것이었다. 그게 아니면 그의 시작(詩作) 십 년 동안에 유행한 세상 괴로움을 그저 애호한데 불과한 것이다. 세상 괴로움의 사고방식이 그토록 유행하지 않았더라면, 세 시간이라고는 말하지 않고, 적어도 서른 시간쯤은 유쾌한 시간이 있었음을, 바이런 경은 인정했을 것임에 틀림없다. 나로서는 그렇게 생각하지 않을 수가 없다.

이상의 점에서 볼 때, 실로 이 세상은 우리의 관능에 의해서만 즐길 수 있도록 펼쳐진 인생의 향연이며, 이러한 관능적 기쁨을 인정할 만한 교양이 있어야만 솔직히 그것들을 승인할 수 있는 것이다. 말할 것도 없이 분명한 일이 아닌가. 자기 관능에 떨고 있는 이 호화판 현세에 대해 우리가 즐겨 눈을 감는 것은, 정신론자가 우리를 완전히 관능 공포증 환자로 만든 때문이 아닐까 하고 나는 생각한다. 좀더 고상한 철학은 우리가 육체라 부르는 섬세하고 아름다운 감수기관(感受器官)에 대한 신뢰를 고쳐 세워야만 하는 것이다. 그리고 우선 육체 경멸 사상을 몰아내고 이어 관능 공포를 배제해야만 한다.

이와 같은 철학자들이 참으로 물질을 승화시키고 인간의 육체를 기체화(氣體化)하고 신경이나 미각 · 후각 · 색감도 없고, 운동감각도, 촉각도 없는 하나의 영혼으로 만들어 버리지 않는 한, 또 저 힌두교의 고행자와 같은 짓을 할 배짱을 갖지 않는 한, 우리는 용감하게 이 있는 그대로의 현실에 직면해 나가야 하지 않을까? 필경 진실을 인정하는 철학자만이 우리를 참된 행복으로 이끌 수 있는 것이며, 이와 같은 철학이야말로 건전하고 건강한 것이다.

유물론의 오해

앞에서 나온 인생의 유쾌한 한때에 관한 김성탄의 33절을 읽은 사람은, 참된 인생에는 정신적 유쾌와 육체적 유쾌가 필연적으로 결합되어 있음을 틀림없이 이미 깨달았을 것이다. 정신적 쾌락은 육체를 통해 감득될 때에만 참된 것이다. 나는 그 속에 도덕적 쾌락까지도 더하고 싶다. 저 옛날의 에피쿠로스파나 스토아파 철학자들이 종종 사회로부터 오해받았듯이, 어떤 가르침을 논하고자 하는 자는 세상 사람들의 오해를 각오해야만 한다. 마르쿠스 아우렐리우스 같은 스토아 철학자의 정신에 깃든 본질적인 애정이 얼마나 오해를 받아 왔던 것인가. 혹은 예지와 절욕(節慾)을 논하는 에피쿠로스파의 교의가 쾌락설과 같은 것으로 해석되는 일이 얼마나 많았던가.

어딘지 모르게 유물론적인 느낌을 받는 이들 철학사상에 대해서는 즉각 다음과 같은 반대론이 일어날 것이다. 그건 이기적이다. 사회적 책임이 전혀 결여되어 있다. 자기만의 쾌락에 빠지는 것을 가르친다는 것이다. 그러나 이러한 주장은 무지(無知)에서 일어난다. 그런 주장을 하는 사람은 자기가 뭘 말하고 있는지 모르는 것이다. 그들에게는 견유철학자의 사랑이나 이러한 삶을 사랑하는 자의 온화한 기분이 이해되지 않는 것이다.

자기 동료를 사랑한다는 것은 교의나 신조도 아니거니와, 지적 확신문제도 아니며, 의론에 의해 지지받을 명제도 아니다. 이유가 필요한 인류애는 참된 사랑이 못 된다. 참된 사랑은 극히 자연스러운 것이어야만 한다. 마치 새가 날개를 파닥이듯이 자연스러운 것이어야만 한다. 그것은 건전한 마음에서 솟아나 대자연에 따라서 움직이는 티 없는 감정이어야만 한다. 진정으로 수목을 사랑하는 자는 동물이나 동료에게 참혹한 짓은 하지 못한다.

인생이나 동료에 대한 깨달음, 자연에 대한 깊은 지식을 갖춘 아주 건전한 정신에서는, 사랑은 당연한 사항에 속한다. 그런 사람의 마음에는 사랑을 가르치는 철학도 인공의 종교도 필요없다. 왜냐하면 그 정신은 자기 감각을 통해 적절히 함양되며, 기교적인 생활이나 기교적인 처세술 등을 어딘지 모르게 거시적 안목으로 보고 있으므로, 진짜 정신적·도덕적 건전함이 얻어지는 것이다. 우리는 지면의 흙을 치우고 이 사랑의 샘물이 자연히 흘러나오는 구멍을 크게 하려는 것이므로, 애타주의(愛他主義)를 지향하는 것이라고 비난받을 까닭이 없다.

유물론은 오늘날까지 오해를 받아 왔다. 개탄할 만큼 오해를 받아 왔다. 이 점에 관해, 나는 조지 산타야나에게 대변시켜야만 하겠다. 그는 스스로를 칭하여 '유물론자—스스로 헤아리건대 당대의 유일한 자'라 하고 있는데, 그러면서도 세상 사람들이 알다시피 현대인 중에서 가장 사랑의 정신이 깊은 한 사람으로 지목되고 있다.

그에 따르면, 유물론 철학에 대해 사람들이 편견을 갖는 것은 유물론을 외부에서 바라보기 때문이다. 자기가 예부터 지키고 있는 신조와 견주어 보고 나서 겨우 깨닫게 되는 그런 두셋의 결함을 유물론에서 발견하고는 일종의 놀라움을 느끼는 것에 불과하다. 그렇지만 우리가 지금까지 모르던 신조나 종교나 국가를 올바로 이해하려 한다면, 그 새로운 세계의 정신으로 침투해 들어가야만 한다. 세상 사람의 대부분이 오해하고 있는 이른바 이 '유물론'에는, 약동과 환희와 감각의 건강함이 있다. 산타야나도 말하고 있듯이 참된 유물론자는 언제나 웃는, 저 철학자 데모크리토스와 같은 인물이다. '대체로 달갑잖은 지성에 화를 입어 웃는 능력을 상실한' 것은 바로 우리들, 즉 '이 마지못한 유물론자'이며, 정신주의를 동경하면

서도 이기적, 유물적 생활을 하는 무리들이다. 산타야나는 이렇게 말한다.

유물론의 신앙을 위해 태어난 철저한 유물론자, 뜻하지 않게 기독교의 세례를 받고서 중도에서 헤매는 신자 따위와는 종류가 다른 철저한 유물론자란, 저 웃는 철학자, 위대한 데모크리스토스 같은 인물이어야만 한다. 아름답고 불가사의한 무수한 형상이 되어 나타나고 또 한없이 놀라운 정열을 낳는 대자연의 기구(機構)를 바라보는 데모크리토스의 환희는 생물 박물관을 관람하는 사람이 느끼는 저 지성의 환희와도 비슷한 것이다.(표본 상자의 무수한 나비, 두루미나 갑각류, 매머드나 고릴라가 거기에 있다.)

의심할 것도 없이 그 무수한 생명에는 갖가지 괴로움이 있었으리라. 그러나 그 괴로움은 이내 사라져 버렸다. 크게 보면 이 야외극(野外劇)은 얼마나 멋진 한때였던가. 또 저 우주의 상호작용 속에는 얼마나 큰 감흥이 있었던가. 그리고 또 너무도 사소한 온갖 욕정은 얼마나 어리석고, 피하기 어려운 것이었던가. 이러한 사고방식이야말로 유물론이 엄격한 사람의 마음을 환기시키는 정감이며, 적극적으로 환희에 차며, 개인적으로 타락하는 일이 없고, 자기 환상을 존중하며, 약간의 냉소조차도 개입시키지 않는 것이다.

예부터 유물론적인 윤리학은 생명을 가진 것의 침통한 슬픔을 냉담하게 바라보는 짓은 안했다. 그러기는커녕 고통을 느끼는 신경조직과 같이 인간의 슬픔 앞에 몹시 전율하며, 인간의 의지가 깨져 버리지 않도록 고행자적인 태도로 그 의지를 복귀시키는 힘이 있었던 것이다.

"인간의 슬픔을 경멸하는 것은 크리슈나 신을 찬양하면서 절대 낙천론을 가진 신의 수레를 끄는 사람들이나 하는 짓이다.[1] 그러나 단순한 허영심이나 자

---

1) 크리슈나 신에 관한 미신은 인도의 신화에 나오는 이야기. 해마다 행례로 지내는 제사에 크리슈나의 거대한 신상(神像)을 실은 수레를 온 마을에 끌고 다니는데, 그때 그 차에 깔려 죽으면 극락으로 간다 하여 서민은 기꺼이 그 수레에 깔려 죽기를 원했다고 한다. 남의 참고(慘苦)를 즐기는 것이다.

기기만에서 일어나는 갖가지 악덕이나, 자기는 우주의 종점이며 정상이라 믿고 의기양양하는 자들의 언사에 대하여는 유물론적인 웃음이야말로 알맞은 방위(防衛)이다." 웃음에는 다음과 같은 미묘한 장점도 있다. 즉 유물론자는 깊은 동정이나 우정이 없는 것은 사양한다. 이를테면 돈키호테의 바보 같은 짓이나 재난 이야기를 읽고는 웃지만, 이 영웅심까지 조소하지는 않는다. 그의 열성은 칭찬할 만하다. 그러나 인간 세계를 적절히 개선하려면 먼저 그 세계를 잘 알아야만 한다. 그리고 인생의 행복이라는 것도 만일 그것을 얻고 싶다면 우선 이성에 입각해서 생각해야만 한다. *

우리가 항상 스스로 자랑으로 여기고, 관능적 생활보다 차원이 높다고 여겨 왔던 지능 생활이니 정신 생활이니 하는 것은 도대체 무엇인가? 안됐지만 근대 생물학은 정신이라는 것을 동물섬유와 분비액과 신경(神經)으로 이루어진 일종의 조직이라 생각하여, 그것을 본래의 위치로 복위시키는 경향이 있다. 내가 대체로 믿는 바로는 낙천주의는 하나의 분비액이다. 적어도 모종의 순환 분비액으로 인해 가능해지는 것으로서, 하나의 신경의 상태이다.

정신 생활은 어디서 생겨나는 것인가. 그것은 또 무엇으로 인해 존재하고, 어디서 그 영양을 섭취하고 있는가? 철학자들은 일찍이 인간의 모든 지각적 경험에서 생긴다는 것을 지적해 왔다. 우리는 시각·촉각·후각 없이는 어떤 지식도 얻을 수 없다. 그것은 마치 렌즈와 감광관이 없으면 사진을 찍을 수 없는 것과 같다. 현명함과 어리석음의 차이는, 현명한 사람이 어리석은 사람에 비해 선명한 영상이 비치고 오래 보존되는 정교한 렌즈와 건판(乾板)을 갖추고 있기 때문에 생기는 것이다. 그리고 문자

---

* Logan Pearsall Smith가 편집한 《산타야나 소론집》 가운데 〈유물론자의 감정〉에서 발췌. 인용문 중의 " "는 저자가 단 것.

상의 지식에서 인생의 참 지식으로 나아가려면 단순한 사유나 사색으로는 모자라며, 반드시 자기 독특한 방법을 감득해야만 한다. 즉 사물을 있는 그대로 느끼고, 인생과 인생에 관한 온갖 것을 분류된 것으로서 생각지 말고 전체로서 바라보아, 좀더 정확한 인상을 얻어야만 하는 것이다.

이와 같이 인생을 감득하고 경험을 모으는 것에, 우리의 모든 감각은 협동작용을 한다. 지성으로 빛나는 온정이 마음속에 생기는 것은 이런 모든 감각의 협동작용, 심정과 지능의 협동작용으로 인한 것이다. 그러기에 지성적 온정이라는 것은 중요한 것이다. 결국 푸르름이 나무의 표지(標識)이듯 그것은 인생의 표지인 것이다.

어떤 사람이 생각하고 있는 인생이 어떤 것인가를 알고 싶다면, 그 사람에게 이러한 온정이 있는지 없는지를 보면 좋다. 그것은 마치 뭔가 불행한 재해 뒤에 시달리고 있는 시들기 시작한 나무가 아직 살아 있는지 어떤지를 알려면 잎에 생기가 있는지, 수분이 있는지, 섬유 조직은 멀쩡한지 하는 것을 보면 알 수 있는 것과 같다.

정신적인 즐거움에 대하여

여기서 우리는 일반적으로 고상하다고 생각되고 있는 지적·정신적 쾌락에 대해 생각하고, 그것들이 인간의 지력(知力)에서 그 감각과 얼마만큼 필연적으로 결부되어 있는가를 고찰해 보자. 일반적으로 저속한 감각이라 불리고 있는 것과 구별되는, 이른바 고상한 정신적 쾌락이란 도대체 무엇인가? 그것은 인간의 감각 속에 언제나 있으면서 그것과 불가분의 관계에 있는 동일한 사물이 갖가지 형태로 나타나는 것이 아닐까?

문학·미술·음악·종교·철학 등 고급한 정신적 쾌락에 대해 대강 생각해 보면, 인간의 감각이나 감정에 비해 그 지력이라는 게 얼마나 무력한 것인가를 알 수 있다. 그림이라 하더라도 우리가 풍경화나 초상화를 볼 때, 실제의 풍경이나 고운 얼굴을 보았다는 관능적인 즐거움을 상기하지 않는다면 그림에 무슨 가치가 있을 것인가. 또 문학이라 하더라도, 인생의 모습을 그 속에 재현하고 그 정취와 명암을 묘사하며, 목장의 아름다운 냄새나 뒷골목의 냄새를 느끼게 하지 않는다면, 문학의 가치가 어디 있겠는가?

소설은 인간과 그 희로애락의 참된 모습을 묘사함에 따라 진정한 문학적 표준에 접근한다고 세상 사람들은 흔히 말한다. 인간을 이 인생으로부터 분리하여 다만 그것을 차갑게 분석함에 그치는 서적은 문학이라고는 할 수 없는 것이며, 그 서적이 인간적인 진실을 담고 있으면 있을수록 훌륭한 문학이라고 생각되는 것이다. 소설이 단지 냉혹한 해부에 머무를 뿐 인생의 신맛·쓴맛, 그리고 그 꽃다운 향기를 묘사할 수 없다면 어찌 독자에게 감동을 줄 수 있겠는가.

또 그밖의 경우에 대해 말하면, 시가(詩歌)는 인간의 희로애락으로 명암을 준 인생의 진실에 불과하고, 음악은 말없는 정감이며, 종교는 공상의 형태를 취한 예지에 불과하다. 회화가 색채와 공상의 감각을 바탕 삼듯이 시가(詩歌)는 인생의 애환을 나타낼 뿐만 아니라 음향·가락·리듬 감각 위에 놓여 있다. 음악은 순수한 정감 그 자체이며, 인간의 지력이 그로 인해 활동할 수 있는 유일한 수단, 즉 언어라는 것이 전연 필요 없다. 음악은 목장·어시장·전쟁터의 갖가지 음향이나, 때로는 꽃의 아름다움이나 물굽이나 달빛의 우아하고 고요한 기분까지도 표현한다. 그렇지만 음악이 감각의 한도를 넘어 철학적 관념을 표현하려 들면, 그 순간에 음악은 타락되며, 따라서 타락 세계의 산물로 둔갑해야만 한다.

종교의 타락은 종교가 이론 그 자체에 빠지는 데서 비롯되는 건 아닐까? 산타야나도 말했듯이 종교의 타락 과정은 너무 이론에 빠지는 데서 비롯된다. 그는 말한다.

"불행하게도 종교가 이론의 옷을 입은 미신이 되기 위해, 공상 세계의 예지임을 그만둔 지 이미 오래다."

종교의 타락은 신조나, 신앙 형식이나, 신앙개조(信仰改條)나 교설(敎說) 및 그 변명 등의 연구에 몰두하여 현학적 정신으로 타락한 데서 온다.

신앙을 정당화하고 합리화하여 옳다고 믿음에 따라서 경건한 생각은 모자라게 된다. 모든 종교가 자기만이 진리를 발견했다고 맹신하는 편협된 종파로 화한 까닭도 여기에 있다. 그 결과 모든 종파에서 보듯이 이론으로 신앙을 정당화하면 할수록 편협된 것이 되는 것이다. 이리하여 종교는 가장 질이 나쁜 집착 · 고루 · 편파 · 편협, 혹은 개인생활의 철저한 이기주의에까지 결부되기에 이른 것이다.

종교도 이렇게 되면 다른 종파에 대한 관대한 태도가 불가능해질 뿐더러 종교의식을 신과 인간의 사적(私的) 거래로 둔갑시킴으로써 인간의 이기주의를 조장하는 것이』 되는 것이다.

이리하여 을(乙)은 갑(甲)에 대해 상상할 수 있는 온갖 기회에 찬미가를 부르고, 신의 이름과 갑의 영광을 찬양하고, 그 대신 갑은 또 을을 축복해야만 한다. 단, 이때 다른 누구보다도 우선 먼저 자기를 축복하고 다른 어느 가족보다도 우선 자기 가족을 축복하는 것이다. 매우 '신앙심이 깊고' 빠짐없이 교회에 다니는 노부인 중에 욕심쟁이가 흔히 있는 건 이 때문이다. 결국 자기만의 진리를 발견했노라고 망상하는 독선적인 생각이 종교가 원래 발판으로 삼는 바의 모든 섬세한 정서를 몰아내 버린 것이다.

미술 · 시 · 종교는 무엇 때문에 존재하는가. 그것은 우리의 마음속에 공상의 신선미와 더욱 큰 정서적 미감과 더욱 발랄한 생명감을 부활시키기 위한 것이며, 그밖의 이유는 인정할 수 없다. 인간은 나이를 먹음에 따라 감각이 차츰 무디어지고 고통 · 부정 · 잔인 등에 대한 희로애락의 정서도 약해지며, 차가운 현실의 다툼에 지나치게 사로잡혀서 인생에 대한 공상도 왜곡되고 마는 것이다. 다행히 이 세상에는 약간의 시인이나 예술가가 있다. 그런 사람들에게는 날카로운 감수성이나, 섬세한 정서적 감응이나, 공상의 신선미가 상실되어 있지 않다. 따라서 그런 사람들의 의무는 우리의 양심이 되고, 무디어진 공상을 반성시키는 거울이 되며, 위축된 신경을 조정해 주는 것이어야 한다.

예술은 우리의 마비된 정서나, 생기를 잃은 사고나, 부자연스러워진 생활에 대해 풍자가 되고 경고가 되어야 할 것이다. 그것은 이론이 너무 많은 세계에 살면서 이론에서 벗어나는 법을 가르친다. 그것은 또 생활의 건강함과 건전함을 회복시키고, 지나친 정신활동으로 인한 열광과 착란을 고쳐 준다. 우리의 감각을 예민하게 하고, 이성과 인간성(人間性) 사이에 관계를 재건하며, 인간 본래의 모습으로 복귀시킴으로써 균형 잃은 생활의 파편을 다시 맞추어, 전과 같은 완전한 것으로 만들어 주는 것이다. 이해 없는 지식, 감상이 없는 비판, 사랑이 없는 아름다움, 정이 없는 진실, 자비 없는 정의(正義), 온정 없는 의례(儀禮)가 판을 치는 이 세상은 얼마나 비참한 세상인가?

특히 정신의 활동이라 여겨지는 철학에 대해 생각하더라도, 인생 그자체에 대한 느낌을 잃는다면 위험은 더욱 크다. 저 정신적 환희라 불리는 것 중에는 수학의 복잡한 방정식을 푸는 기쁨이나, 우주의 현묘한 이치를 인식하는 기쁨이 포함되어 있음을 안다. 대체로 어떤 원리와 법칙의 인식이라는 것은 모든 정신적 환희 중에서 아마도 가장 순수한 것이리라. 그러나 그것마저도 나는 진수성찬과 기꺼이 교환하겠다.

첫째로, 그 속에는 우리의 정신적 용무의 부산물인 변덕이라고나 할 만한, 그런 것이 있기 때문이다. 즉 스스로 흥미를 느껴서 하고 있는 것이며, 인체에 필요한 그밖의 모든 작용처럼 결코 급하게 꼭 필요한 것은 아니기 때문이다. 이러한 지적인 기쁨은 결국 크로스워드 퍼즐을 용케 풀었을 때의 기쁨과 같은 것이다.

둘째로, 이때 철학자는 대개 자기를 속이고 완전이라는 추상적인 생각에 빠져서, 진실 그 자체를 배경으로 한다기보다도 세계의 논리적 완성이라는 것을 크게 생각하기 일쑤이기 때문이다. 그것은 사물의 올바른 화법이라고는 할 수 없는 것이며, 마치 ☆의 형태로 별을 그리는 것이나 마찬가지인 것이다. 즉 공식으로의 환원, 기교적인 정형화(定型化), 지나친 단순화이다. 그렇더라도 도를 넘지만 않는다면 조금은 낫다.

그러나 무수한 인간은 만물의 설계에 내재하는 단일한 원리와 법칙을 발견하지 않더라도 유쾌히 살아간다. 사실 그런 건 없어도 되는 것이다. 수학자와 이야기하는 것보다 묘령의 처녀하고 이야기하는 편이 훨씬 낫다. 처녀가 하는 말은 구체적이며, 그 웃음에는 정기가 넘쳐 있으므로 그녀와 이야기하는 편이 인간성에 관한 지식을 많이 얻을 수 있기 때문이다. 어느 때든지 나는 시보다도 돼지고기를 택하며, 훌륭한 소스가 곁들여진 등심살 한쪽을 위해서라면 사소한 철학을 팽개쳐도 괜찮다. 나는 이와 같은 유물론자이다.

생활을 사색보다도 소중한 것으로 여겨야만 철학의 열광이나 숨막히는 기분으로부터 빠져나올 수 있으며, 동심(童心)에 갖추어지는 진정한 직관력의 신선함과 소박함을 얼마쯤 되찾을 수가 있는 것이다. 어떤 철학자도, 만일 진짜 철학자의 자격이 있다면 어린이의 모습을 보면 절로 부끄러워질 것이다. 우리 속의 사자새끼만 보더라도 그럴 것이다. 발톱이나 근육, 아름다운 털의 옷이나 뾰족한 귀, 번득이는 동그란 눈, 그 날쌤, 장난치기 좋아하는 성질, 이런 것들이 그 얼마나 완전하고 자연스럽게 갖추어져 있는가.

신이 준 완전이 종종 인공의 불완전이 된다는 것을 돌이켜 볼 때, 철학자는 마땅히 부끄러워해야 한다. 안경을 쓰고 식욕도 없이 가끔 골치를 썩이고 괴로워하면서, 전혀 인생의 아름다운 맛을 이해하지 못한 것을 부끄러워해야 한다.

이러한 철학자한테서는 아무것도 얻을 수가 없다. 왜냐하면 그가 말하는 것은 하나도 요긴한 것이 없기 때문이다. 철학이 유쾌하게 시와 손을 잡고 먼저 자연, 그리고 인간성의 참된 모습을 우리에게 부여할 때에만 다소 쓸모가 있는 것이다.

격(格)이 갖추어진 인생철학이라면 인간이 태어나면서부터 본능의 조화에 입각해야만 한다. 너무 관념적인 철학자는 자연 그 자체에 의해 내동댕이쳐진다. 중국 유학자들이 주장한 바에 따르면, 인간 최고의 품격은 자연을 좇아 살고 드디어 천지와 비슷한 가장 높은 데에 도달했을 때에 얻어지는 것이다. 이것이 곧 공자의 손자 자사(子思)가 쓴《중용》속에 설명되어 있는 교의이다.

하늘의 명령을 성(性)이라 하고, 성을 좇음을 도(道)라 하며, 도를 닦음을 교(敎)라 한다. 희로애락이 시작되지 않음을 중(中)이라 하고, 시작되어 모두가 절(節)에 맞음을 화(和)라 한다. 중은 천하의 큰 근본이며, 화는 천하의 도를 터득한 것이다. 중·화에 이르면 천지에 위치하고 만물이 자란다.

성실함(誠)이 있음으로 인하여 밝음(明)이 있으니, 이를 성(性)이라 한다. 밝게 함으로 인하여 성(誠)에 이르니, 이를 교(敎)라 한다. 성(誠)이 있으면 곧 명(明)이 있으며, 밝게 하면 곧 성(誠)에 이른다.

오직 천하의 지성(至誠), 능히 그 성(性)을 다하는 데 있다. 능히 그 성(性)을 다하면 곧 능히 사람의 성(性)을 다한다. 능히 사람의 성을 다하면 곧 천하의 화육(化育)을 돕는다. 천하의 화육을 도우려거든 곧 천지와 더불어 참여해야 한다.

제 7장
편안함과 한가로움에 대하여

일하는 동물, 인간에 대하여

인생의 향연은 이 때문에 우리의 눈앞에 있다. 다만 문제는 우리가 얼마만큼의 식욕을 느끼느냐 하는 것이다. 눈앞의 문제는 식욕이지 향연 그 자체는 아니다. 결국 인간 생활에서 가장 당혹스러운 것은, 인간은 일을 해야만 한다는데 과연 그러냐는 문제, 그리고 인간이 자기에게 책임지우고, 문명이 인간에게 책임지워 온 노동의 분량이 과연 타당하냐 아니냐 하는 문제이다.

자연계의 모든 생물은 빈둥빈둥 놀고 있는데, 인간만이 일하고 있다. 인간은 일해야만 되니까 일한다. 왜냐하면 문명의 진보에 따라서 의무나 책임 · 공포 · 구속 · 야심에 사로잡혀 인생이 어처구니없이 복잡해져 가기 때문이다. 그러나 이것들은 자연적으로 발생한 게 아니라, 인간의 사회 생활에서 빚어진 것이다.

나는 지금 여기서 책상을 대하고 있는데, 창 건너편에 보이는 교회의 뾰족탑에 한 마리의 비둘기가 날고 있다. 더욱이 비둘기는 점심 식사 따위는 걱정도 않고 있다. 비둘기의 점심보다 내 점심이 좀더 복잡한 것이라는 것, 또 내가 먹는 몇 가지의 음식 가운데는 수많은 노동자들의 노동과 경작 · 장사 · 교역 · 배달 · 조제 등의 고도로 뒤얽힌 시스템이 포함되어 있는 것도 나는 알고 있다. 그렇기 때문에 인간은 짐승보다 먹을 것을 얻기가 어려운 것이다. 그런데 만일 가령 한 마리의 들짐승이 도시 가운데 놓여나서, 도대체 인간이란 자는 무엇을 구해 이토록 허둥대며 일하고 있는 것일까 하고 다소라도 생각하기 시작한다면, 이 인간 사회에 대해 깊은 회의와 곤혹을 느낄 것이다.

이 들짐승이 제일 먼저 생각하는 것은, 인간은 모든 동물 중에서 유일하게 일하는 동물이라는 것이리라. 물방앗간에서 부려지는 짐 끄는 말이나 소를 제하고는 가축마저도 일할 필요가 없다. 경찰견은 다만 이따금 일이 있을 때에만 불리게 될 뿐이다. 집을 감시하는 일을 맡고 있는 망 보는 개도 대개 놀고 있으며, 양지 바른 곳에서 아침나절 내내 기분 좋게 자고 있다. 부잣집 고양이는 거의 생계 때문에 일하지는 않을 것이다. 나면서부터 몸이 날쌔게 되어 있으므로 이웃집 담장도 아랑곳없이 가축의 신분도 잊고서 나다니고 싶은 곳에 나다닌다.

이렇게 생각해 보면 바둥대고 있는 인류만이 우리에 넣어져 길들여지고, 게다가 먹이도 얻지 못하고, 문명과 복잡한 사회에 강요당하여 일을 하고, 먹을 것 때문에 머리를 썩여야만 한다. 하기야 인간 생활에도 좋은 점이 있긴 있다. 그건 나도 알고 있다. 지식의 기쁨, 유쾌한 이야기를 나누는 즐거움, 연극 구경을 할 때 공상하는 재미 등이 그것이다. 그렇지만 인간 생활은 너무 복잡해져서 직접으로든 간접으로든 활동의 90퍼센트가 먹을 것 문제만으로 점유당하고 있다는 근본적 사실은 여전히 변함이 없는 것이다.

문명이란 거의 먹을 것을 찾는 일에 불과하고, 또 진보란 먹을 것 획득의 어려움이 점점 심해지는 일이다. 먹을 것을 얻는 일이 이토록 어렵게 되어 있지 않다면, 인간이 지금처럼 부지런히 일할 이유는 절대로 없을 것이다.

인간 사회가 지나치게 문명해지는 그곳에 위기가 있다. 먹을 것을 얻기 위한 노동이 너무도 격심해져서, 그것을 위해서 노동하다가 식욕을 상실해 버리고 마는 데까지 문명이 다가온다는 데에 위험이 있다. 그런데 드디어 거기까지 오고 말았다. 짐승이 보더라도, 철학자가 보더라도 그다지 달가운 현상은 아닌 성싶다.

대도시를 바라보고 즐비하게 늘어선 지붕을 바라볼 때, 나는 언제나 경탄한다. 정말 어처구니없는 광경이다. 두셋의 급수탑(給水塔)이 우뚝 솟고, 건축 중인 어음 교환소의 두어 개 골조의 뒷면이 보이고, 그 가운데 한두 개의 뾰족탑이 솟아 있고, 루핑 지붕이나 벽돌 건물이 잇대어 계속되고, 맵시도 없고 질서도 없는 네모난 것, 번쩍이는 것, 깎아지른 것이 잇대어 서고, 빛이 바랜 더러운 굴뚝이나 빨랫줄이나 안테나의 교차된 선이 그 사이에 흩어져 있는 것이 보인다.

거리의 안쪽을 내려다보면, 거기에도 회색이나 빛 바랜 붉은 벽돌집이 죽 잇대어 있는 것이 보인다. 작고 우중충한 똑같은 형태의 창문이 한결같이 줄지어 늘어서고, 반쯤 열린 창은 반쯤 커튼으로 가리워져 있다. 창턱에는 우유병이라도 놓여져 있을 것이다. 그밖의 곳에는 작고 싱싱한 꽃을 꽃병에 꽂아 두고 있을 것이다. 한 어린이가 개를 데리고 지붕으로 올라온다. 그리고 지붕 계단이 있는 곳에 앉아서 아침마다 약간의 햇볕을 쬔다. 다시 눈을 들어 바라보니 몇 킬로미터나 되는 저쪽까지 지붕은 열을 지어 잇닿았고, 아득한 저쪽 하늘에 보기 흉한 네모진 외곽을 나타내고 있다. 아직도 급수탑도 있거니와 벽돌 건물도 있다.

실로 인간은 거기서 살고 있는 것이다. 이 한두 개의 어두운 창문 속에서 어느 가족이나 어떻게 매일 생활하고 있는 것일까? 생활을 위해 도대체 무얼 하고 있는 것일까? 생각하면 머리가 어찔어찔해진다.

비둘기가 비둘기장에 돌아가듯이 두셋의 창문 속에서는 부부가 매일 밤 잠자리에 들고, 이튿날 잠이 깨면 아침 차를 마신 뒤, 남편은 시내로 나가서 가족을 위해 정신없이 빵을 구하고, 부인은 기를 쓰고 일하며 부지런히 먼지를 털어 내고 좁은 집안을 깨끗이 한다. 네 시나 다섯 시까지는 입구 계단께로 나가서 이웃들과 지껄이기도 하고, 상대방의 모습을 살피기도 하고, 조금쯤 신선한 공기를 마시기도 한다. 이윽고 밤이 된다. 그러면 녹초가 되어 다시 잠자리에 든다. 이렇게 그들은 살고 있는 것이다!

물론 좀더 나은 아파트에 살고 좀더 유복한 생활을 하는 사람들도 있다. 방이나 전등갓도 좀더 '예술적'이다. 모든 게 더 정연하고 더 청결하다! 방도 좀 넓다. 하지만 좀 넓다는 것뿐인 것이다. 일층에서 방 일곱을 빌리는 것은(빌리는 것이다, 내 것으로 만든다는 게 아니다.) 사치로 되어 있다! 그러나 그래 보았자 생활이 더 행복해졌다고는 할 수 없다. 물론 그런 사람들은 돈 걱정도, 빚에 시달리는 일도 비교적 적기는 할 것이다.

어쨌든 그것은 사실이다. 허나 한편 좀더 성가신 분규나 이혼이 있고, 밤이 되어도 안 돌아오는 난봉꾼 남편도 많으며, 뭔가 기분전환을 위하여 밤거리를 헤매는 부부도 적지 않을 것이다.

이쯤 되면 인생의 행복이 무엇이냐 하는 문제는 오로지 훌륭한 방에 사는 남녀의 소질과 기분에 달려 있다. 사실 유쾌한 생활을 하고 있는 사람도 있지만 또 전연 그렇지 않은 사람도 있다. 그러나 대체적으로 말해서 격심한 노동 생활을 하고 있는 사람들보다 행복하다고는 할 수 없으리라. 즉 그런 사람들보다는 좀더 권태를 느끼고 무료를 느끼고 있는 것이다.

하지만 그들에게는 자동차가 있다. 그리고 시골의 별장도 있을 것이다. 오, 시골집, 이거야말로 구원의 길인가! 그러고 보면 사람들이 시골에서 결사적으로 일하는 것은 우선 큰돈을 벌기 위해 도시로 나가고 싶기 때문이며, 벌고 나서는 다시 시골로 돌아간다는 게 된다. 여러분이 도시의 거리를 어슬렁거릴 때, 미장원이나 꽃집이나 선박회사가 있는 큰길 뒤쪽에 약방, 식료품점, 철물점, 이발관, 세탁소, 대중식당, 신문 잡지 매점 등이 늘어선 딴 거리가 있음을 알리라. 한 시간쯤 더 산책을 계속해 보라. 만일 그게 대도시라면 여러분은 아무리 가도 같은 곳에 있는 꼴이 되는 것이다. 왜냐하면 여러분의 눈에는 거리의 모습이 잇달아 비칠 뿐이며, 아무리 가더라도 약방, 식료품점, 철물점, 이발관, 세탁소, 대중식당, 신문 잡지 가판대가 있을 뿐이기 때문이다.

그런 가게에 있는 사람들은 어떻게 살고 있는 것일까? 왜 그런 곳으로 온 걸까? 대답은 아주 간단하다. 세탁소 주인은 이발사와 식당 점원의 옷을 세탁하고, 식당 점원은 세탁소 주인과 이발사의 식사 심부름을 하고, 이발사는 세탁소 주인과 급사의 이발을 한다. 이것이 문명이다. 어처구니 없지 않은가.

나와 내기를 걸어도 좋지만, 이들 세탁소 주인이나 이발사나 점원 중에서 그의 평생에 그 일자리에서 어림잡아 1킬로미터라도 다른 곳에서 어슬렁거리는 자는 정말 없으리라. 고마운 일은 그나마 영화라는 즐거움이 있는 것이다. 스크린에서는 새들도 지저귀고, 울창한 나무숲도 볼 수 있다. 터키도, 이집트도, 히말라야도, 안데스도, 폭풍도, 난파선도, 대관식도, 개미도, 송충이도, 사향들쥐도, 도마뱀과 전갈의 싸움도, 언덕·물결·모래·구름도, 그리고 또 달까지도 모두 스크린에 나타난다!

오, 현명한 인류여, 가공할 만큼 현명한 인류여! 한스럽구나! 백발이 될 때까지 부지런 떨며 먹기 위해 줄곧 일하고, 끝내는 논다는 걸 잊어버리는 이 문명이야말로 참으로 그 정체를 알 수 없는 존재가 아닌가!

한가로움에 대한 중국인의 생각

중국인이 위대한 늘보주의자로 알려져 있듯이, 미국인은 위대한 활동가로서 알려져 있다. 대체로 양극은 서로 칭찬하는 것이므로 중국식 늘보당(黨)이 미국식 활동가를 찬미하듯이, 미국식 활동가는 중국식 늘보당을 찬미하는 건 아닐까. 이런 것이 이른바 국민성이라는 것으로 저마다 장점이 있다.

　동서가 결국 합류할 것인지 어떤지는 나는 알 수 없다. 그러나 여기에서 분명한 것은 동서는 합류되어 가고 있다는 것, 근대 문명이 진보하고 교통편이 증대됨에 따라 더욱더 합류 경향이 짙어져 가고 있다는 사실이다. 적어도 중국에서는 이 기계 문명을 거부하려 드는 것은 아니다.

　다만 문제는 이 두 가지의 문화, 즉 중국 전통의 인생 철학과 근대적 기술 문명을 어떻게 융합시키는가, 그것을 완성시켜서 어떤 방법으로, 일종의 생활 법이라는 것을 만들어 내는가 하는 문제를 규명하는 일일 것이다. 이 문제는 예부터 동양 철학의 영향을 받아 왔던 동양인에 대해서는 특히 논의가 필요하다. 하기야 그 누구도 장래를 예언할 수 없는 문제이기는 하지만 말이다.

　결국 기계 문명은 급속히 우리를 몰아세워 한가시대(閑暇時代)로 다가가게 하고 있는 것이리라. 그리고 인간은 어쨌든 노는 시간이 많아지고 일하는 시간이 적어지게 될 것이다. 모든 게 다 환경 나름으로서 만일 한가(閑暇)가 눈앞에 어른거려서 언제든지 얻어지게 된다면 오히려 고맙긴 하지만, 그 한가를 즐기는데 어떤 방법을 취하는 것이 현명한가 하는 것들을 생각해야 할 것이며, 그러자면 손쉽게 즐기는 방법을 급히 서둘러서 연구하지 않으면 안될 것이다.

　그러나 결국 다음 세기(世紀)에 관한 건 아무도 예언할 수 없다. 30년 후의 인간 생활을 예언하려 드는 것조차 무모하다 하겠다. 그러나 지금처럼 문명이 끊임없이 발전해 나간다면 언젠가는 정녕코 어지간히 문명에 지칠 때가 올 것이다. 그리고 인간은 물질문명 세계에서 얻은 물건을 새삼스레 다시금 살펴보게 될 것이다.

　장차 인간 생활의 물질적 조건이 지금보다 좋아져서, 질병이 없어지고, 가난이 줄고, 오래 살 수 있게 되어 먹을 것이 풍부해질 때가 온다면,

지금처럼 인간이 바둥거려야만 한다고는 믿을 수 없다. 이와 같은 새 환경 아래에 우리가 선다면, 그 결과로 지금보다 좀더 게으른 생활이 되지 않는다고는 단언할 수 없다. 오늘날 미국은 기계 문명의 왕좌에 있다. 그리고 기계가 지배하는 미래 세계는 오늘날의 미국에서 보는 것과 같은 생활 형태나 규범에 접근하리라고 세상에서 말해져 왔다. 나는 이에 대해 이론(異論)을 제기하고 싶다. 왜냐하면 미국인의 기질이 장차 어떤 모양으로 되어 갈는지는 아무도 모르기 때문이다. 기껏해야 변해 가는 국민의 기질을 논할 수 있을 따름이다. 그러나 저 반 와이크 브룩스 씨의 저서에 언급되어 있는 바이지만, 뉴잉글랜드1) 시대의 문화가 부활하는 일이 결코 있을 수 없는 일은 아니라고 생각한다.

일찍이 활짝 피어났던 뉴잉글랜드 문화가 전형적인 미국 문화가 아니라고는 아무도 말할 수 없으며, 저 월트 휘트먼이 《민주적 경관(景觀)》 속에서 전개한 이상(理想)이 미국의 민주적 진보의 이상이 아니라고는 그 누구도 말할 수 없는 것이다. 그는 이 책에서, 장래에 자유로운 남성과 나무랄 데 없는 어머니의 출현을 지적하고 있다. 지금 당장 미국은 좀 휴식이 필요한 것이다.

그리고 모든 의미에서 저 골드 러시(Gold Rush)로 인해서 꺾이고 만 미국의 고대 문화가 다시 활짝 피어날 때가 온다면, 그때야말로 제2의 휘트먼, 소로, 로웰이 나타나게 될 것이다. 나는 그것을 확신한다. 그때가 오면 미국 기질이라는 것은 지금의 그것과는 아주 다른 것이 될 것이며, 오히려 에머슨이나 소로에 극히 가까운 것이 되는 건 아닐까.

내가 생각하는 바로는, 인간의 교양이란 원래 한가(閑暇)의 산물이다. 그러므로 교양을 쌓는 방법은 반드시 우유법(優遊法)이다. 중국인식 사고

---

1) 뉴잉글랜드란 미합중국의 동북 6주. 즉 메인, 뉴햄프셔, 버몬트, 매사추세츠, 로드아일랜드, 코네티컷의 총칭으로 미국 이민 사상 '청교도의 나라'로서 특수한 문화사를 가지고 있다.

방식을 보면 한가함과 고요함을 사랑하는 현인이 가장 교양이 높은 사람이라는 것이 된다. 아무래도 바쁜 생활과 현인의 생활에는 철학적인 모순이 있는 모양이다. 현인은 허둥거리지 않는다. 허둥거리는 인간은 현인의 자격이 없다. 그러니 최고의 현인은 가장 우아한 우유생활(優遊生活)을 즐기는 사람을 말한다.

나는 여기서 중국인 사이에 이루어지고 있는 우유법의 기술이나 그 변화에 대한 설명은 보류하기로 하겠다. 차라리 고래로 중국인의 우유생활에 대한 신성한 소원을 북돋우고, 중국의 철인이나, 정도야 낮지만 일반 중국인 사이에서 볼 수 있는 무우한적(無憂閑適), 유유자족의 기분(때로는 시적인 기분으로 되기조차 한다.)의 원천인 중국 철학에 대해 설명하고 싶다. 영달과 성공을 싫어하고 생활로서의 생활을 강렬히 사랑하는 이러한 중국인 기질은 본래 어디서 우러난 것일까.

우선 18세기에 나타난 비교적 이름 없는 저작가(부럽게도 무명 속에 묻혀 있다.) 서백향(舒白香)의 말을 빌면, 중국적 한가 원리(閑暇原理)는 다음과 같은 것이다. 즉 시간의 유용함은 그 유용치 않음에 있다. 시간을 방바닥이라 친다면, 한가는 가구가 놓이지 않은 부분과 비슷하다. 사방 한 치의 여유도 없는 작은 방을 빌려 사는 직장 여성은 방안을 서성거릴 수도 없으므로 언제나 불쾌하게 느끼고 있다. 그래서 급료가 오르면 지체 없이 좀더 넓은 방으로 옮기려 한다. 그러면 거기에는 싱글 침대나 화장대나 두 줄의 가스관 장치에 점령당해 빈틈없이 유효하게 쓰이고 있는 공간 외에 방바닥에 얼마간의 여유가 생긴다. 방이 기분 좋아짐은 이 아무것도 안 놓인 공간이 있기 때문이다. 그와 마찬가지로 우리가 그럭저럭 이 일생을 살아갈 수 있는 것도 생활에 한가가 있기 때문인 것이다.

한가로운 생활에 대한 예찬

　중국인의 한가애(閑暇愛)는 갖가지 소인(素因)이 결합되어서 생겼다. 우선 중국인의 기질에서 나오고, 이어 문학적으로 예찬되고, 철학 속에서 그 타당성을 발견했다. 즉 강렬한 생활애에서 발생하여, 역대의 문학적 낭만주의의 저류(底流)에 적응하여 강화되었고, 드디어 대체로 노장철학이라 불리는 생활철학에 의해 '옳고 현명하다'고 단정되었던 것이다. 그렇다기보다도 노장적(老莊的) 인생관을 중국인이 일반적으로 받아들이고 있다는 것은 다름 아닌 중국인의 기질 속에 노장적 피가 흐르고 있다는 증거라 하겠다.

　이때 우리는 다음과 같은 한 가지를 분명히 해 두어야만 한다. 아까 우리가 한가의 산물이라고 규정한 한적(閑適)생활의 낭만적 예찬은 흔히 세상에서 이르듯 단연코 부유 계급을 위한 건 아닌 것이다. 그리 생각함은 이 문제의 진로에 가로놓인 당치도 않은 오해이다 그것은 스스로 한적생활을 구하거나 또는 부득이 그 생활로 들어간 빈곤·불운·청빈한 선비를 위한 것이다.

　중국 문학의 걸작을 펼치고, 가난한 대철인이 가난한 철인들에게 소박(素朴)·한적을 읊은 시문을 가르치고 있는 광경을 상상할 때 이들 선철들은 틀림없이 그러한 시문 속에서 강한 개인적 만족과 정신적 위안을 발견한 것이라고 생각지 않을 수 없다. 명성을 얻는 데도 불리한 처지에 세워지고, 벼슬을 떠나는 것이 낫겠다고 생각했던 그들 선철이 써 남긴 많은 시문은 과거에 낙방한 사람들의 마음을 달랬을 것이다. 또 "시장이 반찬이다.(즉 식욕을 충분히 돋우고 나서 먹으라는 것)"라는 속담은 가족에게 변변찮은 것을 먹일 수밖에 없었던 불우한 사람들에게 마음의 짐을 덜어 주었을 것이다.

　중국의 청년 프롤레타리아 작가는 소동파(蘇東坡)나 도연명, 또 그밖에 그들이 꺼리는 유한(有閑) 지식계급에 속하는 시인들을 논란하는데, 대체로 문학사상 이토록 심한 오인(誤認)은 없었다. 생각 좀 해 보라. '강물 위 청풍, 산간의 명월'이라 읊은 소동파, '저녁 이슬이 내 옷을 적시고', '닭이 우는 뽕나무 꼭대기'라 읊은 도연명을 프롤레타리아적이 아니라는 것이다. 마치 강물 위 청풍이나, 산간의 명월이나, 뽕나무의 닭이 자본계급의 독점물이나 되는 것처럼 말이다! 이들 위대한 시인들은 농부의 생활상에 대해 논한다는 정도를 넘어서서, 그들 스스로가 가난한 농부생활을 하고 그 속에서 평화와 조화를 발견했던 것이다. 전체적으로 말하면 고도의 감수성과 자유인적 성질을 갖추고 있는 중국의 낭만주의자들은 세속적인 재산은 없을망정 정조(情操)가 풍부한 사람들이다. 그들은 강한 생활애를 지니고 있다. 하나같이 관공리 생활을 싫어하고 정신을 육체에 예속시키기를 준열히 거부하는 태도 가운데에 그게 잘 나타나 있다. 한적생활이 부자·권력가·성공자(미국의 성공자들의 허둥대는 꼬락서니여)의 특권이라 함은 당치도 않다. 중국에서는 이른바 도량이 넓은 경지로 오입(悟入)하는 걸 뜻한다. 이 경지는 서구인이 생각하는 방랑자의 기품이라는 것과 아주 흡사하다. 이런 사람은 남에게 돌봐 주기를 청하기엔 너무도 긍지가 높고, 일을 하기엔 매이기 싫어하는 기질이 너무도 강하고, 세속적 성공을 진지하게 생각하기엔 너무도 현명한 사람들이다.

이 도량이 넓은 정신은 인생관(人生觀)에 대한 일종의 대관(大觀)정신에서 오는 것이며, 또 필연적으로 이것과 결부되어 있는 것이다. 그것은 인생의 어리석은 짓이나 야망이나 부귀 명성의 유혹을 간파하는 능력에서 생긴다. 아무튼 인생의 영달보다도 마음에 갖추어진 소질을 존중하고, 명성 부귀보다도 정신을 존중하는 이들 대관(大觀)의 선비야말로 뭇사람이 인정하는 바에 따라서 중국 학예의 최고 이상이 된 것이다.

이런 사람은 필연적으로 멋진 청담(淸淡) 생활을 하는 사람이며, 일반적으로 생각되고 있는 그런 세속적 성공을 아주 자랑스럽게 백안시하는 사람이다.

이 등급에 드는 문인들 —도연명 · 소동파 · 백낙천(白樂天) · 원중랑(袁中郎) · 원매(袁枚)—은 대개 짧은 기간 벼슬길에 나가서 시시한 일에 몰두하고, 결국 밤낮 머리를 조아려 절하거나, 동료를 보내고 맞고 하는 생활에 진저리가 나서, 미련 없이 관리 생활의 짐을 벗어 던지고, 현명하게도 은둔생활로 돌아갔다. 원중랑은 소주(蘇州)의 현령(縣令)으로 있을 때, 상사에게 일곱 통의 진정서를 잇달아 제출하여, 연중 변함없이 머리를 조아려 절해야 하는 생활을 원망하고, 자유롭고 거북스럽지 않은 하나의 인간으로 되돌아갈 것을 허락해 달라고 청했다.

좀 난폭하다 싶을 만큼 한적생활을 찬미하고 있는 일례(一例)는 이밖의 한 시인 백옥섬(白玉蟾)이 스스로 '나재당(懶齋堂)'이라 칭한 서재를 상찬(賞讚)하여 쓴 명문(銘文) 중에 있다.

　　　　내키지 않으면 노자도 안 읽는다,

　　　　도(道)는 책 속에 있지 않으니까.

　　　　내키지 않으면 장구(章句)도 안 읽는다,

　　　　장구는 도보다 깊지 않으니까.

　　　　도의 묘한 진리는 허(虛)에 있고,

　　　　징(澄)에 있고, 냉(冷)에 있다.

　　　　그러나 나는 종일 어리석은지라,

　　　　또 어디서 허(虛)를 구하랴.

　　　　내키지 않으면 시서(詩書)도 펴지 않는다,

　　　　펼치면 시신(詩神)이 떠나니까.

　　　　내키지 않으면 칠현금도 안 뜯는다.

　　　　노래는 현 위에서 죽고 마니까.

　　　　내키지 않으면 술도 안 마신다,

강호(江湖)가 절로 술잔 밖에 있으니까.

내키지 않으면 장기도 안 둔다,

승패는 행마(行馬) 밖에 있으니까.

내키지 않으면 산천도 안 본다,

풍경의 정취는 마음속에 있으니까.

내키지 않으면 풍월도 대하지 않는다,

선경(仙境)이 스스로 마음속에 있으니까.

내키지 않으면 속세와 끊는다,

갈건(葛巾) 등속은 내 마음에 있으니까.

내키지 않으면 춘추(春秋)도 알 바 아니다,

천지운행이 마음속에 있으니까.

소나무는 마르고 바위는 썩으리라,

그러나 나는 나, 영원한 나이다.

이 집을 불러 마땅하리,

'나재당(懶齋堂)'이라고.

그러므로 한적생활의 예찬은 마음의 평화와 거리낌 없는 무애(無碍)의 심경, 자연 생활의 깊은 즐거움과 언제나 결부되어 있었다. 시인이나 학자들은 모두가 기묘한 이름을 스스로 붙이고 있다. '강호객인(江湖客人·두보)', '동파거사(東坡居士·소동파)', '무호일인(霧湖逸人)', '하외각로옹(霞外閣老翁)' 등, 그밖에 갖가지 이름이 있다.

한적생활을 즐기는 데는 돈이 필요없다. 한적의 참된 즐거움은 부자 계급의 것이 아니다. 그것은 오직 부귀를 제일 비웃는 사람들만이 발견할 수 있는 즐거움이다. 그 유래하는 바는 소박한 생활을 사랑하고 돈벌이를 못하는 사람들의 마음의 함축이다. 생활을 즐기고자 작심한 사람에게는 즐길 만한 생활은 사시사철 어디에나 있다. 만일 이 땅 위의 생활을 즐기지 못한다면, 인생을 충분히 사랑하고 있지 않기 때문이며, 평범한 그날그날의 생계에 빠짐을 개의치 않기 때문이다.

노자는 인간의 실생활에 적의(敵意)를 보였다고 비난받고 있다. 그러나 한편 나는 생각한다. 인간의 생활이 단지 먹기 위한 일에 빠져드는 걸 묵과하기에는 노자의 인생에는 너무도 인정미가 깊었던 것이며, 바로 그 때문에 속세의 생활을 포기할 것을 가르친 것이다.

원래 사랑이 있는 곳에 질투가 있다. 지극히 삶을 사랑하는 자는 한가의 절묘한 한때를 누군가에게 빼앗기지나 않을까 하여 언제나 질투심을 불태우고 있어야만 된다. 그리고 자유인으로서 언제나 특유한 품위와 긍지를 지녀야만 된다. 낚시질하는 잠시 동안이나, 업무에 종사하는 몇 시간이나 똑같이 신성한 것이어야만 한다. 마치 영국인이 스포츠를 할 때에 그와 같은 경지에 들어가듯 일종의 종교가 되어야만 한다.

과학자가 연구실에서 연구에 몰두하고 있을 때 사람에게 방해받는 것은 못 견디게 불쾌한 일이겠지만, 그와 마찬가지로 스포츠의 삼매경에 빠진 사람이 골프 클럽에서 주식시장 이야기를 듣는 것은 정녕 참을 수 없는 일일 것이다. 그리고 또 상인이 하루에 많은 물품을 팔지 못한 것을 유감스럽게 여기듯이, 빨리 지나가는 봄의 남은 날을 손꼽아 보고는 봄빛을 찾아 산야로 지팡이를 끌지 못한 것을 원망하고 탄식할 것이다.

지상이 곧 천국

이 열렬한 인생애가 생자필멸의 인생의 참모습을 느낄 때 시적(詩的)인 슬픈 가락을 띠게 된다. 기묘한 말이긴 하지만, 딱하게도 인생의 무상에 눈뜨면 중국의 시인, 철인들은 더욱 강하게, 더욱 격하게 인생을 즐기려 드는 것이다. 이 땅 위의 생명이 인간에게 주어진 전부라면 숨이 다할 때까지 이를 크게 즐기는 것이 상책이라는 기분이 든다. 헛되이 영원을 원하면 지상생활의 건전한 즐거움이 손상된다.

아서 키이스 경이 전형적인 중국인다운 느낌으로 말한 다음과 같은 것이 정녕 그렇다.

"지상이야말로 유일한 천국이다. 이 한 가지를 나와 더불어 세상 사람들이 믿는다면, 이 지상을 천국으로 만들기 위해 더욱더 힘쓰게 될 것이다."

소동파는 말했다.

"인생은 춘몽(春夢)이 끝나 흔적 없음과 같다."

그러기에 그는 이 삶을 너무나 사랑했던 것이다.

중국 문학을 읽고서 몇 번이고 우리가 당면하는 것은 이와 같은 인생무상·생자필멸의 감상이다. 중국의 시인이나 철인이 가끔 놀이와 환락을 다할 때 언제나 마음에 어두운 그림자를 던지는 것은 목숨이 순간적이라는 것과 인생이 덧없다는 것을 생각하는 슬픈 감정이다. 이 생각이 바로 만월과 고운 꽃을 아울러 생각하며 우리가 항시 영탄(詠嘆)하는 "달은 차면 기울고 꽃은 피면 진다."는 시구에 담겨 있는 슬픈 감정이다. 이백(李白)의 유명한 시 "뜬세상 꿈과 같으니 기쁨 이룸이 그 얼마랴."가 지어진 것은 '봄밤 도리원(桃李園)의 잔치'를 베풀고 술잔을 들었을 때였다. 또 왕희지가 불후의 명문(名文) 〈난정집서(蘭亭集序)〉를 지은 것도 벗들이 한자리에 모여 마음껏 즐겁게 놀던 자리에서의 일이었다.

생자필멸, 즉 인간은 결국 무로 돌아가 촛불처럼 타 버려야만 된다는 것을 믿는 건, 나로서는 멋있는 일이다. 이런 생각을 가지면 기분이 냉정해지고 다소의 슬픈 감정까지도 느낀다. 많은 사람들이 시적인 기분이 된다.

그러나 뭐라 해도 이런 식으로 믿어야만 처세의 결의가 굳어지고, 사려 깊고 참되게, 그리고 언제나 일정한 체념관을 가지고 살아갈 수가 있는 것이다. 여기에 또 평화가 있다. 왜냐하면 참된 평화는 최악의 것을 받아들일 심경에서 우러나기 때문이다. 심리학적으로 말하면, 소위 '정력의 격발(擊發)'[2]이라는 게 되는 거라고 생각한다.

중국의 시인이나 서민이 생활을 즐길 때, 환락이 과연 얼마나 가랴 하는 잠재의식이 언제나 작용하고 있다. 유쾌한 잔치마당이 끝나거나 할 때에 "천 리에 걸쳐 점포가 줄을 지은 번화한 시장이라도 언젠가 쇠퇴할 때가 온다."고 중국인이 가끔 말하는 것이 그것이다. 인생의 향연은 저 느부갓네살(Nebuchadnezzar)[3]의 향연이다. 뜬세상은 꿈과 같다는 사고방식은 우리 이교도에게 뭔가 정신적인 것을 불어넣는다. 원래 이교도의 인생관은 송나라 시대의 풍경화가와 아주 흡사하여, 이들 화가들이 신비의 아지랑이 가운데 누워서 이따금 운무에 가리워지는 산 경치를 바라보는 것과 본질적으로는 다름이 없다.

생자필멸이라는 게 없다면, 인생이라는 명제는 하나의 간단한 명제로 되어 버린다. 필멸하기 때문에 우리는 다음과 같이 생각한다. 인간에게는 모두 이 지상에 살 수 있는 일정한 인생이 주어져 있다. 게다가 인생은 칠십이 넘기 힘들게 되어 있으므로 적어도 살아 있는 동안은 주어진 모든 조건 밑에서 되도록 즐겁게 살아갈 수 있도록 자기 생활을 안배해야만 하는 것이다. 그것은 유교의 가르침에 따르는 것이기도 하다.

원래 유교라는 것에는 어딘지 모르게 현실적인 경향, 지독하게 세속적인 데가 있다. 그래서 인간은 저 조지 산타야나가 '동물적 신앙'이라 부른 것을 다분히 품고 있는 모종의 상식, 즉 인류의 과거는 하찮은 동물이었다는 상식을 지니면서 이렇다 할 이유도 없이 인생의 일에 종사한다.

다윈의 힘을 빌리지 않더라도 인생을 있는 그대로 바라보는 이 동물적 신앙 덕분에, 인간은 본래 동물계의 일족이라고 총명하게도 추측하여

---

2) '해발(解發)'이라고도 한다. 자극에 의해 비축된 힘이 격발됨을 이름.
3) 갈대아 왕국의 제2대 왕으로 아시리아를 멸망시키고, 시리아와 팔레스타니아를 정복하여 바빌론을 부흥시켰으며, 큰 영화를 누렸다. 다니엘서 제1~4장 참조.

판단할 수가 있었다. 그러므로 우리는 "인간은 모두 동물이다. 그래서 정상적인 본능이 충족되었을 때만 참된 행복이 얻어지는 것이다."라고 믿어야만 이 인생, 본능과 관능의 인생에 집착할 수 있는 것이다. 이것은 인생의 모든 즐거움에 대해서 말할 수 있는 것이다.

그럼 우리는 유물론자일까? 이 문제에 대답한다는 것은 중국인으로서는 매우 곤란하다. 중국인의 정신성은 일종의 물질적·현세적 생존 위에 놓여져 있으므로 정신과 육체의 구별이 중국인에게는 이해되지 않는 것이다.

물론 중국인은 동물적인 쾌락을 즐긴다. 허나 동물적 쾌락 그 자체는 관능적인 사항이며, 정신과 육체의 구별이 이해되는 것은 오직 이지에 의할 따름이다. 그러나 인간의 감각은 앞의 장에서도 언급했듯이 영과 육, 두 개의 문(門)을 갖고 있다. 음악은 물론 우리를 정신세계로 높이는 가장 정신적인 예술이지만, 그것은 청각이라는 것을 바탕 삼고 있다. 이래서 중국인에게는 맛있는 음식에 대한 공감이 음향의 교향과 왜 다른지를 이해하지 못한다.

이러한 현실적인 뜻에서만 우리는 애인에 대한 걸 생각할 수 있다. 애인의 마음과 육체를 구별하는 건 불가능하다. 우리가 한 여성을 사랑한다면, 그 면모의 기하학적 정확함을 사랑하는 게 아니라 그녀의 움직임이나 몸짓을 사랑하고, 그녀의 용모나 미소를 사랑하는 것이다. 그러나 여자의 용모나 미소는 육체적인가, 정신적인가 하고 묻는다면 아무도 대답을 하지 못한다.

인생의 현실성에 관한 이 중국인의 느낌 속에는 중국인의 인간주의나 사실, 또 모든 중국인다운 사고방식이나 생활방식의 영향이 내포되어 있다. 중국인의 철학을 간단명료하게 정의하면, '진리를 알려는 것보다도 인생을 알려는 것에 열중하고 있는 철학'이라 할 수 있다.

대체로 형이상학적인 사변(思辨)이니 하는 것은 인간이 산다는 것에 대해서는 거추장스러운 것이며, 인간의 지성 속에 생긴 창백한 반성에 불과한 것이므로, 중국인들은 그런 건 몽땅 쓸어내 버리고 인생 그 자체에 매달려, 항시 최초인 동시에 마지막 자문(自問)을 한다. ── "어떻게 살 것인가?"

그러므로 서구식 철학은 중국인의 눈에는 지나치게 한가한 장난으로 비친다. 서구 철학자들은 언제나 논리에 열중하여, 지식에 도달할 수 있는 방법이나 지식의 가능성 문제를 설정하는 인식론에 집착하여, 인생 그 자체를 안다는 문제를 잊고 있다. 그것은 정말 어처구니없고 쓸데없는 짓으로서, 말하자면 구애와 구혼만 할 뿐 결혼하고 아이 낳는 일은 하지 않는 것과 같으며, 전쟁에도 안 나가고 보무 당당히 행진하는 영국의 군대처럼 싱겁기 그지없는 짓이다. 그중에서도 특히 독일의 철학자들은 시시하기 짝이 없는 자들인데, 그들은 열렬한 연인처럼 진리에 구애는 하고, 결혼을 신청하는 일은 없기 때문이다.

운이란 무엇인가

한적(閑適)을 사랑하는 기질이 중국인 사이에 이루어진 데 대하여는, 노자철학은 특수한 공헌을 하고 있다. 그것은 대체로 이 세상에 행운이니 불운이니 하는 건 없다는 것을 이해시킨 일이다. 위대한 노자의 가르침은 행위보다도 귀한 무위(無爲), 영달보다도 귀한 인성(人性), 행동보다도 귀한 평정을 강조한 데 있다. 그러나 마음의 평정은 운명의 변동에 동요되지 않을 때에만 있을 수 있는 것이다. 도가적(道家的) 철학책인 《회남자(淮南子)》에는 유명한 '새옹(塞翁)'의 이야기를 다음과 같이 말하고 있다.

요즈음 변방 사람으로 마술(馬術)에 능한 자가 있었는데, 말이 까닭 없이 달아나 오랑캐 나라로 들어갔다. 사람들이 다 이를 위로했다. 그 부친이 말했다. "이것이 어쩌면 복이 되지 않겠느냐." 몇 달 있으니 그 말이 오랑캐의 준마를 데리고 돌아왔다. 사람들이 다 이를 치하했다. 그 부친이 말했다. "이 어찌 능히 화가 되지 않겠느냐." 집에 준마가 많고 그 아들이 말 타기를 좋아했다. 어느 날 말에서 떨어져서 그 넓적다리뼈를 부러뜨렸다. 사람들이 다 이를 위로했다. 그 부친이 말했다. "이 어찌 별안간에 복이 되지 않겠느냐." 일년 있으니 오랑캐들이 크게 변방으로 쳐들어왔다. 젊은이들은 활을 당겨 싸웠다. 변방에 가까운 사람의 죽은 자는 열에 아홉, 그 아들이 홀로 다리를 절기 때문에 부자(父子)가 목숨을 유지했다. 그러므로 복이 화가 되고 화가 복이 된다. 변화란 그치지 않는 법이다.

이와 같은 철학이 있기에 인생이 다소의 역운에도 견딜 수가 있는 것이며, 그것은 행운을 수반하지 않는 비운은 없다는 것을 믿음에 있다. 동전처럼 인생의 비운에는 언제나 뒷면이 있다. 냉정을 유지하고, 멍청한 행동이나 헛소동을 꺼리고, 성공이나 영달을 피할 수 있음은 이러한 철학이 있기 때문이다. 즉 '개의할 것이 아무것도 없다는 자에게는 개의할 것이 없다.'고 주장하는 철학이 있기 때문이다.

'성공욕'은 '실패에 대한 공포'의 별칭이라고 아주 총명하게 생각해 버리면 성공욕은 스스로 소멸되어 버린다. 큰 성공을 거두면 거둘수록 사람은 실패에 대해 공포를 지닌다. 명성에 대한 꿈을 깨고 나면, 도피하는 것이 크게 이로움을 깨닫게 된다. 노자적 견해에서 말하면, 달통한 선비란 성공을 성공으로 여기지 않고, 실패를 실패로 느끼지 않는 사람을 말한다. 이와 반대로 거기까지 달통하지 못한 사람의 특징은 겉으로 보이는 성공이나 실패를 절대 참된 것으로 생각해 버리는 점에 있다.

그러므로 저 불교와 노장철학의 차이는 다음과 같이 말할 수 있다. 불교도의 목표는 욕심 없음에 있고, 도학자의 그것은 '사람이여, 나에게서 아무것도 구하지 말지어다.' 하는 점에 있는 것이다. 대중으로부터 아무 것도 요구당하지 않는 사람이야말로 훌륭한 유유무애(悠悠無碍)의 선비일 수 있는 것이다. 또 이래야만 행복한 인간일 수 있는 것이다.

이 정신을 참작하여, 노장파 철학자 중에서도 빼어난 인물인 장자(莊子)는 "너무 뛰어나지 말라. 너무 유능하지 말라, 너무 이용되지 말라."고 경고하고 있다. 돼지는 살이 쪘기에 도살되어 제단에 바쳐진다. 날개가 아름다운 새는 그 아름다움 때문에 먼저 사냥꾼에게 겨냥되어 아름다운 깃털 옷으로 만들어지고 만다. 장자는 이런 의미에서 무덤을 발굴하여 시체의 보물을 훔치는 두 사나이에 관해 이야기하고 있다. 두 사나이는 죽은 사람의 이마를 망치로 치고 광대뼈를 깨고 이를 부순다. 죽은 사람은 모두 어리석게도 입 안에 진주를 문 채 묻혔기 때문이다.

이같이 철학적 사고방식을 진행시켜 나가면 결론은 아무래도 이렇게 된다. '사람들이여, 어째서 유유히 처세하지 못하는 건가.'

미국인의 세 가지 결함

그래서 '개의할 것이 아무것도 없다는 자에게는 개의할 것이 없다.'는 근사한 철학을 가진 중국인과 미국인 사이에는 기묘한 대조를 이룬다. 인생이란 정녕 이같이 번거롭게 할 만한 가치가 있는 것인가. 정신을 육체의 노예로 삼을 정도의 것인가. 중국인적 우유철학(優遊哲學)의 높은 정신은 이것을 부정한다. 일찍이 내가 본 광고 중에서 미국인의 취미가 가장 잘 나타나 있는 것은 어느 기계 회사의 광고인데, 대문짝만한 글씨로 이런 말을 하고 있다.

"그저 이 정도라면, 하는 것으로는 불충분하다."

그러나 백 퍼센트의 능률을 바라는 것은 거의 추잡하다는 느낌이 든다. 무엇이든 그저 이 정도면 이상에 가깝다고 하는 것이 미국인의 고민으로, 그들은 더욱 나아가서 그것을 개량하려고 한다. 헌데 중국인은 그저 제법이라는 것으로 충분한 것이다.

세 가지의 큰 결함이 미국인에게 있다. 능률·정확·출세욕이 그것인 것 같다. 이것들이 곧 미국인을 현재처럼 불행하게 하고 신경질로 만드는 것이다. 그런 것들이 미국인한테서 인간에게 꼭 있어야 할 우유의 권리를 빼앗고, 유쾌하고 한가한 아름다운 오후의 대부분을 속여서 빼앗아 버리는 것이다.

크게 볼 때, 이 세상에는 비극적 종말이라는 것은 없으며, 무엇을 완전하게 수행한다는 훌륭한 기술 외에, 미완성인 채로 남겨 둔다는 좀더 훌륭한 기술이 있다고 하는 확신을 가지고 인간은 세상일에 임해야만 한다.

대개 우리가 편지 답장을 하는데도, 너무 속히 하면 그 결과는 전연 답장을 하지 않음과 같은 게 되어 버린다. 결국 세상에는 아무 일도 일어나지 않았다는 것이 된다. 좀 나은 직위를 놓쳤다손 치더라도 더 못한 직위 발령으로부터 벗어날 수 있었다는 것으로도 되는 것이다. 대개의 편지는 석 달쯤 서랍 속에 처박아 두면 답장을 써야 될 만한 것도 아닌 것이다. 석 달 뒤에 그걸 읽어 보면 정말 시시한 것임을 알게 될 것이며, 일일이 답장을 쓰다 보면 꽤나 시간을 낭비한 것이 됨을 알게 될 것이다.

편지를 쓴다는 것은 사실 죄짓는 일이라 하겠다. 너무 편지를 쓰면 작가는 판매 외교원이 되어 버리며, 대학 교수는 매우 능률적인 회사 중역 나으리가 되어 버린다. 이런 의미에서 나는 언제나 편지 왕래를 하고 있는 미국인을 경멸한 소로의 기분이 이해된다.

그러나 내가 이렇게 말하는 것은 무엇을 할 때 솜씨 있게 해치우는 능률 그 자체를 논란하는 게 아니다. 나는 언제나 인도제 병마개보다 미국제 병마개를 신뢰한다. 왜냐하면 미국제 병마개는 물이 새는 일이 없기 때문이다. 그것은 안심이 된다.

그런데 또, "인간은 다 유용하고 능률이 높아야만 한다. 모두 관리가 되어 권력을 가져야만 한다."고 예로부터 일부 사람이 주장함에 대하여, 다른 사람은 "별소릴, 세상에는 바보가 숱하게 널렸고 늘 유용(有用)해서 바쁘며, 권력을 쥐고 싶어하는 것이다. 그러기에 세상 일이 그럴싸하게 정리되어 나가는 것이며, 앞으로도 그럴 것이다." 하고 버티고서 티격태격을 계속하고 있다. 다만 문제는 유유히 있는 자와 버둥대고 있는 자와 어느 쪽이 현명하냐 하는 것이다.

능률을 논란하는 것은 그것이 갖가지 일을 수행하기 때문은 아니다. 능률은 우리에게 생활을 즐기는 한가를 주지 않고, 무엇을 완전히 수행하고 싶어하는 나머지 우리의 신경을 약화시켜 버리며, 시간을 훔치는 도둑이 되므로 괘씸하다는 것이다.

미국인 편집자는 자기가 편집하는 신문 잡지에 오류가 없도록 혼신의 힘을 다한다. 그러나 중국인 편집자는 좀 영리하다. 독자가 멋대로 약간의 오류를 발견하여 기쁨을 만끽하도록 한다. 아니, 그런 정도가 아니다. 중국의 신문 잡지는 연재물을 싣기는 하되 어쩌다가 그걸 깜박 잊어버린다. 미국에서 그런 짓을 하면 편집자는 경을 치겠지만, 중국에서는 별일이 없다. 이유야 뻔한 것, 대단한 일이 아니기 때문이다.

미국 토목 기사가 다리를 놓으려면 세밀하고 정확하게 숫자를 계산하고 양쪽 끝에서부터 이루어져 오는 다리가 한가운데서 1센티미터의 10분의 1도 어긋나지 않게 한다. 그러나 두 사람의 중국인이 산 양쪽으로부터 터널을 파기 시작한다면 양쪽이 모두 두 개의 터널을 뚫어 나오고 만다. 중국인은 굳게 믿는 것이다. '터널만 뚫고 있다면 양쪽으로부터의 코스가 어긋나더라도 대수로울 게 뭐람, 하나를 뚫으려다 둘이 되었다면 통로가 둘이 생긴 셈이니 오히려 더 잘된 게 아닌가.'라고. 서둘지만 않는다면 터널이 둘이건 하나건 별로 다를 게 없다. 이럭저럭 뚫기 시작하여 별 탈 없이 굴착을 끝내서 기차가 그 속을 큰 불편 없이 다닌다면 그걸로 충분하지 않은가!

그러나 대체로 중국인은 무슨 일을 하는데 충분한 시간만 주어진다면 아주 정확하게 할 수 있는 것이다. 중국인은 설계만 유장(悠長)한 것이라면 언제나 이 유장한 설계에 따라서 무엇을 완성하는 것이다.

근대 산업 생활의 속도는 이러한 영광스런 위대한 유장함을 용납하지 않는다. 그러나 더 나쁜 것은 이런 생활 속도는 중국인의 시간관념과는 달리 시계만능(時計萬能)적인 시간관념을 우리에게 준다는 것이다. 그리고 필경은 인간을 시계화해 버리는 것이다.

이러한 상태는 그 추세를 보아 알 수 있듯이, 결국 중국에도 찾아들 게 뻔하다. 이를테면 20만의 노동자를 쓰는 공장 등이 상상된다. 20만의 직공이 언제나 바쁜 듯이 공장 문을 들어서는 굉장한 광경은 물론 경탄할 만하다. 그런데 이것이 인생을 처참한 것으로 하고, 열병적인 것으로 하는 초인(初因)인 것이다.

어느 일정한 장소에 다섯 시 정각에 가 있어야 한다면 필경 한 시부터 다섯 시까지의 오후는 엉망이 되어 버린다. 미국인 어른은 모두가 학생을 본받아 시간을 짜 놓는다. 즉 세 시에는 무엇, 다섯 시에는 무엇, 여섯 시 반에는 옷을 갈아입고, 여섯 시 오십 분에는 택시, 일곱 시에는 호텔의 방으로 들어간다……. 이래 가지고는 살아갈 값어치도 없다.

이래서 미국인은 바야흐로 비참한 상태에 이르고 있다. 실로 그들의 행동은 다음날을 위해 예정되어 있을 뿐더러 다음 주, 아니 다음 달에 걸쳐서까지 예정되어 있는 것이다.

3주간이나 앞일을 예정한다는 따위의 일은 중국에서는 누구도 하지 않는다. 다행히 중국인이 초대장을 받았을 때는 참석이나 불참 여부의 답장을 안 해도 무방한 것으로 되어 있다. 참석할 생각이라면 '출(出)', 불참이라면 '결(缺), 다사(多謝)'라고 쓰는 건 상관없지만, 대개는 단지 '명백(明白)'이라고 쓸 따름이다. 그것은 '초대해 주심은 잘 알고 있습니다.' 하는 것이며, '참석할 생각입니다.' 하는 뜻은 아니다. 미국인이나 유럽인이라면 상하이를 떠날 때, "1938년 4월 19일 하오 3시에 파리의 위원회에 참석하고, 5월 21일 7시 기차로 비인에 도착합니다." 하는 말을 입에 올릴 것이다. 그러나 가령 어느 날 하오에 유죄 판결을 내리고 사형을 집행해야만 한다 치면 사형선고를 그렇게 일찍 할 필요가 있을까? 마땅한 때에 도착하고 마땅한 때에 출발하여 자유롭게 여행하고 거리낄 것 없는 자기일 수는 없는 것일까?

그렇지만 결국 미국인이 중국인처럼 유유히 생활할 수 없는 것은 그들의 일 욕심과, 그리고 행동하는 것을 살아 있다는 것보다도 소중히 생각하는 데에 직접적인 이유가 있는 것이다.

미술사에 이름을 남길 만한 걸작이라면, 우리는 그 작품에 품격이 있을 것을 요구한다. 그와 마찬가지로 우리의 생활에도 품격이 있을 것을 요구하고 싶다. 그러나 불행히도 품격이라는 것은 하룻밤 사이에 이루어지는 것은 아니다. 술이 향기로워지듯이 조용한 자세로 긴 세월이 지나감을 기다려야만 된다. 미국의 남녀 노인들이 지금 같은 상태로 자존심을 획득하고 또 젊은이로부터 존경받고자 하여 일하고 싶어하는 것은 동양인 측에서 볼 때 정말 꼴불견이다. 노인이 지나치게 활동하는 것은 이끼 낀 사원 꼭대기에서 재즈를 방송함과 같은 것이다. 뭔지 모르지만 늙은이는 그저 나이가 들어 있다는 것만으로 충분하지 않은가. 늙은이는 늘 뭔가 하고 있어야만 하는 것인가. 중년 사람들이 유유히 살지 않는 것은 좋지 못한 정도지만, 늙은이에게는 인간성에 위배되는 죄악이다.

품격이라는 것은 늙음으로 이루는 것이라고도 할 수 있는 것으로, 품격이 갖추어지기까지는 시일이 필요하다. 그것은 중년인의 얼굴의 아름다운 주름과도 같은 것이다. 그 주름이야말로 그 인물에서 풍기는 품격이 끊임없이 새겨져서 이루어진 것이다. 어중이떠중이 모두 구형 차를 버리고 신형 차로 바꾸는 그런 생활 방식으로는 품격을 발견하기란 정말 곤란하다. 우리가 제조하는 물건도, 우리 자신도 마찬가지인 것이다. 1937년에는 남녀 다 1937년의 얼굴을 하고 있고, 1938년에는 1938년의 얼굴을 하고 있다.

우리는 오래된 사원이나, 시대를 거친 가구나, 고풍스러운 은이나, 손때 묻은 사서(辭書)나 인쇄물을 사랑하지만, 노인의 미에 대해서는 아주 잊어버리고 있다. 나는 이와 같은 미를 보고 즐기는 것은 인간생활에 불가결한 것이라고 생각한다. 생각건대 아름다움이란 늙음·익음·그을음에 있다고 생각하기 때문이다.

나는 이따금 예언자다운 환상에 잠기는 일이 있다. 그것은 저 밀레니엄[4]의 아름다운 환상이며, 그때가 오면 정평 있는 맨해턴가의 치들도 유연하게 걷고, 미국식으로 '날뛰는 자'도 동양식으로 유유히 걷는 자가 되리라고 꿈꾸는 것이다. 그때 미국의 신사는 치마와 실내화 차림으로 손을 주머니에 넣은 채 느릿느릿 인도를 걸어갈 것이다. 반드시 중국인식으로 팔짱을 끼고 걷지 않아도 괜찮다. 경관은 교차로에서 우물쩍거리고 있는 상대에게 인사를 나누고, 운전기사는 잠시 차를 멈추고서 서로 인사를 나누고, 길 한복판에서 할머니는 요즈음 어떠시냐는 등 문안한다. 가게 앞에서 이를 닦으면서 한가하게 이웃사람과 이야기하는 자도 있을 것이며, 때로는 뭔가 멍하니 생각에 잠긴 학자가 부드러운 책을 말아서 겨드랑이에 끼면서 유유히 저쪽에서 오는 일도 있을 것이다. 점심 식사의 계산대는 없어질 것이며, 사람들은 자동 식료점의 부드럽고 낮은 안락의자에 유연하게 걸터앉아 있을 것이다. 한 잔의 오렌지주스를 한 시간이나 걸려 마시며, 술도 단숨에 훌쩍 마시는 일이 없고, 가끔 기분 좋은 지껄임을 곁들이면서 서서히 마시는 것을 배울 것이다. 병원의 환자 접수 장부는 폐지되고, '비상 파수꾼'도 철수될 것이며, 환자는 의사와 철학 이야기를 나눌

---

4) 그리스도 부활 후 천 년간의 이상시대를 말한다.

것이다. 기차는 어슬렁어슬렁 가고, 타고 있는 사람들은 때때로 차를 멈추고 공중을 나는 기러기를 바라보며 그 수 알아맞히기를 할 것이다.

이와 같은 맨해턴가의 밀레니엄이 도저히 실현 가망이 없다는 것은 너무도 안타깝다. 좀더 유유하고 한적한 오후가 있었으면 싶다.

제8장
가정의 즐거움

생존의 가치와 존재 이유에 대하여

나는 전부터 어떤 문명도 그 최후의 가치는, 그것이 어떠한 남편·아내·아버지·어머니를 만들어 내느냐 하는 점에 있다고 생각하고 있다. 이 아주 간단한 점에 접촉하지 않고서는 모든 문명의 실적, 즉 예술·철학·문학·물질적 생활 같은 건 아무 뜻도 없는 것이 되어 버린다.

나에게 말하라면 모든 문명의 공적은 더 좋은 남편·아내·아버지·어머니를 만들기 위한 단순한 수단에 불과한 것이다. 인간의 9할이 남편이나 아내가 있고, 10할이 부모를 가지고 있는 한, 또 결혼과 가정이 인간생활에 가장 밀접한 관계를 가지고 있는 한 더 좋은 남편·아내·부모를 만들어 내는 문명은 더욱 행복한 인간생활로 전진하는 것이며, 그러기에 또 더 높은 문명의 모습이기도 하다.

우리의 신변에 있는 남녀의 성질이 어떠냐 하는 것은 그들이 이룩하는 일보다도 훨씬 중대한 것이며, 어떤 소녀라도 그녀에게 더 좋은 남편을 안겨 주는 문명이라면 어떤 문명이라도 감사해야 할 것이다. 단 이런 것들은 상대적인 문제이며 이상적인 남편이나 아내나 부모는 어떤 시대 어떤 나라에도 있다. 아마도 우수한 남편이나 아내를 얻는 최상의 방법은 우생

학일 것이며, 그로 인해 우리는 아내나 남편을 교육하는 많은 수고가 덜어
지는 것이다. 반면에 가정을 무시하고 그것을 열등한 지위로 모는 문명은
더 열등한 산물을 만들어 내기가 쉬운 것이다.

나의 사고방식이 생물적으로 되어 있다는 것은 잘 알고 있다. 나는 생
물적이다. 그러나 모든 남녀도 역시 그렇다. 그러므로 '생물답게 해 나가
자'느니 하는 것은 새삼스럽게 말할 필요조차 없는 것이다. 왜냐하면 좋
든 싫든 간에 인간은 다 생물답게 해 나가고 있기 때문이다. 의식하고 있
지는 않겠지만 사람은 누구든 생물로서 행복하고, 생물로서 화를 내며, 생
물로서 야심을 갖고, 생물로서 종교적이며, 또 생물로서 평화를 사랑하는
것이다.

생물의 입장에 서서 생각하면, 인간은 태어났을 때는 모두 갓난애로
서 엄마의 젖을 빨고, 결혼하여 또 아이를 낳는 것이라는 사실을 회피할
것까지는 없다. 누구든지 다 여자의 배에서 나와 대개의 남자는 평생을 통
해 다 부인과 같이 살고, 또 자녀의 부친이며, 모든 여자도 역시 여자의 배
에서 나와, 대개는 평생을 남자와 살고, 또 자녀를 낳는 것이다.

자기 씨를 영속시키기 위한 씨앗을 만들기를 거부하는 나무나 꽃이
있듯이 인간 중에도 부모 되기를 거부하는 자가 있는데, 그렇다고 해도 어
떤 나무도 씨앗으로부터 생장하기를 거부하지 못하듯이, 누구도 부모에
게서 태어났다는 것을 거부할 수는 없다. 이리하여 우리는 다음과 같은 기
본적 사실에 도달하는 것이다. 즉 인생의 가장 원시적 관계는 남녀와 그
자녀 사이의 관계이며, 어떤 인생철학이라 할지라도 이런 본질적 관계를
문제로 하지 않는 한 철학으로서 만족하다고는 할 수 없고, 심지어 철학이
라고 부를 수조차 없는 것이다.

그렇지만 남녀간의 관계만으로는 충분하다고 할 수 없다. 그것은 아
이를 낳는 것에 귀착되어야만 한다. 그렇지 않으면 불완전한 것이다. 어
떤 문명도 남녀로부터 아이를 갖는 권리를 뺏는 것을 허용치 않는다. 이것

은 현재 아주 진지한 문제이다. 결혼을 좋아하지 않는 남녀가 지금도 상당히 많고, 또 결혼하더라도 어떤 이유로든 아이를 낳는 걸 피하는 자가 많다는 사실을 나는 알고 있다. 내가 말하고자 하는 바는, 그 이유가 어디 있든 간에 남녀가 아이 없이 이 세상을 떠난다는 것은 자기에 대해 저지를 수 있는 최대의 죄악이라는 점이다.

만일 불임 이유가 신체에 있다면 그 신체의 어딘가의 상태가 고르지 못한 것이다. 생활비가 들기 때문이라면, 생활비를 많이 쓰는 것이 잘못된 것이다. 만일 결혼에 대한 사고방식의 표준이 지나치게 높기 때문이라면, 그 지나치게 높은 표준이 잘못된 것이다. 그릇된 개인주의 철학 때문이라면 개인주의 철학이 좋지 못한 것이다. 만일 또 사회 제도의 모든 기구(機構)에 입각한 것이라면 사회 조직의 모든 기구가 좋지 못한 것이다.

장차 생물학이 좀더 잘 이해된다면 아마도 21세기의 남녀는 내가 말한 바를 진실이라 생각할 때가 올 것이다. 나는 확신하고 있지만 19세기가 자연과학의 비교총론(比較總論) 세기였듯이 20세기는 생물학의 세기가 될 것이다. 인간이 자기를 좀더 잘 이해하고, 자연으로부터 부여된 본능을 거스르는 일이 잘못임을 알게 된다면 내가 말한 단순한 예지를 좀더 높이 평가할 것이다.

유사 이래로 남자에게 여자와 사는 것을 아무도 가르쳐 주지 않았다. 그럼에도 불구하고 기묘하게도 남자는 여자 없이 살아간 예가 없다. 여자 없이는 그 누구도 이 세상에 태어나지 못한다는 걸 알면, 여자에 대해 너무 경멸적으로 운운해서는 안된다. 남자는 태어나서 죽을 때까지 어머니로서의, 아내로서의, 또 딸로서의 여자에게 둘러싸여 있다.

설사 결혼을 하지 않더라도 윌리엄 워즈워스처럼 자기 누이에게 의지해야만 되고, 또 허버트 스펜서처럼 그 가정부의 신세를 져야만 하는 것이다. 자기 모친이나 그 누이와 적절한 관계를 못 이루는 거라면 아무리 훌륭한 철학이라도 워즈워스의 마음을 구제하지 못할 것이며, 가정부와의 사이마저 원만하지 못할 정도라면 신이여, 스펜서에게 자비를 베푸소서.

부인과 적절한 관계에 이르지도 못하고 비뚤어진 도덕적 생활을 보낸 사람들에게는 어딘지 모르게 일종의 가련함이 있는 것이다. 오스카 와일드조차 "남자는 여자하고는 살 수 없다, 그렇다고 여자 없이도 살 수 없다!"고 말했지 않은가. 그러므로 인간의 예지는 힌두교 이야기 작가와 20세기 초엽의 오스카 와일드 사이에서 한발짝도 나아가지 못한 듯싶다. 왜냐하면 힌두교 창조설의 작자는 이미 4천 년 전에, 본질적으로는 오늘날과 조금도 다름없는 말을 하고 있기 때문이다.

이 창조설에 따르면 신은 여자를 만들 때 꽃의 아름다움, 새의 고운 소리, 무지개 빛깔, 미풍의 입맞춤, 물결의 웃음, 양의 얌전함, 여우의 교활함, 구름의 분방함, 소나기의 변덕 같은 것을 거두어서 그것들을 여성의 신체에 짜 넣어가지고 아내로서 남자에게 제공했다.

아내를 얻은 힌두교의 아담은 행복했었다. 둘이서 아름다운 지상을 돌아다니며 놀았다. 그런데 며칠 뒤에 아담이 신에게 와서 말했다.

"이 여자를 어디로든 쫓아 버려 주십시오, 도저히 함께 있을 수 없으니까요."

신은 그 말을 듣고 이브를 떼어 놓고 말았다. 그러자 아담은 쓸쓸해져서 역시 마음이 울적했다. 며칠 뒤에 아담은 다시 신에게 가서 말했다.

"그 여자를 되돌려 주십시오, 그녀가 없이는 살아갈 수 없습니다."

신은 또 그 소원을 들어주어 이브를 되돌려 주었다. 며칠 뒤에 아담은 또 신 앞에 나타나서 원했다.

"제발 당신이 만드신 이브를 데려가 주십시오. 맹세코 말씀드리지만 그녀와는 함께 살 수 없습니다."

신으로서의 무한한 예지로 인해 그것은 또다시 허락되었던 것이다. 드디어 아담이 네 번째로 찾아와서 여자가 없이는 도저히 살아갈 수 없다고 호소했을 때 신은 아담에게, 다시는 변덕을 부리지 말 것, 좋든 싫든 그녀와 운명을 같이할 것, 그리고 가능한 방법을 다 일러 이 지상에서 함께 살 것을 서약하게 했다. 오늘날에도 본질적으로는 별로 다를 게 없다고 생각한다.

혼자 사는 것에 대하여

인간은 이 세상을 단독으로 살아서 행복해질 수는 없는 것이며, 반드시 자기 신변에 자기보다 큰 집단과 결합해야만 한다는 가정에서 우리는 출발해야만 한다. 자아라는 것은 그 신체의 크기에 한정되는 것은 아니다. 왜냐하면 그 정신적·사회적 활동이 이루어지는 한 고립된 자아보다도 좀더 큰 자아가 있기 때문이다.

그러나 어느 시대, 어떤 나라에서든, 그리고 어떤 형태의 정부 밑에서든 인간에게 다소의 의의가 있는 참된 생활이라면 결코 그 나라나 그 시대와 같은 넓이를 갖는 것은 아니며, 우리가 '더 큰 자아'라 부르는 더 작은 환경 속에 있는 것으로서, 그것은 지인(知人)들이나 활동 범위에 따라서 정해지는 것이다. 사람은 이러한 사회적 단위 속에서 살아가고 활동하고 존재하는 것이다.

이와 같은 사회적 단위는 교구(敎區)일 수도 있고, 학교나 감옥·회사·비밀결사나 또는 자선단체일 수도 있다. 그리고 이런 것들은 사회적 단위로서의 가정(家庭)과 대치(代置)될 수도 있을 것이다. 때로는 가정을 아주 밀쳐 버리는 수조차 있다. 종교 그 자체도, 아니 때로는 큰 정치운동도 인간의 존재를 온통 소모해 버리는 수가 있다. 그렇지만 이러한 모든 집단 중에서 가정만이 자연스럽고 생물학적으로도 참되며, 만족하고 유일한 생활 단위로서 변함없는 것이다.

인간은 태어났을 때 이미 가정에 있고, 또 그로부터의 생활도 가정 속에서 살아가는 것이므로 나는 이것을 자연이라고 하는 것이다. 또 핏줄이라는 것이 있어서 위에서 말한 더 큰 자아라는 사상을 또렷한 참된 것으로 해 주므로, 나는 이것을 생물학적 진실이라고 말하는 것이다. 이 가정이라는 집단적 생활을 잘해 나갈 수 없는 사람은 그밖의 집단 생활에서 성공할 가망은 없다. 공자는 말하고 있다.

젊은이여, 가정에서는 효도하고, 밖에서는 공경하며, 삼가 성실히 한 다음, 널리 사랑하고 어진 사람을 가까이 하라. 그렇게 하고도 여유가 있으면 그때 글을 배우는 것이다.

이와 같은 가정의 집단생활의 중요함을 덮어 두고 생각한다면, 남자가 자기를 표현하고 자기를 충실케 하며, 그 개성을 최고로 발전시킬 수 있는 것은 적당한 이성(異性)의 상대로부터 주어지는 아주 잘 조화된 마음씨에 의해 가능할 뿐이다.

남자보다도 강한 생물적 감각을 지닌 여자는 이것을 잘 알고 있다. 중국 처녀는 다 잠재의식적으로 분홍 결혼 치마나 혼례 가마를 꿈꾸고 있으며, 서구 처녀들은 누구나 혼례의 면사포나 결혼식의 종소리를 꿈꾸고 있다. 인위적 문명에 의해 쉽사리 몰아내기에는 너무도 강력한 모성적 본능이 여자에게는 주어져 있는 것이다.

나는 의심할 여지도 없이, 자연의 의도는 여자로 하여금 그 주된 역할을 아내 됨보다는 오히려 어머니 됨에 두게 하려는 것이며, 그 때문에 여자는 태어나면서부터 갖가지 정신적·도덕적 특질을 가지고 있는 것이라고 생각한다. 그러나 이런 특질이 어머니로서의 역할을 다하도록 여자를 인도하고 모성 본능 속에 올바로 나타나며, 또 결합되어 있는 것이다. 이를테면 여자의 현실주의, 판단력, 성가신 일에 대한 참을성, 약소하고 무력한 것에 대한 사랑, 돌보기를 좋아하는 마음씨, 강렬한 동물애와 동물

증오, 또 몹시 감상적이어서 걸핏하면 우는 버릇, 일반 사물에 대한 자기 본위의 견해 등이 그것이다.

그러므로 철학이 자연의 의도에서 벗어나, 여자의 생명의 강한 특질인 동시에 기본적 표현인 모성 본능을 도외시한 채 여자를 행복하게 하고자 한다면 당치도 않은 헛수고이다. 이리하여 아무 교육도 받지 않은 여자든, 건전한 교육을 받은 부인이든 모성 본능은 결코 억압당하는 일이 없으며, 어릴 적에 이미 싹이 터서 청년시절에서 성년시절에 이르는 동안 더욱더 강렬한 것으로 되는 것이다.

이와 반대로 부성 본능은 30세까지는 거의 나타나는 일이 없다. 어떤 경우든 다섯 살의 아들이나 딸이 있을 무렵이 되기까지 거의 부성 본능을 의식하지 않는다. 25세 쯤의 남자가 아버지가 된다는 것을 생각하고 있다고 여겨지지는 않는다. 다만 어느 집 처녀와 사랑에 빠져서 우연히 아이가 태어남에 불과한 것이며, 아내는 아이 생각으로 충만해 있는데 남편은 모든 걸 잊어버린다. 30세쯤 되어서 시장에 데리고 가거나 친구 앞에 자랑으로 보이거나 할 때, 딸이나 아들의 존재를 문득 깨닫게 될 것이다. 이때 비로소 자기가 아버지라는 기분이 들기 시작한다. 20세나 25세의 남자로 아버지가 된다는 것을 즐겁게 여기는 자는 많지 않다. 즐겁게 여기기는커녕 거의 그런 건 생각지도 않는다.

이와 반대로 여자에게는 어머니가 된다는 것 내지는 어머니가 되리라는 것조차 그 생애에서 가장 심각한 사건인 것으로, 여자의 심신 전체를 변하게 하고, 그 영향은 여자의 성질이나 습관까지도 바꾸어 버리는 것이다.

여자는 아이가 태어나는 것을 고대하게 되면 세상은 싹 바뀌고 만다. 이렇게 되면 그녀가 무엇을 생각하더라도 인생의 사명이나 목적에 대해 아무런 의심도 갖지 않게 된다. 그녀는 세상에서 요구하는 사람이 되는 것이다. 그녀는 필요한 존재인 것이다. 그리고 그녀는 그 역할을 다하는 것이다. 어느 부유한 중국인 집에 응석받이 외동딸이 있었는데, 자란 후에 수개월 동안이나 자지 않고 자기 아기의 병간호를 한 일을 나는 알고 있다.

자연의 의도에는 부성 본능(父性本能)이 이토록 강할 필요가 없다. 남자에겐 그런 본능이 주어져 있지 않다. 대체로 남자라는 건 들오리나 거위의 수컷처럼, 수컷으로서의 역할을 하는 외에는 태어난 자식에 대해서는 별로 관심이 없다. 그 때문에 부인으로서 이러한 생존의 중심 동력을 발휘하지 못하고, 또 그 역할을 다하지 못할 때에는 심리적으로 가장 괴로워하는 것이다.

그런데 미국 문명은 수많은 훌륭한 여성이 아무런 결함이 없음에도 미혼인 채 살고 있는 것을 묵과하고 있는데, 여성에 대해 그 얼마나 친절한 문명인가는 새삼스럽게 말할 필요도 없다.

결국 우리에겐 '어떻게 하면 행복하게 살 수 있느냐.' 하는 문제가 있을 뿐이다. 외형적 생활의 피상적인 영달보다 좀더 높은 곳에 깊숙이 가로놓인 남녀 본성의 근원에 접촉하여 거기서 정당한 배출구를 발견하는 게 아니라면, 그 누구든 행복한 생활을 영위할 수 없다. '개인 경력'의 형태로 나타나는 하나의 이상(理想)으로서 독신 생활에는 뭔가 개인주의적인 데가 있을 뿐더러 쓸데없는 주지주의적(主知主義的)인 점이 있으며, 그 후자 때문에 독신주의는 배격당해 마땅한 것이다. 일단 좋아서 쓸모없는 주지주의자가 된 완미한 독신주의자나 미혼 여성은 그 외형적인 공적에 지나치게 열중해 있는 건 아닐까. 가정 생활 외의 뭔가 좋은 대용물 속에서 행복을 발견할 수가 있으며, 깊은 만족을 맛볼 수 있는 지적·예술적·직업적인 흥미를 찾을 수 있을 것으로 믿고 있는 건 아닐까.

나는 이것을 부정한다. 충족된 생활을 못하는 대신 그 대용물을 '경력'이나 개인적 공적이나 동물 학대 반대운동 등에서 구하여 결혼도 않고 아이도 없는 사람들이 있는데, 이런 자들의 개인주의 풍경은 어딘지 늘 어리석고 우스꽝스러운 것으로 느껴진다.

심리적으로는 다음과 같은 경우에 이런 일이 나타난다. 노처녀들이 호랑이 잔등의 채찍 흔적을 보고, 뭔가 잔혹한 짓을 당한 건 아닌가 하는 그릇된 짐작을 하고는 서커스 지배인에게 "호랑이에게 너무 잔혹한 짓은 말아 주십시오." 하고 호소함과 같은 것이다. 그녀들의 항의는 호랑이라는 엉뚱한 종족에게 향해진 엉뚱한 모성 본능에서 오는 것이며, 마치 호랑이 그 자체가 대수롭지 않은 채찍으로 곤혹을 당하고 있기라도 하는 듯한 착각에 빠져 있다. 이런 여성들은 인생의 어느 한 점을 헛되이 더듬적거리고 다니면서, 자기나 남에게 그것이 그럴싸하게 여겨지도록 열심히 노력하고 있는 것이다.

정치적 · 문학적 · 예술적 공적의 대가는 그것들을 만들어 낸 사람들의 창백하고 지적(知的)인 자기만족에 그치고 말지만, 자기 자녀가 무럭무럭 자라남을 보는 기쁨은 언어를 초월한 멋진 진실이다. 노령에 이르러 자기가 이룩한 일에 만족하며 기뻐하고 있는 저작가나 예술가가 얼마나 많은가? 그러나 또 얼마나 많은 사람들이 그들의 작품을 평하여 노인의 위안거리 정도에 지나지 않았다든가, 역시 호구지책이었다든가라는 뒷말을 하고 있는 것이다.

허버트 스펜서는 그 죽기 며칠 전에 18권에 달하는 《종합철학》을 무릎 위에 놓고 있었다. 그리고 그 차디찬 책의 무게를 느꼈을 때 책보다도 손자가 나았을지도 모른다고 생각했다. 현명한 가정부 엘리아라면 스펜서의 저술과 그 '꿈의 자녀'를 기꺼이 바꾸지는 않았을까? 확실히 설탕 대용품이나 버터나 솜의 대용품은 정말 별것이 아니다. 그러나 자녀의 대용품에 이르면 정녕 더할 나위 없는 해독임에 틀림없다.

존 D. 록펠러는 광범한 분야에 걸쳐 인류 행복에 큰 공헌을 했으므로, 그 마음속에 도덕적 · 미적(美的) 만족이 있었음은 부정할 수 없다. 그러나 이와 같은 도덕적 · 미적 만족은 아주 빈약한 것이어서, 골프장에서 멋진 스트로크라도 하나 하게 되면 금방 뒤집히고 만다. 결국 진실하고 영속적인 만족은 제2세 록펠러였다는 것을 숨길 수 없으리라.

다른 관점에서 보면 행복이란 대개의 경우 자기에게 알맞은 일, 즉 자기가 열중할 수 있는 일을 발견하는 것이다. 어떤 직업에 종사하고 있는 남녀의 9할이 정말 자기가 열중할 수 있는 일을 발견한 것일까. 세상에서는 흔히 "일이 재미있다."고 그럴 듯한 말을 하지만, 그런 말은 대개 좀 에누리해서 들어야만 한다. 아무도 "자기 가정을 사랑한다."고는 말하지 않지 않는가. 뻔한 일이기 때문이다. 보통 비즈니스맨은 중국 부인이 아이를 낳을 때와 아주 흡사한 기분으로 직장에 다니고 있다. 모두가 그렇게 하고 있다. 또 그럴 수밖에 없지 않겠는가 하는 기분이다. 하나같이 "일이 재미있다."고 하는데, 그런 말투는 엘리베이터 안내원이나 교환원이나 치과의사의 경우는 거짓말이며, 편집자나 부동산 관리인이나 주식중개인 등의 경우는 이만저만한 과장이 아니다.

발견이나 발명을 하는 일에 종사하는 북극탐험가나 연구실의 과학자는 별도로 하고, 자기 일이 자기에게 알맞아서 재미있다는 것은 우리가 바라마지 않는 일이라고 생각된다. 그러나 언어의 느낌을 놓고 생각하더라도, 일에 대한 사랑과 자식에 대한 모성애는 비교가 안된다. 많은 사람들은 자기의 천직은 무엇일까 하여 갈피를 못 잡고 이것저것 일을 바꾸지만, 어머니는 어린아이들에게 젖을 먹여 기르는 여자로서의 일에 대하여는 아무런 의혹도 품지 않는다.

부인인 독자들은 내가 말한 것을 잘 납득해 주리라 생각한다. 그리고 가정의 무거운 짐은 결국 부인이 져야만 된다는 걸 알고 있으면서 내가 더욱더 가정에 대해 늘어놓는 것을 보고 차츰 기분이 언짢아질 것으로 생각한다. 그것은 참으로 내가 예상했던 바이며, 내가 선택한 제목이기도 하다. 이제부터 문제는 누가 부인에 대해 더 친절하냐는 것이다. 왜냐하면 우리가 지금 논하고 있는 것은 사회적 공적이라는 의미에서 부인의 행복이 아니라, 하나의 인간으로서 깊이에 접촉되는 부인의 행복에 관한 것이기 때문이다.

직업에 대해 적합한가, 능력이 있는가 하는 문제에서 생각하더라도, 나는 여성이 어머니로서 알맞은 이상, 진실로 여성에게 딱 들어맞는 은행 간부직 따위는 적다고 믿는다. 무능한 과장·지배인·은행가·우두머리라는 건 있지만, 무능한 어머니라고는 정말 없다고 해도 좋다. 그러므로 여성은 태어날 때부터 모성적인 것이며, 그걸 바라고 그걸 알고 있다.

오늘날 미국의 처녀들이 대학에서 배우는 여자로서의 이상이라는 것이 그 정도(正道)를 벗어나서 동요한 적은 있지만, 대다수는 솔직하게 결혼하고 싶다고 떳떳이 말하고, 인생을 건전하게 보는 힘이 있음을 나는 알고 있다. 내 눈에 비치는 이상적 여성은 화장품과 수학을 동시에 사랑하는 사람이며, 남녀동등권 주장자보다는 여자다운 여자다. 그녀들에게 화장품을 주라, 그리고 공자의 말씀대로 '그렇게 하고도 여유가 있으면' 수학에 몰두케 하라.

지금 나는 대다수 일반 남녀의 이상에 관해 말하고 있음을 양해하기 바란다. 세상에 뛰어나고 유능한 남자가 있듯이 뛰어나고 유능한 여성도 있다. 그러나 그런 특수한 여성이 아니라, 보통 여성에게 결혼을 이상적 직업으로 생각하고 아이를 낳고, 어쩌면 또 접시닦이까지 할 것을 내가 요구한다면, 동시에 나는 또 보통 남자에게도 예술이니 하는 따위는 잊어버리고, 이발도 하고, 구두도 닦고, 도둑놈도 잡고, 땜질도 하고, 급사 노릇을 해서라도 가족의 빵을 착실히 벌도록 요구한다.

누군가가 아이를 낳아 양육하고, 홍역을 치르지 않도록 보살펴서 선량하고 어진 시민으로 길러 내야만 하는 것인데, 남자는 아이를 낳는 건 전혀 불가능하며, 아이를 안아 주거나 목욕시키거나 하는 일 역시 아무래도 남자에게는 어색한 일이므로, 이 일은 여자에게 맡겨야만 한다.

보통 남녀의 일로서 아이를 낳는 것과 이발, 구두닦이, 백화점의 도어맨 중 어느 쪽이 고상한 일인지 나는 알지 못한다. 자기 남편은 백화점에서 도어 맨 노릇을 하고 있는데, 여편네가 접시닦이를 꺼리는 법은 없다. 옛날에는 남자가 판매장에 서 있던 일도 있었다. 그런데 오늘날에는 젊은 여인들이 자꾸자꾸 밀고 들어와 판매원이 되고 남자는 도어 맨 노릇을 하기에 이르렀다. 그리고 비교적 고상한 일이라 여겨지는 직업이라면 사회는 여자들을 환영한다. 무슨 짓이건 생활수단이라고 생각하면 귀천이 따로 없다. 그러므로 모자(帽子) 보관을 맡아 보는 일이 남편의 양말을 깁는 일보다 반드시 낭만적인 일이라고 할 수는 없지 않겠는가?

　모자 보관을 맡아 보는 처녀와 가정에서 양말을 깁는 아내의 차이는 다음과 같은 점이다. 즉 양말을 깁는 아내에게는 자기 특권으로서 운명을 지배하는 남편이 있는데, 이와 반대로 모자 보관을 맡아 보는 처녀에게는 그게 없다는 것이다. 물론 그 양말을 신는 사람은 여자에게 일을 시킨 만큼의 가치가 있는 사람이어야겠지만, 동시에 남편의 양말 따위는 아내가 수선하는 게 아니라고 대범하게 단정해 버리고, 그것을 던져 버리는 것은 부당한 비관론일 것이다. 어면 남자도 그렇게 전적으로 무가치한 존재는 아닌 것이다.

　문제의 중요성은 다음의 한 점에 있다. 즉 가정에는 다음에 닥쳐올 자녀를 길러 교육해야 할 중요하고도 신성한 일이 있는데, 그런 가정 생활이 부인에게 너무 저급한 것이라고 대범하게 단정해 버리는 건 건전한 사회인의 태도라고는 말하기 어려울 것이다. 그러니까 부인과 가정과 모성에 충분한 존경을 표하지 않는 저급한 교양의 가정이 아니라면 그런 일은 있을 수 없다.

성적 매력에 대하여

나는 항상 여성의 권리와 그 사회적 특권의 증대가 겉으로는 인정되고 있지만, 여성은 아직 정당한 취급을 받고 있지 못하다고 생각한다. 미국에서조차 그렇다. 내가 받은 이 인상(印象)이 그릇된 것이라면 좋겠다. 그리고 나는 여성의 권리증대와 더불어 여성 숭배심도 감퇴되지 않기를 바란다. 대체로 부인 숭배라는 것, 즉 참된 부인 존경이라는 것은 부인에게 돈을 쓰게 하고, 가고 싶은 곳에 가게 하고, 실무를 보게 하고, 투표권을 행사하게 하는 것과 꼭 병행하지는 않는 것이다.

구대륙(舊大陸)의 한 시민이며 구대륙적인 생각을 지니고 있는 나는 전부터 이렇게 생각하고 있다. 세상에는 중요한 일도 있거니와 대수롭지 않은 일도 있는 것으로, 미국의 여성은 구대륙의 여성에 비하면 대수롭지 않은 일에서는 모든 것이 진보되어 있지만, 중요한 사항에서는 여전히 같은 위치에 놓여 있다. 여하튼 유럽보다 미국에서 여성 숭배 사상이 더 강하고 더 또렷이 나타나 있다고는 말할 수 없다.

미국 여성이 지니는 참된 주권은 여전히 그 전통적인 왕좌, 즉 가정이라는 것으로부터 오는 것이며, 여기에서야말로 가족을 수호하는 행복한 천사로서 통솔자의 위치를 차지하는 것이다. 이러한 천사들을 보기는 하는데 그것은 다만 신성한 가정 안에서뿐이다. 거기서야말로 부엌이나 객실을 사뿐사뿐 다니고, 가족 사랑에 몸 바치는 가정 주부의 모습이 있다. 거기서야말로 여성은 어딘지 모르게 광채를 띠고 있는데, 이와 같은 모습은 사무실 같은 데서는 생각할 수도 없으며, 또 어울리지도 않는 것이리라.

그건 다만 사무용 재킷을 입고 있을 때보다는 안이 비치는 얇은 옷을 입고 있을 때가 더 매력 있고 보드랍기 때문일까? 혹은 또 나의 단순한 공상일까. 꼭 그렇지는 않을 것이다. 여성이 가정에 있는 것은 물고기가 물속에 있음과 같다는 사실 속에는 음미할 점이 있는 것이다.

여성에게 사무용 재킷을 입히면 남자들은 비판의 권리를 행사하고, 그녀들을 동료로서 바라본다. 그러나 여성에게 명주나 망사옷을 입혀 하루 일곱 시간의 노동시간 중 한 시간쯤 사무실 안을 사뿐사뿐 걷게 해 보라. 남자들은 경쟁의식을 버리고 위압당하고 감탄하여 결국은 말도 제대로 못할 것이다.

같은 일을 반복하는 일에 여자는 정말 속히 요령을 터득하며, 이런 종류의 일을 하는 데는 남자보다 훌륭한 일꾼이 된다. 그런데 그런 사람들이 누군가의 결혼식에 참석하여 차라도 나누게 되는 장면에 이르면, 여성은 홀연히 그 본래의 모습으로 돌아가서 동료나 상사에게 머리에 손질을 하세요라느니, 비듬을 없애는 데는 어떤 샴푸가 제일 좋아요라느니 하고 가르치는 것이다. 사무실에서는 여성의 말투가 겸손하지만, 그곳에서 한발짝만 벗어나면 식견(識見)을 가지고 떠드는 것이다.

남자의 입장에서 솔직하게 말하면—굳이 억지로 만들어 말할 필요도 없지만—공공생활에 여성의 모습을 출현시키고부터 사무실이든 거리든 매우 우아하고 부드러운 기분이 더해져서 남자에겐 대단히 고마운 일이 되었다고 생각한다. 사무실 안의 이야기 소리도 조용해지고 빛깔도 화려해지고 책상도 말끔해졌다.

자연으로부터 주어진 성적 매력이나 남자가 그것을 구하는 마음에는 하등 변화가 없지만, 그래도 미국 남자는 다른 나라 남성에 비하면 꽤나 괜찮은 편이라고 난 생각한다. 왜냐하면 미국 여성은 이를테면 중국 여성들에 비하면 성적 매력이라는 점에서만은 훨씬 노력하여 이성을 기쁘게 하려고 하기 때문이다. 그러므로 서구 사회에서는 지나치게 성적인 것을 생각하여 여성 그 자체를 지나치게 경시하고 있다는 결론이 나온다. 서구의 여성이 머리를 빗을 때는 중국 여성과 마찬가지로 상당한 시간이 걸린다. 그러나 그 화장은, 중국 여성보다 훨씬 대범하게 하여, 때와 장소에 구애받지 않는다. 즉 식사를 하고, 운동을 하고, 얼굴을 마사지하고, 날씬하고 아름다워지는 비결의 광고를 읽는 일에는 아주 열심이다. 또 허리의 선을 아름답게 하기 위하여 침대 속에서 두 다리로 운동을 하는 일에 대하여는 중국 여성보다 더 진지하다.

　중국 여성이라면 그런 일은 상상도 못할 나이가 되어서도, 얼굴의 주름을 펴고 머리 염색을 한다. 로션이나 향수 비용도 중국 여성들보다 많으면 많았지 적지는 않다. 화장도구 또한 놀랍다. 데이 크림, 나이트 크림, 모공(毛孔) 크림, 레몬 크림, 직사광선 방지 기름, 주름 펴는 기름, 거북 알 기름, 그밖에 생각할 수 있는 온갖 향유. 생각하건대 미국 여성에게는 시간과 돈이 있다는 이유일 따름이리라. 남자를 위해 옷을 입고, 자기를 위해 옷을 벗는다. 혹은 반대로 남자를 위해 옷을 벗고, 자기를 위해 옷을 입는 걸까. 혹은 그 두 가지 다일까. 중국 여성에게는 그게 불가능하다는 것도 현재의 화장 도구를 미국 여성처럼 충분히 쓸 수 없기 때문이리라.

　마찬가지로 이성의 마음을 끌고자 하는 여성에게 인종적 경계선을 긋는 것은 나로서는 도저히 불가능하다. 반 세기 전의 중국 여성은 발을 오므라뜨려서 남자를 기쁘게 하려고 처참한 고생을 했다. 그러나 현재는 이같은 '전족(纏足)'을 폐지하고 용기 백배하여 하이힐로 뛰어들었다.

　예술가는 남녀 육체의 해부학을 평등하게 연구하지만, 남성의 육체에 관한 연구로는 영리상의 타산을 맞춘다는 것이 아무래도 어려운 모양이다. 극장은 인간을 발가벗기는 곳이지만, 대개의 경우는 남자를 못살게 굴려고 여자를 발가벗기는 것이며, 여자를 괴롭히려고 남자를 발가벗기는 일은 대체로 없다.

　예술적인 동시에 도덕적인 것을 취지로 하는 고급 쇼의 경우에도 여자는 예술적이고 남자는 도덕적이어야 한다는 것이며, 여자가 도덕적이고 남자는 예술적이어야 한다고 주장하지는 않는다. 연예 극장의 남자 배우들은 늘 손님을 웃길 일만 생각하고 있다.(예술적이라 생각되고 있는 무용마저 그러하다.) 돈벌이를 하려고 광고를 낼 때는 언제나 뻔한 테마가 파악

된다. 그것을 언제까지나 형태만 바꾸어 내고 있다. 그러므로 오늘날에는 한 남자 배우가 예술적이고자 한다면, 잡지 한 권을 사다가 광고란을 쓰윽 훑어보면 더 이상 아무것도 할 필요가 없다.

그 결과 여자들 측에서는 예술적이어야만 된다는 의무를 너무 강하게 느낀 나머지, 필경 무의식 중에 성적 교양을 받아들여 자기를 위축시키고, 성적 매력을 발휘하기 위하여 신체의 마사지나 엄격한 훈련을 감수하게 되는 것이다. 즉 더욱더 아름다운 세계에 공헌하고자 하는 셈이다. 좀더 마음씨가 불량한 여자는 남자를 사로잡는 유일한 방법은 오직 성적 매력 뿐이라고 생각하게 된다.

그러나 나는 성적 매력을 지나치게 강조하는 것은 여성 본래의 성품에 대한 미숙한 사고방식이라고 생각한다. 그것은 연애나 결혼의 품격에 대해 어떤 나쁜 결과를 초래한다. 따라서 연애관이나 결혼관도 그릇된 불완전한 것이 되는 것이다.

이러한 상태로는 부인은 가정의 지도자로서가 아니라 오히려 남자의 상대 역할을 하는 것쯤으로 생각되어 오는 것이다. 여성은 아내이며 또 어머니이다. 그런데 성을 이토록 강조하면 남성의 상대로서의 여자의 의의가 어머니로서의 의의를 몰아내 버린다. 그러기에 나는 여성은 어머니로서만이 최고의 모습에 이르는 것이며, 기꺼이 어머니 되기를 거부하는 아내는 순식간에 그 존엄과 진실의 태반을 상실하고, 한낱 노리개화할 위험에 빠지는 것이라고 주장한다.

나에게 말하라면 자식 없는 아내는 정부(情婦)에 불과하며, 정부일지라도 자식이 있으면 아내이다. 법률이야 어떻든 그렇다. 자식만 있으면 정식 아내가 아닌 여자의 입장도 귀하게 되고 신성하게 되지만, 자식이 없으면 아내의 위치도 떨어져 버린다. 그런데 요즈음의 여성들 중에는 용모나 몸매의 아름다움이 손상될까봐 피임하는 여성이 많음은 널리 알려진 사실이다.

애욕의 본능이라고는 하되, 인간 생활을 풍부히 하기 위해 그에 알맞은 일만은 하고 있다. 그러나 그 도가 지나치면 여성 자신이 손상된다. 성적 매력을 유지하고자 하는 노력은 아무래도 여성이 신경을 쓸 일이며 남자에게는 관계가 없다.

성적 매력을 지나치게 높이면 또 불공평한 일이 생기게 된다. 그도 그럴 것이 아름다움과 젊음을 지나치게 존중하게 되면 중년 부인은 흰 머리와 세월의 흐름을 원수로 여기고 승산 없는 싸움을 해야만 하기 때문이다.

어느 중국 시인은 일찍이 우리에게 경고하여 말한 적이 있다. "청춘의 샘이란 한낱 허망이다. 아직 그 누구도 태양을 힘으로 멈추게 하고, 가는 청춘을 되돌릴 수는 없다."고. 중년 부인이 그 성적 매력을 유지코자 바둥거리는 것은 세월의 흐름과 억척스레 싸우는 것이며, 대체로 무의미한 짓이다. 오직 유머만이 이를 구제한다. 노령과 백발을 원수 삼아 가망없는 싸움을 벌이는 짓이 어리석다고 깨달았으면, 어째서 백발을 아름답다 하지 않는 것이냐. 그래서 주계영(朱桂英)은 노래했다.

머리에 생기는 숱한 백발,
뽑으면 뽑을수록 늘어만 가네.
한탄 말자 흘러가는 세월을,
늘어 가는 백발에 또한 흥이 있나니.

정녕 그대로이다. 이런 식으로 생각하지 않는 미국식 사고 방식은 모두 부자연하고 불공평하다. 헤비급 왕자가 몇 년 뒤에는 한창 젊은 도전자에게 선수권을 양보하고, 뛰어난 경주마도 노후하게 되면 한창 젊은 말에게 지위를 넘겨주어야만 되듯, 여인도 늙어 버리면 젊은 여인들과 겨루어 봤자 승산은 뻔한 것이므로, 그런 짓은 그만두는 게 좋다. 만일 그런 짓을 한다면 결국 자기 자신의 섹스와 싸우는 게 되는 것이다. 그러니까 세상의 어머니나 부인에게는 불리한 이야기다. 성적 매력 문제를 놓고 중년 부인이 젊은 여성과 대립하는 것은 어리석은 짓이며, 위험하고 가망 없는 짓이다. 여자에게는 섹스보다 좀더 중요한 것이 있으므로 그런 짓은 더욱 어리석다. 대체로 구애나 구혼은 아무래도 육체적 매력이라는 것에서 출발되는 것이기는 하지만, 성년 남녀는 이미 그런 시절은 아닐 것이다.

인간은 모든 동물 중에서 가장 성애(性愛)가 강한 동물이다. 그렇지만 이 성애의 본능 외에 가정 생활에서 오는, 마찬가지로 강한 부모로서의 본능이 있다. 성애 본능과 부모로서의 본능은 대다수의 동물에게도 있는 것인데, 가족의 시초는 긴팔원숭이의 생활 가운데서 발견되는 것 같다. 그렇지만 미술·영화·연극을 보고 항상 성적 자극을 거듭하며, 지나치게 변태적인 교양에 빠져들어 성적 본능이 부모로서의 본능을 누르게 되면 위험하다. 이와 같은 교육을 하면 가족적 이상(理想)이 망각되기 쉽고, 거기에 개인주의적 사상까지 끼어들면 더욱 좋지 못하다.

그래서 그런 사회에서는 결혼은 기괴한 광경을 나타낸다. 대개 결혼식의 종소리로 인생의 재미는 시작되지만 그때까지는 입맞춤만 계속되고 있다. 또 그런 사회에는 남성의 상대일 뿐 어머니는 아닌 기괴한 여성이 출현한다. 이렇게 되면 이상적인 여성이라는 것은 완전한 육체적 균형과 매력 있는 젊은 여자라는 정의(定義)로 귀착된다.

그러나 내게는 그렇게 생각되지는 않는다. 여자가 아기 요람 옆에 서 있을 때만큼 아름다운 때는 없다. 갓난애를 가슴에 안고 네댓 살 난 아이 손을 잡고 걸을 때만큼 여자에게 진지함과 위엄이 갖추어져 보이는 때는 없다. 내가 전에 본 유럽의 어떤 그림에는 어머니가 베개를 베고 침대에 누워서 가슴에 갓난애를 올려 놓고 놀고 있는 광경이 있었는데, 여자에게 그때만큼 행복한 때는 없다.

나는 모성에 대해 여러 말을 늘어놓아, 오히려 그것을 좀 심각한 것으로 만들어 버렸는지도 모르겠다. 그러나 상관없다. 왜냐하면 중국인은 심리적인 콤플렉스 따위는 모르므로, 실로 아무런 아픔도 느끼지 않는다. 저 정신분석학적인 오이디푸스 콤플렉스[1]니, 아버지와 딸 사이의 콤플렉스, 어머니와 아들 사이의 콤플렉스 등을 꺼내 본들 중국인의 눈으로 보면 우스꽝스럽고 믿기 어렵다. 여기서 말해 두거니와 나의 여성관은 이런 심각한 모성론에서 온 게 아니고, 다만 중국인 가정의 이상(理想)의 영향에서 온 것이다.

이상적인 중국인 가정에 대하여

나는 아무래도 그렇게 생각하는데 저 창세기 이야기는 완전히 다시 고쳐 버려야만 한다. 중국의 소설 《홍루몽(紅樓夢)》을 보면 주인공인 귀공자 가보옥(賈寶玉) 소년은 다정다감한 겁쟁이로 여자 친구를 대단히 좋아한다. 그리고 예쁜 사촌누이들에게 마음을 몹시 불태우면서, 자기가 아직 나이 어린 소년임을 몹시 한탄하고 있다. 그리고 말한다.

"여자라는 건 물로 이루어져 있다. 남자는 흙으로 되어 있다."

그도 그럴 것이 그가 좋아하는 여자들은 모두 사랑스럽고 청초하며 어진 데 반하여, 그 자신이나 친구들은 모두 추하며 머리가 나쁘고 성미가 까다롭다고 생각하기 때문이다. 만일 창세기 작가가 이 가보옥 소년이어서 그가 말한 것을 알고 있었더라면 창세기는 다른 내용으로 되어 있을지도 모른다.

창세기에서는 신이 한줌의 흙을 취하여 인간의 형상을 만들고 콧구멍으로 입김을 불어넣었다. 이리하여 아담이 이룩된 것이다. 그런데 그 아

---

1) 오이디푸스란 희랍 전설 속의 인물. 출생시 불길한 신탁을 받고 산중에 버려졌으나, 구출되어 자란 후 부지중에 그 아비를 죽이고 어머니와 관계한다. '오이디푸스 콤플렉스'는 프로이트의 정신분석학 용어.

담은 허물어지기 시작하고 박살이 나 버렸다. 그래서 신은 물을 가져다 흙을 이겼다. 아담의 몸뚱이에 들어간 물이 이브라 불렸던 것이다. 즉 이브라는 물을 몸뚱이 속에 얻고서야 아담은 비로소 완전한 인간으로 되었던 것이다.

이 이야기는 결혼의 성질을 적어도 상징적으로 나타내고 있는 것이라 생각된다. 여자는 물이고 남자는 흙, 물은 흙 속에 스며들어 형체를 유지한다. 또 흙은 물을 머금고, 물에 자기 물질을 공급하며, 물은 그 속에서 움직이고 살며 물의 물다운 소임을 다한다. 주지의 사실이지만 중국인 사회와 중국인 생활은 가족제도 위에 조직되어 있다. 이 제도가 모든 중국인의 생활 형태를 결정하고, 또 이것에 색조(色調)를 부여하는 것이다.

이와 같은 가족의 이상은 어디서 유래하는 것일까? 이것은 거의 언급되지 않은 문제이다. 그도 그럴 것이 중국인은 당연한 일이라고 생각하고 있으며, 이에 반하여 외부의 연구자는 이 문제에 참견할 자격이 없다고 생각하기 때문이다. 공자는 가족제도를 모든 사회적·정치적 생활의 기본으로 하고, 이에 철학적 기초를 부여한 인물로서 알려져 있는데, 그는 모든 인간관계의 기본으로서 부부관계나 효제(孝悌)의 도나, 조상의 산소에 대한 해마다의 성묘, 조상 숭배, 그리고 가묘(家廟) 제도 등을 크게 고조시켰던 것이다.

중국인의 조상 숭배는 이미 두세 사람에 의해 종교라 불리고 있다. 나도 정말 이 주장은 거의 옳다고 보고 있다. 그중에서 종교적이 아닌 점은 중국의 조상 숭배가 초자연적 요소를 몰아내고, 또는 그것을 몹시 경시하고 있는 점이다. 초자연적인 것에 거의 접촉하지 않고 생각한다면 중국의 조상 숭배는 기독교·불교·마호메트교에서의 신불(神佛) 신앙과 병존할 수가 있다.

조상 숭배 의식은 종교 형식을 취하는데 대체로 모든 신앙이라는 것은 외형적인 상징과 형식을 지녀야 되는 것이므로, 그것은 당연한 일이기도 하며, 이유가 있는 것이기도 하다. 그렇다 치더라도 조상의 이름을 새긴 4, 50센티미터의 네모진 나무 위패에 중국인이 표하는 존경은, 영국의 우표에 왕의 초상이 사용되고 있는 것에 비해 더 종교적이라고도 할 수 없고 종교적이 아니라고도 할 수 없다. 위패나 우표나 다 마찬가지다.

우선 첫째로, 이러한 조상의 영혼은 신이라기보다 오히려 인간으로 생각되고 있으며, 이 세상에서 나이가 들어 아이들에게 시중받고 있었듯이 사후에도 여전히 시중받는 거라고 중국인은 생각하고 있다. 때문에 산사람은 죽은 사람의 영혼에 대해 뭘 달라거나, 병을 고쳐 달라거나 빌지도 않으며, 또 공경하는 자와 공경받는 자 사이에 흔히 있는 그런 은혜라는 것도 없다.

둘째로, 이 공경의 의식은 그저 다만 그럴 만한 날에 가족이 한데 모여서 조상이 생전에 가족에게 해 준 일을 생각하며 기뻐하고, 고인에 대한 경건한 추모에 잠기는 하나의 기회에 불과한 것이다. 기껏해야 고인 생전의 생일 축하 대신쯤 되는 것이지만, 그 정신에는 부모의 생일 축하나 미국의 '어머니 날'과 하등 다를 바가 없다. 가족제도의 이상은 필연적으로 저마다 개인주의 이상과 철두철미하게 대립되는 것이다. 결국 그 누구도 완전한 고립 생활을 할 수는 없다. 그러한 개인이라는 사고방식에는 아무런 진실도 없다. 여기에 한 개인이 있다 치고, 아들도 아니요, 형제도 아니요, 아버지도 아니요, 친구도 아니라면 대관절 무엇이겠는가? 이와 같이 한 개인이라는 존재는 형이상학적인 하나의 추상(抽象)으로 귀착되는 것이다.

그런데 중국인의 머리는 생물적으로 사물을 생각하게 되어 있으므로 아무래도 사람들의 생물적 관계를 제일 먼저 생각한다. 이리하여 가족은 인간 생활의 자연적인 생물 단위가 되어 결혼 그 자체도 하나의 가족 안의 사건이 되는 것이며, 개인적인 사건이 아니다.

내가 전에 출판한 저서《내 나라, 내 국민》속에서 나는 이러한 가족주의의 폐해를 지적했다. 필경 그것은 확대된 이기주의 형태가 되어 국가의 손해를 초래할 수도 있기 때문이다. 그러나 이런 폐해는 인간 사회의 모든 제도에 다 있는 것이며, 중국의 가족제도에 있다고 한다면 서양의 개인주의나 국가주의에도 있을 것이며, 모두가 인간성의 결함에서 오는 것이다. 중국에서는 어떤 때에도 인간은 국가보다 위대하고 중요한 것으로 생각되고 있지만, 가족보다 위대하고 중요한 것으로 생각된 일은 없다. 왜냐하면 가족 없이는 인간은 참된 존재일 수가 없기 때문이다.

서구의 개인주의나 국가주의에 대해 중국에는 가족 관념이라는 것이 있으며, 거기에서 인간은 한 개인으로는 생각되지 않고 가족의 일원으로, 큰 가족 생활의 흐름의 불가결한 일부분으로 생각되는 것이다. 이것이 곧 내가 '유전설(流轉說)'로 주장하고자 했던 것이다.

인류 생활을 전체로서 생각하면 여러 종족으로 이루어진 생명의 흐름이지만, 인간이 직접적으로 무엇을 느끼고 무엇을 보는 것은 가족이라는 생명의 흐름에 있는 것이다. 중국인이나 서구인이 한결같이 공통적으로 유추(類推)해 낸 표현으로 '가족 나무'라는 말이 있는데, 인간의 일생은 모두 이 나무의 한 마디나 한 가지에 불과하며, 그 가지는 나무 줄기에서 번성하고, 가지의 힘으로써 줄기를 더욱 번성하게 하여 영생케 하는 것이다. 그러므로 인생은 아무래도 하나의 발전 또는 계속으로 생각해야 할 것이며, 그러는 동안에 우리는 모두 가족사(家族史) 속의 일역(一役)이나 일절(一節)을 이행하고, 가족 전체에 대한 의무를 이룩하여 자신에게도 가족 생활에도 치욕이나 영광을 가져오게 하는 것이다.

가족 생활에는 매우 심원한 변화나 명암(明暗)이 내포되어 있다. 우리 자신이 유년시절 · 청년시절 · 성년시절, 또 노년시절을 이 가족 속에서 보낸다. 먼저 가족의 돌봄을 받는 데서부터 시작하여, 이어 가족을 돌보고 노경에 들고부터는 또 가족의 신세를 진다. 먼저 가족에게 복종하고 가족을 존경하는 데서 시작하고, 나이를 먹음에 따라 반대로 복종시키고 존경을 받게 된다.

이런 광경 속에 여자가 있으면 특히 맛을 더한다. 몇 대(代)든 끝없이 이어 나가는 이와 같은 가족 생활에 여자는 장식도 노리개도 아니며, 또 본래 아내도 아니다. 그것은 가족이라는 나무의 절대 없어서는 안될 일부분이며, 바로 여자가 있기에 가족 생활의 영속이 있는 것이다. 즉 한 가족에서 각 가지들의 상태는 그 집에 시집온 여자와, 그 신부가 가족의 장래에 끼치는 혈액에 의해 좌우되는 바가 크다. 접붙이는 정원사가 좋은 종자를 선택하려고 주의하듯이 현명한 가장(家長)은 핏줄이 좋은 신부를 고르는 데 꽤나 신중하다.

누구든 상당히 심각하게 느끼고 있는 일이지만 남자의 일생, 특히 그 가정 생활은 아내가 어떠하냐에 좌우되는 것이며, 가족 장래의 모든 소질은 그녀에 의해 결정되는 것이다. 손자의 건강이나 가족으로서의 성장 여하(중국에서는 이 점을 매우 강조한다.)는 전적으로 며느리 자신의 육아법에 의해 좌우되는 것이다.

때문에 일종의 막연한 무형의 우생(優生)제도이며, 유전의 신념에 입각하여 종종 가문이라는 것을 특히 강조하는데, 어떤 경우에도 양친이나 조부모의 눈으로 보아서 신부가 건강하고 아름다우며, 바탕이 좋았으면 하는 기분이 표준으로 되는 것이다.(이 가문이라는 것은 혈통이나 문벌이라는 뜻이다.) 대체적으로 근면하여 일을 잘하고 예의범절이 좋아야만 한다는 고래의 아름다운 전통에 부합하는 바탕을 존중하는 것이다.(서구인이 좋은 문벌에서 며느리를 데려온다는 그런 뜻이다.)

때로는 유감스럽게도 며느리가 예의범절을 모르는 쓸모없는 여자임을 시부모가 알게 된다. 그러면 친정 부모가 잘못 가르친 것을 은근히 원망하는 것이다. 그러므로 딸이 시집가서 수치를 당하지 않도록 가르칠 의무는 친정 부모에게 있는 것이며, 이를테면 딸이 시집가서 요리할 줄도, 새해의 맛있는 푸딩을 만드는 법도 모른다면 곤란하다.

중국의 가족제도에서 볼 수 있는 그런 '유전설'에 따르면 불사영생이라는 것이 눈에 또렷이 보이고 손에 잡히는 듯한 기분이 든다. 작은 가방을 들고 학교에 다니는 손자의 모습을 보는 할아버지는 누구나 정녕 자기가 아이가 되어 이 세상에 다시 살고 있는 것이라고 느낄 것이며, 아이의 손을 잡아 보고 그 볼을 만지고는 자기 자신의 혈육이 거기 있는 거라고 느낄 것이다. 그 생애는 가족 나무의 한 마디가 영원에서 영원으로 흐르는, 가족이라는 큰 생명의 흐름의 일부에 불과하다고 느끼기에, 기꺼이 죽어 갈 수 있는 것이다. 부모들이 살아 있는 동안에 아들이나 딸들이 버젓이 결혼하는 것을 몹시 보고 싶어하는 이유도 여기에 있다. 그것은 자신의 묘 자리를 바라고 훌륭한 관을 고르는 것보다 훨씬 중대한 일인 것이다. 그도 그럴 것이 자기 아들딸이 어떤 처녀나 청년과 결혼하느냐는 것을 살아 있는 눈으로 보지 않고는 아이들이 장래에 어떤 생활을 할 것이냐는 것을 알 수 없기 때문이다. 그리고 만일 며느리나 사위가 매우 흡족한 듯싶으면 아무 미련도 없이 눈을 감고 기쁜 마음으로 저승길로 들어서는 것이다.

이런 인생관을 지님으로써 무슨 일이든 깊이 있는 견해를 갖게 된다. 왜냐하면 인생은 한 개인의 생사와 더불어 살고 죽는 것이 아니라고 생각하기 때문이다. 센터나 하프백이 무너지더라도 축구 경기는 여전히 계속되고 있다. 이렇게 되면 인생의 성패 등은 또 다른 복잡한 양상을 띠게 된다. 중국인의 생활 이상은 조상을 욕되지 않게 살고, 자기에게 욕되지 않는 자식을 두는 데에 있다. 중국의 관리는 관직을 물러날 때 흔히 이런 말을 한다.

자식이 있으니 만사가 족하고,
벼슬을 떠나니 홀가분하다.

우리의 몸에 내리덮치는 최악의 비운은 아마도 '집안의 명예를 유지할' 수도 없고, 집안의 재산조차도 지킬 수 없는 그런 어리석은 자식을 두는 것이리라. 백만장자도 방탕한 자식을 두면 평생 걸려 쌓아 올린 재산이 벌써 탕진된 것이나 진배없다. 자식이 바보짓을 한다면 그것은 절대적인 것이다.

이와 반대로 미래에다 낙을 둔 과부는 다섯 살 난 훌륭한 자식만 있으면 빈곤·굴종, 때로는 박해조차도 몇 해이든 참아 나간다.

중국의 역사나 문학을 훑어보면 온갖 궁핍이나 박해에 견디면서 자기 아들이 자라나 일가를 이룸을 기다리고, 어느 땐가는 위대한 시민으로 출세할 날을 기다리며, 그것을 낙으로 삼고 있는 많은 과부를 볼 수 있다. 많은 남자들보다도 과부들이 현실적인 여성 특유의 감각을 가지고 아이들에게 충분한 품성 교육과 도덕 교육을 하는 데 성공하고 있는 모습을 보며 나는 이따금 생각하게 되는데, 부친이라는 존재는 아이들 교육에 국한하여 말한다면 전혀 불필요한 존재는 아닐까? 과부는 최후에 웃기 때문에 가장 잘 웃는 것이다.

가족 안에 인생을 이런 식으로 배치하는 것은 인간 생활의 온갖 생물적 방면에 생각을 미치게 하는 것이므로, 정말 훌륭한 일이다. 공자가 주로 말하고자 한 것도 결국 이 점이다. 공자도 생각했듯이 위정자의 궁극의 이상은 이상스럽게도 생물적인 것이다.

인(仁)을 이루면,
늙어서는 화평을 즐기고, 젊어서는 정절을 배워,
안에 홀어미가 없고, 밖에 홀아비가 없다.

이것은 공자의 말씀 중에 가끔 나오는 말이긴 하지만, 단순히 그렇다는 것이 아니라 위정자의 최종 목표를 나타내는 말이라고 생각하면 그 뜻은 자못 큰 바가 있다. 이것이 바로 '대경(大慶)', 즉 '본능의 충족' 이라는 의미로 널리 알려져 있는 인본주의적 철학이다.

　공자는 인간의 모든 본능이 먼저 흡족하게 충족될 것을 요구했다. 그래야만 비로소 우리는 만족한 생활 속에 정신적 평화를 누릴 수 있는 것이며, 또 정신적 평화만이 참된 평화이기 때문이다. 그것은 정치를 불필요한 것으로 하고자 하는 일종의 정치 이상이다. 필경 그것은 인간성에 깊이 뿌리박고 흔들리지 않는 평화이기 때문이다.

우아한 노년을 위하여

　내가 보는 바로는 중국의 가족제도는 노인이나 어린이에 대해 특별한 배려를 하고 주로 그에 입각하여 안배되어 있다. 그도 그럴 것이 어린 시절과 노년시절은 인간 생애의 절반을 차지하는 것이므로, 어린이와 노인이 만족한 생활을 보낸다는 것은 중요한 일이라고 생각하기 때문이다. 아이들은 무력하므로 자기 자신을 걱정하는 힘도 적은 게 사실이지만, 한편 또 노인에 비해 물질적인 위안이 없어도 즐겁게 생활해 나갈 수 있다.

　아이들은 물질적 궁핍을 거의 모르는 수도 있다. 그 때문에 가난한 어린이는 부잣집 아이들보다 더 행복하진 않을지라도, 그들 못지않게 행복을 느낄 수는 있다. 맨발로 걷는 일도 있겠지만, 그것에서 재미를 느끼는 것이며 고통스럽다고는 생각지 않는다. 그러나 노인에게는 맨발로 다닌다는 것은 견딜 수 없다. 그것은 아이들에겐 큰 생명력과 젊음의 약동이 있기 때문이다. 이따금 슬플 수도 있겠지만 또 이내 잊어버린다. 노인처럼 돈에 대해 생각하지 않으며, 부자가 되려고 하는 그런 번거로운 것도 생각지 않는다. 부잣집 미망인은 채권을 사서 모으지만 아이들은 기껏해야 장난감 총을 사기 위해 담뱃갑에 있는 경품 딱지를 모으는 정도인 것이다. 이 두 가지의 수집 재미를 비교할 수는 없다.

왜냐하면 아이들은 어른들처럼 아직 세상의 두려움이라는 것을 모르기 때문이다. 자기 습관도 아직 일정치 않고 특정한 상표의 커피만을 마시는 것도 아니며, 있는 것이면 무엇이든지 손을 내민다. 인종 편견도 극히 적고, 종교적 편견 따위는 전혀 없다. 그 사상이나 관념이 어떤 전철에 빠져든 일도 없다. 이렇게 생각하면 청소년에 비해 노인은 두려움에 관한 관념도 뚜렷해져 있고 기호도 굳어져 있으므로, 더욱 가족의 보살핌을 받아야만 한다.

노인에 대한 이와 같은 다정함은 중국인의 원시 감정 속에 이미 약간 존재하고 있다. 이 기분을 서구인 속에서 구한다면, 단순히 기사도 정신이든가 부인에 대한 상냥한 기분 정도일 것이다. 그러나 옛날의 중국인에게 기사도가 있었다고 한다면, 부인이나 아이들에 대해 발휘되는 것이 아니라 노인에 대해 표해졌을 것이다. 이 기사도적인 기분은 맹자의 다음과 같은 말 중에 명료하게 나타나 있다.

이것을 지키는 데 효제(孝悌)의 의(義)로써 하면, 머리가 허연 사람이 길에서 짐을 지지 않는다.

이 말은 선정(善政)의 궁극 목적으로서 표현되어 있다. 맹자는 또 세상에서 가장 힘 없는 네 가지 부류의 사람들에 대하여 말하고 있다. 즉 '환(鰥)·과(寡)·고(孤)·독(獨)'이 그것이다. 이 네 가지 중의 처음 두 가지는 세상에 미혼 남녀를 없애려는 정책에 의해 구제받아야 될 것이다.

고아를 어떻게 해야 좋으냐는 것에 대하여는 내가 아는 범위로는 맹자는 아무 말도 하지 않았다. 그러나 예로부터 고아원이라는 것은 양로원과 함께 언제나 있었던 것이다. 그렇지만 고아원과 양로원은 가정의 가련한 대용물이라는 것은 누구나 알고 있다. 가정만이 노인과 어린이에 대해 충분히 보호하고 돌볼 수가 있을 것으로 생각된다. 그러나 어린이의 경우는 별로 돌볼 것까지도 없다고 해도 좋을 것이다. 대개 자연으로부터 주어진 부모의 사랑이라는 것이 있기 때문이다.

그런데 "물은 낮은 데로 흐르지, 높은 데로 흐르지 않는다."고 중국인이 늘 말하듯이 양친이나 조부모에 대한 애정만은 다소 수양에 의해 습득해야만 하는 것이다. 사람의 본성은 아이들을 사랑하지만, 사람의 교양은 그 부모를 사랑한다. 이리하여 노인에 대한 사랑과 존경의 가르침은 드디어 만인이 받아들이는 교리가 된 것이다. 그리고 몇 사람의 주장을 믿는다면, 노령의 양친을 섬기는 자격을 갖고자 원하는 마음은 마침내 일반 사회의 대단한 요망이 된 것이다.

중국 인사에게 최대의 유감은 임종시의 양친에게 약초나 육즙을 바쳐 마지막 효양(孝養)을 다할 기회를 영구히 잃는 것, 또는 부모의 임종을 지켜보지 못하는 것이다. 5,60세의 고관 인사가 양친을 고향에서 모셔 오게 하여 도읍지에서 가족들과 한집에 모시고 '밤마다 자리에 듦을 보살피고 아침마다 문안 드리는' 효도를 못한다면 돌이켜보아 수치스러운 마음의 죄를 저지르는 것이며, 친구나 동료에 대해 항시 변명하고 설명해야만 되는 것이다. 이 서운한 심정은 고향에 돌아갔으면서도 너무 늦어 부모의 임종을 지켜보지 못한 사람의 마음을 읊은 두 줄의 감회에 잘 나타나 있다.

나무가 고요하고자 하나 바람이 멎지 않고,
자식이 공양하고자 하나 부모가 안 기다린다.

사람이 만일 이 세상을 한 편의 시(詩)로 생각한다면 그 생애의 황혼녘을 가장 행복한 때라고 생각할 수도 있을 것이다. 죽음을 지나치게 두려워하여 오래 살려고 하는 일도 없고, 오히려 자진하여 노경이 오는 것을 기다려 생애 가운데 가장 좋고 가장 즐거운 시절을 조용히 만들어 낼 수가 있을 것이다. 우리는 그렇게 생각하고 싶다.

동양인의 생활과 서구인의 생활을 여러모로 애써서 비교 대조는 하지만, 노령에 대한 동양인의 사고방식을 빼면 절대적인 차이는 인정되지 않는다. 이 차이는 엄격하고 분명히 구별되어 중간적인 것이 끼어들 여지가 없다.

섹스·여자·일·놀이, 그리고 성공 등에 대한 동양인의 태도가 서양인의 태도와 다른 것은 모두 비교상의 일이다. 중국인의 부부관계도 본질적으로는 서구인의 그것과 다를 바 없고, 부모와 자식의 관계조차 그러하다. 개인적 자유나 민주주의 사상, 혹은 국민과 지배자의 관계조차도 결국 그다지 차이가 있는 것은 아니다. 그러나 연령에 대한 중국인의 태도에 이르러서는 서구인과 절대적으로 다르다. 이 점에 관하여는 동서(東西)는 정반대의 사고 방식을 가지고 있는 것이다.

남의 나이를 묻고 자기 나이를 말할 때의 모양을 보면 이 점이 아주 또렷하게 나타나고 있다. 중국에서는 공무(公務)로 사람을 호출하면 그 성명을 묻고 나서, 다음으로 묻는 것은 "연세는?" 하는 말이다. 그때 상대방이 "23세입니다."라거나 "28세입니다."라고 하여 어딘지 말하기가 거북한 듯이 대답을 하면 물어본 사람은 대개 상대방을 위로하여 "아직도 장래가 창창하군요. 언젠가는 노인이 되실 텐데요, 뭐." 운운한다. 또 만일 35세라거나 38세라고 대답한다면 깊은 존경을 가지고, "기쁘시겠습니다." 하고 서슴없이 말한다. 고령이라고 하면 할수록 묻는 사람은 진지해진다. 그리고 오십몇 세라고 할라치면 물어본 쪽은 급히 목소리를 낮추고 은근히 존경하는 태도를 취한다. 나이 든 사람들이 될 수 있으면 중국에 가서 살기를 원하는 것은 이 때문이며, 중국에서는 머리가 허연 거지조차 각별한 친절을 받는 것이다.

중년층들은 오십 세의 생일 축하를 할 수 있는 날을 정말 기다리고 있다. 출세한 상인이나 관리의 경우는 불혹(不惑·사십 세)의 생일까지 호화판으로 축하하는 것이다. 그러나 보통은 오십 세의 생일, 다시 말해서 인생의 반 세기 점은 모든 계급의 사람들을 기쁘게 한다. 이순(耳順·육십 세)의 해는 오십 세보다 행복하고 위대한 나이이다. 고희(古稀·칠십 세)의 해는 이보다 더욱 나으며, 미수(米壽·88세)의 생일을 축하받을 수 있는 사람은 사실 하늘에서 특별한 은총을 받은 사람으로서 우러름을 받는다.

흰 수염을 기르는 것은 할아버지가 된 사람의 특권이다. 할아버지가 된다거나 오십을 넘는다거나 하는 필요한 자격도 없이 흰 수염을 기르면 뒷손가락질을 당할 우려가 있다. 그 결과 젊은이들이 노티나 위엄이나 견식을 흉내내어 자기 나이보다 늙어 보이고 싶어하게도 되는 것이다. 나는 두셋의 젊은 중국 문인을 알고 있는데, 그들은 중학교를 갓 나와 아무리 보아도 21세에서 25세 사이의 청년인데도 "청년은 무엇을 읽을 것인가, 또 무엇을 읽지 말아야 할 것인가." 운운하는 가르침을 잡지에 기고하고, 아버지다운 친절로 청년이 빠져드는 유혹을 이야기하고 있다.

중국인 일반이 이렇게 노령을 존중한다는 것을 이해하면, 그들이 일찍 나이를 먹고 싶어하고 언제든지 젊지 않게 보이기를 바라는 기분을 알 수 있을 것이다. 우선 첫째로, 이야기를 하는 것은 노인의 특권이다. 젊은이는 그동안 노인의 이야기를 잠자코 듣고만 있어야 한다. 중국 속담에도 있듯이 "젊은이에게는 귀는 있지만 입이 없다."

삼십 세의 사람이 말할 때는 이십 세의 사람은 듣는 편이 되어야 하지만, 그 삼십 세의 사람도 사십 세의 사람이 이야기하고 있을 때는 잠자코 듣고만 있어야 되게 마련이다. 누구든지 이야기를 하여 사람이 들어주는 것을 바라는 바이므로, 나이가 들면 들수록 어디를 가든 이야기를 들려줄 기회가 많아지는 것은 분명하다. 그것은 편파적이 아닌 인생의 게임이다. 왜냐하면 누구든지 언젠가는 나이를 먹을 기회가 있기 때문이다.

이 때문에 아버지가 그 아들에게 뭔가 설교를 하고 있을 때라도 할머니가 입을 열면 얼른 자기 이야기를 그치고 자세를 고쳐야만 한다. 물론 이때 아버지는 할머니의 입장을 부럽게 여길 것이다. 그러나 사실 그래도 좋은 것이다. "네가 건너온 길보다도 나는 더 많은 다리를 건너왔다." 하고 노인이기에 말할 수 있는 것을 무슨 권리로 젊은이가 입을 열 수 있겠는가. 사람에 대해 이야기할 권리가 젊은이에게 얼마만큼이나 있단 말인가?

미혼의 처녀나 중년 부인이 나이를 말하기를 꺼리는 일은 흔히 있다. 왜냐하면 젊음을 존중하는 생각은 아주 자연스러운 일이기 때문이다. 중국의 처녀라도 22세나 되어 아직 결혼도 못하고 약혼도 하지 않게 되면, 나이에 대해서 다소 두려워지는 것이다. 세월은 사정없이 지나간다. 독일인은 '무서운 폐문 시각'이라고 표현하는데, 그 말에는 무언가 뒤에 처졌다는 불안한 기분이 있다. 밤 늦게 문이 닫힌 뒤에 공원 안에 처졌을 때의 불안한 기분이다. 그러므로 여자의 일생을 통해 제일 긴 해는 29세라고 사람들은 말한다. 29세의 해는 3년도 4년도, 그리고 5년도 계속된다.

그러나 이런 것을 떠나서 남에게 나이를 알리는 것을 두려워하는 것은 쓸데없는 짓이다. 연장자(年長者)라는 믿음을 주지 않고서 어찌 현명한 자라고 여겨질 수가 있겠는가. 또 나이가 아직 젊고서야 인생이나 결혼이나 또는 세상의 모든 참된 가치에 대해 어찌 진짜 지식이 얻어지겠는가?

서구인 생활의 모든 방식이 젊음을 존중하고, 따라서 남녀로 하여금 연령을 말하기를 꺼리게 하는 것은 수긍이 간다. 능률적이며 활동적인, 흠잡을 여지가 없는 45세의 여비서도 나이를 알게 되면 순식간에 시시하게 생각되고 만다. 그래서 별난 이론이 있는 것이다. 자기 직업을 잃지 않기 위해 나이를 숨기고 싶어하다니 얼마나 이상한 일이냐? 이래 가지고는 인생 그 자체도, 젊음의 존귀함도 시시한 것이 되어 버린다. 내 생각으로는 절대로 무의미한 짓이다.

이렇게 되는 것은 의심할 여지도 없이 직장 생활의 결과이다. 부인도 나이가 많아지면 사무실에 있는 것보다 가정에 있는 편이 좀더 존경받는다는 것을 나는 믿어 의심치 않는다. 그러나 미국인이 일이나 능률이나 공명 따위에 별로 사로잡히지 않게 될 때까지는 구제할 길은 없다고 생각한다. 미국의 아버지들이 인생의 이상적인 거처를 사무실보다도 가정에서 구하고, 중국의 아버지들을 본받아 자기에게는 이제 자기 몸을 대신할 훌륭한 아들이 있으니 자랑스럽게 봉양받을 수 있노라고, 아주 편안한 기분으로 뭇사람에게 공언할 수 있게 될 때야말로 즐거운 오후를 애타게 기다리며, 오십이 되는 것을 손꼽아 기다릴 수 있지 않을까.

나이 많고 건강한 미국 노인들이 '난 젊다' 고 남들에게 말하고, 남들에게 '젊으십니다' 는 말을 들을 때의 그 참뜻은 건강하다는 의미인 것이며, 이것은 아무래도 언어학적인 고충인 듯싶다. 늙어서 건강을 즐기는 것, 다시 말해서 '노익장(老益壯)' 하다는 것은 인생 최대의 행복이다. 그러나 '건강하고 젊다' 는 식으로 말하게 되면 신비한 매력이 없어지고, 나아가서는 어법(語法)이 불완전할 뿐인데도 노경 그 자체까지 불완전한 듯한 결과가 되어 버린다.

결국 이 세상을 두루 보고, '홍안백발(紅顔白髮)' 이 되어 덧없는 세상의 산전수전을 다 겪은 사람답게, 부드러운 음성으로 인생에 대해 말하는 건강하고 지혜로운 노인만큼 훌륭한 것은 없다. 중국인은 이걸 잘 알고 있다. 때문에 언제나 노인의 그림을 그리면 지상의 궁극적 행복의 상징으로서 '홍안백발' 의 노인을 그리는 것이다.

미국인 중에는 틀림없이 저 중국의 복록수신(福祿壽神)의 그림을 본 사람이 많이 있을 것이다. 이마가 길고 얼굴빛이 좋으며, 흰 수염을 기른 분이 활짝 웃고 계시는 이 그림은 정말 생동감이 있다. 가슴 언저리까지 늘어진 흰 수염을 만지작거리고, 평화롭고 만족한 표정으로 그것을 쓰다듬고 있다. 존경을 한 몸에 받고 있으므로 품격이 갖추어지고, 그 누구도 그 지위를 의심치 않으므로 유연자약하며 중생의 눈물을 알기에 자애에 넘치고 있다. 늙어서 활동력이 왕성한 사람들에게 우리는 '노익장' 이라는 찬사를 바친다.

미국 풍경에는 훌륭한 흰 수염의 노옹(老翁)은 거의 눈에 띄지 않는다.

있다는 건 알고 있지만 약속이라도 한 것처럼 전혀 내 앞에 모습을 나타내지 않는다. 딱 한번 뉴저지에서 '우선 이만하면 머리를 숙이고 싶을 정도다.'라는 마음이 드는 흰 수염의 노인네를 본 적이 있다. 이런 상태로 되어 버린 건 아마도 안전 면도기 탓인지도 모른다. 중국의 산들이 무심한 백성들 손으로 완전히 대머리가 되어 버린 것처럼 한심스럽고 무심한 처사다. 중국의 백성들은 북중국의 아름답던 산림을 벌거숭이로 만들어 버렸고, 미국 노인의 턱처럼 보기 흉한 민둥산으로 만들어 버렸다.

미국인이 여기서 예지의 눈을 뜨고 다투어 산림 복고 계획에 참가한다면, 미국에는 아직도 개척할 만한 보고(寶庫)가 있다. 볼만하고 들을 만한 아름다움과 지혜의 보고가 있다. 노대(老大)한 염옹(髥翁)이 없어졌고, 저 염소수염의 앵글로 색슨도 이미 없다. 누구나 모두 안전 면도기로 흰 수염을 밀어 버리고, 우아한 수염을 드리우는 일을 그만두고 민둥한 턱을 쓰다듬고 로이드 안경 속에서 날카로운 눈을 번득이면서 하찮은 애송이 같은 표정을 하고 있다. 저 흰 수염의 노대인에 비해 얼마나 딱한 꼬락서니냐. 미국 노인은 아직도 다망하고 활동적인 생활을 하고 싶어하는데, 그것은 쓸데없이 강력해진 개인주의에서 유래하는 것이다. 이 점은 의심할 여지가 없다. 그것은 그들의 긍지이고 독립 애호심이며, 아이들의 신세를 지는 것을 수치로 여기는 태도이다.

그렇지만 생각하건대 미국인은 그 헌법 속에서 많은 인권에 대해 규정했지만, 기묘하게도 자식들에게 부양된다는 권리를 잊고 있었다. 그것은 효도와 봉양에서 오는 권리 의무인 것이다. 젊었을 때는 꽤나 자식들 때문에 수고하고, 자식들이 앓을 때는 몇 밤이고 뜬눈으로 간호하고, 말도 채 못할 때부터 기저귀를 빨고, 1세기의 4분의 1이나 걸려서 자식들을 길러 훌륭하게 살아갈 수 있도록 가르친 세상 어버이들이, 늙어서 자식들에게 부양받고 사랑받으며 또 존경받을 권리가 있음을 그 누가 부정할 수 있겠는가.

도대체 우리는 한 개인으로서 자기나 자기의 자랑을 가정 생활이라는 기획 전체 속에 잊어버릴 수가 없는 것일까? 생각하면 그런 가정 속에서, 어릴 때는 훌륭하게 양친에게 양육되고, 다음에는 차례로 내 자식을 훌륭하게 양육하며, 이번에는 또 그 아이들에게 신세를 진다는 식으로 되어 있는 것이다. 온 인생관이 가정 안의 상호부조에 입각해 있으므로, 중국인에게는 개개인의 독립이라는 뜻을 이해 못한다. 그러므로 인생의 종말기에 아이들의 섬김을 받으며 산다는 것은 하등의 수치도 아닌 것이다. 오히려 부모를 섬길 수 있는 자식들을 갖는 것은 행복이라 생각되고 있는 것이다. 중국인의 생활은 이 한 점을 제외하면 없다.

　늙은 부모에 대한 효양을 중국인들이 늘 생각하는 것은 보은(報恩)의 일념 때문이다. 친구로부터의 빚은 정해진 액수가 있지만, 부모로부터의 은혜의 빚은 크고 강하여 무한하다. 효(孝)라는 것에 대해 중국인이 쓴 것을 보면 기저귀를 뺀다는 말이 거듭거듭 나온다. 이것은 우리 자신이 부모가 되었을 때 몸에 스미는 말이다. 그러므로 부모가 노경에 들었을 때, 거꾸로 자식들의 시중을 받아 맛있는 것을 먹고, 잘 차린 식탁을 받는다는 것은 당연한 일이 아닌가.

　효양의 의무를 다하기란 매우 어려운 일이긴 하다. 그렇지만 부모를 섬기는 것을 호텔의 손님을 돌보는 것과 비교하거나 하는 것은 신성을 모독하는 짓이다. 일례를 들어 말하면 다음에 예로 든 문장은 자식이 가정에서 부모에 대해 해야만 되는 의무에 대해 말한 것으로, 도석석(屠錫石)에 의해 정해진 것이며, 옛날의 학교 교과서로서 대단히 유명한 어느 수신서(修身書)에 실려 있는 것이다.

　여름에 부모를 섬기는 데는 옆에 서서 부채로 더위나 파리·모기를 쫓아야만 합니다. 겨울에는 따뜻한 침상을 마련하고, 난로를 덥히고, 언제나 난롯가에서 주의하여 화력 조절하는 것을 잊어서는 안됩니다. 문이나 창에 구멍이나 틈이 없는가? 거기서 바람이 새어 들지나 않는가를 잘 살피고 양친의 만족과 기쁨을 위주로 행해야만 합니다. 열 살이 지나면 양친보다 일찍 일어나 세수한 다음, 양친의 침소에 들어가 "안녕히 주무셨습니까?" 하고 문안드리십시오. 만일 양친께서 벌써 일어나셨으면, 먼저 아침 인사를 하고 "기분은 어떠십니까?" 하고 문안드린 다음, 다시 한번 절하고 방을 나오십시오. 밤에 모두가 잘 때는 양친의 잠자리를 보살피고, 양친께서 깊이 잠들 때까지 침상 곁을 떠나지 말고 잠드신 것을 확인하고 나서 머리맡의 커튼을 내리고, 그리고 나서 물러나오십시오.

이런 형편이고 보면, 중국인의 노인이 노부나 조부가 되고 싶어하지 않을 사람이 어디 있겠는가?

중국의 프롤레타리아 주장자들은 이러한 것을 '봉건적'이라 하여 몹시 비웃지만, 그러나 거기에는 중국의 노신사들에게 집착을 느끼게 하고, 오늘날 중국은 이미 못쓰게 되었다고 한탄하기에 족한 매력이 있는 것이다.

희망대로 오래 살면 언젠가는 누구든 나이를 먹는다. 이것이 중요한 점이다. 사람이 추상 세계에서 살아갈 수 있다고 생각하고, 문자 그대로 독립해서 살아갈 수 있는 듯이 생각하는 쓸데없는 개인주의를 없애 버린다면, '인생의 황금시절은 늙어가는 장래에 있고, 아무것도 모르던 지나간 젊은시절에 있지 않다.'는 견지로 되돌아가서 인생의 계획을 세워야만 된다는 걸 인정해야 한다. 만일 그 반대의 태도를 취한다면 시간이라고 하는 무자비한 코스 위에서 참혹한 경주를 하고 있는 셈이며,(그러나 그것을 의식하지도 못한 채) 언제나 자기들보다 앞쪽에 있는 자의 환영에 위협당하고, 물론 승산도 없고 결국은 모두 지고 마는 것이 된다.

누구도 몸이 늙어가는 것을 실제로 저지할 수는 없다. 인간이 늙어가는 존재임을 인정하지 않으면 자기를 속일 따름인 것이다. 자연에 대해 아무것도 반항할 필요는 없으므로, 우아하게 나이를 먹어가는 편이 낫다. 인생의 교향악은 고요함과 편안함, 안락, 정신적 만족의 위대한 피날레로 끝나야 될 것이며, 망가진 북이나 찌그러진 심벌 소리로 끝나서는 안된다.

제9장
생활의 즐거움

누워 있는 즐거움

아무래도 나는 가두(街頭) 철학자가 될 운명을 지닌 모양인데, 그래도 할 수 없다. 철학이라는 것이 일반적으로 단순한 사항을 까다롭게 하는 학문처럼 생각되고 있는데, 내게는 난해한 사항을 단순화하는 학문이 철학이라고 생각한다. '유물론'이니, '인도주의'니, '선험론(先驗論)'이니, '다원론(多元論)'이니, 그밖의 갖가지 기다란 명칭이나 '이즘'이 있는데, 이름이야 야단스러울지언정 어떤 것도 나 자신의 철학보다 심원한 것으로는 생각되지 않는다. 나는 감히 그렇게 주장한다.

인생이라는 것은 궁극적으로는 먹고, 자고, 친구들과 만나고 헤어지고, 친목회나 송별연을 열고, 눈물을 흘리고, 웃고, 2주일에 한 번 이발하고, 화분의 화초에 물을 주고, 이웃 사람이 지붕에서 떨어지는 걸 바라보고, 그러저러한 일로 살아가는 것인데, 그러한 단순한 인생 현상에 관한 우리의 생각을 일종의 학구적인 실없는 소리로 꾸며대는 것은, 대학교수들이 자신의 의식 내용의 극도의 빈곤 내지 극도의 공허함을 숨기기 위한 술수에 불과한 것이다. 그 때문에 철학은 공부하면 할수록 더욱더 인간 자신에 대한 것을 난해하게 하는 학문이 되고 말았다. 철학자가 철학에 대해 이야기하면 할수록 우리는 더욱 알 수 없게 되어 버린다. 이것이 철학자의 업적이다.

내가 생각하건대, 세계에서 가장 중요한 과학적·철학적 발견의 9할까지는 사실 과학자나 철학자가 심야 두 시, 혹은 새벽 여섯 시경에 침대 속에서 웅크리고 자고 있을 때에 이루어진 것이다. 그런데도 '와상술(臥床術)'의 중요함을 의식하고 있는 사람이 너무도 적다는 것은 놀라운 일이다.

세상에는 대낮에 자는 이도 있으려니와 밤에 자는 사람도 있을 것이나. 여기서 말하는 '잔다'는 말은 육체적으로 자는 것과 정신적으로 자는 것을 동시에 의미한다. 양자는 가끔 일치하기 때문이다. 나는 침대에서 자는 것을 인생 최대의 즐거움의 하나라고 믿는데, 이 생각에 찬동하는 사람들은 정직한 사람이다. 이와 반대로 침대에서 자는 것을 예찬하지 않는 사람들은 거짓말쟁이며, 사실은 대낮에 정신적으로도 육체적으로도 자고 있는 패거리다. 낮에 자는 무리들은 도학자(道學者)이며, 이솝 이야기의 독자다. 그러나 의식적으로 와상술을 닦으라는 내 주장을 솔직히 승인하는 사람은 교훈 등이 내포되지 않은《이상한 나라의 앨리스》와 같은 이야기를 즐겨 읽는 정직한 사람이다.

그런데 침대에서 자는 것의 육체적·정신적 의의는 어디 있는가. 육체적으로 말하면 잠자리에 들어가 휴식과 안정과 명상에 가장 적합한 자세를 취한다는 것으로, 외계로부터 동떨어져 완전히 자기 한 사람으로 되는 것이다.

침상에서 자는 데는 바르고 호사스럽게 자는 법이 있다. 위대한 인생 예술가 공자는 자리에 눕는데 "잠잘 때 시체 같지 않도록 하라."*고 말했다. 즉 시체처럼 반드시 몸을 뻗고 위를 향해 눕지 말고 항상 좌우 한쪽을 밑으로 가게 하여 모로 웅크리고 자라는 것이다. 나는 인생 최대의 즐거움

---

* 《논어》 향당(鄕黨) 제10.

의 하나는 잠자리 속에서 다리를 오므리고 자는 것이라고 믿고 있다.

최대한의 심미적인 즐거움을 만끽하고 정신력을 활동시키고 싶다면 팔의 위치도 매우 중요하다. 가장 이상적인 자세는 자리 위에 평평하게 뻗고 자는 법이 아니라 한쪽 팔이나 양팔을 머리 위로 돌리고, 커다란 부드러운 베개에 머리를 30도 각도로 받쳐 두는 자세라고 믿는다. 이 자세라면 시인은 모두 불후의 걸작을 쓰고, 철학자는 인간의 사상을 혁명하며, 과학자는 획기적 발견을 할 수 있다. 혼자 지내는 것과 명상의 가치를 알고 있는 사람이 너무도 적은 것은 놀랍다. 와상술은 긴장된 하루의 활동 뒤에 오는 단순한 육체적 휴식 이상의 것이다. 와상술이란 낮에 만난 사람들, 방문한 사람들, 턱없는 농담을 지껄여대고 싶어하는 친구들, 남의 행동을 바로잡아 천국행의 보증인이 되어 주려고 성가시게 구는 교회의 형제 자매들, 그런 사람들 덕분에 완전히 녹초가 된 뒤에 취하는 완전한 휴식 이상의 것이다.

잠자리에서 자는 것이 육체적 휴식이며 완전한 휴식임은 물론 인정하지만, 그 이상의 것이 있다. 와상술을 알맞게 체득하면 마음의 대청소를 할 수 있다. 아침 일찍부터 오후까지 바쁘게 뛰어다니고 세 개의 탁상 전화가 빈번히 울려대는 걸 자랑으로 여기는 많은 사업가들이 심야 한 시도 좋고 또 아침 일곱 시가 되어도 좋으니, 한 시간만 잠 깨어 이불 속에서 홀로 생각하는 시간을 갖는다면 재산을 갑절로 불릴 수 있을 텐데 이걸 알아채지 못한다.

아침 여덟 시까지 이불 속에 있다고 해서 대수로울 건 없지 않은가. 고급 통에 든 담배를 베개 밑 테이블에 미리 준비해 두고, 유유히 침대에서 일어나 이를 닦기 전에 그날의 문제를 다 처리해 버릴 수 있다면 그편이 얼마나 좋은지 모른다. 지긋지긋한 털내의나, 성가신 혁대나 바지 끈이나, 숨이 막힐 듯한 칼라나, 묵직한 가죽구두 따위도 없고, 발가락은 시원스레 해방되고, 낮에는 있을 리가 없는 자유를 누리는 아침, 잠옷 하나로 편히 침대 위에서 뻗고 웅크리고 하고 있을 때야말로 참으로 사업적 두뇌로 사고할 수가 있는 것이다. 발가락이 해방되어 있을 때만이 두뇌는 해방되고, 두뇌가 해방되어 있을 때만이 참된 사고가 가능하기 때문이다. 그와 같은 편한 상태로 몸을 두면 어제의 성과와 과오에 대해 숙고하고, 오늘 이제부터의 예정 속에서 중요한 일과 시시한 일을 판별할 수 있는 것이다.

규칙대로 아홉 시 정각에, 혹은 아홉 시 십오 분 전에 사무실에 나가 노예의 주인처럼 사원(社員)들을 휘둘러보고, 그리고 나서 중국인의 이른바 '악착꾸러기' 답게 헛된 일에 괴로움을 무릅쓰고 열중하는 것보다, 자기에 대해 완전히 파악하고 나서 열 시쯤 사무실에 얼굴을 내미는 편이 낫다.

잠자리에서 한 시간 조용히 있는다는 것은 사색가 · 발명가 · 사상가에게는 한층 뚜렷한 효과가 있다. 저작가는 아침부터 밤까지 책상을 대하고 애써서 무얼 생각하는 것보다 이런 자세를 취하고 있을 때가 논문이나 소설의 착상을 풍부히 포착할 수가 있다. 왜냐하면 그런 때야말로 전화나 선의의 방문객, 일상생활의 자질구레한 번잡에서 풀려나, 이른바 유리나 바이드로를 끼운 스크린을 통하여 인생을 바라보고, 현실 세계의 주위는 시적 환상의 햇무리에 싸여 황홀한 아름다움을 나타내기 때문이다. 그때 그의 눈에 비치는 것은 있는 그대로의 인생이 아니다. 그것은 예운림(倪雲林)이나 미불(米芾)의 명화처럼 현실을 초월한 참된 화상(畵像)으로 홀연히 바뀌어 버린다.

그럼 잠자리 속에서는 어떤 일이 일어나는가? 우선 근육이 쉬고 혈액 순환은 더욱 원활하게 규칙적이 되며, 호흡은 한층 안정되고 시신경 · 청신경 · 혈관신경은 모두 충분히 쉬게 되어, 많든 적든 완전한 육체적 평정이 얻어진다. 그 때문에 이념에 대해서도 정신적 집중이 한층 명확한 것으로 되어 온다. 이를테면 후각이니 청각이니 하는 오관(五官)의 감각은 잠자리에 들어 있을 때가 제일 예민하다. 좋은 음악은 모두 누워서 듣는 게 제일이다. 이립옹(李笠翁)은 〈양류(楊柳)〉라는 제목의 한 문장에서, 모름지기 자리에 누워서 아침의 새소리를 들으라고 했다. 꼭두새벽에 잠을 깨어 아름다운 새소리의 가락에 귀를 기울여 보라. 얼마나 아름다운 미의 세계가 우리를 기다리고 있는 것이냐?

의자에 앉는 즐거움

나라는 인간은 맥없이 의자에 앉아 있는 것으로 평판이 나 있으므로 의자에 앉는 철학에 대해 써 보고 싶다. 친구나 지기 중에도 맥없는 자들이 꽤 있는데도 웬일인지 적어도 중국 문단에서는 나만이 특히 평판이 나 있다. 굳이 말하거니와 나만이 현대 사회의 유일한 맥없는 자가 아니다. 내 평판은 꽤나 과장되어 있다.

왜 그런 평판이 났는고 하면, 내가 일찍이 〈논어〉라는 잡지를 발행하고 있을 때, 그 속에서 끽연이 해롭다는 세론을 타파하기 위해 크게 분투한 적이 있었다. 잡지에 담배 광고를 실은 건 아니지만 나는 니코틴 여사의 덕을 칭송하는 논문을 잇달아 써댔다. 그리하여 어느 사이에 맥없이 소파에 자빠져서 잎담배나 피우는 것 이외에는 하루 종일 아무것도 하지 않는 게으름뱅이라는 항설(巷說)이 발생했다. 나는 그 항설을 부인하고, 나야말로 중국에서 가장 근면한 사람 중에 한 사람이라고 대항했지만, 소문은 더욱 퍼져서 내가 가증스러운 유한(有閑) 인텔리 계급에 속한 증거라고 언제까지나 비난을 듣게 되었다. 그리고 나서 2년 뒤에 오로지 부드러운 투의 논문만을 싣는 다른 잡지를 창간하고부터 사태는 더욱 악화되었다.

대체로 중국인이 쓰는 논설이 어렵고 딱딱하며, 위선적이고 거드름스러운 것은, 열두세 살의 아이들에게 '구국(救國)'이니 '견인불발의 정신'이니 하는 제목으로 작문을 쓰게 한 30년대의 작문 교수법의 결과이지만, 그런 문제에 몹시 싫증을 느낀 나는, 좀더 친밀감이 있는 문장을 보급시킨다면 중국어 산문을 유학자풍의 거북스러운 상투어에서 해방시키는 데 도움이 되리라고 생각했었다. 그런데 나는 무심코 이 '친밀감이 있는 문체'라는 말을 '유한적(有閑的) 문체'라는 뜻의 중국어로 표현하고 말았다. 그것 보라는 듯이 공산주의 진영에서 일시에 공격의 불길이 올랐다. 그리고 이 제는 중국의 모든 유한 문필가 중에 가장 유한적인 인간이라는 움직일 수 없는 평판을 듣게 되었고, '우리가 이 국민적 굴욕 시대에 살고 있는 때에 즈음하여' 언어도단의 행위를 하는 놈이 되어 버리고 말았다.

과연 나는 친구의 응접실에서 맥없이 의자에 늘어져 있다는 것은 인정한다. 그러나 다른 사람들도 똑같은 짓을 하고 있다. 도대체가 팔걸이 의자라는 것은 느긋하게 앉는 일 말고 무슨 쓸모가 있단 말인가?

20세기의 신사 숙녀분들이 언제 어디서든 절대로 위엄을 지니고 단정히 앉아 있어야 하는 거라면, 현대적 응접실에 팔걸이 의자 따위는 단연코 갖출 게 못된다. 모두가 딱딱한 나무 의자에 앉고, 대부분의 부인네는 바닥 위 30센티미터쯤 되는 곳에 다리를 드리우고 앉으면 되는 것이다.

풍속 · 건축 · 실내장식 사이에는 상상 이상의 밀접한 관계가 있다. 헉슬리도 말했지만, 서양 부인은 자기의 나체를 보는 것을 두려워하여 별로 목욕을 하지 않았다. 이 도덕 관념의 결과 현대식 백색 에나멜 철제 목욕통의 출현이 몇 세기 늦어졌다. 옛날의 중국 가구 설계에 인간의 위안과 안락에 대한 생각이 거의 배려되어 있지 않은 이유는 당시의 생활을 규정했던 유교적 분위기를 인식해야만 비로소 이해할 수 있다.

자단제(紫檀製) 중국 의자는 인간이 단정히 앉도록 설계된 것이다. 왜냐하면 단정히 앉는 것만이 사회적으로 인정된 유일한 모습이었기 때문이다. 중국의 황제들마저 엄숙한 몸차림을 하고 단정히 보좌에 앉아야만 했다. 나라면 5분 이상은 도저히 못견딜 성싶다. 그 점에서는 영국 황제들도 예외 없이 불편을 느껴 왔다. 클레오파트라는 눕는 의자를 노예에게 메게 하여 기대고 쏘다녔지만, 공자의 이름 따위는 듣지도 못했기에 가능했을 것이다. 만일 공자가 그런 꼬락서니를 봤다면, 뛰어난 제자의 한 사람인 원양(原壤)이 자세를 흐트리고 있음을 보았을 때처럼 십중팔구 '회초리를 들어 그 정강이를 쳤을' 것이다.

우리가 생활해 온 유교적 사회에서 신사 숙녀는 적어도 공식석상에서 철두철미하게 위엄을 갖추고 있어야만 했다. 조금이라도 다리를 내뻗거나 하는 거동을 하는 날이면 당장 천인(賤人) 취급을 당하고, 교양이 없는 탓이라고 지목당했다. 사실 웃어른을 뵈올 경우 등에는 최상의 경의를 표하기 위해 의자 앞쪽 끝에 조심스레 비스듬히 앉아야만 했다. 그것이 존경의 표시라 하고 교양의 높이를 나타내는 것이라 했다. 유교의 전통과 중국 건축의 부자유스러움 사이에도 밀접한 관계가 있지만, 여기서 그 문제는 언급하지 않기로 하겠다.

18세기 말엽에서 19세기 초엽에 걸친 낭만주의 운동 덕택에 이 고전적 예법의 전통은 타파되어, 인간이 손발을 느긋하게 하는 것은 이미 죄악은 아니게 되었다. 인생에 대한 더욱 진실한 태도가 이에 대치되었다. 이것은 낭만주의 운동 덕택이기도 하지만, 또 인간 심리에 대한 이해가 깊어진 결과이기도 하다. 연극의 즐거움을 부도덕시하고 셰익스피어를 '야만인'이라 부르는 습관은 없어졌다. 부인의 목욕 옷, 청결한 목욕통, 안락한 팔걸이 의자, 소파의 진화가 이렇게 해서 촉구되었고, 옛날보다는 진실하고 친근감 있는 생활 양식과 문체(文體)의 진화가 실현되게 되었다. 이런 의미에서 소파에 벌렁 눕는 내 습관과, 현대 중국 저널리즘에 친근감이 있고, 자유롭고 쉬운 문장을 가져오려는 내 숙원 사이에는 실질적인 관계가 있는 것이다.

팔다리와 몸을 자유롭게 하는 것이 죄악이 아님을 인정한다면, 친구의 응접실 팔걸이 의자에 앉아서 마음껏 자유로운 자세를 취하는 것은 그렇게 하면 할수록 주인에 대해 한층 경의를 표하는 것이 된다는 것도 인정해야만 한다. 즉 손님이 편하게 휴식하는 태도를 취하는 것은 곧 그 집주인과 주부가 어려운 접대술에 성공하도록 도와 주는 것이 되기 때문이다. 초대한 손님들이 편안히 있지 못하고 어디까지나 서먹서먹하게 행동하는 야회(夜會)를 생각하고, 얼마나 많은 여주인들이 전율했을 것인가? 나는 언제나 찻상이건 뭐건 제일 가까이 있는 생활도구 위에 한쪽 다리를 얹어 놓는 것으로써 주인 측을 거들어 주고 있다. 즉 그런 태도로써 모든 손님들에게서 거짓 위엄이라는 예복을 벗겨 버리는 것이다.

그런데 나는 의자의 앉는 기분, 즉 어떻게 하면 비교적 기분이 좋은가 하는 공식을 발견했다. 그것은 아주 간단한 말로 표현할 수 있다. 즉 의자는 낮으면 낮을수록 앉는 기분이 좋아진다는 것이다. 친구 집의 한 의자에 앉아 보고는, 앉은 기분이 왜 이렇게 좋은가 하고 놀란 사람이 꽤 있으리라. 나는 방금 소개한 공식을 발견하기까지는 십중팔구 실내장식 전문가만이 사용자에게 가장 쾌적한 기분을 주는 의자의 높이와 폭의 비례, 경사도 등의 수학적 공식을 알고 있으리라고 생각했는데, 내 공식을 발견하고부터는 그렇게 어려운 것은 아니라는 것을 알아챘다.

어떤 것이건 좋다. 자단제 중국 의자를 하나 들고서 다리를 6,7센티미터쯤 톱으로 잘라내면 금방 앉은 기분이 훨씬 좋아진다. 또 다시 6,7센티미터쯤 자르면 더욱더 좋아지다. 이 현상의 논리적 귀결이 누구나 자리 위에 길게 누웠을 때가 제일 편하다는 것에 낙착됨은 물론이다. 일은 그렇게 간단하다.

인간 생활이라는 것은 결국 일하는 것과 노는 것, 즉 긴장과 휴식의 순환이다. 남자의 두개골의 에너지나 일의 능력은 마치 여자의 육체와 마찬가지로 1개월마다 순환한다. 윌리엄 제임스는, 자전거의 체인을 지나치게 팽팽하게 하면 오히려 편히 달릴 수 없다고 했는데 인간의 정신도 역시 그렇다.

결국 만사가 습관 문제이다. 인체에는 무한한 적응력이라는 게 있다. 다다미 위에 앉아 버릇한 일본인이 의자에 앉혀진다면 반드시 쥐가 날 것이다. 몸을 똑바로 하는 단정한 집무 자세와 하루의 격무를 마친 뒤 편안하게 소파에서 휴식하는 자세를 번갈아 취하는 것만이 우리는 생활의 최고 예지를 얻을 수 있는 것이다.

부인들에 대해 한마디 해 두자. 당신네의 바로 앞에 다리를 쉴 만한 것이 없을 경우에는 언제든지 소파 위에 다리를 얹는 방법이 있다. 그런 자세를 취할 때만큼 여성이 매력적으로 보일 때는 없으니까.

친구와 이야기하는 즐거움

"자네와 하룻밤 대화를 나누는 것은 십 년간 책을 읽는 것보다 낫다."

이것은 옛날에 중국의 한 학자가 친구와 대화를 나눈 뒤의 감회를 말한 것이다. 이 말에는 많은 진리가 있다. 오늘날 '하룻밤 이야기'라는 말은 친구와의 유쾌한 야화(夜話)를 나타내는 유행어로 되어 있다.(지나간 야화라도 괜찮고, 이제부터 맛볼 야화라도 상관없다.) 친구하고 마음껏 밤을 새워 대화를 나누는 그런 인생의 더없는 기쁨은 맛보기가 흔치 않다.

이립옹(李笠翁)도 말했듯이 현인 중에 말 잘하는 이는 좀처럼 없고, 말 잘하는 사람 중에 어진 이도 여간해서 없다. 그러므로 참으로 인생 전반을 이해하고 게다가 말도 능통한 인물을 산속의 절간 같은 데서 만난다는 것은, 천문학자가 새로운 유성을 발견하고, 식물학자가 신종(新種)을 발견했을 때처럼 인생 최대의 기쁨의 하나가 아닐 수 없다.

현대인은 사업계의 부산한 속도로 인해 벽난로를 에워싸고 크라프트통에 앉아서 이야기를 나누는 화술(話術)이 사라져 감을 탄식하고 있다. 이른바 속도라는 것이 관계가 있다는 것을 부정할 수는 없지만 나는 이렇게 믿는다. 즉 가정이라는 것이 비뚜로 나가 큰 난로가 없는 아파트 생활로 바뀐 것이 화술 파괴의 도화선이 되었고, 자동차의 영향이 그 파괴를 완성시킨 건 아닐까?

　도대체 속도니 하는 것이 정말로 못마땅하다. 진정한 친구와의 대화라는 것은 한적한 정신을 가지고 있고, 거기에서 나오는 마음 편함, 유머, 가벼운 느낌을 좋아하는 사람들 사이에서만 있을 수 있는 것이다.

　그저 이야기하는 것과 이러한 풍미가 곁들여진 대화 사이에는 분명히 차이가 있다. 중국어로는 설화(說話 · 이야기를 함)라는 말과 대화(對話 · 담화)라는 말로 그 차이를 구별 짓고 있는데, 대화는 설화보다 소탈하고 한적한 맛이 있으며, 화제도 비교적 사소한 사항으로 그다지 사무적이지 않은 것으로 되어 있다. 이러한 차이는 사무용 왕복 편지와 문우(文友)의 서한 사이에도 있을 것이다.

　사무에 관한 이야기는 거의 누구하고든 할 수 있지만, 밤새워 마음껏 환담할 수 있는 상대는 극히 적다. 그러므로 진정한 의미의 담화가를 발견했을 때의 기쁨은 재미있는 작가의 작품을 읽는 기쁨 이상이라고까지는 할 수 없지만 참으로 그것에 버금가는 것이다. 더구나 대화의 경우는 상대의 육성을 듣고 몸짓을 보는 기쁨이 있다. 어느 때는 옛 친구들과의 유쾌한 재회 석상에서, 어느 때는 추억을 이야기하는 친구나 지기(知己) 사이에서, 어느 때는 야간 열차의 끽연실에서, 또 어느 때는 먼 여로의 숙소에서 우리는 그런 기쁨을 발견한다.

　갖가지 재미있는 이야기나, 독재자나 반역자를 욕하는 통렬한 변설에 섞여 유령 이야기나 여우의 정령(精靈) 이야기도 나올 것이다. 개중에는 지금 어느 나라에서는 이런 사태가 일어나고 있는데, 그것은 정권의 전복이 가까이 온 것이라느니 정변(政變)의 전주곡이라느니 하면서, 우리가 아직 모르는 새 지식을 주는, 지식이 높은 형안(炯眼)의 좌담가도 있다. 이와 같은 회화(會話)는 죽을 때까지 잊지 못할 기억 속에 남는 것이다.

　대화에 제일 좋은 때는 물론 밤이다. 낮 동안의 대화는 어쩐지 매력이 없다. 이야기하는 장소는 어디건 조금도 상관없다고 생각한다. 문학이나 철학에 관한 유쾌한 대화를 즐기는 것은 18세기식의 살롱에서도 할 수 있고, 오후의 볕을 쬐면서 어떤 농원의 술통에 앉아서도 할 수 있다. 혹은 또 이런 일도 있을 것이다. 바람 부는 저녁이나 비 내리는 밤에 거룻배로 여행을 한다. 건너편 언덕에 있는 배의 불빛이 흔들흔들 수면에 비치고 있다. 그러한 정취(情趣) 속에서 사공들은 여왕의 미혼 시절의 이야기를 들려준다.

사실 대화의 꿀맛은 그 환경, 즉 장소나 시간이나 이야기 상대가 그때그때 바뀌는 데에 있다. 어느 때는 석결명(石決明) 꽃이 필 무렵의 산들바람이 부는 밝은 달밤과 결부시켜서 그 이야기를 상기하고, 어느 때는 난로의 통나무가 활활 타는 칠흑 같은 폭풍우의 밤의 기억과 더불어 연상한다. 혹은 또 어딘가 누각의 높직한 곳에 자리잡고 강을 내려오는 많은 쪽배들을 바라보고 있었던 것을 생각해 낸다. 그중의 한 척은 아마 급류로 인해 떠밀려 뒤집혔었지. 그리고 또 아침 한때를 정거장 대합실에서 지냈던 일들도 생각난다.

그와 같은 정경은 그때그때 대화의 기억에 잊혀지기 어렵게 결부되어 있는 것이다. 그때 방에 있었던 것은 아마 두세 사람이었지. 그리고 또 그때는 대여섯 명이었나? 진군(陳君)은 그날 밤 약간 취했던 것 같았다. 김선생은 코감기에 걸려 좀 코맹맹이 소리로 이야기를 했었는데, 그건 특히 그밤의 기분을 짙게 했다. ── "달이 차면 기울고 꽃은 피면 지며, 벗은 항상 함께 있기 어렵다."는 것이 인생이므로 우리가 이와 같은 단순한 즐거움에 젖어 있을 때는 신들도 인간을 흘겨보지는 않을 것이다

정말 좋은 이야기는 언제나 친근감이 있는 수필과 같은 것이라고 하겠다. 이야기 형식과 내용이 모두 수필의 그것과 흡사하다. 여우의 정령(精靈), 파리, 영국인의 기묘한 습관, 동양 문화와 서양 문화의 차이, 세느강 연변의 길가에 벌여 놓은 헌책방들, 양복점의 음란증 여직원, 우리의 지배자나 정치가나 장군들의 일화(逸話), 불수감(佛手柑·레몬의 변종)의

보관법 등등 — 이것들은 모두 한가하게 나누는 대화에 어울리는 좋은 화제이다.

대화가 수필과 가장 공통되는 점은 그 유장(悠長)한 형식에 있다. 물론 이야기 가운데는 자기 나라의 비참한 변화라든가 혼돈 상태에 대한 비판도 나올 것이며, 자유와 인간의 품위, 그리고 인간 행복의 목표마저 빼앗는 광적인 정치사상의 조류 속에 문명 그 자체가 몰락해 가고 있는 현상에 대한 비판도 나올 것이다. 또 사람을 크게 감동시키는 진리나 정의 문제도 튀어나오겠지만, 그것들이 아무리 엄숙하고 풍요한 화제라 할지라도 이야기하는 사람들은 마음이 편하고 친근감이 있으며, 한가한 태도로 자기 생각을 말한다.

왜냐하면 우리가 자유의 수탈자에 대해 아무리 심한 불만을 지니고 있을지라도 문명 사회에서는 입 언저리나 붓 끝에 떤 가벼운 미소로써 그 감정을 나타내는 것밖에는 허용되지 않기 때문이다. 자기 감정을 홀홀 털어놓고 참으로 열을 올려 이야기하는 심한 말 등은 어지간히 친한 몇몇 친구에게밖에 들려줄 수 없는 것이다. 그러므로 진정한 의미의 대화를 즐기는 데는 서먹한 패들은 제외하고, 몇몇 뜻이 맞는 친구끼리 한자리에 모여 친근한 분위기 속에서 속 편히 의견을 나누는 것이어야만 한다.

진실한 형태의 대화와 이와 다른 정중한 의견 교환의 차이는, 친근감이 가는 수필과 정치가의 성명(聲明)의 차이를 보면 쉽사리 수긍이 간다. 하긴 정치가의 성명 중에도 특별히 고상한 감정을 표명한 것이 많다. 즉 민주주의의 감정, 봉사의 열의, 빈민의 행복에 대한 관심, 국가에 대한 충성, 숭고한 이상주의, 평화애나 다름없는 국제적 우의의 확보, 권세욕이나 금전욕 등을 절대로 풍기지 않는 태도 등은 정치가의 고상한 정조의 발로라 하겠으나, 그럼에도 불구하고 요란스럽게 화장한 여자처럼 마음 놓고 접근할 수 없는 일말의 혐오감이 따라다닌다.

이에 반하여 진실한 대화에 귀를 기울이거나 혹은 친근감이 있는 좋은 수필을 읽고 있을 때는 소박한 옷을 입고 냇가에서 빨래하는 시골 처녀를 보는 듯한 기분이 든다. 머리칼은 약간 흐트러지고 단추야 하나쯤 빠져 있기는 하겠지만, 매력적이고 친근감이 있어 호감이 간다. 이것이 곧 서양 부인의 실내옷이 노리는 친근감 있는 매력이며, 잘 다듬어진 소탈한 아름다움이라는 것이다. 친밀함에서 오는 이 친근감 있는 매력이야말로 모든 즐거운 대화와 수필의 공통 요소이어야만 된다.

그러므로 대화의 올바른 양식은 친근함과 소탈함의 양식이다. 모인 동료는 모두 자기 의식을 잃어버리고 옷차림이 어떻다느니, 말투가 어떻다느니, 재채기를 했다느니, 어디다 손을 두고 있다느니, 그러한 것은 완전히 잊어버린다. 그리고 이야기가 어느 방향으로 나가고 있건 전혀 상관 않는다.

이리하여 친한 친구들과 모여서 서로가 기분을 편히 가지려고 생각해야만 진실한 대화를 즐길 수 있는 것이다. 동료 한 사람은 옆의 테이블 위에 두 다리를 걸치고 있고, 어떤 자는 창턱에 앉아 있다. 또 어떤 자는 방 바닥에 앉아서 소파에서 끌어내린 방석에 기대어 있다. 이런 상태라 소파의 3분의 1은 빈 채로 있다. 인간의 손과 발이 휴식하고 편한 자세로 되어야만 심장도 경쾌하고 편안해지는 것이다.

> 둘러보니
> 흉금을 터놓는 친구뿐,
> 주위에
> 눈에 거슬리는 놈은 아무도 없다.

정녕 그대로이다.

이것이 곧 적어도 예술이라 일컬을 만한 모든 대화에서 절대 요건이다. 무슨 이야기를 하고 있는 건지 마음에는 두지 않고 있으므로, 이야기는 순서도 방법도 없이 꼬리를 물고 잇달아 계속된다. 이윽고 모두가 유쾌한 기분 속에 해산하게 되는 것이다.

이상 말한 것이 한가와 대화의 관계이며, 또 대화와 산문체의 융성 관계이다. 원래 나는 참으로 세련된 한 나라의 산문은 대화가 이미 하나의 예술로까지 발달했을 때에 빚어지는 것으로 믿고 있다. 이 사실은 중국과 고대 희랍의 산문 발달의 자취를 돌이켜보면 가장 명료해진다. 공자 출현 이후 수세기에 걸쳐서 중국 사상은 발랄한 생기를 보여, 이른바 '구류학파(九流學派)'를 생기게 했는데, 그 원인으로는 오로지 대화를 일삼는 학자 계급으로 구성된 교양 높은 시대적 배경의 발달 외에는 생각할 수 없다.

화술이 생기게 되는 것은 한가한 여유가 있는 사회뿐이라는 것이 분명하지만, 마찬가지로 친근감 있는 훌륭한 수필이 출현하게 되는 것도 화술이 존재하는 경우뿐이다. 일반적으로 화술과 훌륭한 산문 기술은 문명 사상 모두가 비교적 늦게 발달했다. 왜냐하면 인간 정신은 어느 정도 감정의 섬세함과 경쾌한 밝음을 발달시켜야만 되는데, 그것은 모두가 한적 생활이 아니면 바랄 수 없는 것이기 때문이다.

오늘날 공산주의자의 입장에서 보면, 한가를 즐기고 가증스러운 유한계급에 속한다는 것이 이미 반혁명적이라는 것은 나도 잘 알고 있지만, 공산주의나 사회주의의 목적은 모든 민중에게 한가를 즐기게 하는 것, 즉 한가의 향락을 일반화시키는 데 있다고 나는 확신하고 있다. 그러므로 한가의 향락은 죄악일 수가 없다. 그렇기는커녕 문화 자체의 진보가 한가의 총명한 이용에 달려 있는 것이다. 대화는 그 하나의 형식에 불과하다. 종일 눈코 뜰 새 없이 바쁘게 보내고 저녁식사 후 곧 잠들어 버려, 소처럼 코를 고는 실업가 부류는 아마도 문화에 대해 아무런 기여도 못할 것이다.

이 '한가'는 때로 강제적으로 주어지는 일은 있으나 구해서는 좀처럼 얻어지지 않는 것이다. 많은 우수한 문학작품이 강제적 한가의 분위기 속에서 생겨났다. 양양한 전도를 가진 문학적 천재가 시시한 사회적 모임을 쫓아다니며, 시국 문제의 논문을 끄적이며 에너지를 소모하고 있는 걸 보면, 그를 구제할 수 있는 가장 따뜻한 방법은 감옥에 처박는 일이라 생각된다. 문왕(文王)이 인생의 변화를 논한 철학 고전 《역경(易經)》을 저술한 것도, 사마천(司馬遷)이 한문으로 씌어진 가장 훌륭한 역사 걸작 《사기(史記)》를 쓴 것도 옥중에서였음을 기억해야만 한다.

문인이 정계의 야심에 패했을 경우나, 혹은 정계의 정세가 너무도 비관적인 경우는 이따금 문학이나 미술의 걸작이 나온다. 몽고가 중국에 군림했던 시대에 저 위대한 원나라 시대의 화가나 희곡작가가 배출되고, 만주인의 중국 정복 초에 석도(石濤)나 팔대산인(八大山人) 같은 위대한 화가가 나타난 이유도 거기에 있다. 애국심이 다른 민족의 지배에 처한 극도의 굴욕감이라는 형태로 나타나서 예술·학문에 대해 전심전력을 기울이게 했던 것이다. 석도는 말할 것도 없이 중국이 낳은 거장 중의 거장이면서도 그 이름이 널리 구미에 드날리지 못한 것은 우연의 탓이기도 하지만, 한편으로는 청나라 역대의 황제들이 그 통치에 복종치 않았던 이들 예술가의 공적을 인정하기를 꺼렸던 탓이기도 하다.

과거(科擧)에 실패한 다른 위대한 문인들은 그 에너지를 승화시켜 한결같이 창작에 정진하기 시작했다. 《수호전(水滸傳)》을 찬한 시내암(施耐庵)의 경우와 《요재지이(聊齋志異)》를 지은 포송령(蒲松齡)의 경우가 그것이다.

그 《수호전》 서문 중에 역시 시내암의 붓으로 이루어졌다고 하는, 친구와 대화하는 기쁨을 말한 가장 유쾌한 문장이 있다.

친구가 다 내 집에 모이면 모두 열여섯 명인데, 빠짐없이 모두가 모이는 일은 좀처럼 없다. 그러나 비나 폭풍우가 몰아치는 날이 아니라면 한 사람도 안오는 일도 없다. 보통 날은 여섯이나 일곱 명쯤 집안에 모여 있지만, 오자마자 생각에 잠기거나 하는 자는 없다. 마시고 싶어지면 마시고, 그만두고 싶으면 그만둔다. 즐거움은 술에 있지 않고 대화에 있다고 생각하기 때문이다.

궁정(宮廷) 정치에 대해 이야기하는 일은 없다. 그런 건 성질이 다른 이야기이며, 이런 멀리 떨어진 곳에서는 여느 소식은 소문에 입각한 것뿐이기 때문이다. 전해 들은 소식 따위는 풍설일 따름이며, 풍설에 대해 논함은 쓸데없는 일이다. 우리는 또 세상 사람의 잘못에 대해서는 이야기를 나누지 않는다. 그들에게는 잘못이 없으니, 우리는 그걸 비방해서는 안된다.

또 우리는 세상 사람들을 놀라게 하기 위해 말을 하고 있는 건 아니다. 그러므로 아무도 놀라는 자는 없다. 그리고 또 우리가 하는 말이 사람들에게 이해되었으면 좋겠다고 마음으로 원하고는 있지만, 아직도 그렇지가 못하다. 우리가 이야기를 주고받는 그런 문제는 인간의 마음 깊숙이 숨어 있는 것이므로 바쁜 세상 사람들은 귀를 기울이지 못할 테니까.

시내암의 대작이 빚어진 것은 이러한 정서 속에서였지만, 그것은 그들이 한가를 즐겼기에 얻어진 것이다.

고대 희랍의 산문의 융성도 분명히 이런 한적한 사회적 배경 속에서 이루어졌다. 희랍 사상의 맑고 깨끗함과 그 산문체의 명쾌함은 한담술(閑談術)에서 생긴 것이다. 그것은 플라톤의 《대화편》이라는 표제만 보아도 충분히 이해가 간다. 《향연(饗宴)》 등에서는 한 무리의 희랍 학자들이 땅바닥에 누워 술과 과실과 미소년의 분위기 속에서 유쾌하게 대화하고 있다. 그들의 사상이 매우 맑고 깨끗하며 문체가 아주 명쾌한 것은 화술의 수련을 쌓았기 때문이다. 현대의 학구적인 저자들의 그 현학적인 거드름을 피우는 문체와 견주면, 얼마나 선명한 대조를 이루고 있는 것이냐.

고대 희랍인은 분명 철학의 화제를 소탈하게 다루는 기술을 터득하고 있었을 것이다. 희랍 철학자들의 매력적인 환담 분위기, 그 이야기를 좋아하는 것, 좋은 이야기를 듣는 것을 존중한 일, 대화 환경에 마음을 쓴 것 등은 《파이드로스》의 머리말 중에 아름다운 필치로 서술되어 있다. 그걸 읽으면 고대 희랍의 산문이 융성한 원인이 잘 이해된다.

플라톤의 《공화국》으로 말하더라도 현대의 저술가라면 쓸 성싶은 "그 발전의 연속적 단계를 통해 본 인류 문명은 이종(異種)에서 동종(同種)으로의 역학적 운동이다."라느니 어쩌니 하는 이해 못할 실없는 소리 따위로 시작되지는 않았다. 오히려 이러한 재미있는 문장이 첫머리에 나온다.

"난 어제 아리스토의 아들 글로코와 함께 여신에게 참배하려고 피레우스로 떠났다. 그리고 시민들이 어떤 식으로 제전을 행하는지 보고 싶었다. 이번 제전은 처음 있는 제전이기에."

사색(思索)이 가장 왕성하게 이루어졌던 고대 중국 철학자들 사이에서 볼 수 있는 것과 같은 분위기가 '대비극작가는 역시 대희극작가이기도 해야 하는가, 그렇지 않아도 되는가?' 하는 것과 같은 화제를 서로 논하던 희랍인들 사이에도 있었다. 《향연》에 묘사되어 있는 대로이다.

거기에는 진지함과 명랑함이 뒤섞인 공기가 감돌고, 정말로 경묘하고 화목한 응답이 교환되었다. 한자리에 있던 사람들은 소크라테스의 마시는 태도를 비웃지만, 소크라테스는 아주 태연하게 마음 내키는 대로 잔을 들고 또 잔을 내리고 있다. 자작이므로 남에게 신세는 끼치지 않는다. 이런 식으로 아리스토파네스와 아가돈을 빼고는 다 잠들어 버릴 때까지 밤새도록 이야기를 나누었다. 그 자들에게도 일찍 자도록 당부하고 최후의 한 사람이 되자, 소크라테스는 잔치 자리를 떠나 아침 목욕차 리세움으로 떠난다. 그리고 언제나처럼 산뜻한 기분으로 그날을 보낸다. 희랍 철학이 탄생된 것은 이러한 친근감 있는 환담 분위기 속에서이다.

교양 있는 대화에서는 그에 필요한 경쾌한 분위기를 만들기 위해 여성의 참가를 요함은 말할 것도 없다. 이 경쾌한 분위기라는 것이 한담의 정신인 것이다. 턱없는 말을 지껄이고 들떠 가지고 떠들지 않으면 대화는 이윽고 답답해지며, 철학 그 자체도 인생과는 무관한 시시한 것으로 되어 버린다.

생활 방법의 이해에 흥미를 가진 문화가 존재했을 때는 어느 나라, 어느 시대를 막론하고 사교 석상에 언제나 여성을 환영하는 풍습이 발달했던 것이다. 페리클레스 시대의 아테네에서도 그랬으며, 18세기 프랑스의 살롱에서도 그랬다.

남녀 동석이 금지되고 있던 중국에서조차 학자들의 이야기 상대가 될 여성의 참석을 바랐다. 화술이 수련되어 일세의 풍모를 이룬 금(金)·송(宋)·명(明)의 3대에서는 사도온(謝道韞)·조운(朝雲)·유여시(柳如是), 그 밖의 재원(才媛)들이 배출되었다. 중국의 남성은 아내가 정숙하고 다른 남자에게 얼굴을 안 보이도록 요구하면서, 재능이 풍부한 여성들을 동석시키고 싶다는 희망을 버리지 않았다. 중국 문학사는 결국 직업적 창부(娼婦)의 생활과 깊은 교섭을 가지고 있다. 대화 석상에 여성의 매력을 약간 가미하고 싶다는 욕구는 누구에게나 있다.

일찍이 나는 오후 다섯 시부터 밤 열한 시까지 함께 어울려 계속 이야기할 수 있는 몇몇 독일 부인을 만난 적이 있으며, 그후 영미(英美)에서 내가 공부할 엄두도 못냈던 경제학에 훤한 부인들을 보고 가슴이 서늘했던 일도 있다. 마르크스나 엥겔스를 논할 수 있는 여성들은 고사하고라도 어딘지 상냥하며 생각이 깊은 듯한 표정의 부인이 몇 사람이고 있으면, 대화는 언제나 기분 좋은 자극을 받는 것이다. 나는 뚱딴지 같은 남자와 이야기하는 것보다도 그편이 훨씬 유쾌하다고 늘 생각하고 있다.

차와 우정의 즐거움

인간 문화와 그 행복이라는 점에서 보아 나는 담배·음주·차〔茶〕 발명보다 중요한 발명은 인류 사상 일찍이 없었다고 생각한다. 우리가 한가(閑暇)·우정·사교·한담(閑談)을 즐기는 데에 사실 이만큼 중요하고 직접 효력이 있는 것은 없다. 이 세 가지 것에는 공통되는 특징이 있다. 첫째, 이 모두가 우리의 사교에 소용된다는 것, 둘째, 음식처럼 배가 그득해지지 않으므로 식사 사이에 즐길 수 있다는 것, 셋째, 후각을 작용시켜 콧구멍을 통하여 즐길 수 있다는 것이다. 문화에 대한 그 영향은 실로 큰 바가 있다. 식당차 옆에는 끽연실이 있다. 세상에는 음식점이나 술집이나 다방이 있지 않은가. 적어도 중국과 영국에서는 차를 마시는 것은 하나의 사회제도로 되어 있다.

담배 · 술 · 차를 즐기는 풍습은 한가 · 우정 · 사교의 분위기 속에서가 아니면 발달하지 않는다. 왜냐하면 담배 · 술 · 차를 충분히 즐길 수 있는 사람은 친구의 우의(友誼)를 아는 인간, 그룹을 만드는 데에 매우 세심한 사람, 천성이 한적생활을 사랑하는 인간에 한하기 때문이다. 그것은 사교성이라는 요소를 빼면 무의미한 것으로 되어 버린다. 담배 · 술 · 차를 즐기는 데는 눈 · 달 · 꽃을 즐길 때처럼 마땅한 상대가 있어야만 한다. 중국의 생활 예술가가 이따금 역설하는 점은 이것이라고 나는 생각한다. 어떤 종류의 꽃은 어떤 인물과 더불어 즐겨야만 한다. 어떤 경치는 그에 알맞는 여성들을 연상해야만 한다. 빗방울 소리를 진심으로 즐기고자 한다면, 한여름 깊은 산의 사원(寺院)에서 대나무 의자에 기대어 들어야만 한다. 즉 사물의 기분이라는 게 중요한 것이다. 사물에는 저마다 기분이라는 게 있다. 그래서 상대를 택하지 않으면 기분이 아주 잡치게 되어 버리는 것이다.

그 때문에 생활을 논하는 예술가가 적어도 생활을 즐기는 방법을 배우고자 한다면, 우선 절대 요건으로 성품이 잘 맞는 친구를 발견하는 데서부터 시작해야만 한다. 그 우정을 획득하여 그것을 길이 계속해 나가기 위하여는 온갖 노력을 아껴서는 안된다. 마치 아내가 남편의 사랑을 유지하기 위해 애쓰고, 장기 명수가 천 리 길도 멀다 않고 상대 기사(棋士)를 찾아가는 것과 같은 것이다.

분위기란 이같이 중요한 것이다. 그러므로 학자의 서재와 생활을 즐기고자 하는 일반적 환경을 올바로 이해하고 나서지 않으면 안된다. 우선 즐김을 함께 하고자 하는 한 무리의 친구가 있다. 즐기는 종류가 다르면 그에 따라 알맞는 친구를 택해야만 한다. 학문과 사색만을 즐기는 사람과 승마에 나가는 것은, 음악을 모르는 사람과 음악회에 가는 것과 같은 것으로 당치도 않은 것이다.

《다록(茶錄)》에 따르면 "차 취미의 정수는 그 색채 · 향기 · 풍미를 완상하는 것이며, 그 조제 원칙은 청순 · 건조 및 청결에 있다." 그 때문에 그것들을 완상하기 위하여는 정적이라는 요소가 필요하다. 차의 감상력은 '냉철한 머리로 작열(灼熱)의 세계를 볼 수 있는' 사람이 갖는 힘이다. 송나라 시대 이래 그 방면의 전문가는 한 잔의 묽은 차를 더할 수 없이 좋은 맛이라 치고 있는데, 묽은 차가 미묘한 풍미가 있다 함은, 분주한 생각에 몰두하고 있거나, 주위가 소란스럽거나, 하인들이 티격태격하거나, 또는 신통치 않은 여자가 시중들러 나오거나 하면, 맛도 음미하지 않은 채무심코 마셔 버리기가 쉽기 때문이다.

차 상대도 인원이 적어야만 한다. 즉 "차를 마시는 데는 손님이 적은 것이 중요하다. 손님이 많아서는 소란스러워지고, 소란스러워지면 차의 고상한 매력이 사라져 버린다. 혼자서 차를 마시면 속세를 떠났다고 이르고, 둘이서 마시면 한적(閑適)이라 이르고, 셋이나 넷이서 마시면 유쾌라 이르고, 다섯이나 여섯이서 마시면 저속하다 이르고, 일곱이나 여덟이서 마시면 비꼬는 말로서 박애(博愛)라 이른다." 또 《다소(茶疏)》의 저자가 말하고 있듯이 "커다란 찻병에서 거듭 따르거나, 꿀꺽 단숨에 들이키거나, 잠시 뒤에 또다시 덥히거나, 몹시 진한 차를 요구하거나 하는 것은, 심한 노동 끝에 배를 채우고자 마시는 농민이나 직공이 하는 짓이다. 그래서는 풍미의 차이를 감상할 수는 없다."

다도(茶道)를 논하는 중국 문인은 이상과 같은 이유에서 또 차를 다루는 데 필요한 엄숙하고 바르며, 조용하고 깨끗한 마음가짐을 고려하여, 차를 달이는 사람 자신이 모든 일을 십분 주의해야만 한다고 역설은 하고 있지만, 혼자서 차를 달여낸다는 것은 아무래도 불편하므로 소년 심부름꾼 두 사람을 특별히 가르쳐서 그 일을 시키는 것이 좋다고 논하고 있다.

차를 달이는 데는 여느 부엌에서 떨어진 방이나 바로 처마 밑에 있는 차만 달이는 작은 부뚜막을 사용한다. 심부름하는 소년은 주인의 눈앞에서 차를 달이도록 훈련하고, 찻잔은 아침마다 닦고(결코 행주로 훔치지 말 것), 손도 깨끗이 씻고, 손톱을 깨끗이 하게 하여 모든 일에 정결의 습관을 지키도록 가르쳐 두어야만 한다.

"손님이 세 사람인 경우에는 부뚜막 하나로 충분하지만, 다섯이나 여섯 사람일 경우는 따로 된 부뚜막 둘과 솥 둘이 필요하다. 각각의 부뚜막에 소년을 한 사람씩 배치한다. 혼자서 양쪽 부뚜막을 보살피게 되면 일이 순조롭게 되지 않으며 뒤죽박죽이 된다."

그렇지만 다도(茶道)에 정통한 사람은 손수 차를 달여 내는 것을 그지없는 즐거움으로 삼고 있다. 일본의 다도처럼 까다로운 의례로 발달하지만 않는다면, 차를 달여 마신다는 것은 언제나 낙(樂)을 낙으로 하여 평온과 고상하고 우아한 정신을 사랑하는 일이다. 일본의 다도는 일본인만큼이나 옹졸하다. 수박 씨를 이 사이에서 깨는 것이 먹는 기쁨의 절반인 것처럼, 차를 달이는 것은 차를 마시는 즐거움의 절반을 차지한다.

참으로 차를 사랑하는 사람들의 기분으로 모든 차 도구를 만지작거리는 기쁨은 다만 만지작거리는 그 자체가 즐거운 것이다. 이를테면 채양(蔡襄) 같은 사람처럼 늙어서 차를 마실 수 없게 되고부터 매일의 습관으로 손수 차를 달이는 것을 낙으로 삼았던 사람도 있다. 또 한 사람 주문보(周文甫)라는 학자처럼 매일 꼭두새벽부터 밤까지 여섯 번씩 일정한 시간에 차를 달여 마시고, 찻병을 너무도 사랑한 나머지 죽을 때 함께 관에 넣도록 했을 정도의 인물도 있다.

그러나 다도의 기술은 다음의 몇 개 요소로 이루어진다.

첫째, 차는 가장 냄새가 옮기 쉬운 것이므로 가능한 한 항상 정결하게 다루고, 술, 향, 그밖의 냄새나는 것, 그리고 그런 것들을 다룬 사람으로부터 분리해 놓아야만 한다.

둘째, 차는 차디찬 건조한 장소에 저장해 둘 것. 비가 많은 계절에는 조금씩 내놓고, 그것을 특별한 작은 단지에 적당히 나누어 둘 것. 작은 단지는 백랍제(白蠟製)가 제일 좋다. 한편 큰 단지에 저장하고 있는 것은 필요할 때 외에는 뚜껑을 열지 말 것. 속의 것이 곰팡이가 났을 경우에는 차잎이 노래지거나 퇴색하는 것을 방지하기 위해 약한 불에 살짝 쬘 것. 그 불은 드러내 놓고 쉴새없이 부채질하고 있을 것.

셋째, 차를 달이는 기술의 절반은 수질(水質)이 좋은 맑은 물을 입수하는 일이다. 산에서 나는 샘물이 가장 좋고, 냇물이 둘째, 우물이 셋째, 논물도 방죽 물이라면 사실은 산간의 물이므로 훌륭하다.

넷째, 진기한 찻잔을 감상하는 데는 침착한 친구들과 자리를 같이할 것. 그것도 너무 많아서는 안된다.

다섯째, 일반 차의 참 빛깔은 엷은 황금색이며, 모든 검붉은 색의 차는 우유나 레몬이나, 아무튼 무엇이건 몹시 강하여 차의 맛을 지울 만한 것을 넣어서 마실 것.

여섯째, 가장 좋은 차에는 '뒷맛'이 있다. 그것은 마시고 나서 30초 쯤 지났을 때, 화학적 요소가 타액선(唾液腺)에 작용하는 시간이 경과했을 때에 느끼는 맛이다.

일곱째, 차는 신선한 것을 달여내어 곧 마실 것. 맛있는 차를 먹고 싶으면 한번 따른 뒤에 나머지를 너무 오랫동안 찻병 속에 정체시켜 두지 않는 것이 중요하다.

여덟째, 차는 갓 길어온 물을 끓여서 달일 것.

아홉째, 혼합물을 섞는 것은 일체 금물. 단, 모종의 향료(이를 테면 재스민이나 육계)를 소량 섞는 걸 좋아하는 사람에 대해서는 기호의 차이를 인정해도 좋다.

열째, 최상의 차에 기대되는 향기는 '갓난애의 살갗'의 미묘한 향기이다.

차에 관한 훌륭한 평론서인 《다소(茶疏)》는 사물을 즐김에 적당한 때와 장소를 규정하는 중국의 풍습에 관하여 다음과 같이 서술하고 있다.

차를 즐기는 때

마음도 손도 한가한 때.

시를 읽고 피로할 때.

마음이 산란해졌을 때.

음악을 듣고 있을 때.

노래가 끝났을 때.

휴일에 집에 틀어박혀 있을 때.

칠현금을 뜯고, 그림을 감상할 때.

심야에 대화를 나눌 때.

깨끗한 책상을 대할 때.

미모의 벗이나 고운 애첩 곁에 있을 때.

친구를 찾아보고 돌아왔을 때.

소나기가 잠깐 오는 날.

작은 나무다리 밑의 유람선 안에 있을 때.

드높고 무성한 죽림 속.

여름날 연꽃을 눈 아래에 바라보는 누각 위.

좁은 서재에 향을 피우며.

잔치가 끝나고 손님이 흩어진 뒤.

아이들이 서당에 간 뒤.

인가에서 떨어진 한적한 절(寺) 안에서.

약수나 기암(奇巖)이 가까운 데서.

담배와 향의 즐거움

오늘의 세계는 끽연가와 금연가로 나누어져 있다. 끽연가가 금연가에게 약간 괴로움을 끼치고 있음은 사실이지만, 이 괴로움이 육체적인 것임에 반해, 금연가가 끽연가에게 끼치는 괴로움은 정신적인 것이다. 물론 끽연가에게 간섭하지 않는 금연가도 수두룩하며, 부인네는 남편이 자리 속에서 담배 피우는 것을 참도록 훈련할 수도 있다. 이것은 결혼이 행복으로 잘되어 가고 있다는 가장 확실한 증거이다.

그렇지만 금연가가 인류 최대의 유쾌함 하나를 잃어버리고 있는 줄도 모르고, 도덕적으로 뛰어나다든가, 무슨 자랑거리를 가졌다든가 하는 터무니없는 판단이 심심찮게 이루어지고 있다. 끽연이 도덕적 약점임은 나도 기꺼이 인정하지만, 그 반면 약점이 없는 그런 인간은 경계해야만 한다. 약점이 없는 인간은 신용할 수 없다. 그들은 어떤 경우든 자칫하면 냉정에 처하기 쉬워서 실수 하나 저지르지 않는다. 그 습관은 대체로 규칙을 잘 지키고 끽연가보다 생활이 기계적이며, 언제나 이성이 감정 위에 위세를 떨치고 있다. 나는 이성적인 인간은 좋아하지만, 완전한 이성적 인간은 질색이다.

그러므로 재떨이가 갖추어져 있지 않은 집에 들어가면 언제나 기분이 굳어져서 서먹서먹하다. 방은 지나칠 만큼 말끔하고 방석은 제자리에 놓여졌으며, 가족들은 빈틈이 없어 인간미라곤 찾아볼 수가 없다. 그래서 나도 즉각 서먹서먹하게 굴기 시작한다. 물론 그것은 가장 불유쾌한 짓이다.

이와 같은 엄격한 도덕가들, 무감정하고 시적인 맛을 모르는 사람들은 끽연의 도덕적·정신적 이익을 도저히 음미할 수 없다. 그러나 우리 끽연가가 공격당하는 것은 예술적 방면이 아니라 반드시 도덕적 방면이므로, 우선 먼저 금연가보다 높은 수준에 서 있는 끽연가의 도덕을 위해 한마디 해야만 한다. 파이프를 입에 물고 있는 사람은 내 취향에 맞는 사람이다. 파이프를 물었을 때의 끽연가는 평상시보다 쾌활하고 사교적이며, 한층 격의 없는 소탈성을 발휘하고, 때로는 매우 실속있는 이야기를 나눌 수가 있다. 여하튼 이쪽과 마찬가지로 저쪽도 내게 호의를 가졌다는 느낌이 들게 한다. 나는 다음과 같은 새커리의 말에 전폭적으로 찬성한다.

"파이프는 철학자의 입술에서 예지를 끌어내고, 어리석은 자의 입을 다물게 한다. 파이프는 명상적이고 사려 깊으며, 상냥하고 소탈한 좌담을 만들어 낸다."

끽연가의 손톱은 대개 더럽혀져 있지만, 마음만 따스하면 그런 건 문제가 안된다. 아무튼 명상적이고 사려 깊으며, 상냥하고 소탈한 좌담이라는 것들은 좀처럼 없는 것이므로, 그런 낙을 맛보기 위해서라면 누구나 비싼 희생을 치르기를 꺼리지 않는다. 그리고 가장 중요한 것은 파이프를 문 사람은 항시 행복하며, 행복은 결국 도덕적 가치의 으뜸가는 것이다. W. 마긴은 말한다. "담배를 피우는 자로서 자살한 자는 없다."고.

파이프 애용가는 결코 아내와 싸우지 않는다는 말은 한층 정곡을 찌르고 있다. 이유는 참으로 명백하다. 파이프를 물고서 마음껏 큰소리로 아내에게 호통을 친다는 것은 불가능한 노릇이 아닌가. 그런 재주를 부릴 수 있는 인간은 아무 데도 없다. 파이프를 물고 있을 때는 자연히 소곤거리게 된다.

끽연가 남편이 노했을 때 일어나는 현상은 재빨리 궐련이나 파이프에 불을 붙이고 불쾌한 얼굴을 하는 것이다. 그러나 그것도 오래가지 않는다. 그도 그럴 것이 그의 감정은 이미 배출구를 발견하고 있기 때문에, 자기 분개나 모욕감을 정당화하기 위해 언제까지나 화난 얼굴을 하고 싶어도 오래 계속되지 못하는 것이다. 파이프에서 피어오르는 이 조용한 연기는 아주 기분 좋고 마음을 가라앉혀 주므로, 연기를 뿜어내는 사이에 울적했던 노한 감정도 숨쉴 때마다 뿜어내어지는 듯한 기분이 드는 것이다. 그러므로 영리한 아내는 바야흐로 분통을 터뜨리려고 하는 남편의 모습을 보았을 때, 상냥하게 남편에게 파이프를 물려 주고, "자, 그런 건 얼른 잊어버리세요!" 하는 것이 상책인 것이다. 이 공식은 언제든지 효과 만점이다. 아내가 실패하는 일은 있을지라도 파이프가 실패하는 일은 없다.

끽연의 예술적·문학적 가치는 우리 끽연가가 잠시 금연했을 경우 무엇을 잃는가를 상상해 보면 제일 잘 알 수 있다. 끽연가는 누구나 맹세코 니코틴 여사에 대한 충성을 버리고자 하는 어리석고 못난 순간을 경험하는 것이지만, 잠시 공상적인 양심과 싸우고는 결국은 제정신으로 돌아간다. 나도 그런 바보 같은 짓을 하여 3주간쯤 담배를 끊었던 적이 있었는데, 3주간 막판에 이르자 내 양심은 다시 정도(正道)로 되돌아가라고 완강히 책망했다. 나는 다시는 사도(邪道)로 빠지지 않겠노라 맹세하고, 길이 니코틴 신전(神殿)의 경건한 혈족 노릇을 그만두지 않겠노라고 맹세했다.

중국 문학에는 술에 비해 담배 예찬은 비교적 많지 않다. 풍습으로서의 끽연은 겨우 16세기에 이르러 포르투갈 뱃사람들에 의해 수입된 것이기 때문이다. 나는 그 시대 이후의 중국 문학 전반에 걸쳐 섭렵해 봤으나 이 영묘한 향초(香草)를 기리기에는 너무도 빈약하고, 평범한 몇 줄의 어구가 가끔씩 눈에 띌 따름이었다. 담배를 기리는 서정시는 옥스퍼드 대학생 주변으로부터 수입해야만 할 것이다.

그렇지만 중국인은 차와 술과 음식을 음미하는 그 태도에서 분명히 보이듯이, 언제나 냄새에 대해 매우 예민한 감각을 가지고 있다. 담배가 없었던 시대에 그들은 향을 피우는 기술을 발달시켰다. 중국 문학에서 향은 항시 차나 술 같은 범주로 분류되고, 동일한 기분으로 다루어져 왔다. 중국제국이 인도지나까지 판도를 넓혔던 아득한 한나라 시대로부터, 공물(貢物)로서 바쳐진 남방산(産)의 향(香)은 궁정이나 부호의 가정에서 사용되기 시작했다. 생활법을 논하는 서적은 반드시 몇 줄을 할애하여 향의 종류, 성질, 피우는 법 등을 논했던 것이다. 도적수(屠赤水)가 지은《고반 여사(考槃餘事)》라는 책의 향에 대한 장(章)에는 향의 즐거움을 말하는 다음과 같은 글이 있다.

훈향(薰香)의 쓰임은 가지가지이다. 쓸쓸하게 지내는 고풍의 학도들이 진리와 종교를 논할 때 약간의 향을 피우면 정신이 맑아지고 마음이 즐거워질 것이다. 심야 두 시에 달이 외로이 중천에 떠 있고, 싸늘한 냉기가 살갗에 스미며, 인적은 멀고 고요한 기분이 충만할 때, 그 마음을 화창케 하고 그윽하게 하는 것은 향이다. 밝은 창 가까이서 고서(古書)의 필적을 살필 때, 혹은 파리채를 손에 들고 유연히 시를 읊을 때, 혹은 또 한밤중에 등불 밑에서 독서에 골몰할 때 향은 우리의 잠을 쫓아 준다. 그래서 향을 '고반월(古伴月)'이라고도 부르는 것이다.

분홍 잠옷을 걸친 여인이 그대 옆에 서 있고, 향로에 쬐는 여인의 손을 그대가 쥐면서 시로 소곤거릴 때, 향은 그대 마음을 뜨겁게 하여 한층 연정을 돋운다. 그래서 향을 '고조정(古助情)'이라 부르는 것이다.

또 비 오는 날 오후의 낮잠에서 깨어, 닫힌 창 가까이 앉아 글을 쓰고, 묽은 차의 풍미를 맛보고 있을 때, 향로는 바야흐로 덮혀져서 형언할 수 없는 짙은 향기가 주위에 감돌고, 몸 주위에 자욱하다. 잔치가 파하고 객이 깨어나면 중천의 둥근 달이 맑은 밤하늘을 교교히 비추고 있다. 손가락으로 칠현금 줄을 뜯으며 푸른 산 모습을 아득히 눈을 들어 바라보고, 사람 없는 누각 안에서 긴 휘파람을 분다. 타다 남은 향에서 피어오르는 가냘픈 연기는 발〔簾〕언저리에 감돈다. 이와 같은 풍정은 한층 버리기 어렵다. 향은 또 악취를 막고 습기 찬 곳의 역한 냄새를 몰아내며, 적어도 인간이 가는 곳이면 어디서든지 유용한 것이다.

제일 질이 좋은 향은 가남(伽南)인데, 이건 좀처럼 구하기가 힘들다. 산중에 사는 사람들은 도저히 입수할 가망이 없다. 그에 버금가는 것은 침향목(沈香木), 일명 가라목(伽羅木)이라고도 하는 것으로, 세 등급이 있다. 일등품은 지나치게 냄새가 독하고 또 날카로워서 자극이 너무 심한 결점이 있고, 3등품은 지나치게 건조하며 연기도 너무 많다. 한 냥으로 6,7푼 정도 살 수 있는 2등품의 냄새는 가장 순하여 최우수품이라 하겠다.

차를 달인 뒤의 숯불을 향로에 넣어서 서서히 그것을 덥힐 수도 있다. 마음이 충족된 그런 한때, 사람은 인간계를 떠나 우화등선(羽化登仙), 선계(仙界)에 노는 기분이 든다. 아, 크도다. 이 기쁨! 오늘날의 사람들은 진실한 방향(芳香)의 감상력이 없어서 이상한 이국적인 향 이름만을 구하여, 몇 가지의 향을 혼합해 가지고는 쓸데없이 옛날의 향과 경쟁하려 든다. 침향목 냄새야말로 참으로 자연의 냄새이며, 그 좋은 것은 형언하기 어려운 가훈청향(佳薰淸香)이 있음을 그들은 모른다.

술 마시는 즐거움

나는 술을 못하므로 술에 대해 말할 자격은 전연 없다. 내 주량으로 말하면 쌀로 만든 소흥주(紹興酒) 석 잔이 고작이며, 맥주는 단 한 잔으로 완전히 취해 버린다. 이것은 정녕 체질 문제로서 차를 즐기고 술을 마시며 담배를 피우는 소질은 아무래도 병립하지 않는 모양이다. 술고래인 친구 중에는 궐련을 절반도 채 피우기 전에 벌써 기분이 나빠지고 마는 자가 있는데, 나는 그 반대로 적어도 눈을 뜨고 있는 동안은 줄담배를 피우고 있지만 이렇다 할 영향은 조금도 느끼지 않는다. 그런데 술이라면 아주 무기력하다.

어쨌든 이립옹(李笠翁)은, 차를 크게 좋아하는 사람은 술을 좋아하지 않고, 대주객은 또 차를 즐기지 않는다는 단호한 의견을 써서 남기고 있다. 그 자신은 차는 몹시 좋아했지만, 스스로 술꾼다운 태도를 보인 적은 단 한번도 없다고 고백하고 있다. 술이 나쁘면 나쁘다고 정직하게 고백하고 있는 경애하는 중국 문인들을 많이 발견하는 것은 나의 다시없는 기쁨이며 위안이다. 나는 상당한 시간을 소비하면서 그들의 편지와 그밖의 문서에서 이러한 고백을 모아 보았다. 이립옹도 그중의 한 사람이다. 그밖에 원매(袁枚) · 왕어양(王漁洋) · 원중랑(袁中郎)이 있다. 그렇지만 모두가 술은 못 마시지만 취흥을 이해하는 사람들이다.

나는 술에 대해 말할 자격은 없지만 이 제목을 무시할 수는 없다. 왜냐하면 술은 다른 무엇보다도 문학에 대해 위대한 공헌을 했고, 크게는 인간의 창조력을 도왔으며, 제법 오랫동안 공적을 이룩해 왔기 때문이다. 끽연의 풍습이 일어나고부터는 술과 담배가 서로 맞섰다. 음주의 쾌감, 특히 중국 문학에서 언제나 볼 수 있는 이른바 '거나함'의 쾌감은 내게는 항시 신비한 것처럼 생각되었는데, 상해(上海)의 어느 미인이 얼근히 취한 기분으로 '거나함'의 공덕을 주장하는 걸 듣고부터는, 나도 그게 사실인지도 모른다고 생각하기 시작했다.

"저는 얼근한 기분으로 지껄이고만 있지요. 하지만 이럴 때가 제일 좋은 거예요, 제일 행복한 거예요."

얼근한 기분일 때는 의기양양함이 있고, 어떤 장애라도 정복할 자신이 충만하며, 감수성도 꽤나 예민해지고, 그리고 현실과 공상의 중간에 가로놓여 있는 듯싶은 창조적 사고력은 어느 때보다 활발히 작용하는 것 같다. 또 창조적 활동에는 극히 필요한 자신과 호기(浩氣)가 생기는 모양이다. 이 자신만만한 기분과 단순한 규칙이나 기술에서 해방됨의 중요함은 예술 부문에 종사할 때 매우 확연히 알 수 있다.

중국인은 차에 관하여는 서양인에게 가르칠 수 있지만, 술에 관하여는 그 반대다. 중국의 어디를 가나 소흥주(紹興酒) 일색이며, 다른 술은 본 일이 없다. 그래서 미국의 주점에 들어가면 갖가지 형태의 병에 갖가지 상표를 붙인 술이 진열되어 있으므로 어리둥절해지고 만다. 소흥주 외에도 예닐곱 가지의 술이 있기는 하다. 몇 가지의 약용 포도주 이외에 수수에서 짠 고량주도 있지만, 중국 술의 일람표는 곧 끝나 버린다. 중국인 사이에서는 요리에 따라서 다른 술을 낸다는 치밀함이 발달되지 못했다. 한편 소홍주의 보급은 대단한 것으로 그 이름이 생긴 소흥 지방에서는 여자애가 태어나면 양친은 지체 없이 한 독의 술을 담가 둔다. 그리고 딸이 시집갈 때는 20년 묵은 술을 적어도 한 독만은 혼수의 하나로서 반드시 가지고 가게 한다. 이 술의 본명 '화조(花雕)'는 그런 데서 온 것으로, 항아리 장식의 화려한 '꽃무늬'를 뜻한다.

중국인은 술 종류가 적은 결점을, 음주에 알맞은 때와 환경을 까다롭게 주장하는 것으로 보충하고 있다. 술을 욕심 내는 마음은 본래는 정당한 것이다. 술과 차의 대조는 이런 식으로 표현되고 있다.

"차는 세상을 버린 사람과 같고, 술은 기마무사(騎馬武士)와 같다. 술은 좋은 우정을 위해 있고, 차는 조용한 덕 있는 사람을 위해 있다."

어느 중국 작가는 음주에 알맞은 심경과 장소를 분류하여 이렇게 쓰고 있다.

"어색한 자리에서의 술은 천천히 유장하게 하라. 속 편하게 마실 수 있는 술은 적잖게 낭만적이게 하라. 병자의 술은 소량이어야 하며, 슬픔의 술은 취하기 위해서 마시라. 봄 술은 정원에서 하라. 여름 술은 들에서 하라. 가을 술은 쪽배 위에서, 겨울 술은 집에 틀어박혀서, 밤 술은 달빛 아래서가 좋은 줄 알라."

또 다른 작가는 이렇게 말하고 있다.

"취하는 데는 때와 장소가 있다. 꽃의 색향과 조화하려면 햇볕 아래서 꽃을 대하고 취해야 하며, 상념을 씻으려면 밤의 눈(雪)을 향해 취해야 한다. 성공을 기뻐하여 취하는 자는 그 기분에 화합하여 노래를 한 곡 불러야 하고, 송별연에 임하여 취하는 자는 이별의 정에 곁들여 한 곡의 음악을 연주해야 된다. 선비가 취하면 수치를 면하기 위해 행동을 삼가야 하며, 군인이 취하면 위용을 높이기 위해 크게 술을 분부하여 위엄을 더해야 한다. 누각 위에서의 잔치는 서늘한 기운을 이용하기 위해 여름이 좋으며, 강물 위에서의 잔치는 의기양양한 자유 감회를 더하기 위해 가을이 좋다. 이것이 곧 기분과 경치에 알맞은 음주의 올바른 방법인데, 이 법칙을 어기면 음주의 낙은 상실될 따름이다."

술에 대한 중국인의 태도와, 음주 중의 예의범절은 이해하기 어려운 점도 있고 비난할 점도 있지만, 또 칭찬할 점도 있다. 비난할 점은 더 못마시겠다는 사람에게 억지로 마시게 하며 기뻐하는 습관이다. 이런 습관이 서양 사회에도 있다거나 일반적으로 이루어지고 있다는 이야기를 나는 들은 적이 있다. 혼자 마시건 모여서 마시건 단순한 양보다도 술의 신비적인 가치를 존중함이 주당(酒黨)의 정칙(定則)이다.

다만 술을 강권한다는 것도 유쾌하고 소탈한 기분에서 나온 것으로, 그로 인해 자리가 활기를 띠게 됨은 사실이다. 여기서도 저기서도 소란한 소리가 일어나고 자리가 법석이게 된다. 그것이 또한 자리의 흥을 돋운다. 누구나 다 자기를 잃고 손님들은 큰소리로 술을 재촉하고 자리를 뜨고 바꾸고 하여, 누가 주인이고 누가 손님인지 알 수 없게 되어 버린다. 이런 모양은 보고만 있어도 기분이 좋은 광경인 것이다.

그러나 그런 주연은 대체로 술 시합으로 전락하기 일쑤여서, 일동은 대단한 술 자랑과 교활한 지혜와 책략과 어떻게 하든 상대를 굴복시키려는 기세로써 경쟁하게 된다. 누군가가 부정행위를 감시하는 파수꾼이 되어 상대 측의 비밀 전술을 경계해야만 된다. 그 재미는 아마도 경쟁 정신속에 있을 것이다.

중국인의 음주의 칭찬할 점은 그 떠들썩함에 있다. 중국의 요리점에서 식사를 하고 있노라면 축구 시합장에라도 가 있는 듯한 기분이 드는 수가 있다. 그 소리의 소용돌이는 도대체 어디서 생기는 것일까. 저 축구 시합의 갈채나 응원과 같은 아름다운 리듬은 어디서 오는 것일까?

'할권(割拳)' 풍습으로부터 오는 것이다. 할권은 저편과 이편이 동시에 몇 개든 손가락을 내밀어 쌍방의 손가락 수의 합계를 큰소리로 서로가 맞히는 놀이이다. '1, 2, 3, 4' 등등의 수는 모두 시적인 음절(音節)이 많은 말로 표현된다. 이를테면 '칠성(七星・七鵲;북두칠성의 별자리)'이라거나 팔준(八駿)・팔선도해(八仙渡海) 등이 그것이다.

쌍방이 모두 완전히 가락에 맞추어 동시에 손가락을 내미는 동작을 해야만 되는 것이므로 수를 나타내는 말은 자연 일정한 음악적 박자, 또는 소절(小節)을 취하게 되어 있으며, 그 속에 갖가지 다른 음절을 압축시켜 버려야만 한다. 수를 불러대는 소리가 끝나고 다음 차례로 옮아가는 막간에는 시작(始作)의 신호를 내는 일정한 소리가 들어가며, 그것이 또 별도의 소절을 이룬다. 이리하여 한 편이 적중하기까지 노래는 끊임없이 리드미컬하게 계속되어 나가는데, 진 편은 약속에 따라 큰 잔이건 작은 잔이건 찰찰 넘치는 술을 한 잔, 두 잔, 석 잔을 건배해야만 한다.

손가락 수를 맞히는 것은 전연 짐작으로 하는 것이 아니라, 상대가 계속 같은 수를 내는가, 어떤 순서로 수를 바꾸는가, 그런 버릇을 꿰뚫어보고 하는 것이므로 머리를 약간 민활하게 작용시킬 필요가 있다. 이 놀이의 재미와 진행이 어떠한가는 놀이하는 사람들의 스피드와 일관성 있는 리듬에 달려 있다.

여기서 우리는 주연 개념의 핵심에 도달한 것이다. 이것이 잘 납득되어야만 중국 연회의 길이, 요리의 수, 서비스 방법 등이 십분 이해되는 것이다. 중국인이 연회에 참석하는 것은 먹고 마시고 하기 위해서가 아니다. 차례차례로 나오는 요기 중간 중간에 이야기하고, 서로 농담을 해대고, 갖가지 문학적인 수수께끼나 시가(詩歌) 놀이를 하며 유쾌한 시간을 보내기 위해서이다.

5분 간격으로, 혹은 7분이나 10분 간격으로 식탁에 나타나는 한 접시의 요리에 일동은 한 젓가락이나 두 젓가락씩 젓가락을 대지만, 좌중(座中)은 오히려 요리가 나올 적마다 구분 지어지는 말 씨름 같다.

이와 같은 식사법에는 두 가지 효과가 있다. 첫째로, 말 놀이의 소란은 체내로부터 알코올 성분을 발산시키는 데 유효할 것임은 의심할 나위가 없다. 둘째로, 한 시간 이상이나 계속되는 연회가 끝날 때까지는 먹은 음식의 어느 부분은 이미 소화되어 있으므로 먹으면 먹을수록 오히려 배가 고파진다는 셈이 된다. 식사 중 잠자코 있는다는 것은 결국 하나의 악덕이다. 비위생적이고도 부도덕하다.

중국인은 한편 라틴적 쾌활함과 상통하는 유쾌한 국민인데, 그 점에 지금도 의문을 품고, 중국인은 무뚝뚝하고 침착하고 감정이 없는 인종이니 하는 선입관에 아직 사로잡혀 있는, 중국에 와 있는 외국인은, 중국인의 먹고 마시고 하는 광경을 보아야 한다. 그때야말로 중국인이 본래의 성질을 발휘하고 있을 때이며, 도덕적 완성이 완전한 영역에 이르러 있을 때이니까. 만일 중국인으로 태어나서 먹고 마시는 가운데 유쾌한 시간을 보내지 않는다면 도대체 언제 즐길 수 있겠는가?

중국인의 주연이 두 시간쯤은 대수롭지 않게 지나가 버린다는 것은 이상하지 않다. 식사 목적이 단지 먹고 마시는 게 아니라 유쾌한 즐김에 한몫 끼어들어 신나게 떠드는 데 있기 때문이다. 그런 뜻에서 말하면 얼근한 기분으로 취하는 게 최상의 음주법이다. 줄 없는 거문고를 타며 즐겼던 시인 도연명처럼, 애주가에게는 정서(情緖)가 제일 귀중한 것이리라. 그러나 술의 정서는 술을 못하는 사람도 즐길 수 있다. '일자 무식이라도 시흥(詩興)을 알고, 기도 하나 못해도 종교심이 있으며, 술 한 방울 못해도 시흥을 이해하고, 암석론(岩石論) 하나 몰라도 그림에 대한 회포가 있는 자도 있다.' 이런 사람들이야말로 시인·성인·애주가·화가와 자리를 같이할 자격이 있는 사람들이다.

음식과 약에 대하여

'집'이라는 것을 넓은 의미로 해석하면, 생활에 관계되는 모든 것이 함축된다. 그와 마찬가지로 넓은 관점에서 본 '음식물'은 본래 우리에게 영양을 주는 모든 것을 내포한 것이라고 보아야 한다. 우리는 모두 동물이므로, 먹어야 하는 존재임은 누구나 알고 있을 것이다. 인간은 신의 무릎 위에서 수호받고 있는 게 아니라, 요리사의 무릎 위에서 수호받고 있는 것이다. 그래서 중국의 신사는 요리사를 소중히 여긴다. 생활의 기쁨 대부분이 요리의 취사 선택을 하는 요리사의 솜씨에 달려 있기 때문이다.

서양인도 그러리라 여겨지지만, 중국의 부모들은 항상 유모를 소중히 여기고 친절을 베풀려고 애쓴다. 그것은 어린것의 건강이 오로지 유모의 기분, 행복, 일반적인 생활조건에 달려 있음을 알기 때문이다. 어린것에 대해서와 똑같이 자기 자신의 건강도 배려한다면, 음식을 만들어 주는 요리사에 대하여도 똑같은 친절한 대우를 해 주어야만 한다.

청명한 아침 잠자리 속에서 마음을 가라앉히고, 대관절 이 세상에서 참으로 기쁨을 주는 건 무엇일까 하고 손꼽아 헤아려 보면, 늘 음식이 첫째로 꼽힘을 알게 된다. 그러므로 집에서 좋은 걸 먹고 있느냐 아니냐를 보는 것은 사람의 어질고 못남을 아는 확실한 테스트이다.

현대 도시 생활의 속도는 매우 빨라져서, 요리나 음식 문제에 시간이나 마음을 할애할 틈은 더욱더 적어졌다. 가정의 주부이기도 하고 훌륭한 저널리스트이기도 한 아내가 남편에게 통조림 수프나 누에콩 따위를 내놓더라도 남편 쪽에서 불평할 수는 없다. 그러나 인간이 먹기 위해 일하는 게 아니고 일하기 위해 먹는 거라면 약간 미친 듯한 생활이다.

남에게 친절하고 너그러이 대하려고 하기 전에, 우선 어느 정도 자기 자신에게 친절하고 너그러워야만 한다. 부인이 시(市) 행정의 추악상을 폭로하고 일반적 사회 상태를 개선할 수 있었다 해도, 가스 구멍을 둘 다 써서 번개처럼 요리하여 10분 안에 쓸어 넣듯이 밥을 먹어야만 한다면 도대체 무슨 꼴이란 말인가. 옛날 공자는 요리가 서투르다 하여 아내와 이혼했는데, 이런 여자라면 즉각 공자한테 이혼장을 받게 될 게 뻔하다.

공자 측에서 이혼을 선언했는지 아내 측이 이 까다로운 인생 예술가의 주문에서 벗어나기 위해 뛰쳐나갔는지, 속사정은 별로 분명치 않다. 공자의 주문은 "쌀은 아주 새하얀 것이어야만 된다, 다진 고기는 아주 잘게 썰어야만 된다."는 것이다. 부인이 '고기에 알맞은 양념을 쳐서 내지 않았을 때'나 '반듯이 썰지 않았을 때'나, '고기 빛깔이 좋지 못했을 때'는 공자는 젓가락을 대지 않았다. 그렇게 투정을 부렸어도 부인은 참았던 모양이다.

그런데 하루는 신선한 음식물이 떨어졌으므로 아들 이(鯉)를 근처의 식료품점에 보내어 술과 냉육(冷肉)을 사오라 하여, 그걸로 임시 조치를 하려고 하자, 공자는 "난 집에서 만든 술이 아니면 안 마신다, 가게에서 사온 고기는 안 먹는다."고 한 것이다. 부인으로서도 이쯤 되면 짐을 꾸려 도망칠 수밖에 없지 않은가. 이 공자 부인의 심리는 내 관찰에 불과하다. 공자가 가엾은 아내에게 과한 가혹한 조건은 고전〔《論語》 鄉黨 제10편〕 가운데 남아 있다.

중국인은 음식물을 넓게는 영양물로 생각하고 있으므로, 음식물과 약을 전연 구별하지 않는다. 몸에 좋은 것은 약인 동시에 음식물이기도 하다. 병을 다스리는 데 음식물이 얼마나 중요한 것인가를 현대 과학이 인정하게 된 것은 겨우 전 세기에 들어서부터의 일이지만, 오늘날에는 다행스럽게도 모든 현대식 병원이 전문 식이요법가(食餌療法家)를 반드시 고용하고 있다. 현대의 의사가 한발 더 나아가서 식이요법가를 중국에 보내어 수업시킨다면 약의 필요는 상당히 줄어들 것이다.

중국의 옛 의학자 손사막(孫思邈)은 말했다.

"참된 의사는 먼저 병의 원인을 찾아낸다. 병의 원인을 알면 처음에는 우선 음식물로 치료하려고 한다. 식이요법이 실패로 끝났을 때 비로소 약의 처방을 쓴다."

원나라 궁정에 전속된 어느 명의(名醫)가 1330년에 지은 책이 있는데, 그것은 중국에 현존하는 식이요법에 관한 가장 오래된 책이며, 음식물은 본래 양생(養生) 문제라 하고, 서론에 다음과 같은 주의를 내걸고 있다.

건강에 유의하는 자는 적게 먹고, 걱정을 없애고, 욕망을 줄이고, 감정을 누르고, 체력에 주의하고, 말을 적게 하고, 성패를 경시하고, 슬픔과 고통에 개의치 말고, 어리석고 못난 야망을 몰아내고, 좋아하고 미워하는 생각을 피하고, 시력과 청력을 안정시키고, 내장의 섭생에 충실하라.

정신을 고달프게 하고 영혼을 괴롭히는 일이 없다면 어찌 병이 나겠느냐? 그러므로 심신을 기르고자 하는 자는 배가 고플 때만 먹고, 결코 배를 채워서는 안된다. 또 목이 마를 때만 물을 마시되 배불리 마셔서는 안된다. 오랜 간격을 두고 조금씩 먹어야 되고, 너무 많은 양을 쉴 새 없이 먹어서는 안된다. 배부를 때에 약간 배고픔을 느끼고, 배고플 때에 약간 배부름을 느끼게끔 해야 한다. 배를 가득 채우면 폐를 해치고 공복은 정력 활동을 해친다.

이런 까닭에 중국의 모든 요리책과 같이 이 요리책도 마치 약국의 처방 같은 느낌이 든다. 그러므로 우리는 중국인이 약과 음식물을 알맞게 혼동하고 있음에 대해 축의를 표해야만 한다. 이것이 있기에 중국의 약이 더욱 약다워지고, 중국의 음식이 더욱 음식다워지게 된 것이다.

중국의 원사(原史)시대에 이미 포식(飽食)의 신이 나타났다는 사실은 상징적인 뜻이 있는 듯싶다. 그것은 도철선(饕餮仙)이라는 신으로, 그 옛날에 청동 조각이나 석조(石彫)의 테마로 즐겨 채택되었던 것이 오늘날 발견되고 있다.

이 도철선의 영(靈)이 중국인 속에 깃들어 있다. 그것이 중국 약전(藥

典)을 요리책과 같은 것으로 하고 중국 요리책을 약전과 같은 것으로 했으며, 또 자연과학의 일부분으로서의 식물학이나 동물학이 중국에서 발달함을 불가능케 한 것이다. 중국의 과학자는 뱀이나 원숭이, 악어 고기나 낙타의 혹은 어떤 맛이 날까를 늘 생각하고 있다. 중국에서 참된 과학적 호기심은 식도락의 호기심인 것이다.

미개인들은 모두 의약과 마법을 혼동하고 있고, 노장(老莊)의 무리는 '양생(養生)'과 불로불사, 또는 장수법을 찾아 구함을 중심 목적으로 삼고 있었는데, 이런 점에서 생각하면 음식물과 약은 왕왕 그들 사이에서 혼용되고 있음을 알 수 있다.

좀 전에 든 원나라 때의 궁정 요리책《음선정요(飮膳正要)》에는 장수법과 무병, 식재(息災)법을 논한 몇 장이 있다. 노장 무리는 열정적으로 자연에 귀의하고 있으므로, 항상 식물성 음식물과 과실의 효력을 역설하는 경향이 있다. 학자는 이슬로 자란 우아한 풍미를 지닌 신선한 연실(蓮實)을 먹는 것을 고상한 기쁨의 으뜸으로 치고 있는데, 이것은 시(詩)와 노장파적 세속 탈피감과 결부되어 있는 듯하다. 가능하면 이슬 그 자체가 마시고 싶은 것이리라. 이 종류에 속하는 음식에 송실(松實)·쇠귀나물·눈동이나물 뿌리가 있는데, 신기(神氣)를 장쾌하게 하고 정신을 정화하는 것이므로, 모두 장수에 효과가 있는 것으로 안다. 연씨를 먹으면 색욕과 같은 인간적 번뇌가 일어나지 않게 되는 모양이다. 그보다 좀더 약다운 것으로 장수에 뛰어난 효과가 있으면서 평소에 식사의 일부로 제공되는 것은 칡·지황(地黃)·고려인삼·창출·자운영·여뀌 등 이밖에도 많이 있는데, 특히 고려인삼은 그중 뛰어난 것이다.

중국의 약전은 서양 과학자에게 광대한 연구 분야를 제공하고 있다. 서양 의학이 간장(肝臟)에 조혈(造血)기능이 있음을 발견한 것은 겨우 과거 십 년 이내의 일이지만, 중국인은 옛날부터 짐승의 간장은 노인에게 중요한 강장제가 된다고 믿고 있었다. 서양의 고기 장사가 돼지를 잡으면 콩

팥 · 밥통 · 장(거기에는 위액이 충만되어 있음이 분명하다) · 선지 · 골수 · 머릿골 등, 최대의 영양 가치를 지닌 부분을 모두 버리는데, 이건 아무래도 내겐 이해가 안된다. 뼈는 인간 혈액의 적혈구가 만들어지는 곳이라는 사실이 요즈음 간신히 발견되기 시작하고 있다. 양뼈 · 돼지뼈 · 쇠뼈 등을 일품의 수프로 하지 않고 내버리는 것은 놀라운 식품 가치의 낭비라 생각하지 않을 수 없다.

내가 보건대 참으로 좋은 맛을 구하는 철학은 결국 다음의 세 가지로 요약되는 게 아닐까 한다. 즉 신선함과 풍미와 이〔齒〕에 닿는 감촉이다.

세계 제일의 요리사라도 요리를 만들 신선한 재료가 없으면 양배추 요리 한 접시도 못 만드는 것이며, 사실 이 분야의 명인은 조리술의 절반까지는 재료 구입에 있다고 말한다. 17세기의 위대한 쾌락주의자이며 시인인 원매(袁枚)가 고용하고 있던 요리사는 요리를 시켜도 그 재료가 제철인 때가 아니면 절대로 응하지 않았던 사나이였지만, 원매는 이 사나이를 위대한 권위자라 칭찬해서 쓰고 있다. 이 요리사는 성미가 급한 사람이었으나 주인이 풍미를 알아주는 사람이므로 오래 계속하여 봉사할 수 있었던 것이라고 고백하고 있다.

무슨 특별한 연회의 요리사로 허리를 굽히고 불러야만 오는 육십이 넘은 노 요리사가 지금도 사천성(四川省)에 있다. 게다가 재료를 사 모으는데 일주일의 여유를 주고, 재량껏 지휘봉을 휘두르게 하며, 메뉴 결정도 일체 일임해야만 하는 모양이다.

연하다거나, 졸깃졸깃하다거나, 오돌오돌하다거나, 감칠맛이 있다거나 하는 음식물의 이에 닿는 감촉은 대부분 불에 익히는 시간과 화력의 강약에 따른다. 중국의 요리점에서는 가정에서 안되는 요리를 만들 수 있는데, 그것은 훌륭한 솥을 갖추어 놓고 있기 때문이다. 풍미해 대해 말하자면, 음식물에는 분명히 두 종류가 있다. 소금이나 간장 이외의 것을 넣지 않고 음식물 그 자체가 지닌 즙액으로 요리하면 가장 맛있는 것이 그 하나요, 다른 음식물의 맛과 곁들이는 것을 최상의 법으로 치는 것이 다른 하나다.

생선의 경우로 말하자면, 신선한 연어나 송어를 제일 맛있게 먹으려면 그 자체의 즙액으로 요리해야 하며, 청어 같은 기름기가 많은 생선은 소금물에 절인 중국의 콩과 함께 조리하면 아주 그만이다. 옥수수와 콩에 돼지고기를 함께 삶은 미국의 사커태쉬(succotash) 등은 완전히 맛이 조화된 요리의 한 예이다.

자연계의 어떤 종류의 맛은 서로 다른 맛과 곁들여졌을 때에 비로소 최고 좋은 맛이 나게끔 만들어져 있는 것 같다. 죽순(竹筍)과 돼지고기는 어울리는 한 쌍인 듯 서로가 상대의 냄새를 빌리고 빌려주게끔 되어 있다. 햄은 단 것과 잘 조화되는 모양으로, 내가 상해(上海)에서 부리던 요리사는 햄과 질이 좋은 금빛 북경 대추를 찜통에 쪄낸 것이 그의 가장 큰 자랑거리 요리의 하나였다.

검은 목이버섯과 오리알도 수프로 만들면 잘 조화되고, 뉴욕의 새우는 중국의 소금에 절인 두부 소스와 조화되는 것이다. 사실 자기 맛을 다른 음식물에 빌려주는 것을 주요 임무로 하고 있는 식품은 상당히 많다. 표고버섯·죽순·사천(四川)의 잡채 등이 그것이다.

그리고 중국인이 가장 귀중히 여기는 음식물로서, 제 자체의 맛은 없으면서도 전연 다른 것과 어울려서 맛있는 것이 되는 음식물도 제법 많다. 중국 요리 중 가장 값진 것으로서 없어서는 안되는 세 가지 특징은 무색·무취·무미이다. 그런 음식물은 상어지느러미·제비집·목이버섯이다. 모두가 아교 같으며 무색·무미·무취하다. 이런 것들이 왜 굉장히 맛있느냐 하면, 항상 대단히 비싼 수프로 만들어지기 때문이다.

서양 옷에 대한 생각

양복은 현대적인 터키인·이집트인·인도인·일본인·중국인 사이에서 널리 사용되고 있으며 전세계 외교관의 공식 복장으로서 보편성을 가지고 있다. 그런데도 나는 아직도 구식(舊式) 중국옷에 집착하고 있다. 많은 친구들이 왜 양복을 안 입고 중국옷으로 일관하느냐고 흔히 묻는다. 게다가 이런 패거리가 다 내 친구라 일컫고 있으니 기가 막힌다! 그런 질문을 할 정도라면, 왜 너는 두 다리로 서 있느냐고 묻는 편이 낫다. 그런데 이제부터 그 까닭을 여러분에게 설명하려고 생각하지만, 이 두 가지는 우연한 관계를 지니고 있다.

내가 세계 유일의 '인간적'인 옷을 입고 있는 이유를 왜 설명해야만 되는 것일까. 내가 태어난 나라의 옷을 입고 잠옷과 실내화로 현재 이렇게 집 안팎을 걸어다니고 있는 인간이, 숨막힐 듯한 칼라·조끼·혁대·멜빵, 꽉 조이는 한 켤레의 양말 속에 틀어박히는 것을 싫어하는 이유를 설명할 필요가 도대체 어디에 있는가. 우수한 포함(砲艦)이나 디젤 엔진을 연상한다는 사실 외에 양복의 명성은 확실히 근거를 가지고 있지 않다. 양복은 심미적·도덕적·위생적 또는 경제적 이유를 들어 옹호할 수는 없다. 그 우월성은 순전히 정치적인 것에 불과하다.

중국옷과 양복의 배후에 있는 철학의 차이는 양복이 인간의 자태를 나타내려고 함에 반하여, 중국옷은 그것을 숨기려고 하는 점에 있다. 사람의 몸뚱이는 본래 원숭이를 닮고 있는 것인즉 일반적으로 너무 노출하지 않을수록 좋은 것이다. 불알만 가린 간디의 모습을 생각해 보라! 그러니까 양복으로 버틸 수 있는 것은 미적 감각이 결여되어 있는 사람들의 세계에서뿐이다. 완전한 인간의 자태는 좀처럼 없다고 누구나가 말한다. 만일 의심쩍다면 누구라도 좋으니 코니 아일랜드(뉴욕 항구의 피서지)에 가서 참 인간의 자태란 어떤 것인지를 바라보는 것이 좋다.

그런데 양복은 거리를 다니고 있는 사람이라면 누구라도 우리의 허리 둘레가 32인치인지 38인치인지 짐작할 수 있도록 디자인되어 있다. 인간이 어째서 내 허리 둘레는 32인치요 하고, 세상을 향해 공언을 해야만 하는 것인가. 그리고 허리 둘레의 치수가 가끔 유별난 것일지라도 왜 그것을 품이 넓은 옷 속에 남몰래 숨겨 둘 권리가 없는 것일까.

양복은 20세에서 40세까지의 젊은 여성의 미용과, 자연의 육체적 리듬이 아직 비문명한 생활 형태에 지배당하고 있지 않은 모든 어린이들에게는 알맞은 것이라고 내가 믿는 이유가 여기에 있다. 그러나 이것은 모든 남녀에게 공중의 눈앞에 그 자태를 나타내라고 요구하는 것과는 자연 이야기가 다르다.

이브닝 드레스를 입은 고상한 부인은 동양의 재봉사 따위는 상상조차 한 적이 없는 훌륭한 매력을 풍기고 있지만, 한편 영양 과다와 수면 과잉의 평범한 40대의 귀부인이 오페라 첫날에 금빛 찬란한 품이 너른 옷을 입고 있는 일이 흔히 있는데 이것 역시 서양이 발명해 낸 꼴불견의 하나이다. 중국옷이 이런 것에 대하여는 양복보다 친절하다. 중국옷은 죽음처럼 대소미추(大小美醜)를 모두 한결같이 만들어 버린다. 그러므로 중국옷은 양복보다 민주주의적이다.

심미적 고찰은 이쯤 해 두고 이번에는 위생과 상식에서 본 반대 이유를 말하겠다. 적어도 제정신을 가진 인간이라면 교황청의 추기경 리슐류나 월터 롤리 경 시대의 유물인 칼라가 건강상 좋은 것이라고는 말할 수 없으리라. 사실 서양에서도 대체로 무엇을 생각한다는 자는 모두가 거듭 거듭 칼라에 반대해 왔다. 서양 부인복은 목둘레에 옛날에는 여성에게 허용되지 않았던 쾌적함을 충분히 획득했다. 이에 반하여 남자의 목은 몹시 흉하고 부도덕해서 공공연하게 사람들 앞에 드러낼 수 없는 것이므로, 허리 둘레만이라도 눈에 띄도록 해 놓아야 하지만 목은 감춰야 한다고, 서양의 유식한 사람들은 지금도 그렇게 생각하고 있다. 이 악마적 견해의 결과 여름은 적당한 통풍도 없고 겨울은 적절한 방한법도 강구치 못하여 사계절을 통하여 사물을 바르게 생각할 수가 없게 되었다.

칼라에서 아래쪽은 인간의 상식을 사정없이 짓밟아 온 한 편의 슬픈 역사다. 네온사인이나 디젤 엔진을 발명할 만큼 현명한 서양인에게는 현대인의 몸뚱이에서 자유로운 것은 머리뿐이라는 것을 알아챌 만큼의 상식조차 없다. 살갗에 착 달라붙어 통풍을 방해하는 내의라든가 상체를 구부리지 못하게 하는 조끼라든가, 영양 상태가 다르면 자연 달라질 터인데도 그런 걸 일체 인정하지 않는 멜빵이나 혁대나, 일일이 늘어놓을 것까지도 없다.

그중에서 가장 불합리한 것은 조끼라는 것이다. 나체의 자연스러운 폼을 연구한 일이 있는 사람이라면 완전한 직립 자세 때가 아니면 등줄기와 가슴의 선의 길이가 결코 동일하지 않음을 알고 있다. 또 그 딱딱한 앞자락이 붙은 와이셔츠를 입은 일이 있는 사람은 몸을 앞으로 굽힐 때마다 그 딱딱한 앞자락이 툭 빠져나온다는 것을 경험상 알고 있다. 그런데 조끼는 이 두 선의 길이가 항시 동일하다는 가정에 입각하여 디자인된 것이므로 조끼를 입은 사람은 만부득이 완전한 직립 자세를 취하고 있어야만 되었다. 그러나 사실상 아무도 그렇게 긴장하고만은 있지 못하므로, 그 결과로서 몸을 움직일 때마다 조끼 하단이 빠져나오거나 주름이 잡히거나 하여 신체를 압박하는 것이다. 비만중 남자의 경우는 조끼 하단은 어김없이 반달형의 선을 이루어 앞쪽으로 불거져 나와 있다. 그 틈으로 바지와 혁대 안쪽의 반달형의 선이 삐죽이 나와 있다.

적어도 인간의 발명품 중에 이보다 끔찍한 것이 있을 수 있겠는가. 끔찍하게 인간의 신체를 이런 식으로 졸라매 버린 데 대한 항의 운동으로서 저 나체주의 운동이 발생한 것은 전혀 이상한 일이 아니다.

다만 인간이 아직도 네발짐승의 단계에 있다면 혁대에도 얼마간의 존재 이유는 있을 것이다. 즉 말에 안장을 얹는 식으로 죌 필요가 있기 때문이다. 그런데 인간은 이미 두 발 직립의 자세를 취하고 있는데, 혁대는 인간이 아직도 네발짐승이라는 가정으로 만들어져 있다. 해부해 보면 잘 알 수 있지만 배의 근육은 모든 무게를 등뼈로 지탱하는 네발짐승에 맞도록 생겨 있는 것이다. 그런데 인간은 두발 직립 자세를 취하게 되었다. 그 비참한 결과로서 인간의 어머니들은 동물에는 없는 유산(流産)의 재앙을 짊어지게 되었고, 남자의 혁대는 중력으로 흘러내리는 경향을 갖게 된 것이다.

그것을 막기 위한 유일한 방법은 흘러내리지 않도록 혁대를 꽉 죄는 것인데, 그러면 자연스럽게 진행되는 모든 장(腸) 운동이 저해당하는 결과가 온다는 사실도 한번 생각해 봄직하다.

서양인이 장차 비이기적인 방면으로 한층 진보되었을 때 언젠가는 자기 자신의 문제에 대하여도 한층 시간을 갖게 되고, 복장 문제에 대하여도 좀더 상식을 활용하게 되리라고 나는 확신하고 있다.

서양 부인이 일찍이 부인복의 간소함과 복장 상식을 터득한 데 반하여 남자는 복장 문제에 대해 보수주의에 빠져 혁신을 두려워한 벌로서 지금 막대한 벌금을 치르고 있는 셈이다. 2,30년 뒤의 일이 아닌 몇 세기의 먼 장래의 일을 말하면 서양 남자도 부인복이 모범을 보여 주듯이 결국 두발 직립에 알맞는 합리적인 옷을 만들어 내리라고 나는 굳게 믿고 있다. 혁대나 멜빵과 같은 성가신 것들도 차츰 소멸되고 몸에 딱 맞는 우아한 폼으로 아주 자연스럽게 어깨에서 내려뜨려지는 옷이 연구될 것이다. 무엇을 넣어 부풀린 어깨나 접어 잦힌 옷깃 같은 쓸데없는 것은 없어지고, 오늘날의 디자인을 대신하여 실내복의 재킷 등과 흡사한 매우 상쾌한 모양의 복장이 출현하리라.

내가 보기에 장래의 남성복과 부인복의 큰 차이는 다만 남자는 바지를 입는 데 비해 여자는 치마를 입는다는 것 정도가 되고 말 것이다. 상반신에 관해서만은 오로지 입기에 편하고 상쾌해지도록 근본적인 고려를 하게 되리라. 남자의 목도 여자의 목처럼 해방되고, 따라서 조끼도 없어지며, 마치 오늘날의 부인의 코트 같은 재킷이 사용되게 되리라. 그리고 오늘날의 부인들이 코트 없이 지내듯이 대개는 재킷 없이 돌아다니게 되리라.

이것은 두말할 것도 없이 셔츠에 관한 오늘날의 사고방식의 혁명을 의미한다. 앞으로의 셔츠는 속에 입는 것이 아니라 짙은 색깔로 겉에 입는 것으로 되리라. 재료는 계절에 따라 가장 가벼운 명주에서 제일 무거운 모직에 이르기까지 사용하되 되도록 볼품 있게 재단한다. 그리고 입고 싶은 때는 언제든지 그 위에 재킷 하나를 걸친다. 그러나 이 셔츠 한 장이라는 장래의 복장은 어떤 자리에 나가도 실례가 아닌 것이므로, 재킷을 입고 안 입고는 예의 따위와는 관계없이 날씨를 고려해서 입으면 그만이다. 견딜 수 없는 혁대나 멜빵을 없애 버리려면 셔츠와 바지를 하나로 한 일종의 콤비네이션이 나타나리라. 그 옷은 오늘날의 부인의 드레스처럼 머리로부터 덮어서 입도록 되어 있을 것이며, 모양을 보기 좋게 하기 위해 형식상이나 실제적으로 허리 둘레를 그럴싸하게 조절한 것이 될 것이다.

혁대나 멜빵은 현재 널리 보급되어 있는 양복을 입은 채로 당장 제거할 수 있다. 전체를 규정하는 원칙은 이러하다. 옷의 중량을 고르게 분산시켜 어깨에 매달리도록 하고, 다만 밀착과 마찰과 압력만으로 해서 하복부의 수직면에 졸라맬 게 아니다. 그리고 남자의 허리를 병의 모가지 역할에서 해방하여 헐렁한 하의 한 벌을 실현시켜야 한다. 조끼를 없앤다는 진보 도상에 오를 경우는, 남자는 오늘날의 어린이 옷처럼 셔츠와 바지를 단추로 연결만 하면 된다. 이윽고 속에 입었던 셔츠가 겉옷이 되는 시대에는 셔츠는 지금까지보다 좋은 감으로 만들어지고, 아마도 바지와 같은 색깔로 같은 질의 복지나 혹은 바지와 어울리는 복지가 사용되게 되리라. 또 조끼를 양복의 필요 부분으로서 남겨 두는 양복 개혁에 나선다면, 현재의 모양을 그냥 둔 채로 조끼와 바지를 한 장의 감으로 만든 콤비네이션으로 짓고, 조끼 등은 간단한 두 대각선의 끈으로 해 버리는 게 좋다. 또 바지의 단추가 낄 단추 구멍을 낸 여섯 개의 작은 부가물을 앞에 네 개 뒤에 둘, 조끼 안쪽에 꿰매어 달아두기만 하면, 지금이라도 혁대나 멜빵을 폐지하는 건 문제없는 일이다. 그렇게 하면 조끼는 바지 밖으로 나오게 되므로 보기에는 지금 입고 있는 조끼와 하등 다를 바가 없으리라. 일단 양복 개혁이 시작되고, 오늘날의 양복 모양이 우주와 더불어 영원한 것이 아님을 남성이 깨닫게 된다면, 이 콤비네이션복을 노동복보다 보기 좋게 만들고—단, 원칙은 어디까지나 다를 것이 없다—조끼 그 자체를 서서히 변혁하여 결국 폐지할 수가 있으리라.

생활의 시작, 집에 대하여

'집'이라는 말은 일체의 생활 조건, 즉 가옥의 물적 환경 전부를 포함시켜야 한다. 왜냐하면 누구나 다 알듯이 집을 선정함에는 집의 내부가 어떤가 하는 것보다도 집 안에서 본 전망이 어떠냐 하는 쪽이 중요하기 때문이다. 집이 시골에 있다는 것과 주위의 경치가 중요한 것이다.

나는 일찍이 자기가 소유하는 좁은 땅을 몹시 자랑하는 상해(上海)의 부호들을 만난 적이 있다. 그 땅 안에는 지름 3미터쯤의 연못이나, 개미가 꼭대기까지 오르는 데는 3분이나 걸릴 듯한 흙을 쌓아 올려 만든 산이 있는데, 그들은 많은 가난뱅이가 산기슭의 오두막에 살며, 산이나 내〔川〕나 호수를 자기 정원으로 삼고 있음을 모른다. 이들 양자의 비교는 절대 불가능하다.

경치가 몹시 아름다운 산속에 서 있는 집이 있는데, 그런 경우에는 한 조각의 땅을 자기 소유지로서 담으로 두르거나 할 필요가 추호도 없다. 집을 나서서 발자국을 떼어놓는 곳, 산에 모이는 흰 구름이나 공중을 나는 새, 높은 벼랑에서 떨어지는 폭포, 새소리의 자연스러운 심포니, 바라보이는 모든 경치는 일체 자기 것이기 때문이다. 그 사람이야말로 부자다. 도시의 어떤 백만장자보다 나은 부자다. 도시인에게도 공중을 나는 구름은 보일 것이다. 그러나 그들이 실제로 구름을 바라보는 일은 좀처럼 없다. 어쩌다 바라본다 할지라도 구름은 청산의 윤곽과 대조를 이루고 있지 않다. 그러므로 배경이 전연 이루어져 있지 않은 상태에서는 구름을 보는 재미가 있을 리 없다.

그래서 중국인의 집과 정원에 대한 사고방식은 문틀 안에 끼워져 있는 보석처럼, 집 그 자체는 주위의 전원의 일부이며, 그것과 조화하는 한 요소에 불과하다는 근본 관념에 의해 결정되는 것이다. 그러므로 모든 인공의 흔적은 되도록 보이지 않도록 하기 위하여 벽의 외부를 나뭇가지로 가리거나 차단시키거나 해야만 된다. 하나의 거대한 벽돌과 같은 네모 반듯한 집은, 공장 건물로서라면 수긍이 간다. 능률을 제일 중시하는 것은 공장의 건물을 짓는 경우에 한하기 때문이다. 그렇지만 '네모 반듯한 주택'이니 하는 것은 대체로 허황된 이야기다. 중국인이 이상으로 여기는 가옥은, 어느 작가가 다음의 문장에서 충분히 표현하고 있다.

문 안에 길이 있다. 길은 굽은 길이어야만 한다. 길모퉁이에는 바깥뜰과의 담장이 있다. 그 담장은 작은 것이어야 한다. 그 담장 뒤에는 높직한 땅이 있다. 그 땅은 평평해야만 한다. 그 땅 양쪽의 높직한 데는 꽃이 있다. 꽃은 싱싱해야만 한다. 꽃 저쪽에 담이 있다. 담은 나직해야만 한다. 담 옆에는 한 그루의 소나무가 있다. 소나무는 노송이어야만 한다. 소나무 밑에는 몇 개의 바위가 있다. 바위는 기이하고 가파른 풍취가 있어야 한다. 바위 저쪽에는 정자가 있다. 정자는 간소한 것이어야 한다. 정자 뒤에는 대나무가 있다. 대는 나직하고 성겨야만 한다. 대나무가 끝나는 곳에 집이 있다. 집은 그윽하고 고요해야만 한다. 집 옆에 길이 있다. 길은 갈라져 있어야만 한다. 몇 갈래의 길이 모이는 곳에 다리가 있다. 다리는 손님을 건너게 할 매력이 있어야만 한다. 다리 옆에 나무숲이 있다. 나무숲은 하늘을 찔러야만 한다. 숲 그늘에는 풀이 있다. 풀은 파래야만 한다. 풀밭 위쪽에는 도랑이 있어야 한다. 도랑은 좁아야만 한다. 도랑의 원천에는 샘이 있다. 샘은 콸콸 솟아나야만 한다. 샘 위에 산이 있다. 산에는 깊은 산의 풍취가 있어야만 한다. 산기슭에는 서원(書院)이 있다. 서원은 모난 방이어야만 한다. 서원 모퉁이에 채마밭이 있다. 채마밭은 넓어야만 한다. 채마밭에 한 마리의 학이 있다. 학은 춤추듯이 움직이고 있어야만 한다. 학이 손님이 온 것을 알린다. 손님은 품위가 있어야만 한다. 손님이 당도하면 술이 나온다. 술은 결코 거절해서는 안된다. 술잔을 거듭하는 사이에 취기가 돈다. 취객은 집에 돌아갈 생각을 해서는 안된다.

집의 매력은 그 개성에 있다. 이립옹(李笠翁)은 그의 저서 《한정우기(閑情偶寄)》 속에서, 집과 실내 장식에 관한 몇 장을 설정하고 있는데, 그 서문에서 '친숙과 개성'이라는 두 점을 역설하고 있다. 나로서는 친숙보다도 개성 쪽이 한층 중요하다고 생각한다. 왜냐하면 아무리 굉장하고 멋진 집을 가졌다 해도 주인이 기분 좋게 기거하는 특별실이 꼭 하나는 있을 것이며, 그 방은 영락없이 좁고, 장식이라곤 아무것도 없고, 온갖 잡동사니가 어질러져 있고, 친숙함과 온화한 맛이 있는 방이기 때문이다. 그래서 이립옹도 이렇게 말하고 있다.

인간은 옷을 입지 않고 돌아다닐 수 없듯이 집 없이는 살아갈 수 없다. '여름은 시원하고 겨울은 따뜻하게'라는 것은 의복의 본질이지만, 그것은 집에 대하여도 해당된다. 지름이 몇 척이나 되는 굵은 대들보를 걸치고 높이가 6~9미터나 되는 굉장한 저택에 살면 제법 당당한 것이기는 하되, 본래 그런 집은 여름에는 좋으나 겨울에는 안 좋다. 관리의 저택에 들어갔을 때 누구나 전율하는 것은, 공간이 너무 휑뎅그렁하기 때문이다. 마치 너무 커서 허리둘레에 착 붙지 않는 털가죽 외투와 같은 것이다. 그 반면에 낮은 벽을 두르고 간신히 무릎을 들여놓기에 족한 가난뱅이의 집은 검소한 미덕이 나타나 있어, 집주인은 그걸로 좋거니와 손님을 맞는 데는 적합하지 않다. 가난한 선비의 초가집에 들어갔을 때 어딘지 모르게 거북스럽고 답답한 느낌이 드는 것은 그 때문이다.……관리의 저택은 너무 높고 웅장하지 않은 편이 좋다고 나는 생각한다. 집과 그 안에 사는 인간이 조화되어야 하기 때문이다. 마치 그림을 그릴 때의 요령으로, 풍경화의 집은 '열 자(약 3미터)의 산에 한 자(약 30센티미터)의 나무, 한 치(약 3센티미터)의 말에 콩 크기의 인물'이라는 공식이 있다. 즉 3미터의 산 위에 60내지 90센티미터나 되는 나무를 그리고, 3센티미터의 말 등에 쌀알이나 좁쌀알만한 인물을 그리는 것은 균형이 안 맞는다. 관원의 키가 3미터에 가깝다면 6~9미터 높이의 저택에 사는 것도 괜찮겠지만, 그렇지 않다면 건물이 높을수록 인간의 키는 작게 보이고 집이 넓을수록 홀쭉하게 보인다. 그러므로 저택을 좀 작게 하고 몸뚱이를 좀 살찌게 하는 편이 훨씬 영리한 게 아닐까……

여행의 즐거움

옛날에는 여행이 놀이였으나 이젠 일이 되어 버렸다. 물론 백 년 전에 비해 오늘날의 여행은 훨씬 편해졌다. 정부는 국립 관광국을 설치하고 관광 사업을 시작했다. 그 덕택으로 현대인은 대체로 조상님 때보다 여행하는 일이 많다. 그런데도 불구하고 여행은 오늘날 멸망의 예술로 되어 버린 것 같은 기분이 든다. 여행의 진미를 알려면 참된 의미의 여행이라고 할 수 없는 갖가지 그릇된 여행에 대해 우선 알아야만 한다.

여행의 목적으로 잘못 꼽는 것 중 첫째는, 정신 향상을 위한 여행이다. 오늘날 정신 향상이라는 건 확실히 도가 지나치다. 인간의 정신이 그렇게 쉽사리 향상되는 것인지 나는 크게 의문이 간다. 클럽의 모임이나 강연회에서 정신 향상 따위는 정말 바랄 수 없을 것이다. 그러나 우리가 연중 그렇게 진지하게 정신 향상에만 애쓴다면, 적어도 가끔 있는 휴가 때쯤은 마음의 긴장을 풀고 휴양을 해야만 한다.

여행에 대한 이 잘못된 생각이 여행 안내인이라는 제도를 낳았다. 내가 상상할 수 있는 범위로는 여행 안내인이라는 자만큼 못 견디게 수다쟁이이며, 곰상스럽고 성가신 존재는 없다. 이 자들에게서 누구누구는 1792년 4월 23일에 태어나 1852년 12월 2일에 죽었다느니 하는 말을 안 듣고는 길모퉁이건 동상 앞이건 지나칠 수가 없다.

나는 전에 묘지에서 수도원의 수녀들이 학생들을 인솔하고 있는 일행을 만난 일이 있다. 그 일행이 비석 앞에 서자 수녀는 학생들에게, 고인이 언제 어떤 일을 했다든가, 몇 살에 결혼했다든가, 부인 이름을 뭐라고 했다든가, 모처럼의 여행 재미를 완전히 망칠 만한 제법 아는 체하는 소리를 지껄여대고 있었다. 어른들도 학생들도 안내인한테 귀찮은 강의를 듣는다. 근면가형(型)의 여행자는 또 고지식한 학생처럼 열심히 노트를 하고 있다.

중국의 여행자도 미국의 여행자가 라디오 시티(뉴욕의 유락지대)에서 경험하는 것과 같은 불쾌한 생각을 한다. 다만 다른 점은 중국의 안내인은 직업적이 아니라 과일 장사이기도 하고, 나귀 몰이꾼이기도 하고, 농가의 소년이기도 하며, 미국의 안내인보다 성질은 쾌활하지만 설명이 별로 정확하지 못하다는 것이다.

전에 소주(蘇州)의 검지(劍池)를 찾아간 적이 있었는데 돌아와서 생각해 보니 머릿속에서 역사나 사건이 뒤죽박죽 혼란되어 버리고 있었다. 그것은 이러한 것이다. — 검지의 상공 12미터 되는 곳에 소름이 끼칠 듯한 돌다리가 걸려 있고, 그 돌다리에는 검(劍)이 용이 되어 승천했다는 두 개의 둥그런 구멍이 뚫려 있다. 귤 파는 소년의 이야기로는 이곳이 옛날 미인 서시(西施)가 아침 화장을 했던 곳이라는 게 아닌가!(그런데 서시의 '화장대'는 거기서 16킬로미터나 떨어진 데에 있다.) 소년은 여러 말을 했지만 결국 귤을 몇 개 팔아달라는 것이다. 그러나 나는 전설이 구전되면서 어떻게 변화하고 '변질'되는가를 보는 기회를 얻었다.

여행의 잘못된 목적의 두 번째는 화제를 위한, 즉 후일의 이야깃거리를 얻기 위한 여행이다. 차와 약수로 유명한 항주(杭州)의 호포(虎跑)에서 지팡이를 짚은 자가 잔을 입술에 대고 있는 것을 사진으로 찍은 것을 본 일이 있다. 호포에서 차를 마시는 자기 사진을 친구에게 보이는 것은 꽤 시적인 것임에 틀림없다. 그런데 위험한 것은 진짜 차 맛보다 사진에 마음이 팔리는 것이다.

이런 일이 버릇되면 으레 따라붙는 것처럼 되어서 떠나지 않을 위험이 있다. 파리나 런던의 유람 자동차 속에서 흔히 볼 수 있는 카메라맨 무리 속에는 이 위험이 특히 많다. 사진 찍기에 바빠서 명소를 볼 여가가 없기 때문이다. 집에 돌아가서 사진을 보는 특권은 있겠지만, 트라팔가 광장이나 샹젤리제의 사진 등은 뉴욕에서도 북경에서도 살 수 있음은 뻔한 사실이 아닌가.

이런 사적은 구경하는 것이 아니라 후일의 이야깃거리가 되는 것이므로, 놀러 다니는 곳이 많을수록 기억도 풍부해질 것이며, 화젯거리 장소도 늘어나는 것은 당연한 일이다. 그래서 유식쟁이가 되고 싶은 욕망에 쫓겨 하루 안에 한 곳이라도 더 쏘다녀야만 하게 된다. 답사(踏査)하는 명소의 프로그램을 손에 들고 한 곳을 답사할 때마다 하나씩 연필로 지워 간다. 이런 여행자들은 휴일에도 '능률, 능률' 하고 안달한다. 정말 한심스러운 이야기가 아닌가. 이러한 어리석은 여행을 하니까 아무래도 세 번째의 잘못된 여행의 목적이 생겨난다. 이 유형에 속하는 사람들은 비인이나 부다페스트에 몇 시간 체제하느냐는 것을 미리 정확히 알고 있다. 그들은 떠나기 전에 완전한 일정을 만들어 놓는다. 그리고 그것을 철저하게 끝까지 지키는 것이다. 집에 있을 때도 시계에 묶이고 일정에 구속되며, 밖에 나가서도 시계에 묶이고 일정에 구속되는 것이다.

이런 잘못된 여행만이 여행이 아니다. 나는 굳이 말하지만, 참된 여행 동기는 다른 데에 있다. 아니, 다른 데 있어야만 한다. 우선 첫째로, 여행의 참된 동기는 세상을 피하고 사람들로부터 도망치는 것이어야만 한다. 좀더 시적(詩的)으로 말하면 잊기 위한 여행이라 해도 좋으리라.

자기 집이 있는 마을에 있으면 높은 사람들이야 어떻게 생각하는지 모르나, 일반적으로는 지체 있는 인물로 생각되어, 제법 점잔을 빼고 있어야 하는 것이다. 아무래도 일정한 인습·규칙·습관·의무에 구속받는다. 어느 은행가는 자기가 거주지에 있을 때는 여느 일반인으로 취급받기가 어렵고 자기가 은행가임을 잊기가 아주 어려움을 발견했다. 그런 경우 여행의 참된 동기는 여행만 하면 보통 사람으로 취급받는 곳으로 갈 수 있다는 것이리라.

상용(商用)으로 여행하는 사람에게는 소개장은 유용한 것이겠으나, 상용 여행이라는 것은 분명히 순수한 여행의 범주에는 안 든다. 소개장을 가지고 있으면 하나의 인간으로서 자기를 발견하거나, 인위적 우연에 의해 이루어진 사회적 지위를 떠나, 있는 그대로의 자기 모습을 발견할 기회가 적어진다. 외국에서 친구에게 환대받고 자기와 같은 사회층 사이를 두루 안내받는 것도 그럴싸하지만, 숲속을 마음대로 산책하는 편이 감흥이 깊다. 손짓만으로 튀김닭을 주문하고, 도쿄식 순경에게 길 안내를 받으면서 시내를 걸을 수 있다는 것도 알게 된다. 적어도 이런 여행자는 운전기사나 시중꾼에게 별다른 신세도 끼치지 않고 집에 돌아올 수가 있다.

참된 여행자에게는 언제나 방랑의 기쁨·유혹·모험심이 있다. 여행이란 '방랑'을 말한다. 방랑 아닌 것은 여행이 아니다. 여행의 참모습은 의무 없이, 제한된 시간 없이, 도움도 없이, 감시하는 이웃 사람 없이, 환영회 없이, 목적지를 모르는 나그네길이다. 진짜 나그네는 오고 가는 쪽을 모른다. 아니, 자기 이름마저도 모른다.

방랑 정신이 있기에 사람들은 휴가를 이용해서 자연에 접근할 수 있는 것이다. 이런 나그네는 인적이 드문 곳, 참된 고독을 맛볼 수 있는 곳, 자연과 조용히 이야기를 나눌 수 있는 곳, 그런 방면으로 피서지를 찾아서 가고 싶어한다. 여행 준비로 백화점에 가고, 연분홍이나 파란 해수욕복을 사는 데 많은 시간을 낭비하는 일이 없다. 입술연지는 그래도 좋다 치자. 왜냐하면 휴가를 갖는 사람은 장 자크 루소의 신봉자이기 때문에 자연으로 돌아가고 싶어한다. 그런데 어떤 부인도 비싼 입술연지가 없이는 자연으로 돌아가지 못한다. 왜냐하면 문명의 입술은 창백하고 자연의 입술은 빨갛기 때문이다. 누구나 가는 피서지나 해변에 가서 자연과 더욱 친밀한 결합을 상실하고 또는 망각하므로 입술이 파래지는 것이다.

유명한 온천 등에 가면 일단은 이런 독백을 한다.

"자, 이젠 내 몸뚱이만으로 되었군."

그런데 저녁식사 후 호텔 휴게실에서 신문을 집어, B부인이 월요일부터 와 있는 것을 발견한다. 이튿날 아침 그 '고독'의 산책 중 어젯밤 기차로 도착한 대들리네 가족과 만난다. 목요일 밤에는 S부인도 남편과 함께 이 멋진 유곡(幽谷)으로 휴가차 온 것을 알고 크게 기뻐한다. 그리고는 S부인이 대들리 가족을 다과회에 부르고, 대들리 가족이 S부처를 트럼프 놀이에 초대한다. 다음은 S부인이 애교 있는 소리로 떠드는 이런 말이 귀에 들린다.

"멋지잖아요, 마치 뉴욕에 있는 것 같군요. 안 그래요!"

그런데 나는 여기에서 별난 취미의 여행이 있다는 것을 말해 두고자 한다. ─아무것도 안 보고, 다람쥐와 사향쥐와 들쥐와 구름과 나무밖에는 아무도 안 만나는 여행이다. 내 친구인 어느 미국 부인이 중국인 친구들과 항주(杭州) 부근의 산으로 '아무것도 안 보기 위해' 올라갔을 때의 이야기를 들려준 일이 있다.

안개가 자욱한 아침이었다. 오름에 따라 안개는 점점 짙어졌다. 나뭇잎을 살짝 두드리는 물방울 소리도 들린다. 안개밖에는 아무것도 안 보인다. 미국 부인은 실망했다. "조금만 더 올라가 보시오, 정상의 전망은 아주 멋져요." 하고 중국인 친구들이 주장하므로 부인은 그들을 따라 더 올라갔다. 잠시 뒤에 저 멀리 구름에 싸인 볼품없는 바위가 보인다. 아까 말한 멋진 전망이란 이것이었다. "저게 뭐야?" 하고 부인이 물으니, "역련암(逆蓮岩)이죠." 하고 친구가 대답했다. 좀 뾰루퉁해 가지고 부인이 산을 내려가려고 하자, "그러나 정상의 전망은 아주 더 멋지지요." 하고 그들이 말한다. 그녀의 옷은 벌써 반은 안개에 흠뻑 젖어 있었다. 그래도 내려가는 걸 단념하고 사나이들을 따라 올라갔다. 간신히 정상에 올라 둘러보니 안개와 구름이 자욱할 뿐, 먼 산의 윤곽이 수평선상에 보일 따름이었다.

"그렇지만 여기선 아무것도 안 보이잖아요?" 하고 그녀는 항의했다.

"그게 좋아요. 우린 아무것도 안 보기 위해 여기 오른 거요."

이것이 중국인 친구들의 대답이었다. 무엇을 보는 것과 아무것도 안 보는 것과는 대단한 차이다. 무엇을 보고 걷는 많은 나그네는 사실은 아무것도 안 보고 있다. 아무것도 안 보는 많은 나그네는 사실은 많은 걸 보고 있다.

'새로운 저술 자료를 얻기 위해서'이니 하고, 마치 자기 마을 사람이나 국민의 생활을 완전히 다 보아 버려서 테마가 바닥나 버리기라도 한 것 같은 말투로 외국에 나가는 문인들의 소문을 들으면 나는 우스워 죽겠다. '실밥'은 낭만적이지가 못하고, 거언지 섬은 너무 따분해서 큰 소설의 자료로 하기에는 부족하다는 것이리라. 이런 정신 나간 작자들이 있기 때문에, 우리는 여행은 관찰 능력에 있다고 하는 철학을 제기해야만 하는 것이다. 이 철학에 따르면 먼 나라 여행과 오후에 뜰을 서성거리는 것과의 차이가 없어져 버린다. 김성탄(金聖嘆)이 주장했듯이 이 두 가지는 같은 것이다. 이 중국의 연극 평론가가 그 유명한 《서상기(西廂記)》의 평석(評釋) 중에서 말했듯이, 나그네가 몸에 지녀야만 하는 필수 도구는 '가슴속 재질과 눈썹 밑의 신안(神眼)'이다. 무엇을 느끼는 마음과 무엇을 보는 눈을 갖추었느냐 아니냐가 문제인 것이다. 이게 없이 산에 오르는 것은 시간과 돈의 낭비에 불과하다.

이와 반대로 '훌륭하게 느낄 줄 아는 가슴과 예리하게 볼 줄 아는 눈'을 갖추었다면 설사 산에 들어가지 않고 집에 머물러 뜰을 소요하며 뜬구름, 개, 외로운 나무를 관찰하더라도 가장 깊은 여행의 즐거움을 맛볼 수 있다. 참된 여행법에 관해 김성탄이 논한 바를 다음에 소개하겠다.

세상의 기행문을 읽고 여행법을 이해하는 사람이 아주 적음을 나는 알았다. 물론 여행에 익숙한 사람은 먼 길의 여행을 하고 바다와 육지의 큰 경치들을 바라보며, 그 위대함과 신비함에 접하고 놀라지는 않을 것이다. 그렇지만 자연의 경이와 신비를 찾음에는 해륙의 명승을 모두 찾아다닐 필요가 없음을 내 '흉중의 특별한 재주와 눈썹 밑의 한 쌍의 특별한 눈'이 가르쳐 준다.

어느 날 다리와 눈과 마음의 힘을 다분히 낭비하여 어느 석굴을 찾아간다. 그 것이 끝나면 곧 또 다음날 다른 명승지로 발을 옮겨 또다시 다리·눈·마음의 힘을 낭비한다. 그를 잘 모르는 사람은 말하리라. "날마다 여기저기로 돌아다니니 얼마나 좋겠는가. 어느 석굴에 다녀왔나 싶으면 또다시 다른 명승지를 찾고 있구나!"라고.

그렇지만 이 사람들은 중요한 점을 그저 헛되이 지나치고 있다. 왜냐하면 그가 찾아간 두 곳은 떨어져 있어야 2백 리나 3백 리나, 아니면 80리나 70리나 50리나, 단 10리나 5리인지도 모른다.

'흉중의 특별한 재주나 눈썹 밑의 특별한 눈'을 가지고서 겨우 10리나 5리 길의 차이라면, 석굴이나 명승지를 본 것과 같은 안광(眼光)으로 바라볼 수는 없었던 걸까.

어머니인 자연이 위대한 기술과 지혜와 힘으로써 석굴이나 기묘한 경치 같은 것을 홀연히 창도해 낸 것을 보면, 반드시 눈이 놀라고 가슴이 서늘함을 느끼리라. 그러나 나는 가끔 이 우주의 작은 것, 새 · 물고기 · 꽃, 또는 가련한 식물, 새의 날개, 물고기의 비늘, 꽃잎, 풀잎 등을 응시하고는 어머니인 자연이 그 위대한 기술과 지혜와 힘으로써 이런 작은 것도 창조한 신비에 감탄한다.

사자는 들토끼를 습격하는 데도 큰 코끼리를 습격하는 것과 같은 힘을 쓴다고들 하지만, 어머니인 자연이 하는 일도 이와 조금도 다르지 않다. 그녀는 석굴이나 기묘한 경치를 만드는 데도 그 힘을 다 쓰지만, 새 · 물고기 · 꽃 · 풀잎, 그리고 새의 날개, 물고기의 비늘, 꽃잎, 나뭇잎 등을 만들어내는 데도 그 온 정력을 소비하는 것이다. 그러므로 이 세상에서 눈을 놀라게 하고 가슴을 서늘케 하는 것은 오직 석굴이나 기묘한 경치만이 아니다.

그리고 또 석굴이나 기묘한 경치가 어떻게 이루어졌는지를 생각해 본 일이 있을까. 장자(莊子)는 현명하게도 말했다.

"말[馬]의 백 가지 기관(器官)을 가리켜 말이라고 하지는 못한다. 그러므로 말이 있기에 앞서 그 백 가지 기관을 세워 이것을 말이라고 한다."

다른 예를 들면, 큰 호수 둘레에 우거진 숲과 큰 봉우리를 덮는 나무나 바위가 있다고 하자. 우거진 숲이나 나무들과 암석이 서로 모여서 큰 호수나 큰 봉우리의 경관을 이루고 있음을 보는 것은 나그네에게는 즐거운 일이기는 하다. 그러나 생각해 보면 절벽 고봉도 작은 돌로 이루어져 있는 것이며, 비폭(飛瀑)은 작은 샘들이 모여서 그 생명을 유지하고 있는 것이다. 즉 그 하나하나에 대해 말하면 돌은 사람의 주먹만한 것이며, 샘은 작은 시내만한 것밖에 안됨을 알 수 있다.

노자는 말했다.

"30개의 바퀴살이 하나의 바퀴통에 모여 있다. 바퀴통 복판의 구멍에 수레의 움직이는 작용이 있다. 진흙을 이겨 질그릇을 만든다. 질그릇 안의 빈 부분에 그릇의 쓸모가 있다. 문과 창을 뚫어 그 안에 방을 만든다. 그 휑뎅그렁한 공간에 방으로서의 쓸모가 있다."

석굴이나 기묘한 경치를 찾아가서 가파르게 직립한 봉우리들, 구불구불한 산길, 우뚝 서서 벼랑을 이루는 것, 곧게 내려가 강을 이루는 것, 평평해져 고원(高原)을 이루는 것, 경사져서 구릉이 되는 것, 올려 놓여 다리가 되는 것, 모여서 좁은 골짜기가 되는 것 등을 볼 때 변화무쌍한 그 속에서 위대한 신비를 발견하고, 더욱이 그 위대함과 신비함은 자연의 각 부분이 자기를 공허하게 만들 때에 생기는 것임을 알 수 있다. 부분이 하나하나의 것이 아니게 되면 이미 산길도, 벼랑도, 하천도, 고원도, 구릉도, 다리도, 좁은 골짜기도 없어지는 것이다. 더욱이 '흉중의 특별한 재주와 눈썹 밑의 특별한 눈'이 유유히 배회하고 떠돌 수 있음은 이런 것들이 공허해졌을 때이다. 그렇다고 본다면, 석굴을 찾고 명승지를 찾아야 할 이유가 어디에 있겠는가?

이렇게 생각하면 석굴이나 명승지를 찾을 필요는 없어지는 게 아니겠는가. 이미 언급했듯이 겨우 2백 리나 3백 리, 아니 10리나 5리 길이라도, 이런 자연의 단편은 자기를 허무케 하고 어디나 있지 않은가. 작은 무지개다리, 무성한 홀로 선 나무, 보였다 안 보였다 하는 늪, 촌락·울타리·개—내가 유유히 배회하고 떠돌 수 있는 석굴이나 명승지의 신비가 이런 곳에도 있음을 어찌 부정할 수 있겠는가.

'흉중의 특별한 재주와 눈썹 밑의 특별한 눈'이 필요한 것은 이밖에는 없다. 그러나 떠도는 데 특별한 재주가 필요하고, 유유히 배회하는 데 특별한 눈을 갖추어야 한다면, 여행법을 이해하는 자는 하나도 없는 셈이 될 것이다. 내가 생각하는 바로는 흉중의 특별한 재주나 눈썹 밑의 특별한 눈이라는 것이 특별히 있는 것은 아니다. 떠도는 것을 좋아함이 이미 특별한 재주가 있음이며, 유유히 배회할 수 있음이 이미 특별한 눈이 갖추어진 것이다.

저 미불(米芾)이 바위를 평가한 표준은 '빼어남'·'주름짐'·'사무침'·'파리함'이다. 그런데 10리나 5리 안에 있는 물·마을·다리·나무·울타리·개 등은 모두 빼어남이며, 주름짐이며, 사무침이며, 파리함이다. 그것이 감득되지 못하면 미불이 바위를 본 안광에 미치지 못하는 것이다. 이런 것들의 빼어남·주름짐·사무침·파리함이 느껴지기만 한다면 그 사이를 배회하지 않고는 못 견디게 된다. 이러한 네 가지를 외면하고서 준봉이나, 산길이나, 벼랑이나, 하천이나, 고원이나, 경사면이나, 다리나, 협곡이나, 그리고 석굴이나, 명승의 웅대함과 신비함이 어디 있는가.

그러므로 석굴이나 명승을 찾아가야만 한다는 것은 미지의 땅을 많이 남기고 있는 것이다. 즉 아무데도 가보지 못한 셈이 된다. 왜냐하면 하나의 울타리, 한 마리 개의 신비함과 위대함을 인정치 못한다면, 석굴이나 명승에 접해도 위대하지 않은 것, 신비하지 못한 것밖에 느낄 수 없기 때문이다.

내 친구 탁산이 말했다.

"역사상 여행법을 가장 잘 터득하고 있는 건 공자이다. 왕희지(王羲之)가 그 다음이다."

내가 왜냐고 물으니 탁산이 이렇게 대답했다.

"먹을 것은 깨끗함을 싫어하지 않고, 생선회는 잘게 썬 것을 꺼리지 않는다고 한 공자의 말로 상상할 수 있으며, 왕희지는 그 글씨로 알 수 있다. 왕희지의 글씨에는 그의 아들 왕헌지(王獻之)조차 이해 못하는 것이 있었다."

그래서 나는 말했다. "그대의 이야기는 고대의 사고방식을 완전히 뒤집는 걸세."라고.

탁산은 일찍이 말한 적이 있다.

"왕희지는 집에 있으면 정원수 꽃의 암술을 헤아리며 하루를 보내는 일이 흔히 있었다. 그것에 넋을 잃은 나머지 종일 한마디도 없었고, 제자가 곁에서 수건을 들고 기다리고 있는 줄도 몰랐다."

나는 말했다.

"그 이야기의 권위를 그대는 어디에서 발견하는가."

친구는 대답했다.

"내 가슴에서."

그는 이렇게 경탄할 만한 인물이었다. 오오, 그런데도 그는 세상의 인정을 받지 못했고, 그의 로맨틱한 공상력은 세상의 칭찬을 받지 못했다.

제 10 장
자연의 즐거움

낙원에 대하여

지구상의 무수한 생물 중에서 모든 식물에는 자연에 대해 '태도'를 취하는 게 없고, 모든 동물에도 역시 사실상 '태도'라 할 만한 것은 없는데 인간이라는 한 생물이 있어서, 요놈만이 자기와 자기 환경을 의식하고 따라서 그 환경에 대해 하나의 태도를 취할 수 있음은 이상한 일이다. 인간의 예지의 시초는 우주에 회의를 품고 그 비밀을 탐구하고 그 의의를 발견코자 한 데에 있다.

우주에 대한 태도는 과학적인 것도 있고 도덕적인 것도 있다. 과학자의 관심은 자기가 사는 지구의 내부와 표면의 화학적 구조나, 지구를 둘러싼 대기의 두께나, 대기의 최상층에 방사하는 우주선이나, 구름과 암석의 형성이나, 생명 일반을 규정하는 법칙 등의 발견이다. 그 과학적 태도는 도덕적 태도와 관련은 있지만, 그 자체로서는 아는 것과 탐구하는 것에 대한 순수한 욕구이다.

이와 반대로 도덕적 태도는 가지각색이다. 자연과 조화하는 수도 있고, 정복과 복종, 지배와 이용의 관계가 되는 수도 있으며, 불손한 모욕으로 나타나는 수도 있다. 이 마지막의 태도, 즉 불손하게도 우리의 지구를 모멸하는 태도는 문명, 특히 어떤 종교에 의해 생긴 것이며, 실로 기괴한 산물이다. 그 기원은 저 '실낙원'이라는 날조된 이야기다. 이상하게도 이 날조된 이야기는 원시 종교의 유물로서 지금도 아직 제법 널리 믿어지고 있다.

낙원 상실설이니 하는 것이 믿을 수 있는 것인지 어떤지 하는 의문을 품은 자가 여지껏 한 사람도 없었다는 것은 기가 막힌 이야기다. 결국 에덴동산이 얼마나 아름답고, 이 우주의 실태가 얼마나 추하다는 말이냐. 나는 묻거니와, 아담과 이브가 죄를 짓고 나서 꽃은 피지 않게 되었는가. 단한 인간의 죄로 인해 신은 사과나무를 저주하고 열매를 맺지 못하게 했는가. 꽃의 빛깔은 생기를 잃고 창백해지라고 정했는가. 휘파람새나 꾀꼬리나 종달새는 노래하지 않게 되었는가. 산마루의 눈은 사라지고 아름다운 호수 위의 거꾸로 비친 그림자는 사라졌는가. 진홍의 석양이나 무지개나 마을들을 감싸는 안개는 없어졌는가. 비폭은? 청류는? 나무 그늘은? 누가 도대체 '낙원을 잃었다'느니, '오늘날 인간은 추한 우주에 살고 있다'느니 하는 신화를 만들어 낸 것인가. 정말 우리야말로 은혜를 모르고 제멋대로인 신의 아들이다.

이 현실 세계가 보여주듯이 자연계의 모양 · 소리 · 냄새 · 맛 등과 우리의 시각 · 청각 · 후각 · 미각 사이에는 신비하다고까지 생각되는 완전한 교감 작용이 있다. 우주의 모양 · 소리 · 냄새와 우리의 감각 기관과의 이 관계는 지극히 완전한 것이므로, 저 볼테르에게 혹독하게 비난당한 목적론의 논거로 되어 있다.

그러나 우리 모두가 목적론자가 될 필요는 없다. 신은 이 향연에 우리를 초대하실는지도 모르고, 초대하지 않으실는지도 모른다. 그런 건 아무래도 좋다. 아무튼 향연에 참가하는 것이 우리 중국인의 태도인 것이다. 당장 훌륭한 음식이 미각을 돋우는데 손을 안대는 건 어리석은 자다. 자기가 다른 손님들과 같이 향연에 초대받고 있는지 어떤지를 살피는 짓은, 철학자의 형이상학에 위임해 둠이 좋다. 머리가 좋은 자는 음식이 식기 전에 먹어 버린다. 공복(空腹)은 항시 건전한 상식과 함께 있다.

아아, 지구야말로 얼마나 아름다운가!

첫째, 주야 조석의 순환이 있다. 다망한 아침의 예보로서 고요하고 맑은 새벽이 있다. 어찌 좋지 않을소냐!

둘째, 여름과 겨울의 변천. 그 자체가 이미 더할 나위 없거늘, 더욱이 봄은 여름으로, 가을은 겨울로 저절로 변천해 가는, 완전무결한 사계절의 모습이 있으니!

셋째, 삼엄 숭고한 우거진 숲이 있다. 여름은 녹음, 겨울은 따뜻한 햇볕. 어찌 좋지 않을소냐!

넷째, 다달이 꽃은 피고 과실은 영근다. 어찌 좋지 않을소냐!

다섯째, 구름 짙고 안개 자욱한 날, 하늘 맑고 청명한 날, 그 시시각각의 변천 있으니, 어찌 좋지 않을소냐!

여섯째, 봄의 소나기, 여름의 뇌우, 가을바람 삽상하고 또 겨울의 눈 있으니, 어찌 좋지 않을소냐!

일곱째, 공작이나 비둘기나, 종달새나 카나리아의 신비로운 노래 있으니, 어찌 좋지 않을소냐!

여덟째, 동물원으로 가라. 원숭이 · 뱀 · 곰 · 낙타 · 코끼리 · 코뿔소 · 악어 · 물개 · 소 · 말 · 개 · 고양이 · 여우 · 다람쥐 · 들쥐 등 생각지도 못했던 다종다양한 동물 있으니, 어찌 좋지 않을소냐!

아홉째, 홍어 · 갈치 · 전기 장어 · 고래 · 가시고기 · 조개 · 전복 · 새우 · 대하 · 거북 등 상상을 초월하는 다채로운 천하 있으니, 어찌 좋지 않을소냐!

열째, 장대한 삼나무의 큰 줄기, 불을 뿜는 화산, 웅대한 동굴, 장엄한 산마루, 기복 있는 구릉, 고요한 호수, 굽이쳐 흐르는 물, 숲속의 길과 푸른 둑이 있으니, 어찌 좋지 않을소냐!

각자의 미각을 돋우는 메뉴는 사실 한이 없다. 영리하게 행동하는 유일한 방법은 우선 몸을 일으켜 향연에 참여하고, 인생의 단조로움을 한탄하지 않는 일이다.

돌과 나무에 대하여

우리는 도대체 무엇을 하고자 하는 것일까. 나는 알 수 없다.

네모진 집을 세워서 차례로 늘어놓아 간다. 나무도 없는 똑바른 길을 잇대어 간다. 꾸불꾸불한 길이나 옛스러운 집 따위는 이젠 없고, 정원에 우물이 있는 집은 아무 데도 없다. 도회지 안에나 개인의 뜰이 있다 한들, 그런 건 대체로 꼴불견인 것이다.

우리는 생활에서 자연을 따돌리는 데에 성공했다. 그리고 지붕이 없는 집에 살고 있다. 건물의 실용적인 면만 까다롭게 이야기되고, 그것만으로 건축가는 짜증이 나 버려서 실용 이외의 일은 적당히 해치워 버린다. 지붕 같은 건 생각하고 있을 수 없다. 옛날대로 방치해 둔다. 오늘날 일반 건물을 사물에 비유하면 나무토막 쌓기 놀이라고나 할까, 자유분방하고 변덕스러운 어린이가 조립이 다 끝나기 전에 지쳐 버려서 마무리도 않고 미완성인 채 팽개친 것과 같다.

현대 문명인으로부터 자연의 정신은 떠나가고 말았다. 나무까지 문명화하려고 하는 것 같다. 큰길에 나무라도 심고 싶으면 나무에 번호를 붙이고, 소독하고, 가지나 잎을 자르고 베고 하여, 인간의 머리로 아름답다고 생각되는 모양으로 하고 싶어한다. 우선 그런 처지다.

원이나 별 모양이나 갖가지 문자 모양으로 꽃을 심는 건 흔히 있는 일인데, 이렇게 심은 꽃이 조금이라도 줄이 흐트러지기라도 하면, 마치 웨스트 포인트 사관학교의 생도가 보조를 흐트린 것을 보았을 때처럼 언짢아하며 즉시 가위질을 한다. 베르사이유 정원에는 원추형(圓錐形)으로 가위질한 한 쌍의 나무가 완전한 원형이나 직선형 등의 갖가지 형태로 가지런히 심어져 있다.

인간 세상의 영광과 권력이란 이런 것인가. 제복의 병사처럼 나무를 훈련하는 인간의 능력이란 이런 것인가. 만일 한 쌍의 나무 중 하나가 더 크게 자라기라도 하는 날이면, 그것만으로 균제감(均齊感)과 영광과 권력이 손상당한 듯이, 즉각 머리를 잘라 버리지 않고는 용서 못한다.

그래서 자연을 회복시켜 가정에서 되찾으려는 큰 문제가 발생한다. 우울한 이야기다. 땅에서 떨어져 아파트에 살고 있어 가지고야 아무리 예술가적 천부의 재능이 있더라도 무엇이 되겠는가. 돈이 있어서 작은 집을 세낼 수는 있지만, 한 구획의 풀밭이나 우물이나 대숲을 입수하려면 어떻게 하면 좋을까? 모든 일이 다 잘못되어 있다.

지금까지의 일이 철저하게 잘못되고 말았다면 이미 돌이킬 수가 없다. 높은 마천루나 한밤의 창문 행렬 외에 감상할 만한 것이 어디에 남아 있다는 것인가? 마천루나 등불이 켜진 밤의 창문 행렬을 쳐다보면 인간은 점점 그 문명의 힘에 자만하여 자신이 얼마나 보잘것없이 작은 것인가를 잊어버린다. 그러니 이런 문제는 해결의 가망이 없는 것으로서 단념하지 않을 수 없다.

그래서 우리는 인간에게 토지를, 그것도 충분한 토지를 부여하는 일부터 시작해야만 한다. 핑계야 어쨌든 인간에게서 토지를 뺏는 문명은 잘못되어 있다. 그래서 장래의 문명사회에서는 모든 사람이 한 에이커(약 4천 평방미터)의 토지를 소유할 수가 있다고 가정하자. 그러면 뭔가에 착수할 수 있을 것이다. 나무도 자기 것으로 할 수 있고 돌도 자기 것이 된다. 우선 유념해서 잘 성장한 수목이 있는 땅을 택할 것이다. 성장한 나무가 없다면 버들이나 대나무처럼 속히 자라는 나무를 심을 것이다. 그리 되면 새를 새장에 기르지 않아도 된다. 새들이 스스로 모여든다. 그리고 또 주의해서 근처에 개구리나, 가능하면 도마뱀이나 거미들도 깃들일 수 있게 손을 쓴다.

　이리 되면 아이들은 유리 상자에 든 자연이 아니라, 천연 자연 그대로를 연구할 수 있다. 적어도 새끼가 알에서 깨어나는 모양을 관찰하게 될 것이며, 따라서 보스턴의 '좋은 가정'의 아이들에게서 흔히 볼 수 있는 성(性)과 번식에 관한 한심스러운 무지는 없어질 것이다. 도마뱀과 거미의 투쟁을 관찰하는 재미도 있을 것이며, 흙투성이가 되는 재미도 주어질 것이다. 암석에 대한 중국인의 기분에 대하여는 앞부분에서 약간 언급해 두었다. 그 설명으로 중국의 풍경화가가 바위 봉우리를 애호하는 까닭은 충분히 수긍할 수 있으리라 생각한다. 그러나 그것은 기초적인 해설이며, 돌동산이나 암석 일반에 대한 중국인의 기호 설명으로서는 불충분하다. 암석은 거대하고 단단하며 유구(悠久)함을 생각게 한다는 것이 사고방식의 근본이다. 암석은 말이 없고, 움직임이 없으며, 대영웅 같은 성격의 강함을 지니고 있다. 속세를 떠난 학자처럼 고고하고 초연하다. 또 암석에는 다 고색(古色)이 있다. 그런데 중국인은 뭐든지 예스러운 것을 좋아하는 것이다. 특히 예술적으로 보면 암석은 위대하고 장중하고 가파르고 괴기하다. 그리고 또 '위(危)'하다는 느낌이 든다. 이 말은 '험(嶮)'에 통하나, 사실은 번역이 불가능하다. 지상 90미터나 가파르게 우뚝 선 벼랑은 '위(危)'를 생각하게 하므로 매력이 있는 것이다. 한걸음 더 나아가 고찰해 보기로 하자. 매일 산에 들어갈 수는 없으니 암석을 가정에 끌어들일 필요가 생긴다. 돌 동산이나 석굴로 말하면, 중국을 만유(漫遊)하는 서구인의 이해와 감상은 곤란하겠지만, 역시 가파름·위태함·장중한 바위 봉우리의 이어지는 모습을 본뜨고자 하는 것이다. 이해와 감상이 불가능하다 하여 서구인을 책할 수는 없다. 왜냐하면 인공(人工)의 산이나 석굴의 대부분은 엉뚱한 취향으로 만들어져서, 자연의 웅대하고 장중한 뜻을 옮겨 놓지 못했기 때문이다. 인공의 석굴은 몇 개의 돌을 시멘트로 연합시키고 있다.

마치 시멘트로 만든 구경거리다. 참 예술적인 인공의 산은 회화의 구성과 조화를 이루고 있어야만 한다.

인공 돌산의 예술적 관상과 풍경화 속의 돌산의 그것과는 밀접한 관련이 있다. 송나라 때의 화가 미불(米芾)이 벼룻돌에 관한 저술을 했고, 송나라 때의 문인 두관(杜綰)이 돌에 관한 《운림석보(雲林石譜)》라는 책을 쓴 걸 보면 이 점이 수긍될 것이다. 이 책에는 인공 산에 사용되는 각지의 암석 수백 종의 성질에 관한 상세한 서술이 있어서, 이 위대한 송나라 화가의 시대에 이미 인공 돌산 기술이 고도의 발달을 이룩하였음을 말해 주고 있다.

산마루의 웅대한 암석의 관상과 더불어 별개의 입장에서 뜰의 돌 관상이 발달하여 돌의 빛깔·감촉·외양·무늬, 때로는 두드렸을 때의 음색 등을 이러쿵저러쿵하게 되었다. 돌이 작을수록 손의 감촉과 돌 표면의 색깔이 말썽이 되었다. 이 방면의 발전을 크게 도운 건 최고 품질의 벼룻돌이나 인재(印材)를 수집하는 도락(道樂)이었다. 이 두 가지는 중국 문인의 일상생활과 떼어 놓을 수 없는 것이다. 아담한 풍치·감촉·명암(明暗)·농담(濃淡)이 최대 요점이 되었다. 뒤에 나타난 돌·경옥(硬玉)·비취의 담배통에 대하여도 이 말을 할 수 있다. 값진 인재(印材)나 담배통에는 6,7백 달러나 나가는 것도 있었다.

집이나 정원의 돌 효용을 철저하게 관상하고자 한다면 중국 서도(書道)에까지 거슬러 올라가야만 한다. 그러나 서도는 추상 세계의 리듬과 선과 구성의 연구에 불과하다. 진짜 좋은 돌은 장중과 초탈을 연상케 하는 것이어야만 하는데, 그보다 중요한 것은 선이 훌륭해야 한다는 것이다. 선이라 해도 직선이나 각(角)을 말하는 게 아니라, 자연스러운 선의 가파름 그 자체를 말하는 것이다.

'올드 보이', 즉 노자(老子)는 《도덕경(道德經)》 속에서 '새기지 않은 바위'를 항시 역설하고 있다. 자연을 너무 만지작거리는 짓을 그만두라.

지극히 높은 예술품은 최대의 시나 문장처럼 아무런 인공의 흔적이 없고 굽이치는 물과 뜬구름처럼 자연스러우며, 중국 문예 비평가가 가끔 말하는 '도끼나 끌 흔적을 남기지 않는' 것이기 때문이다. 이것은 예술의 모든 분야에 적용된다. 불규칙한 미, 리듬과 움직임과 표정을 암시하는 선의 미, 거기에 감상의 대상이 있다. 상류층 중국인의 서재에 의자로서 혹투성이인 떡갈나무 뿌리가 쓰이는 일이 있는데, 이런 것을 진기하고 귀중한 것으로 여기는 심리도 여기에 있다. 그래서 중국의 정원에서 볼 수 있는 인공 산의 대부분은 자연 그대로의 돌로 이루어져 있다. 높이가 4,5미터나 되고, 위인(偉人)처럼 단정히 고립해 있는 나무껍질의 화석도 있고, 호수나 동굴에서 발견되어 대개 구멍투성이로 외모가 아주 불규칙한 것도 있다. 어느 작가의 암시에 따르면, 만일 구멍이 너무 원에 가깝다 싶으면 자갈을 끼워 넣어 구멍을 일그러뜨린다는 것이다.

상해나 소주(蘇州) 부근의 인공 산은 대개 큰 호수의 바위로 이루어져 있어서 옛날의 바다 물결의 자취가 보인다. 이런 바위는 호수 밑바닥에서 캐내어지는 것이다. 그 선을 바로잡아야만 할 곳이 있으면 끌로 마음에 들게 가공하여 다시 호수 밑바닥에 가라앉혀 1,2년 방치한다. 물의 작용으로 끌 자국을 없애려는 것이다.

나무에 대한 느낌은 바위에 대한 느낌보다 좀더 이해하기 쉬우며, 물론 만인 공통의 것이다. 주위에 나무가 없는 집은 벌거숭이 남녀나 같은 것이다. 나무와 집의 차이는, 집은 세워지는 것이지만 나무는 성장하는 것이라는 점이다. 무엇이건 성장하는 것은 세워지는 것보다 보기에 아름다운 것이다.

실용상의 편의를 생각하여 벽은 수직으로, 바닥은 수평으로 만들도록 되어 있지만, 벽은 그렇고 바닥에 관해서만은 여러 방의 바닥을 다른 수평상에 놓아서 안된다는 이유는 조금도 없다. 그런데 어쩐지 직선과 네모꼴로 하고자 하는 경향이 있다. 이러한 직선이나 네모꼴은 나무가 가세해야만 느낌이 좋은 것으로 되어 구제받는 것이다. 색채 계획에서도 우리는 집을 녹색으로 칠하는 짓은 결코 하지 않지만, 자연은 그걸 하고 있다. 사실 나무는 모두가 녹색이다.

나무 종류는 무수히 많으나 어떤 나무의 특수한 선이나 윤곽에는 화제(畵題)에 알맞은 미가 있다. 그런 나무들은 특히 미적 감흥을 돋운다. 비평가나 시인은 그렇게 생각하게 되었다. 즉 모든 나무가 아름답지만, 어떤 나무는 특별한 표정과 힘과 기품을 갖추고 있다는 것이다.

그러므로 그런 나무들은 많은 나무 중에서 선발되어 일정한 느낌과 결부되었다. 보통 감람나무는 소나무처럼 근엄한 기품은 없고, 버들은 우아하지만 장중하다거나 '영감적'이라고 할 수 없는 건 사실이다. 그러므로 언제나 그림으로 그려지고 시로 노래 불려지는 것은 소수의 나무이다. 특히 장대한 풍취로 기쁨을 주는 소나무와, 낭만적인 풍정으로 사랑스러운 매화와, 선이 청초하여 가정적인 것으로 진귀하게 여겨지는 대나무와, 날씬한 미인을 연상케 하는 버들, 이것들이 한층 우수한 것들이리라.

소나무의 관상은 가장 특필할 만하고, 가장 시적 의의가 있는 것이리라. 소나무에는 어떤 나무보다도 숭고, 단정한 기운이 깃들어 있다. 나무에는 숭고한 것도 있거니와 야비한 것도 있고, 웅대함을 자랑하는 것도 있거니와 범속을 면치 못하는 것도 있다. 아널드가 웅대한 호머의 시풍을 이야기하듯, 중국의 예술가는 소나무에 갖추어진 노대(老大)한 품격을 기린다. 이 웅대한 취지를 버들에서 구하려 함은 마치 시인 스윈번에게 웅혼(雄渾)한 시풍을 구함과 같은 것으로, 격에 맞지 않는 일이다.

똑같은 아름다움이라고 하더라도 그중에는 섬세한 미, 우아한 미, 장중한 미, 준엄한 미, 기괴한 미, 불균형의 미, 힘의 미, 고색창연한 미 등 수없이 많다. 이 고색창연함 때문에 소나무는 각별한 자리에 위치한다. 그것은 헐렁한 옷을 입고 대지팡이를 끌며 산길을 가는 여유 있는 사람, 인간 최고의 이상으로서 존경받는 은자와 같은 것이다. 이립옹(李笠翁)이 복숭아 · 오얏 · 버들의 과수원에 있더라도 한 그루의 소나무가 없다면, 젊은 자녀 가운데 앉아서 우러러볼 만한 준엄한 선비가 없음과 같다고 말한 것이 이것이다. 소나무 중에서도 노송을 상찬하는 까닭도 이것이다. 늙을수록 존중해야 한다. 무릇 늙음은 엄하기 때문이다.

소나무와 더불어 같은 풍취가 있는 것에 측백나무가 있다. 특히 학명(學名) selaginela involvens로 알려진 종자는 가지가 구불구불하여 고리 모양을 이루고 다보록하게 드리워져 있다. 하늘을 향해 곧게 자란 가지는 청춘과 희망의 상징으로도 보이고, 땅을 향해 드리워진 가지는 엎드려 소년을 애무하는 노옹의 모습으로도 생각된다.

소나무는 침묵과 장중, 속세를 초월함을 나타내고 은자의 품격이 있으므로, 그것을 완상함은 예술상 가장 의미심장한 것이라고 생각한다. 소나무 완상에 약방의 감초격인 것은 중국의 회화에서 가끔 볼 수 있는 '우직한' 바위와 나무 그늘을 소요하는 인물이다. 소나무 밑에 설 때 사람은 장중(莊重)과 노성(老成)의 품격을 느끼고, 그 고고한 모습에 야릇한 기품을 느끼며 이것을 우러러본다. 노자는 말했다. "말 없음이야말로 자연이다."라고. 노송은 말이 없다. 묵연하고 태연하게 우뚝 솟아 있어 높은 데서 잠자코 생각만 한다. —이 밑에서 많은 아이들이 어른이 되었지, 어른이 또 늙어갔지. 신물도 단물도 다 들이켜 본 노옹처럼 모든 걸 다 알면서도 아무 말이 없다. 거기에 신비함과 장중함이 있다.

매화나무가 감상되는 것은 그 가지의 모습이 낭만적이기 때문이기도 하려니와, 그 냄새가 맑고 높기 때문이기도 하리라. 우리의 시적 감상을 위해 선택된 나무 중에는 소나무 · 매화나무 · 대나무가 겨울과 어울려 있어 '세한삼우(歲寒三友)'라 일컬어지고 있는데, 좀 우습다. 왜냐하면 솔과 대는 상록수이며, 매화나무는 늦겨울 이른 봄에 개화하는 것이기 때문이다. 때문에 매화는 특히 청고(淸高)함을 나타내는 것이다. 산산한 겨울 기운에 깃드는 청고의 상징이다. 그 단아함은 싸늘한 단아함이며, 속세를 떠난 사람처럼 대기가 찰수록 기품이 더한다. 또 난초처럼 은일(隱逸)의 풍취가 깃들어 있다. 송나라 때의 은둔 시인 임화정(林和靖)은, 매화는 내 아내요 학(鶴)은 내 아들이라고 했다. 서호(西湖) 복판의 고산(孤山)에 있는, 그가 숨어 살던 고적은 오늘날 문인 묵객(墨客)의 순례지로 되어 있다. 그 무덤 아래에는 '내 아들' 학의 무덤이 있다. 이 시인의 유명한 다음의 칠언구(七言句)에 매화의 향기와 그 모습의 풍취가 가장 잘 묘사되어 있다.

암향부동월황혼(暗香浮動月黃昏)

매화의 아름다움의 정수는 이 칠언으로 완벽하며, 한 자(字)도 움직일 여지가 없음은 모든 시인이 인정하는 바이다.[1]

대나무의 좋음은 그 줄기와 잎의 화사함에 있다. 화사할수록 학자 가정에서 찬미 속에 감상된다. 대나무의 미는 어느 쪽이냐 하면 상냥한 미이며, 그것에서 받는 기쁨은 온화하고 조용한 것이다. 가늘고, 유순하고, 성김이 대나무 풍취의 으뜸으로 지목된다. 그래서 산 대나무건 그린 대나무건 두세 그루의 대는 한 덤불의 대와 비등하게 존중받는다. 가지와 잎의 유순함을 좋아하므로 두세 그루라도 그림이 된다. 마치 매화 두세 송이가 훌륭한 화제(畵題)로 되는 것과 같다. 웬일인지 대나무의 유순한 모습이 울퉁불퉁한 바위와 썩 잘 조화된다. 때문에 몇 그루의 대나무에 곁들여 한둘의 바위가 흔히 그려진다. 그런 때의 바위는 언제나 파리한 미를 지닌 것으로서 그려지는 것이다

버드나무는 어디에서든지 잘 자라는 나무이다. 특히 냇둑 등에 많다. 이 나무는 무엇보다도 여성의 나무라 할 수 있다. 그 때문에 저 장조(張潮)

---

1) 임화정(북송의 시인)의 〈산원소매(山園小梅)〉라는 제목의 시 중의 한 구로, 그 앞의 '소영횡사수청천(疏影橫斜水淸淺)'의 구와 함께 서화가들이 즐겨 쓰는 시구이다.

는 우주 만물 중에 인간의 심금을 가장 잘 울리는 네 가지 중의 하나로 손 꼽고, 버드나무는 사람의 감상을 돋운다고 했다. 중국 부인의 섬세한 허리를 '유요(柳腰)'라고 한다. 중국의 춤추는 소녀는 긴 소매와 의상을 나풀거리어 바람에 불리는 버드나무 가지를 닮고자 한다. 버드나무는 잘 자라기 때문에 중국의 곳곳에는 1마일에 걸쳐서 버드나무를 심고 있다. 그 위를 바람이 스쳐갈 때의 모양을 '유랑(柳浪)'이라고 한다. 버드나무의 늘어진 가지에 꾀꼬리가 즐겨 앉으므로, 그림에서도 그리고 실제로도 버드나무와 꾀꼬리는 떼어 놓을 수 없다. 매미도 흔히 그 가지에서 쉬는 것이다. 서호십경(西湖十景)의 하나인 '유랑문앵(柳浪聞鶯)'이 이것이다.

물론 이밖에도 다른 이유로 칭송받는 나무는 많다. 이를테면 오동나무는 나무껍질이 깨끗하고 그 표면이 매끈하여, 작은 칼로 쉽사리 시를 새길 수 있어서 좋아한다. 또 중국인이 매우 애호하는 개덩굴풀〔犬蔓草〕은 뿌리의 지름이 7, 8센티미터나 되는 것이 있으며, 고목이나 암석에 휘감겨 있다. 곧은 줄기와 이것에 구불구불 휘감겨 있는 덩굴풀과는 재미있는 대조를 이루고 있다. 그중에서도 특히 좋은 덩굴풀은 용이 잠든 모양을 하고 있어서 용만초(龍蔓草)라는 이름을 가진 것도 있다.

줄기가 구불텅하고 다소 경사져 있는 고목은 그 줄기 덕분에 크게 애호받고 존중받는다. 소주(蘇州)에서 가까운 태호(太湖) 가의 한 곳인 목독(木瀆)에 있는 네 그루의 측백나무는 각각 '청(淸)'·'희(稀)'·'고(古)'·'기(奇)'라는 이름이 붙여져 있다. '청'의 나무는 줄기가 곧게 뻗어 오르고, 잎이 정상에서 삿갓 모양으로 퍼져 있다. '희'는 땅 위로 뻗어 지그재그로 세 개의 Z형을 이루고 있다. '고'의 정상에는 잎이 없고, 굵고 오동통하며, 가지는 성기고 반쯤 말라서 사람의 손가락 같은 꼴을 하고 있다. 끝으로 '기'의 줄기는 맨 윗가지가 있는 데까지 나선형으로 꼬여 있다.

중요한 점은, 나무의 감상은 그저 나무만의 관상이 아니라, 다른 자연물, 이를테면 바위·구름·새·벌레·인간 등과 관련시켜야만 그 진미가 있다는 것이다. 그래서 장조(張潮)는 말했다.

"꽃을 심음은 나비를 유혹하기 위함, 바위를 쌓음은 구름을 부르기 위함, 소나무를 심음은 바람을 맞이하기 위함, 파초를 심음은 비를 기다리기 위함, 버드나무를 심음은 매미를 초청하기 위함이다."

사람은 새의 노래를 나무와 함께 즐기고, 귀뚜라미 소리를 바위와 함께 감상한다. 새는 나무 그늘에서 노래하고 귀뚜라미는 바위틈에서 운다. 중국인은 우는 귀뚜라미나 매미를 고양이나 개나 그밖의 가축보다 훨씬 귀여워한다. 모든 가축이나, 사람과 가까운 동물 중에서 유독 학(鶴)만이 소나무와 매화나무와 같은 종목에 끼어 있다. 결국 학은 은자의 상징이기 때문이다. 학은 물론이려니와 백로까지도 한적한 늪지에서 순백한 모습을 하고 늠름하게 또 상냥하게 우뚝 서 있는 걸 보면, 중국 학자는 학이 되고 싶다고 생각한다.

시인의 기분이 자연 속에 녹아들면, 동물이 행복해야만 인간 또한 행복한 것이라고 생각하게 되는데, 그러한 심정은 정판교(鄭板橋)가 그 아우에게 띄운 편지 속에서, 새를 새장 안에 넣어서 기르는 것은 찬성하지 않는다고 한 문장에 가장 잘 나타나 있다.

새를 새장에 길러서는 안된다고 나는 말했다. 그러나 덧붙여 두고 싶은 말이 있다. 내가 그렇게 말한 것은 새가 싫어서가 아니다. 새를 사랑하는 데는 자연스런 방법이 있기 때문이다. 새를 기르는 최선의 방법은 집 주위에 수백 그루의 나무를 심어 새의 왕국과 가정이 나무 그늘에서 잘 보이도록 해 두는 것이다. 그러면 밝을 녘에 잠이 깨어 침상 속에 있을 때 하늘의 음악과 같은 새들의 합창을 듣게 된다. 침상을 나와 옷을 입고 세수하고 이를 닦고 아침 차를 마실 때, 미려한 새의 날개가 여기저기 날아다니는 게 보기에 정신이 없다. 한 마리 새를 새장에 넣고 바라보는 것과는 비교가 안되는 즐거움이다.

대체로 생활의 낙은 우주를 공원으로 보고, 호수나 내를 연못으로 생각하는 데서 온다. 그러므로 생물은 다 저마다의 특성에 따라서 살아갈 수 있도록 해 주어야 된다. 그 기쁨이 얼마나 크겠느냐! 이 친절함과 저 냉혹함, 세상의 많은 즐거움 가운데 새를 새장에 넣고 물고기를 병 속에 넣고 즐기는 것과, 나의 이 즐거움을 비교해 보라. 얼마나 큰 차이가 있느냐!

꽃에 대하여

꽃과 꽃꽂이의 감상은 오늘날 볼 수 있듯이 약간 엉망인 감이 있다. 꽃의 감상은 나무의 감상과 마찬가지로 꽃의 등급이나 순위를 잘 터득하여 일정한 정서와 환경을 일정한 꽃에 결부시키는 데서 시작해야만 한다.

우선 제일 먼저 문제가 되는 것은 꽃의 향기다. 향기에는 재스민처럼 강렬하여 뚜렷한 것들도 있거니와, 라일락처럼 미묘한 것, 그리고 중국 난초처럼 유례없이 고상하고 맑은 방향을 풍기는 것도 있으며 가지각색이다. 그 향기가 맑고 은은할수록 고상한 꽃이라 하겠다.

다음은 꽃의 빛깔과 모양의 아름다움인데, 이것도 또한 실로 천차만별이다. 어떤 것은 풍만한 처녀와 같고, 어떤 것은 청초하고 풍취가 깊어 침착한 숙녀 같다. 어떤 것은 색향으로 세상에 아양을 떨려고 하는 것처럼 보이고, 또 어떤 것은 자기 색향에 교만해져서 꿈같은 날을 보내며 만족하고 있는 듯이 보이는 것도 있다. 또 화려한 빛깔을 좋아하는 것도 있거니와, 얌전하고 조심스런 형태의 것도 있다.

꽃은 먼저 외계의 환경과 꽃철을 항시 연상시킨다. 장미는 맑게 갠 봄날을 생각게 하고, 연꽃은 연못 위의 시원한 여름의 아침을 생각게 하고, 물푸레나무는 가을의 달과 추석 명절을 생각게 하고, 국화는 늦가을에 먹는 게 맛을 생각게 하고, 매화는 눈을 생각게 하고, 수선화와 함께 정월을 즐기는 데 없어서는 안되는 것으로 되어 있다. 모두가 자연히 일어나는 연상 작용이다. 어느 꽃이건 모두 자기에게 딱 어울리는 환경에 놓여야만 비로소 진가가 발휘되는 것으로 생각되는데, 호랑가시나무가 크리스마스를 연상시키듯 꽃을 사랑하는 자에게는 꽃을 가슴에 그려 갖가지 계절에 특유한 정경을 머리에 떠올리는 것은 무엇보다도 용이한 일이다.

난초와 국화와 연꽃은 소나무나 대나무처럼 어딘지 모르게 고상함을 상찬받고, 중국에서는 군자의 상징으로 되어 있다. 그중에서도 난초는 특히 그 이국적인 아름다움을 평가받고 있다. 매화는 아마도 어떤 꽃보다도 중국의 시인에게 애호되고 있을 것이다. 이 점에 대하여는 앞의 절에서 다소 언급해 두었다. 매화는 새해와 더불어, 즉 다른 꽃들보다 앞서 피므로 '화괴(花魁)'라 불린다. 거기에는 물론 이설(異說)이 있어서 옛날에는, 특히 당나라 때는 모란이 '화왕(花王)'으로 애호되었다. 그리고 또 모란이 그 빛깔과 꽃잎이 풍염한 데서 부귀와 행복의 상징이 되어 있었음에 반해, 매화는 시인의 꽃, 차분하고 청빈한 선비로 상징되고 있다. 즉 모란은 물질적이지만 매화는 정신적이다.

일찍이 어떤 선비가 모란을 크게 칭찬한 일이 있는데, 그것은 오직 다음과 같은 유래에서이다. 예전에 당나라 무후(武后)가 그 과대망상적인 변덕을 일으켜 궁정의 꽃 전부를 한겨울의 어느 날 일시에 개화할 것을 분부했다. 이유는 없다. 다만 그렇게 해 보고 싶었을 뿐인 것이다. 그런데 모란만이 용감하게도 몇 시간 더디 피었기 때문에 무후 폐하의 기분을 상하게 했다. 그 결과 수천 포기의 모란은 칙명에 의해 전부 도읍지 장안(長安)으로부터 낙양(洛陽)으로 추방당하고 말았다. 황후의 총애를 잃기는 했으나 모란 예찬은 여전히 변함이 없었으며, 낙양은 모란의 대표적인 명소가 되었다.

중국인이 왜 장미를 좀더 대단히 여기지 않는가 하면, 장미는 빛깔이나 형태가 모란과 동급(同級)에 들어가야겠지만, 모란의 호화스러움에 눌려 버린 것이리라. 중국의 옛 기록에 따르면 모란의 종류는 90종이나 되며, 모두가 대단한 시적인 이름을 가졌던 모양이다.

난초는 모란과는 달리 둔세적(遁世的)인 미를 상징하고 있다. 그것은 인가에서 떨어진 유곡(幽谷)에 피는 일이 많기 때문이다. 난초는 사람에게 감상되는 일을 개의치 않고, '스스로 고독의 미를 즐기는' 미덕을 지니며, 마을에 옮겨지는 것을 지극히 꺼린다고들 한다. 설혹 마지못해 이식되는 일이 있더라도, 난초의 독특한 특성에 따라서 재배되어야만 하며, 그에 따르지 않으면 곧 말라 죽고 만다. 그런데서 우리는 규방에서 자란 아름다운 처녀나, 권세와 명성을 마다하고 산속에 숨어 사는 격이 높은 선비를 흔히 '유곡란(幽谷蘭)'에 비유한다.

그 향기는 아주 옅고, 사람을 기쁘게 하기 위해 별로 노력하지 않는 듯싶지만 실제로 그 방향(芳香)이 이해되면 그 숭고함에 반드시 감동하리라! 이런 성질을 지녔기에 난초는 세상에 아부하지 않는 군자의 상징이 되고 또 참된 우정의 상징도 되고 있다. 그것은 고서(古書)에 "난초를 장식한 집에 들어가 오랫동안 거기에 머물 때는 그 향기를 느끼지 않게 된다."고 씌어 있는 것만으로도 알 수 있으며, 향기가 몸에 배어 버리기 때문이다. 이립옹(李笠翁)은 난초를 완상하는 최선의 방법으로서 모든 방에 난초를 놓지 말고 오직 한 방에만 놓아 그 방에 드나들 적마다 난초의 방향을 즐길 것을 권하고 있다.

미국의 난초에는 이러한 옅은 방향(芳香)은 없으며, 그 대신 모양도 크고 빛깔도 훨씬 화려하다. 내가 태어난 중국 복건성(福建省)은 '복건란'으로 알려진 중국 최상의 난초 산지로 되어 있다. 그 꽃은 옅은 녹색이고 보랏빛 반점이 있으며, 모양은 아주 작고, 꽃잎의 길이는 2.5센티미터를 가까스로 넘을 정도이다. 가장 진귀하게 여기는 최상의 품종 진몽량(陳夢良)은 빛깔이 물과 같으므로 물에 넣으면 거의 보이지 않게 되어 버린다.

매화는 시인 임화정(林和靖)의 꽃, 연꽃은 유교 이론가 주무숙(周茂叔)의 꽃, 이에 대해 국화는 시인 도연명(陶淵明)의 꽃이다. 늦가을에 피는 그

꽃은 '냉향(冷香)'이니 '냉수(冷秀)'니 하는 풍취를 지니고 있다. 국화의 냉수(冷秀)와 소위 모란의 화려함의 대조는 누구의 눈에도 쉽사리 이해된다. 국화에는 수백의 품종이 있는데, 내가 알기로는 그 품종마다 매우 아름다운 이름을 붙이는 유행에 앞장선 사람은 송나라 때의 대유(大儒) 범성대(范成大)이다. 형태와 빛깔의 다종다양함이 국화의 특징인 듯싶다. 백색과 황색이 국화의 '정통'으로 지목되며, 보랏빛과 붉은 빛은 변색으로 치므로 등급도 떨어진다. 백색과 황색은 '은분(銀盆)'·'은령(銀鈴)'·'옥반(玉盤)'·'옥령(玉鈴)'·'옥수구(玉繡毬)'라는 등의 품종의 이름을 낳았다. 또 '양귀비'니, '서시'니 하는 유명한 미인 이름을 붙이는 것도 있다. 짧게 깎은 여자의 단발 비슷한 형태의 것도 있거니와 꽃잎이 물결치는 곱슬머리 비슷한 것도 있다. 방향도 품종에 따라 일정치 않으나, 사향이나 이른바 '용뇌(龍腦)' 냄새가 나는 것이 으뜸으로 쳐진다.

　연꽃, 즉 수련(睡蓮)은 오직 한 가지만으로 하나의 종류를 이루고 있는데, 수면에 뜨는 그 줄기와 잎을 포함하여 꽃 전체로서 바라보면, 모든 꽃 중에서 가장 아름다운 꽃으로 내게는 생각된다. 주위에 연꽃 없이는 여름을 즐길 수 없다. 만일 집 가까이에 연못이 없으면 커다란 질그릇 수반(水盤)에 연꽃을 옮기면 된다. 다만 이 경우에는 반 마일(약 0.8킬로미터)이나 연이어 핀 연꽃의 아름다움, 대기에 퍼지는 그 방향, 액체의 진주 같은 물구슬이 달리는 푸른 활엽, 그것과 선명한 대조를 이루는 앞 끝의 홍백이 얼룩진 꽃의 아름다움은 대부분 상실하게 된다.(미국의 수련인 'water lily'는 중국의 연꽃과는 다르다.) 송나라 때의 학자 주무숙(周茂叔)은 그 수필 〈애련설(愛蓮說)〉 속에서 연꽃을 사랑하는 까닭을 말하고, 연꽃은 군자처럼 흙탕물 속에 자라면서도 더러움에 물들지 않는다고 했다. 이 견해는 일반 유가(儒家)의 설과 마찬가지다. 공리적인 견지에서 보면 연꽃에는 버릴 것이 없다. 연근은 청량음료를 만드는 데 사용되고, 잎은 과실이나 그밖의 음식을 찔 때 그것을 싸는 데 사용되고, 꽃은 그 모양과 빛깔로 인해 애호되고, 끝으로 연실(蓮實)은 신선(神仙)의 음식물로 존중받아, 껍질을 갓 벗긴 날것으로도, 말려서도, 설탕조림을 해서도 먹을 수 있다.

능금 꽃과 비슷한 해당화는 다른 꽃과 마찬가지로 시인들 사이에 인기를 차지하고 있다. 오직 두보(杜甫)만은 자기 고향 사천(四川)의 명물인 이 꽃에 대해 한마디도 언급하지 않았다. 그 이유에 대하여는 갖가지 설이 있는데, 가장 적절한 이유는 모친의 이름을 해당(海棠)이라 하므로 어머니에게 경의를 표하는 뜻에서 그것을 피했다는 설이다.

방향이 좋은 점에서 난초의 윗자리에 앉히고 싶은 꽃은 두 가지뿐이다. 그것은 물푸레나무꽃[木犀]과 수선화다. 수선화도 내가 태어난 고향 창주(彰州)시의 특산물로, 미국에 구근(球根)이 수출되는 액수가 한때 수십만 달러까지 오른 적이 있는데, 농무성(農務省)은 마침내 그 구근에 붙어 있는 병원균을 방지하기 위해, 하늘에서 온 이 향기 짙은 꽃을 미국 국민으로부터 뺏고 말았다. 그러나 선녀처럼 깨끗한 수선화의 하얀 구근에 병원균이 붙어 있느니 하는 것은 전혀 상상할 수 없다. 그것은 흙탕물 속과는 달리 물을 담은 유리나 질그릇의 화분 속에 자갈을 받쳐 심어지고, 최대한으로 주의하여 길러지는 것이다.

철쭉꽃은 그 모습의 예쁘고 맵시 있는 아름다움과는 반대로 일반적으로 비극의 꽃으로 지목된다. 왜냐하면 이 꽃은 뻐꾹새의 피눈물에서 싹튼 꽃이라고 알려져 있기 때문이며, 뻐꾹새는 계모에게 학대받고 집을 쫓겨난 형을 찾는 소년이 모습을 바꾼 것이라 일컬어진다. 꽃을 선택하고 그 순위를 정하는 것도 중요하지만, 꽃병에 꽃을 꽂는 기술도 역시 중요하다. 이것은 적어도 아득한 11세기 이래의 예술이다. 19세기 초의 《부생육기(浮生六記)》의 저자는 제2권 〈한정기취(閑情記趣)〉의 장(章)에서 훌륭한 구도의 그림 못지않게 꽃을 꽂는 기술을 말하고 있다.

그런데 나는 매년 가을이 되면 국화를 열애했다. 나는 국화를 화분에 심지 않고 꽃병에 꽂는 것을 좋아했다. 그렇다고 화분에 심는 것이 싫어서가 아니었다. 집에 뜰이 없기 때문에 손수 손질할 수가 없기 때문이었다. 시장에서 구해 오는 꽃은 손질이 잘 되어 있지 않아서 내 취향에 맞지 않았다.

국화를 꽃병에 꽂을 때는 짝수가 아니라 홀수를 택하고, 어느 병에도 한 빛깔만의 꽃을 꽂아야 한다. 꽃병의 아가리는 꽃을 한꺼번에 쉽게 꽂을 만한 넓이가 있어야만 한다. 하나의 꽃병에 꽂은 꽃이 여섯 송이건 3,40송이건 모두 한결같이 꽃병의 아가리에서 똑바로 서도록 꽂아야만 한다. 너무 한데 몰려도 안되고 흩어져서 너무 넓어져도 안된다. 꽃병 아가리에 기대어 꽂는 것도 금물이다. 이렇게 위치를 정하는 것을 '뿌리 맺음'이라고 한다.

꽃은 고상하게 똑바로 서 있는 일도 있고 갖가지 방향으로 뻗어 있는 경우도 있을 것이다. 효과가 너무 단조로움을 피하기 위하여는 몇 개의 꽃봉오리를 곁들여서 일종의 분위기 있는 불균형을 노려 꽂는 것이 좋다. 잎은 너무 많아서는 안되고 줄기는 너무 딱딱해서는 안된다. 줄기를 바늘로 붙들어 맬 때는 바늘 끝이 드러나면 잘못된 것이니, 긴 바늘은 잘라 버려야만 한다. 이른바 '병아가리는 깨끗해야 한다'는 것은 이것을 지목한 것이다.

테이블 크기에 따라 셋 내지 일곱 개의 꽃병을 탁상에 늘어놓는다. 꽃병 수가 너무 많으면 시장에서 팔고 있는 국화의 진열 같은 모습이 되어 버린다. 화병대 높이도 10~11센티미터의 것에서 기껏해야 76센티미터쯤 되게 하고, 통일 있게 구성된 그림처럼 높이가 다른 화병이 서로 균형이 잡혀 각각 연락되듯이 해야만 된다. 높은 화병을 하나 중앙에 놓고, 낮은 것을 그 양쪽에 놓거나, 낮은 화병을 앞에 놓고 높은 것을 뒤에 놓거나, 혹은 잘 균형 잡아 한 쌍씩 늘어놓거나 하는 방식은 흔히 말하는 '금회퇴(錦灰堆)'의 폐풍이다. 적당한 간격을 취하는 법이나 배치법은 각 개인의 회화적 구성의 이해 여하에 좌우되는 것이다.

대접이나 큰 접시를 이용할 경우에 꽃을 받치는 데는 정제된 송진에 느릅나무 껍질과 밀가루를 기름에 갠 것을 아교 모양으로 될 때까지 뜨거운 짚불로 데

우고, 그것으로 동판에 몇 개의 못을 거꾸로 붙인다. 다음에 그 동판을 뜨겁게 하여 그 화분이나 접시의 밑바닥에 붙인다. 그것이 식거든 철사로 꽃을 몇 개의 다발로 묶어 거꾸로 된 못에 꽂는 것이다. 꽃은 옆으로 기울게 함이 좋고 복판에서 비쭉 내밀게 해서는 안된다. 줄기와 잎이 맞붙지 않도록 하는 것도 중요하다. 여기까지의 순서가 끝나면, 화분에 물을 붓고 깨끗한 모래를 조금 넣어서 동판을 가려 버리고, 꽃이 곧장 화분 밑바닥에서 난 것처럼 보이게 한다.

꽃이 달린 가지를 꺾어 꽃병에 꽂을 경우에는 꽂기 전에 가지를 어떻게 손질해야 좋은가를 터득해 둘 필요가 있다. 왜냐하면 누구든지 항상 자기가 나가서 가지를 꺾어 올 수는 없고, 남이 꺾은 가지로는 불만족스러운 경우가 흔히 있기 때문이다. 우선 그 가지를 손에 들고 전후좌우 여러 방향으로 기웃거려 보고서 어느 방향이 제일 모양이 좋은가를 확인한다. 확인이 끝나면 늘씬하고 예스러운 색다른 가지 모양으로 만들기 위해 쓸데없는 잔가지를 잘라 버린다.

그리고 나서 줄기를 어떤 상태로 꽃병에 꽂을까, 줄기를 꽃병에 꽂았을 때에 잎이나 꽃이 제일 좋게 보이게 하려면 어떤 상태로 줄기를 구부리면 좋은가를 생각한다. 만일 되는 대로 하나의 묵은 가지를 손에 쥐고서 그 곧은 부분을 화병에 꽂았다고 하면, 줄기는 뻗어 나오고, 가지는 너무 빽빽하며, 꽃이나 잎이 다른 쪽을 향하게 되어, 매력이고 표정이고 완전히 엉망이 될 것이다. 곧은 가지를 구부리려면 줄기의 한가운데쯤에 칼로 상처를 내고, 그 상처에 깨진 기와나 돌멩이의 부서진 작은 조각을 끼워 넣는다. 그렇게 하면 곧은 가지는 안성맞춤으로 구부러진다.

큰 가지가 너무 약할 때는 바늘을 두셋 꽂아서 단단하게 한다. 이 방법을 쓰면 단풍잎이나 가는 대나무 가지, 또 그밖의 여느 가시나무까지 훌륭한 장식이 된다. 몇 개의 중국 구기자나무 열매에 푸른 대나무의 작은 가지를 곁들이거나, 구상한 풀잎에 몇 개의 가시나무 가지를 배합해도, 배치만 잘 되면 참으로 우아한 정취를 낳을 것이다.

원중랑이 말하는 꽃꽂이

꽃꽂이에 관한 가장 훌륭한 저술은 아마도 원중랑이 쓴 것이리라. 이 분은 16세기 말엽 사람으로 본명이 굉도(宏道)인데, 내가 가장 애호(愛好) 하는 문인의 한 분이다. 꽃꽂이에 관한 그 저서 《병사(瓶史)》는 일본에서 높이 평가받고 있다. 꽃꽂이 방법에 '굉도류(宏道流)'라는 일파가 있음도 사람들이 아는 바이다.

그는 그 책 서문 첫머리에서 이렇게 말하고 있다.

"다행히 꽃·대〔竹〕·산수는 명문 권세 다툼과는 관계가 없다. 명문 권세를 좇는 사람들은 그 때문에 안달하며, 산수·꽃·대를 즐길 여가가 없다. 그런데 세상 밖의 학자는 그 처지를 이용하여 자연의 낙을 독점할 수 있는 위치에 놓여진 것이다. 그렇지만 꽃꽂이 감상을 최고의 낙으로 생 각해서는 안된다. 그것은 기껏해야 도시 생활자를 위한 일시적 대용물에 불과한 것이므로, 그 때문에 강호의 자연을 즐기는 더 큰 행복을 잊어버리 는 일이 있어서는 안된다."

그는 또 서재의 장식으로서 꽃을 놓는 데는 신중한 태도로 할 것을 요 구한다. 종류를 선택하는 데 주의를 기울이지 않고 아무 꽃이나 꽂아 두는 것은 전연 꽃을 안 놓는 것만 못하다고 했고, 또 꽃꽂이에 사용되는 갖가 지 형의 청동이나 도자기 꽃병에 대한 설명까지도 기술(記述)하고 있다.

모양은 크게 두 가지로 분류된다. 한나라 때의 헌 청동 화병을 가지고 넓은 방이 있는 집에 사는 부유한 사람들은, 큰 꽃병에 큰 꽃과 키 큰 가지 를 꽂아야 한다. 반면에 학자들은 좀더 작은 꽃 가지를 신중히 선택한 작 은 꽃병에 꽂는 편이 학자다워서 좋다. 예외로서 허용되는 것은 모란과 연 꽃뿐이며, 꽃이 크므로 큰 꽃병에 꽂아야만 한다.

다음은 꽃병에 꽃을 꽂는 방법을 설명한 글이다.

지나치게 수가 많아도 안되고, 지나치게 빈약해도 안된다. 꽃병에 꽂는 꽃은 많아야 두세 종류에 그치고, 높낮이의 균형이나 배치는 명화(名畵)의 구도를 목표로 삼아야 한다. 꽃병을 배치하는 데는 한 쌍으로 하거나, 통일시키거나, 일렬로 곧게 늘어놓거나 하는 것을 피해야 한다. 꽃을 실로 묶어 매는 것도 안 좋다. 꽃의 청초한 미는 자유분방한 소동파(蘇東坡)의 명문이나, 또 연구(聯句)에 구애받지 않는 이백(李白)의 시처럼 가지런하지 않으면서도 자연히 갖춰지는 모습에 있기 때문이다. 이것이 곧 참된 청초미(淸楚美)이다. 다만 가지와 잎의 균형이 잡히고 홍백이 섞여 있는 것만으로 어찌 청초 운운하겠는가. 그래 가지고는 시골 관원의 집 뜰이나 돌이 깔린 무덤 길과 같은 느낌이나 들 것이다.

가지를 선정하여 꺾을 때는 호리호리하고 연한 것을 고르는 게 좋고, 너무 빽빽한 가지를 배합해서는 안된다. 꽃꽂이에 쓰는 꽃은 한 종류만이 좋으므로 많아야 두 종류로 그치고, 두 종류의 꽃이 같은 가지에서 나와 있는 것처럼 자연스러운 배합을 해야만 된다.……일반적으로 꽃은 꽃병과 균형이 잡혀 있어야만 되는데, 높이는 화병보다 13,4센티미터 높직한 것이 좋다. 높이가 60센티미터쯤이고 몸통과 밑바닥이 넓은 형의 꽃병이라면 꽃의 높이는 꽃병 아가리에서 80센티미터쯤 되는 것이 적당하다. 또 길쭉한 꽃병에는 되도록 길쭉하고 굽은, 가지 모양이 좋은 길고 짧은 두 가지를 꽂는 것인데, 그 경우 꽃이 꽃병 키보다 13,4센티미터 짧으면 한층 운치가 있다. 무엇보다도 주의해야 할 것은 꽃병에 비해 꽃이 너무 빈약해서는 안된다는 것이다. 너무 수가 많은 것도 역시 피해야만 한다. 이를테면 꽃을 많이 묶어 매어 핸들같이 되어버린다면 무미건조해지고 만다. 작은 꽃병에 꽃을 꽂을 때는 꽃병 아가리에서 꽃까지의 길이를 꽃병 높이보다 6센티미터쯤 짧게 해야만 한다. 이를테면 높이 24센티미터의 길쭉한 꽃병에는 기껏해야 20센티미터쯤의 꽃이어야만 한다. 그러나 단단해 보이는 꽃병이라면 꽃병 높이보다 6센티미터 긴 꽃이라도 괜찮다.

꽃이 있는 방에는 간소한 책상과 등나무 침상을 놓는 게 좋다. 책상은 널찍

하고 두툼하며, 고급 나무를 쓰고, 표면이 매끄러워야만 한다. 가장자리에 장식이 붙은 옻칠한 책상, 금분을 칠한 침상, 빛 고운 꽃무늬가 있는 경대 등은 일체 금물이다.

꽃의 '목욕', 즉 '세목(洗沐)'에 관해 저자는 꽃의 기분과 정서를 세밀히 관찰하고 있다.

꽃에도 기쁨이나 슬픔이 있고, 또 잠도 있다. 조석으로 알맞은 때에 물을 주면 꽃에게는 정말 단비이다. 볕이 옅고 구름이 엷은 날, 석양이 곱고 달이 밝은 밤은 꽃에서의 아침이다. 모진 폭풍·큰비·혹서·혹한은 꽃에서의 저녁이다. 꽃대가 햇볕을 받고 연약한 몸을 바람으로부터 보호받고 있을 때는 꽃이 행복한 기분에 젖어 있을 때이다. 안개가 자욱한 날 등에 꽃이 술에 취해 있는 듯이 보일 때, 혹은 고요하고 울적해 보일 때, 꽃은 슬픈 심정으로 있다. 몸을 똑바로 지탱할 수 없는 듯이 가지를 늘어뜨리고 몸뚱이를 비스듬히 쉴 때는 꽃이 꿈을 꾸며 자고 있을 때이다. 눈을 번득이고 미소 지으며, 쌩긋이 주위를 둘러보고 있는 듯이 보일 때는 잠에서 깨어났을 때이다.

꽃의 '아침'에는 인기척이 없는 정자나 넓은 방안에 놓아두는 것이 좋다. '저녁'에는 작은 방이나 별실로 옮겨 주는 것이 좋다. 슬플 때는 숨을 죽이고 조용히 있고 싶을 것이며, 기쁠 때는 웃고 외치고 떠들고 싶을 것이다. 잘 때는 커튼을 내려 줬으면 싶을 것이며, 잠이 깨면 화장도 해야만 할 것이다. 이런 것들은 모두가 꽃의 성정을 만족시키고, 그 자고 일어나는 시간을 정하는 이치이다. 꽃의 '아침'에 물을 줌이 가장 좋고, 자고 있을 때가 그 다음, 기쁠 때에 물을 주는 것이 맨 끝이다. 꽃의 '저녁', 즉 꽃이 슬퍼하고 있을 때에 물을 주는 건 꽃을 학대하는 것과 마찬가지라고 여겨진다.

꽃에 물을 주는 것은 취객을 깨우는 보슬비같이, 혹은 꽃의 몸뚱이에 스며드는 친절한 이슬같이, 샘에서 갓 길어 온 청수를 정성스레 조금씩 뿌려 주는 게 좋다. 꽃에 손을 대고 손끝으로 집는 것은 안 좋다. 이런 일을 얼빠진 머슴이나 하녀에게 시키는 것은 금물이다. 매화는 한거하는 선비의 손에, 해당화는 고상한 손님의 손에, 모란은 곱게 차려 입은 젊은 처녀들에게, 석류는 이마와 눈이 아름다운 노예 처녀에게, 물푸레나무는 영리한 동자승(童子僧)에게, 연꽃은 요염한 애첩에게, 국화는 고인을 사랑하는 고명한 선비에게, 납매(臘梅)는 야윈 중의 손에, 저마다의 성질에 따라서 물 뿌리기를 맡기면 좋다. 그러나 추운 계절에 피는 꽃에는 물을 안 주며, 엷은 견사(絹紗)로 보호해 주어야만 된다.

원중랑의 설에 따르면, 어떤 꽃을 화병에 꽂고 다른 꽃들을 곁들여 '시녀(侍女)'로서 잘 조화시켜야 한다. 귀부인에게 평생 시중드는 시녀라는 것이 고대 중국의 제도에 있었는데, 아름다운 귀부인은 필요한 부속물로서 예쁜 시녀들을 옆에 두어 시중들게 할 때 비로소 완벽한 귀부인이 된다는 생각이 예로부터 줄곧 중국에 있었다. 이런 경우에는 귀부인도 시녀와 함께 아름다워야 하지만, 어떤 종류의 아름다움은 어찌된 영문인지 주인에게보다도 시녀에게 어울리는 것이 있다. 여주인과 어울리지 않는 시녀는 본채와 균형이 안 잡히는 마구간과 같은 것이다.

이 사고방식을 꽃에 옮겨 원중랑은 꽃꽂이에서의 '사령(使令)'을 발견했다. 즉 매화에 동백꽃, 해당화에 능금꽃과 라일락, 모란에는 계피색 장비, 작약에는 양귀비와 접시꽃, 석류에는 백일홍과 무궁화, 연꽃에는 옥잠화, 물푸레꽃에는 부용(芙蓉), 국화에는 추해당(秋海棠), 납매(臘梅)에는 수선화가 시녀로서 시중들어야 한다는 것이다.

어느 시녀도 색색으로 예쁘고, 그 주인들에게 못지않으며, 저마다 다 우아하고 상냥한 것이다. 시녀라 해서 이 꽃 시녀들을 경시하는 것은 결코 아니다. 그것은 그들이 역사 속의 유명한 시녀들과 견줄 수 있기 때문이다. 즉 수선화는 하늘의 직녀(織女)의 시녀 양옥청(梁玉淸)처럼 깨끗하기 그지없고, 동백과 장미는 진나라 때의 석가(石家)와 양가(羊家)의 시녀, 상풍(翔風)과 정완(淨琬)처럼 날씬하며 아름답고, 팥꽃나무 꽃은 비극적인 여승 시인 어현기(魚玄機)의 계집종처럼 깨끗하며 낭만적이고, 라일락은 화사하나 옥잠화는 냉정하고, 가을 해당화는 정강성(鄭康成, 한나라 때의 학자로서 경전의 평석이 많다.)의 시녀처럼 내성적이기는 하지만 약간 아는 체하는 흠이 있다.[2]

어느 분야든, 이를테면 장기 같은 것에라도 일가견을 가진 자는 반드시 귀신 들린 듯이 그 길에 열중한다는 것이 원중랑의 사고방식의 근본이지만, 꽃 도락에 대하여도 같은 식으로 생각한다.

세상에는 이야기를 해도 재미가 없고 얼굴을 보기도 싫은 인간이 있는데, 그런 자들은 모두 도락이 없는 인간임을 알았다. 꽃을 익애(溺愛)한 옛사람은 진귀한 품종이 있다고 들으면, 심산유곡을 두루 찾아다니고, 몸의 피로나, 혹한 혹서나, 몸에 상처 입는 것이나, 흙투성이가 되는 것쯤은 아무렇지도 않게 생각했다. 꽃이 봉오리를 맺으려 할 때 침상과 베개를 꽃 밑으로 옮겨서 자고, 어린 꽃이 어른이 되고 마침내 지고 시들어 버릴 때까지 꼼짝 않고 관찰을 계속했던 것이다. 과수원에 수천의 꽃을 심고는 그 변화하는 모습을 연구하고, 혹은 몇 그루만을 방에 들여다놓고 한없는 흥취에 잠겼다. 잎의 냄새를 맡고 꽃크기를 알아맞히는 자도 있었고, 뿌리를 보고 꽃의 빛깔을 판단할 수 있는 자도 있었다. 이런 사람들이야말로 진정한 꽃의 애호자, 꽃에 미친 사람이라 할 만하다.

꽃을 감상하는 데 대하여는 이렇게 말하고 있다.

---

2) 정강성의 시녀는 학식 많은 그 주인과 아언(雅言)으로 이야기했다고 전해진다. 말하자면 중세기의 학자들이 라틴어로 이야기함과 같은 것이다.

차를 마시며 꽃을 감상함이 가장 좋은 태도이며, 사람과 이야기하며 꽃을 감상함이 그 다음이고, 술과 더불어 감상함은 품위 없는 감상법이다. 바쁘게 움직이고 쓸데없는 말을 지껄이는 것은 모두가 꽃의 영혼을 모독하는 짓이다. 꽃을 즐기는 데는 어울리는 때와 장소가 있다. 적당한 환경을 고려하지 않으면 신성(神聖)함을 모독하는 것이 된다. 추위 속에서의 꽃 감상은 눈이 내리기 시작할 때나, 눈이 멎고 하늘이 맑게 개었을 때나, 조각달 사이나, 따뜻한 방 안이 좋다. 따뜻한 계절의 꽃, 즉 봄의 꽃은 청명한 날이나 좀 쌀쌀한 날 화려한 넓은 방에서 즐겨야 한다. 여름 꽃은 비가 갠 후 서늘한 바람을 쐬면서 짙푸른 나무그늘이나 대나무 밑, 또는 물가의 발코니에서 감상하라. 신선한 계절의 꽃, 즉 가을꽃은 시원한 달 아래, 해질 녘, 행랑의 돌을 깐 부근, 이끼 낀 뜰의 작은 길, 또는 오래된 덩굴풀이 휘감은 기암 언저리에서 감상해야 한다. 바람·일기·장소의 여하를 고려하지 않고, 마음이 꽃 밖을 방황할 때에 사람이 만일 꽃을 대한다면, 기생집이나 술집에서 꽃을 대하는 것과 뭐가 다를 게 있겠는가.

장조가 말하는 자연의 즐거움 열 가지

자연의 즐거움은 시문이나 회화에 한하는 것이 아님은 이미 언급했다. 자연은 인생 전반 속에 스며드는 것이다. 자연은 정녕 소리이며, 빛깔이며, 형태이며, 기분이며, 분위기이다. 슬기롭고 민첩한 생활예술가인 인간은 먼저 자연의 적당한 기분을 골라내어 그것을 자신의 기분과 조화시키는 데서부터 시작한다. 이것은 중국의 모든 시인과 문인의 태도이다. 그런데 그 가장 우수한 표현은 장조(17세기 중엽 사람)의 저서《유몽영(幽夢影)》속의 경구 속에서 찾아볼 수 있다고 생각한다.

이 저서는 문학적 격언을 모은 책이며, 이 종류의 격언집은 중국에 숱하게 있지만 장조에 비견할 수 있는 것은 거의 없다. 안데르센의 동화가 영국의 옛날 이야기와 관계를 가지며, 슈베르트의 예술적 가요가 민요와 관계가 있듯이, 이와 같은 문학적 격언은 속담과 관계를 가지고 있다. 이 책은 일반으로부터 몹시 애독되었고, 한 무리의 중국학자들이 실로 유쾌하고 소탈한 기분으로 낱낱의 격언에 각자의 평석을 덧붙여 썼을 정도이다. 그렇지만 여기서는 자연의 낙에 관한 가장 우수한 것을 몇몇 번역하여 보임에 그쳐야 하겠다. 그러나 인생에 관한 격언 가운데도 매우 탁월한 것이 좀 있어서 전편(全篇)의 매우 중요한 부분을 차지하고 있기에, 그 몇 절을 끝에 수록하기로 했다.

무엇이 제격이냐

꽃에 나비가 있고, 산에 샘이 있고, 바위에 이끼가 있고, 물에 물이끼가 있고, 교목에 뻗어 사는 덩굴풀이 있고, 인간에게는 도락(道樂)이 있다. 이것은 절대로 필요한 것이다.

꽃은 미인들과 함께 즐겨야 하고, 달빛 아래의 술은 유쾌한 친구들과 즐겨야 하며, 눈[雪] 빛은 고풍의 선비들과 즐겨야 한다.

꽃을 심는 건 나비를 부름에 좋다. 바위를 포개어 쌓는 건 구름을 부름에 좋다. 솔을 심는 건 산바람을 부름에 좋다. 연못에 물을 채우는 건 개구리밥을 부름에 좋다. 발코니를 설치하는 건 달을 부름에 좋다. 파초를 심는 건 비를 부름에 좋다. 버들을 심는 건 매미를 부름에 좋다.

사람은 높은 누각에서 산을 바라보고, 성벽에 서서 눈을 바라보며, 등잔대 밑에서 달을 우러르고, 쪽배 안에서 채운(彩雲)을 상미하며, 방 안에서 미인을 대한다. 정경에 따라 정취가 자연 다른 것이다.

매화 가까이 있는 바위에는 '창고(蒼古)'의 맛이 있어야 하고, 소나무 아래의 바위는 '우둔'해야 하며, 대나무에 다가선 바위는 '날씬'해야 하고, 수반(水盤)의 돌은 정교한 풍취가 있어야만 한다.

벽수는 청산에서 흘러나온다. 물이 산 빛을 빌기 때문이다. 명시(名詩)는 진국의 술에서 나온다. 영감을 술에 청하기 때문이다.

거울이 추녀(醜女)를 대했을 때, 세상에 드문 벼루가 속된 소유자의 손에 들어갔을 때, 명검(名劍)이 범속한 장수의 손에 쥐어졌을 때 만사는 와해된다.

꽃과 여자에 대하여

꽃이 시들고, 달이 지고, 미인이 박명으로 죽음은 볼 것이 못 된다. 꽃을 심어 그 만개함을 보는 것이 좋다. 달을 기다려 만월이 됨을 감상함이 좋다. 저술은 완성된 것을 펼침이 좋다. 미인은 쾌활하고 즐거워할 때에 보는 것이 좋다. 그렇지 않으면 실망할 따름이다. 미인을 감상함에 가장 좋은 때는 아침 화장 후임을 알라. 추하지만 볼 만한 얼굴도 있고, 추하지는 않으나 차마 못 볼 얼굴도 있다. 문법에는 안 맞으나 애독할 만한 문장도 있으며, 문법에 지나치게 맞아도 차마 못 읽을 악문도 있다. 이런 이야기는 천박한 사람들에게 설명하기 어려운 것들이다.

미인을 사랑하는 그런 기분으로 꽃을 사랑하면 꽃의 각별한 아름다움을 알 수 있다. 꽃을 사랑하는 그런 기분으로 미인을 사랑하면 귀엽고 사랑스러운 맛이 있다. 미인은 말을 알아들으니까 꽃보다 낫고, 꽃은 방향을 풍기니까 미인보다 낫다. 두 꽃을 양손에 얻을 수 없다면, 향기 나는 꽃을 버리고 말하는 꽃을 꺾으라.

암홍색의 꽃병에 꽃을 꽂으려면 화병 크기와 높이가 꽃의 그것과 어울리도록, 또 꽃병 빛깔과 농담이 꽃과 좋은 대조를 이루도록 하라. 요염한 꽃에는 대개 방향이 없다. 몇 겹으로 꽃잎이 겹친 꽃은 대체로 추하다. 오오, 세상에 완전한 것은 얼마나 드문지! 둘 다 겸비한 것은 오직 연꽃뿐이다.

매화는 사람에게 맑고 고결한 감을 주고, 난초는 한거(閑居), 국화는 소박, 연꽃은 지족(知足)을 암시한다. 춘해당(春海棠)3)은 사람의 정열을 불태우고, 모란은 용맹과 협기, 대나무와 파초는 맑은 바람소리, 추해당(秋海棠)은 우아한 기품을 보여 주고, 솔에는 속세를 떠난 사람의 느낌이 있고, 오동은 사람의 마음을 깨끗하게 해 주고, 버들은 사람의 감상(感傷)을 돋운다.

미인으로서 꽃의 얼굴, 새의 고운 소리, 달의 넋, 버들의 모습, 가을 호수의 미, 경옥(硬玉) 같은 뼈, 눈 같은 피부, 시의 마음을 갖는다면 지극히 만족하다고 할 만하다.(정녕 그렇다, 임어당이여!)4)

만일 이 세상에 책이 없다면 아무것도 말할 만한 것이 없다. 그런데 책이라는 게 있다. 그러니 읽어야만 한다. 만일 술이 없다면 아무것도 말할 만한 것이 없다. 그런데 술이 있다. 그러니까 마셔야만 한다. 만일 명산(名山)이 없다면 아무것도 말할 만한 것이 없다. 그런데 명산이 있다. 그러니까 찾아가야 한다. 만일 꽃과 달이 없다면 아무것도 말할 만한 것이 없다. 그런데 꽃과 달이 있다. 그러니까 꽃과 달을 즐기고 이와 더불어 놀아야만 한다. 만일 재사가인(才士佳人)이 없다면 아무것도 말할 만한 것이 없다. 그런데 재사가인이 있다. 그러니 그들을 사랑하고 보호해 주어야만 한다. 거울이 추녀의 원수가 되지 않음은 거울에게 감정이 없기 때문이다. 만일 거울에게 감정이 있다면 반드시 산산조각이 나고 말 것이다.

갓 사들였을 뿐인 아름다운 화분의 꽃에서조차 사람은 사랑을 느낀다. 하물며 '말하는 꽃'에 대하여는 얼마나 깊은 사랑을 느끼겠는가!

시와 술이 없으면 산수(山水)도 헛되이 가로놓였을 따름이다. 가인 미녀가 없다면 꽃과 달은 무슨 소용이랴. 재사로서 미남인자, 미인으로서 재원인 자는 모두 장수하기 어렵다. 반드시 신의 질투 때문만은 아니다. 이런 사람들은 일대(一代)의 보배일 뿐 아니라 만대의 보배이므로, 그 신성

---

3) 춘해당은 배나무과에 속하고, 높이 3미터쯤 되며, 꽃이 피고, 야생의 능금 같은 열매를 맺는다.
4) 이것은 중국의 주석자들이 흔히 하는 풍이다.

의 모독당함을 염려하여 조물주가 이 세상에 오래 머물러 주기를 바라지 않기 때문이다.

산수(山水)에 대하여

우주 만물 중에 가장 강하게 사람을 움직이는 것 — 하늘에 달이 있고, 음악에 거문고가 있고, 짐승에 뻐꾸기가 있고, 초목에 버들이 있다. 달과 더불어 구름을 우려하고, 책과 더불어 좀벌레를 우려하고, 꽃과 더불어 폭풍우를 우려하고, 재사 미인과 더불어 가혹한 운명을 우려할 수 있는 자는 부처의 대자비심을 지닌 자이다.

이 세상에 오직 한 사람의 '마음'의 벗, 즉 '지기(知己)'가 있다면 죽어도 한이 없다.

예전의 어느 문인(文人)은 꽃과 달과 미인이 없다면, 이 세상에 태어나고 싶지 않다고 말했다. 나는 여기에 덧붙여 이렇게 말하련다. 만일 필묵과 장기와 술이 없다면 인간으로 태어나서 무엇하랴.

산 빛깔, 물소리, 달빛, 꽃 향기, 문인의 매력, 미인의 모습은 모두가 말할 나위 없이 마음을 끈다. 이런 것들을 꿈꾸고는 사람은 잠을 잃고, 그런 것들에 연연하고는 식욕을 잃는다.

눈〔雪〕은 빼어난 선비를 생각게 하고, 술은 숙달한 검객을 생각게 하며, 달은 깨끗한 친구를 생각게 하고, 산수는 작자 회심의 시문을 생각게 한다. 풍경에는 지상의 풍경, 그림의 풍경, 꿈에 보는 풍경, 머릿속의 풍경이 있다. 지상의 풍경의 아름다움은 그 깊이와 정돈되지 않은 윤곽에 있다. 화면의 풍경미는 필치의 자유와 호화스러움에 있다. 꿈에 보는 풍경미는 의심쩍게 변화하는 경관에 있다. 머릿속의 풍경미는 모든 것이 정연하게 위치함에 있다.

여행할 때 스쳐 가는 풍경은 예술적으로 선택할 필요는 없다. 그러나 거처로 삼아 생애를 보내고자 하는 장소는 잘 선택해야 한다.

죽순(竹筍)은 야채의 보배, 여주는 과실의 보배, 게는 해산물의 보배, 술은 음식물의 보배, 달은 천계의 보배, 서호(西湖)는 산수의 보배, 송나라의 서정시〔册〕와 원나라의 극시〔曲〕는 문학의 보배이다. 유명한 산수에 접하려면 숙명적인 행운을 지녀야만 한다. 몸에 정해진 때가 오지 않으면 비록 인근에 있을지라도 산수를 찾을 만한 때는 없다.

거울에 비치는 영상에는 빛깔이 있다. 그러나 달빛 아래의 영상(그림자)은 펜화의 스케치이다. 전자는 명확한 윤곽이 있는 그림이지만, 후자는 '골격이 없는 그림'이다. 달빛에 부각되는 산수의 그림자는 천계의 지리이며, 물에 비치는 별과 달 그림자는 지상의 천문(天文)이다.

봄과 가을에 대하여

봄은 하늘의 뜻이 자연에 따르는 계절이고, 가을은 하늘의 뜻이 변함을 나타내는 것이다.

옛사람은 겨울을 다른 세 계절의 '여분의 계절'이라 했는데, 나는 여름을 다른 '세 계절의 엑스트라'라고 여긴다. 여름의 아침녘에 일어나는 것은 밤의 엑스트라, 여름의 밤중에 일어나는 것은 낮의 엑스트라, 낮잠은 사교의 엑스트라이다. 옛날의 시인이 말했듯이 나는 진심으로 '여름날이 긴 것을 사랑한다'. 사람은 가을의 정신을 가지고 내 몸을 단련해야 하고, 봄의 정신을 가지고 남을 대해야 한다.

명문과 '당시(唐詩)'는 가을 기운으로 맑게 해야 하고, 송나라의 서정시와 원나라의 극시[5]는 춘정으로 읽어야 할 것이다.

소리에 대하여

봄 새의 지저귐, 여름 매미의 소리, 가을에 우는 벌레 소리, 겨울 눈에

---

5) 이 서정시와 극시는 다같이 형식과 감정이 심히 감상적인 시이다.

318 생활의 발견

귀를 기울이라. 낮에는 장기알 소리에, 달빛 아래서는 피리 소리에, 산에 들어가서는 솔바람 소리에, 물가에 섰으면 잔물결 소리에 귀를 기울이라. 그래야만 태어난 보람이 있다는 것이다. 단, 젊은 무뢰한의 패가 거리에서 싸움을 시작하거나 여편네가 바가지를 긁거나 할 때는 귀머거리가 되는 것이 상책이다.

거위 우는 소리를 들으면 남경에 있는 듯한 느낌이 든다. 노 젓는 소리를 들으면 소주 · 상주(常州) · 호주(湖州)[6]에 있는 느낌이 든다. 물가를 치는 물결 소리를 들으면 절강(浙江)에 있는 느낌이 든다. 야윈 말의 방울 소리를 들으면 서안(西安) 길 가운데 있는 느낌이 든다.

소리는 모두가 떨어져서 듣는 게 좋다. 다만 거문고 소리만은 곁에서 들어도 좋고 떨어져서 들어도 좋다. 소나무 밑에서 거문고를 들을 때, 달빛 아래서 피리 소리를 들을 때, 시내를 내려가 폭포 소리를 들을 때, 산중에서 염불 소리를 들을 때 귀 언저리에 갸룩한 향기가 감돈다.

물소리에는 네 가지 있다. 폭포 소리, 콸콸 솟는 샘물 소리, 빠른 여울 소리, 골짜기의 물 흐르는 소리가 그것이다. 바람 소리에는 세 가지 있다. 소나무 숲에 이는 소리, 낙엽 소리, 수면을 스치는 폭풍 소리이다. 그리고 빗소리에는 두 가지 있다. 오동과 연잎에 닿는 빗방울 소리와 낙숫물 소리가 그것이다.

비에 대하여

비라는 것은 낮을 짧게, 밤을 길게 생각게 하는 것이다.

봄비는 영전(榮典)을 내리는 칙서(勅書) 같고, 여름비는 기결수에게 내리는 사면장과 같고, 가을비는 상여 소리 같다.

봄비는 독서에 좋고, 여름비는 장기에 좋고, 가을비는 가방이나 다락

---

6) 강소성(江蘇省)의 태호(太湖)지방.

방 속을 살피기에 좋고, 겨울비는 술을 따라 마시기에 좋다.

나는 우신(雨神)에게 편지를 써서 이렇게 말하리라. "봄비는 정월 보름이 지난 뒤에 내려 청명절(그 무렵 복숭아꽃이 피기 시작한다.)의 10일 전까지 계속 내리고, 모낼 때(곡우)에도 내리게 해 주소서. 여름비는 매달 상순과 하순에 내리게 해 주소서.(달을 즐기기에 방해가 안되도록.) 가을비는 7월과 9월의 상순과 하순에 내리게 해 주소서.(8월, 즉 추석에는 중추의 만월을 즐기기 위해 하루도 비가 내리지 않도록.) 겨울 3개월 동안은 비는 한 방울도 필요없습니다."라고.

달·바람·물에 대하여

사람은 초승달이 지는 것이 빠르다고 화내고, 하현달의 뜨는 것이 더디다고 울화통을 터뜨린다.

달 아래서 경(經) 읽는 소리를 들으면 마음은 차츰 속세를 벗어나고, 달 아래서 검법을 논하면 용기가 더욱 떨쳐지고, 달 아래서 시를 논하면 고상한 운치에 끊임없이 세속을 떠나고, 달 아래서 미인을 보면 번뇌가 더욱 쌓인다.

달을 벗 삼아 '놀고자' 하거든 달이 휘영청 밝을 때에 낮은 데서 올려다보고 으스름달밤에 높은 데서 내려다봄이 좋다.

봄바람은 술과 같고, 여름바람은 차와 같고, 가을바람은 연기와 같고, 겨울바람은 생강과 같다.

한가와 우정에 대하여

사람들이 바삐 서두는 일을 한가롭게 받아들일 수 있는 사람만이, 사람들이 한가하게 받아들일 일을 바삐 서두를 수 있다.

세상에 한가(閑暇)만큼 즐길 수 있는 것은 없다. 한가라 할지라도 그저 멍하니 있다는 뜻은 아니다. 한가한 사람에게 책을 읽히고, 명소 고적에 여행시키고, 좋은 친구를 맺고, 술을 마시게 하고, 책을 쓰게 한다. 세상에 이만한 기쁨이 있겠는가!

구름이 햇빛에 비치면 채운(彩雲)이 되고, 시냇물이 벼랑에 걸리면 폭포가 된다. 조응(照應) 여하에 따라 이름도 바뀐다. 이것이 우정의 존귀함이다.

정월 보름의 연등절을 경축함에는 담담하게 벗과 술을 따르고, 5월 5일, 단오절을 경축함에는 미모의 벗과 마시고, 7월 7일, 일년에 한번 견우직녀가 만나는 기회를 경축함에는 유쾌한 패거리들과 술잔을 나누고, 중추절에 만월을 바라보는 데는 선량한 벗을 상대해야 하고, 9월 9일 중양절(重陽節)에 높은 산에 오를 때는 낭만적인 벗과 마셔야 한다.

학식이 많은 벗과 대화함은 희귀한 책을 읽음과 같고, 시취(詩趣)를 아는 벗과 대화함은 훌륭한 작가의 시문을 읽음과 진배없고, 사려 깊은 마음을 가진 벗과 대화함은 성현의 경서를 읽음과 진배없고, 재치 있는 벗과 대화함은 소설 전기를 읽음과 진배없다.

차분한 선비에게는 반드시 몇몇의 마음 맞는 친구가 있다. '마음의 벗'이라는 건 반드시 생사를 맹세한 벗뿐만은 아니다. 대체로 마음의 친구는 수백 리 떨어져 있더라도 절대로 자기를 신뢰해 주고, 자기의 악평을 믿지 않는 사람들, 또 그런 소문을 들었을 때는 갖은 수단을 써서 그것을 논파해 주는 사람들, 기회에 임하여 이렇게 하라, 그렇게 해선 안된다고 충고해 주는 사람들, 위기에 즈음하여는 도와주고, 때로는 이쪽이 모르는 사이에 자기 생각대로 빚을 정리해 주고, 방법 여하로 지나친 친절이라 핀잔 먹을지 모를 일이라도 전혀 개의치 않고 단안을 내려 주는 사람들을 말한다.

마음의 벗, 즉 '지기(知己)'는 처첩보다도 벗 사이에서 찾아보기가 쉽다. 군신 관계에서 심우(心友)를 찾기란 한층 어렵다.

'명저(名著)'란 선인이 일찍이 말하지 않았던 것을 언급한 책이다. '심우' 란 그 가정의 비밀을 털어놓을 수 있는 벗이다.

시골 생활은 좋은 벗들과 함께 지낼 수 있기에 즐거움이 있다. 곡식 등을 분별하고 내일의 날씨를 알아맞히는 것밖에 모르는 농부나 초부(樵夫)에게는 금방 싫증이 나고 만다. 그리고 벗에도 여러 종류가 있다. 시를 지을 수 있는 자가 첫째, 대화를 잘 하는 자가 둘째, 그림을 아는 자가 셋째, 노래할 줄 아는 자가 넷째, 주도(酒道)에 통한 자가 다섯째이다.

책과 독서에 대하여

젊어서 책을 읽음은 틈으로 달을 바라봄 같고, 중년에 책을 읽음은 자기 집 뜰에서 달을 바라봄 같고, 노경에 이르러 책을 읽음은 창공 아래 발코니에 서서 달을 바라봄과 같다. 독서의 깊이는 체험의 깊이에 따라서 변하기 때문이다.

글자 없는 책(즉, 인생 그 자체)을 읽을 수 있는 사람만이 지극히 현묘한 말을 할 수가 있다. 말로 설명하기 어려운 도를 해득하는 사람만이 부처의 지극히 높은 예지를 터득할 수 있다. 동서고금의 불멸의 문학은 모두가 피와 눈물로 씌어진 것이다.

《수호전》은 비분(悲憤)의 책,《서유기(원숭이의 서사시)》는 정신적 각성의 책,《금병매(호색소설)》는 근심과 탄식의 책이다.

문학은 책상 위의 풍경, 풍경은 땅 위의 문학이다. 독서는 모든 것을 능가하는 최대의 기쁨이다. 다만 역사를 읽으면 기쁨보다 분노가 앞선다. 그러나 분노 속에도 기쁨이 있다.*

경서는 겨울에 읽어야 한다. 겨울은 마음이 집중되는 때이기 때문이다. 사서(史書)는 여름에 읽어야 한다. 여름은 여가가 많기 때문이다. 선철

---

* 선인(善人)이 사살당하고 혹은 환관 · 전제자가 정권을 장악한 역사를 읽으면 심란하고 미칠 듯해진다. 이 감정을 '비분'이라고 한다. 이 미칠 듯한 감정은 심미적으로는 아름다운 감정이다.

(先哲)의 책은 가을에 읽어야 한다. 사상에는 매력이 있기 때문이다. 후대 작가의 문집은 봄에 읽어야 한다. 봄은 대자연이 다시 소생될 때이니까. 문인의 군담(軍談)은 대체로 서재의 병학(兵學)이다.(문자 그대로 '지상(紙上)의 군담') 장군이 문학을 논할 때는 대체로 들은 풍월에 지나지 않는다.

독서술의 근본을 통달한 자는 만물이 화하여 책이 됨을 깨닫는다. 산수(山水)도 역시 책, 장기도 술도 역시 책, 달도 꽃도 역시 책이다. 뛰어난 여행자는 도처에 풍경이 있음을 안다. 책과 역사는 풍경이다. 술도 시도 풍경이다. 달도 꽃도 풍경이다.

예전에 어느 문인은 말했다. 십 년을 독서에 바치고, 십 년을 여행에 바치고, 십 년을 그 보존과 정리에 바치고 싶다고. 그러나 나는 생각한다. 보존에 십 년을 낭비해서는 안된다. 2,3년으로 만족해야만 한다. 소망대로 하고 싶다면 황구연(黃九烟)이 말했듯이 인간이 3백 살의 수명을 유지하는 수밖에 없다.

"시는 시인이 빈곤 또는 불행에 빠지고 나서야 비로소 좋아진다."*고 고인은 말했다. 불행한 사람에겐 할 말이 많고, 따라서 자기를 유리하게 발표하기 쉽다는 사고방식에서일 것이다. 영달한 부유층 사람들이 빈궁의 탄식도 불우의 원망도 없이 언제나 바람과 구름과 달과 이슬의 시만 짓고 있다면, 좋은 시가 태어날 리가 없다. 이런 사람들에게 시를 짓는 유일한 방법은 여행에 나가서 눈에 띄는 모든 것, 산·시내·풍속·생활, 때로는 전쟁이나 기근에 시달리는 민중의 모습, 이런 모든 것을 자기 시에 끌어들이는 일이다. 이같이 자기의 노래와 탄식을 위해 남의 비애를 빌려 온다면 억지로 가난해지고 불행해지지 않더라도 좋은 시가 지어질 것이다.

---

* 이것은 시가 슬픔을 통해서만 깊은 맛이 생긴다는 뜻이다.

생활의 여러 가지에 대하여

정열은 우주의 토대를 지탱하고 재품(才稟)은 그 지붕을 칠해 낸다. 군자에게 경멸당하기보다는 시정(市井)의 소인배에게 수치당하는 편이 낫다. 유명한 학자에게 인정받지 못함보다 시험관에게 낙제당하는 편이 낫다.

사람은 시처럼 살아야 하고, 사물은 그림과 같이 보여야만 한다. 차분하긴 하지만, 생각하면 슬프고도 초라한 정경이 있다. 안개나 비가 그것이다. 시적으로 보이긴 하나 사실 견디기 어려운 게 있다. 병과 가난이 그것이다. 귀여운 듯한 기분도 들지만 실제는 야비한 음성이 있다. 꽃 파는 소녀의 음성이 그것이다.

나 자신은 농부가 될 수 없다. 기껏해야 뜰에 물을 뿌리는 정도가 고작이다. 나 자신은 초부(樵夫)가 될 수 없다. 풀을 뜯는 정도가 고작이다. 한스러운 것, 분한 것이 내게 열 가지쯤 있다.

1. 책 표지가 쉽게 좀먹는 것.
2. 모기 때문에 여름밤을 망치는 것.
3. 달 구경하는 대(臺)가 비가 새기 쉽다는 것.
4. 국화잎이 자칫하면 시드는 것.
5. 소나무에 왕개미 놈이 득실거리는 것.
6. 댓잎이 땅 위에 수북이 떨어져 쌓이는 것.
7. 물푸레와 연꽃이 시들기 쉬운 것.
8. 담쟁이 덩굴에 뱀이 잘 숨는 것.
9. 울타리 밑 꽃의 가시가 밉살스럽게 돋아 있는 것.
10. 바늘두더지에는 독이 있어서 먹을 수 없는 것.

누군가가 방 안에서 창호지에 글씨를 쓰고 있는 걸 창밖에서 보면 형언할 수 없을 만큼 아름답다. 꽃이 된다면 원추리꽃이 되라.(근심을 잊는 꽃이라 불리는.) 새가 된다면 뻐꾸기는 되지 말라.(피눈물에서 철쭉이 생겼다지.) 태평 세상에 정직, 공정한 수령의 치하에 있는 산천호소(山川湖沼) 지방에 태어나서 알맞은 생활을 하는 집 사람이 되고, 이해성 있는 아내를 얻고, 영리한 자식들을 둔다. ──이것이야말로 내가 말하는 완전한 인생이다.

산이나 계곡을 머리에 그리고 있는 자는 도시에 있어도 산림에 사는 듯한 생활을 할 수 있고, 구름에 열중하고 있으면 남쪽 대륙도 신선의 섬으로 화한다.

고요한 밤에 홀로 앉는다. ──달을 불러, 내 슬픔을 말하고 싶구나! 달밤에 홀로 있다──벌레를 불러, 내 회한을 풀고 싶구나!

도시에 사는 자는 회화를 풍경으로 보고, 화분 경치를 뜰로 보고, 책을 제 벗으로 보아야 한다.

고명한 학자에게 자식의 교육을 부탁하는 것, 명산을 헤치고 다녀서 시험 논문 쓰기를 공부하는 것, 유명한 문인에게 대작(代作)을 부탁하는 것, 이 세 가지는 있어선 안될 사도(邪道)이다. 승려는 술을 삼갈 것까지는 없다. 다만 비속을 벗어나면 족하다. 여자는 문학을 해득할 필요는 없다. 다만 무엇이 예술적으로 흥미 있는가를 해득하면 된다.

세리의 내습에 시달림 받게 되면 조세를 빨리 납부해야만 된다. 승려와 불법을 이야기함을 낙으로 삼는다면, 이따금 절에 회사하지 않을 수 없다.

명성이라는 이 하나의 유혹을 제거한다면, 모든 것을 문제없이 잊어버릴 수 있다. 석 잔 술만 있다면 세상만사가 무슨 걱정이랴.

술은 차 대용이 되지만, 차는 술 대용이 안된다. 시는 산문 대용이 되지만, 산문은 시 대용이 안된다. 원나라의 극시는 송나라의 서정시에 대용되지만 송나라 서정시는 원나라의 극시에 대용될 수 없다. 달은 등불 대용이 되지만, 등불은 달 대용이 못된다. 붓은 입 대용이 되지만, 입은 붓 대용이 안된다. 계집종은 사내종의 대용이 되지만, 사내종은 계집종 대용이 안된다.

흉중의 사소한 부정은 술로 지울 수 있지만, 천하의 부정은 칼이 아니면 제거할 수 없다.

분주한 사람의 뜰은 본채 바로 옆에 있어야만 한다. 그러나 한가한 사람의 뜰은 본채에서 멀리 떨어져 있어도 된다.

산중유거(山中幽居)의 기쁨을 가졌으면서 그걸 즐길 줄 모르는 자가 있다. 어부·나무꾼·농부·정원사·승려가 그들이다. 뜰·정자·애첩의 쾌락을 가지고 있으면서 그걸 즐길 줄 모르는 자가 있다. 부유한 상인과 고관이 그들이다.

아픔을 견디기는 쉽지만, 가려움을 견디기란 어렵다. 쓴맛에는 견디기 쉽지만, 신맛에는 견디기 어렵다. *

한가한 사람의 벼루는 물론 값진 거라야만 한다. 그러나 바쁜 사람의 벼루 역시 그렇다. 쾌락을 위한 애첩은 예뻐야만 되지만, 혈통을 잇기 위한 애첩 또한 예뻐야만 한다. 학은 낭만적인 모습을 보이고, 말은 날래고 씩씩함을 보여 주며, 난초는 세속을 버린 사람의 풍정을 띠고, 솔은 옛사람의 장중함을 나타낸다.

나는 언젠가는 큰 나체 무도회를 열고자 생각하고 있다. 첫째, 모든 시대의 재사들의 넋을 위로하기 위해, 둘째, 모든 시대의 미인들의 넋과 의좋게 지내기 위해서이다. 단, 참된 고승**을 발견했을 때에 실행하기로 하고, 그 고승에게 사회를 부탁하려고 생각하고 있다.

맛있는 요리를 급히 먹고, 호화한 경치를 서둘러 보며, 화가 나는 감정을 천박하게 나타내고, 아름다운 하루를 먹고 마시는 데 보내며, 온몸이 부(富)에 빠져 즐긴다는 것은 신의 뜻에 거슬린다.

---

* 아픔보다도 가려움에 견디기 어렵다는 위대한 생각은 이 저자의 독창이 아니며, 이미 소동파와 황산곡(黃山谷)의 왕복 서한 속에 나와 있다.

** '고승(高僧)'이란 평범한 중과는 달리 이 속세로 돌아와서 돼지고기며 개고기 따위를 먹고, 그리스도처럼 창녀들과 함께 술도 마신다는 그런 인물이다.

제 11 장
교양에 대하여

교양이 필요한 이유

교육 또는 교양의 목적은 지식 속에서 견식을 기르고, 행위 속에서 어진 덕을 가꾸는 데 있다. 교양 있는 사람이라든가, 또는 이상적으로 교육된 사람이란 반드시 책을 많이 읽은 사람이나, 지식이 해박한 사람을 두고하는 말이 아니라, 좋아해야 할 것과 싫어해야 할 것을 바르게 아는 사람을 말한다.

무엇을 사랑하고 무엇을 싫어해야 하는 것을 알고 있음은 견식이 있음을 뜻한다. 머릿속은 역사의 연대나 여러 가지 숫자로 가득 차 있고, 러시아나 체코슬로바키아의 시사 따위에 정통해 있으면서, 그 태도나 견해는 아주 잘못되어 있는 사람들의 모임 등에 동석하는 것만큼 불쾌한 일은 없다. 나는 그런 사람들과 수차 만난 일이 있는데, 화제에 오르는 어떤 것에 대해서도 그들은 약간의 사실이나 숫자를 알고 있었지만, 그 견해는 정말 민망스러웠다. 그런 자들은 학식(學識)은 있지만 판단력, 즉 견식 또는 감식(鑑識)은 없는 것이다. 지식은 사실이나 보도의 단순한 주입 문제이지만 견식, 즉 판단력은 예술적 판단의 문제이다.

학자에 대해 말한다면 중국인은 일반적으로 학식 · 행위 · 견식, 즉 감식을 구별하고 있다.* 역사가의 경우는 특히 그렇다. 한 역사책이 최대의 학자적 양심을 가지고 씌었더라도 통찰력이나 감식력이 부족하여 역사상의 인물과 사건의 판단 해석에 저자의 독창이나 이해의 깊이가 전혀 나타나지 않는 일이 흔히 있다. 우리는 바로 이런 사람들을 견식이 없는 사람이라고 하는 것이다. 소식에 정통한다든지 사실을 수집한다든지 하는 것만큼 쉬운 일은 없다. 역사상의 어느 시기에는 쉽게 머리에 집어넣을 수 있는 사실이 많이 있다. 그러나 그중에서 중요 사항을 선택하는 데 판단력을 작용시키는 일은 대단히 어려운 일이며, 그 인물의 견식에 관련되는 것이다.

그러므로 교양 있는 사람이란 애증(愛憎)의 태도가 바른 사람을 말한다. 이것을 우리는 견식이라고 부른다. 견식에는 매력이 있다. 견식 또는 판단력을 지니려면 사물을 철저히 생각하는 능력과, 판단의 독자성과, 사회적 · 문학적 · 미술적 · 학구적, 무릇 어떤 방면의 기만적 위협에도 굴하지 않는 의연한 태도가 필요하다.

물론 우리 어른의 생활은 많은 기만에 싸여 있다. 거짓 명성, 거짓 재력, 거짓 조국주의, 기만적 정치, 기만적 종교, 가짜 시인, 가짜 미술가, 가짜 독재자, 가짜 심리학자 등등. 정신분석가는 유년시절의 내장의 모든 기능은 자란 뒤의 야심 · 공격성 · 의무 관념과 결정적인 관계를 가지고 있느니, 변비는 인색성의 근원이니 하고 가르친다. 다소 견식이 있는 자가 이런 학설을 들으면 재미있어 하며 일소에 부칠 따름인 것이다. 누구든 틀려 있을 때는 틀려 있다. 위인의 이름이라든가, 위인은 읽었는데 범인(凡人)은 읽지 못한 책이 수없이 있음을 알고서 감탄하고 위압당할 필요는 없다.

그런데 견식은 용기와 불가분의 것이다. 실제로 중국인은 항시 '식

* 학 · 행 · 식(識) 또는 식견, 이와 같이 사람의 식(識), 즉 역사나 현대의 사건에 대한 통찰력은 그 밖의 것보다 '상위'에 놓아도 좋을 것이다. 이것이 내가 '해석력' 또는 해명적 통찰이라 부르는 것들이다.

(識)'과 '담(膽)'을 관련시키고 있다. 용기, 즉 판단의 독자성이라는 것은 주지하는 바와 같이 실로 드물게 보는 미덕인 것이다. 후세에 이름을 떨친 사상가나 문인은 유년시절부터 모두 지성에 용기가 있었고, 그 독자성을 잃지 않았다.

이런 사람들은 당대의 유행 시인이라 해서 덮어놓고 호의를 갖지 않는다. 하지만 진정으로 한 사람의 시인에 심취할 때는 당당하게 그 까닭을 공언할 수 있다. 우리는 이것을 문예상의 견식이라고 한다. 그는 또 유행파의 그림일지라도 자기의 예술적 취향에 저촉될 때는 결코 그 가치를 시인하려 들지 않는다. 이것은 미술상의 견식이다. 그는 또 철학상의 유행이나 시류(時流)에 따른 이론은 비록 그 배후에 더없이 위대한 인물이 있을지라도 단연코 감명받는 일이 없다. 자기가 마음속으로부터 납득하는 것이 아니면 저자가 누구이든 떳떳하게 따르기를 거부한다. 그를 신복(信服)시키기 었다면, 저자의 의견이 옳은 것이다. 만일 저자가 그를 신복시키지 못한다면, 그가 옳고 저자가 그릇되어 있는 것이다. 이것은 지식상의 견식이다.

물론 이러한 지적 용기 또는 판단의 독립성을 지키는 데는 소박한, 어린이다운 자신이 필요하다. 그러나 이 자신이 깃들인 자아야말로 우리가 사수할 수 있는 유일한 것이며, 만일 세상의 학자가 개인적 판단의 권리를 포기한다면, 인생의 온갖 기만을 용인해야만 되는 처지에 빠지게 될 것이다.

공자는 사려(思慮) 없는 학식이 학식을 수반하지 않는 사려보다 위험하다는 것을 느꼈던 것 같다. 그는 말했다.

"배우더라도 생각하지 않으면 사물은 확실치 않다. 생각하더라도 배우지 않으면 독단에 빠져 위험하다."

이런 훈계를 한 것을 보면 공자는 당시의 많은 학자들이 전자에 속해 있었음을 보았던 것이리라.

이 경구(警句)는 현대의 학교에도 아주 적절하다. 다 알다시피 현대의 교육과 학교제도는 일반적으로 지식을 장려하고 판단력을 희생시키는 경향이 있다. 그리고 지식 주입주의(注入主義)를 최종 목적으로 생각하고, 학식만 많으면 교육받은 인간이 되는 줄로 생각한다.

그러면 학교에서 사색이 소외당한 것은 왜일까? 즐거운 지식 추구를 기계적이고 규칙적이며, 획일적이고 수동적인 주입주의로 교육제도가 왜곡되어 버린 건 왜일까. 그리고 왜 사색보다 지식을 중요시하는가. 심리학·중세사·논리학에서 '종교'에 이르는 필수 과목 또는 청강 과정을 마쳤다는 이유만으로 대학 졸업생을 교육받은 사람이라 부르게 된 건 왜일까. 성적이나 졸업증서 따위는 무엇 때문에 있는 것일까? 혹은 또 점수나 졸업증서가 학생의 머릿속에서 교육의 진정한 목적의 지위를 빼앗아 버린 건 무슨 까닭일까.

이유는 간단하다. 요즈음의 교육제도가 대량교육이며, 따라서 공장이나 다를 바 없고, 공장 내에서 일어나는 모든 일은 생명 없는 기계적 시스템에 의해야만 하기 때문이다. 학교 이름을 지키고 제품을 표준화하기 위해 학교는 졸업증서를 발행하여 제품을 증명해야만 한다. 졸업증서와 함께 등급을 매길 필요가 생기고, 등급을 매길 필요성에서 점수가 생긴다. 점수를 매기려면 암송·시험·고사가 있어야만 한다. 교육 전체가 완전한 논리적 연쇄를 이루고 있어서 빠져나갈 길이 전혀 없다.

그렇지만 기계적인 시험이나 고사 결과는 우리의 상상 이상으로 치명적인 것이다. 그것은 견식이나 판단력의 함양보다는 오히려 사실의 기억력 쪽에 역점을 두기 때문이다. 나도 교사 생활을 한 적이 있으므로 알고 있는데, 막연한 문제에 관한 막연한 의견을 묻기보다 역사의 연대에 관해 일련의 문제를 내는 쪽이 쉽다. 답안지에 점수를 매기기는 더욱 쉽다.

이런 제도가 수립되고부터, 우리는 학문이 '견식의 계발'이라 부르는 나의 표현에 따라 참된 이상으로부터 떠나 버렸다는 사실을 잊기 쉽다. 아니 지금도 자꾸만 떨어져 나가고 있다. 위험은 여기에 있는 것이다. 여기서 다음 공자의 말을 음미할 필요가 있다.

　　지식을 외는 것만으로는 사람의 스승이 될 수 없다.

　어떤 형식으로건 인간의 지식을 자세히 생각하고 추정할 수 있는 사고방식을 버려야만 한다. 장자는 명언을 했다.

"나의 생(生)은 끝이 있지만 지(知)는 끝이 없다."

　결국 학문 탐구는 신대륙의 탐험 또는 아나톨 프랑스의 이른바 '영혼의 모험'과 같은 것에 불과한 것이며, 그 탐구 정신이 해명적 · 연구적 · 호기적 · 모험적인 기분으로 유지된다면, 고통이기는커녕 즐거움으로서 지속되는 것이다. 규칙적 · 획일적 · 수동적인 지식의 주입주의를 적극적이고 발전적인 개인의 즐거움으로 전환시켜야만 한다.

　졸업증명서나 점수가 일단 폐지되든지 그저 있으나마나 한 것으로서 다루어진다면, 학생은 적어도 면학 목적이 무엇인가를 반성하지 않을 수 없으므로 학문 탐구가 적극적이게 된다. 현재의 상태에서는 학생에게 문제는 답안으로 끝나는 것이다. 신입생은 2학년생이 되기 위해 공부하고, 2학년생은 3학년생이 되기 위해 공부한다. 그들은 이것에 하등 의문을 갖지 않는다. 그러나 본래의 학문 목적과 아무런 관계도 없는 생각은 일체 뿌리쳐 버려야만 한다. 왜냐하면 무릇 학문의 연구란 오로지 자기 자신의 문제이지 남의 일이 아니기 때문이다.

　그런데 실제는 학생은 다 대학 강사를 위해 공부하고 있다. 많은 선량한 학생들은 부모를 위해, 또는 미래의 아내를 위해 공부를 하고 있다. 즉, 재학 중 거액의 학자금을 내 준 부모에게 불효자가 되지 않기 위해, 근엄하고 잔소리꾼인 교사 앞에서 착실하게 보이기 위해, 혹은 또 학교를 나와 높은 급료를 받아 가족을 부양하기 위해 공부하는 것이다. 이와 같은 사고방식은 모두 부도덕한 것이 아닐까? 학문 탐구는 누구의 일이어서도 안된다. 오직 자기 자신의 일이어야 한다. 그래야만 비로소 교육은 즐거움이 되고, 적극적인 자세로 임할 수 있게 된다.

오락으로서의 예술과 품격으로서의 예술

예술은 창조인 동시에 오락이다. 나는 이 두 사고방식 중 오락, 즉 순전한 정신적 유희로서의 예술 쪽이 한층 중요하다고 생각한다. 회화든 건축이든 문학이든, 불후의 창조적 작품이라면 모든 형식의 것을 존중은 하지만, 참된 예술적 정신은 불후의 걸작을 남긴다느니 하는 것에 연연하지 않고, 다수의 민중이 예술을 오락으로서 즐기게 되었을 때에 비로소 더 일반화되고 더 널리 보급되는 것이라고 생각한다.

대학이 전국 경기에 출전하는 소수의 운동선수나 축구선수를 만드는 것보다도 잘하든 서투르든 간에 전교의 학생이 테니스나 축구를 하는 게 중요하듯이, 한 나라가 한 사람의 로댕을 낳는 것보다도 모든 어른이나 아이가 저마다 자기의 창작을 즐기는 것이 중요하다. 극소수의 직업 예술가가 있는 것보다도 전국 학생에게 점토세공(粘土細工)을 가르치고, 모든 은행장, 경제 전문가가 크리스마스 카드를 손수 만들 수 있도록 하고 싶다. 기발한 제안인지는 모르지만 나는 그렇게 생각한다. 즉 모든 분야의 아마추어주의를 주장하는 것이다.

풋내기 철학자, 풋내기 시인, 풋내기 사진사, 풋내기 마술사, 자기 집을 손수 짓는 풋내기 건축가, 풋내기 음악가, 풋내기 식물학자, 아마추어 비행가 등등이 최고다. 하룻밤 친구가 무난하게 소나타를 치는 걸 들으면 일류 연주가의 음악회를 들은 것과 진배없는 기쁨을 느낀다. 친구 중에 아마추어 마술사가 있다면 누구나 무대에서 하는 숙달된 마술사의 마술보다 친구의 마술을 즐거워할 것이며, 어느 부모라도 셰익스피어 극을 보는 것보다는 자기 자녀의 서투른 극을 보는 것을 훨씬 기뻐한다.

아마추어 예술은 자발적(自發的)인 것이다. 예술의 참 정신은 오직 이 자발성에만 있다. 중국의 회화는 전문 화가의 전유물이 아니고 본래 학자의 오락이라는 사실을 내가 매우 중요시함은 이 때문이다. 유희적 정신이 상실되어 있지 않을 때, 예술은 비로소 상품화를 면할 수 있는 것이다.

그런데 사람은 까닭없이 논다. 놀 때마다 까닭이 있어서는 안된다. 이것이 유희의 유희인 점이다. 유희는 그 자체가 훌륭한 이유를 가지고 있다. 이 견해는 진화론에 의해 충분히 증명되어 있다. 아름다움이라는 것은 생존경쟁의 원리로는 설명할 수 없는 것이며, 동물에게 해로운 아름다움까지도 있는 것이다. 이를테면 지나치게 자란 사슴의 뿔 등이 그것이다. 아름답긴 하되 사슴에게는 귀찮은 존재다. 다윈은 식물계나 동물계의 미(美)는 자연도태의 원리로는 설명할 수 없음을 알고 자웅도태(雌雄淘汰)라는 이차적인 대원리를 끌어내야만 했다.

예술은 단순한 육체적·정신적 에너지의 과잉이며, 자유롭고 속박 없는 그 자체를 위한 것임을 인식하지 않으면 예술과 예술의 본질을 이해할 수 없게 된다. 이것은 비난 많은 '예술의 위한 예술'의 공식이다. 이것이야말로 정치가가 참견할 권리가 없는 문제이며, 단순히 일체의 예술적 창조의 심리적 기원에 관한 어쩔 수 없는 사실일 따름이라고 나는 생각한다. 상업 예술이 예술적 창조 정신을 해치는 것이라고 한다면, 정치적 예술은 영락없이 그것을 죽이는 짓이다. 왜냐하면 자유야말로 예술의 넋이기 때문이다. 현대의 독재자들은 정치적 예술을 조작하려 들지만 말도 안되는 짓이다. 총검의 힘으로 예술을 조작하는 것은 창부에게서 참된 사랑을 사는 것이나 진배없음을 모르시는 모양이다.

여하튼 예술의 본질을 이해하려면 에너지 과잉으로서의 예술의 육체적 기초까지 거슬러 올라가야만 한다. 이는 예술적 충동, 또는 창조적 충동으로 알려진 것이다. 인스피레이션이라는 말이 있음을 봐도 예술가 자신은 그 충동이 어디서 오는가를 거의 모르고 있음을 안다. 그것은 과학자가 진리를 발견하려고 하는 충동이나, 탐험가가 새 섬을 발견하고자 하는 충동과 마찬가지로, 오직 정신적인 긴박을 표현할 따름이다. 그러므로 설명은 불가능하다.

오늘날 생물학의 지식 덕분에 인간의 정신생활의 전 조직은 갖가지 기관과 그 기관을 지배하는 신경계통에 작용하는 혈액 속의 호르몬의 증감 배분에 의해 조정되고 있다는 사실이 조금씩 알려지기 시작했다. 분노나 공포조차도 단지 아드레날린의 공급 문제일 따름이다. 천재니 하는 것도 선(腺) 분비의 과잉일 뿐인 듯하다.

호르몬이라는 현대적 지식 따위를 갖지 않은 중국의 한 무명 작가가 모든 활동의 원동력은 인간의 체내에 있는 '벌레'에 있다는 올바른 추단(推斷)을 내렸다. 간통(姦通)은 사람의 장(腸)을 쑤시어 욕망을 채우지 않고는 못 배기는 벌레 때문이다. 야심·침략성·명리욕·권세욕 따위도 야망을 이룩하기까지는 그 사람을 안절부절 못하게 하는 다른 벌레 탓이다. 저술을 하는 것, 이를 테면 소설을 쓴다는 것도 작자를 들쑤시어 웬일인지 창작하지 않고는 못 배기게 하는 모종의 벌레 탓인 듯싶다. 호르몬이냐 벌레냐, 나는 후자에 찬성한다. 벌레라고 하는 편이 생동감이 있다.

이 벌레가 지나치면 아니 보통의 양일 때라도 인간은 이것저것 창작하지 않고는 못 배긴다. 그렇게라도 하지 않으면 진정할 수가 없기 때문이다. 어린이의 에너지가 지나치면 보통의 걸음걸이가 바뀌어 깡충대고 뛰게 된다. 어른의 에너지가 과잉되면 걸음이 도약이나 무용으로 바뀐다. 그러므로 무용은 비능률적인 걸음걸이일 따름이다. 그러나 비능률적이라 함은 공리적 견지에서 보아 에너지의 낭비라는 뜻이지, 심미적인 뜻은 아니다. 무용을 하는 사람은 어느 한 곳에 이르는 최단 거리의 직선을 취하지 않고, 왈츠의 원을 그리면서 나아간다.

사실 춤추고 있는 동안은 아무도 애국자가 되리라는 생각 따위는 하지 않는다. 자본주의의 이데올로기니 파쇼나 프롤레타리아의 이데올로기에 따라서 춤추라느니 하는 작자가 있다면, 무용의 유희성과 영광스러운 비능률 정신을 파괴해 버리는 것이다. 공산주의자가 그 정치적 목적을 달성코자 하거나 충실한 동무가 되고자 할 때라면 모름지기 그저 걸으라. 최단거리를 가라. 무용 따위는 금물이다. 공산주의자는 노동의 신성함은 이해하고 있겠지만, 유희의 신성은 모르시는 모양이다. 그러지 않아도 문명인은 다른 모든 종족의 동물에 비해 지나치게 일하고 있는데, 아직도 더 일해야 한다는 것인가. 누릴 수 있는 약간의 여가, 오락과 예술을 위한 얼마 안되는 시간마저 국가라는 괴물의 요구로 인해 침해당해야만 한다.

이와 같이 예술의 본질은 유희에 불과하다는 것이 이해되면, 예술과 도덕의 관계라는 문제를 밝히는 데 약간 도움이 된다.

아름다움이란 아름다운 자태일 따름이다. 그리고 그 아름다운 자태는 명화나 아름다운 교량과 마찬가지로 행위에도 있다. 예술 전반은 회화·음악·무용보다도 훨씬 광범한 것이다. 왜냐하면 아름다운 자태는 경기 중의 운동선수에게도 볼 수 있거니와, 유년시절에서 청년·장년·노년시절에 이르기까지 저마다의 시기에 알맞은 아름다운 생활을 하고 있는 사람들에서도 볼 수 있다. 또 지휘 작전이 모두 적중하여 차츰 최후의 승리로 나아가는 대통령 선거전에도 아름다운 자태라는 게 있으며, 사람의 웃음에도, 침 뱉는 데도 아름다운 자태는 있다. 중국의 늙은 관원은 매우 조심스럽게 침을 뱉도록 훈련되어 있는데, 그 경우가 그렇다.

인간의 모든 행동에는 자태와 표현이 있고, 모든 표현 형식은 예술 정의(定義)의 범위 내에 있다. 그러므로 표현 기법을 음악이니, 무용이니, 회화 등의 소수의 분야로 분류할 수는 없다.

예술을 이와 같이 넓은 의미로 해석하면 훌륭한 행위의 자태와 훌륭한 예술의 인격은 긴밀한 관계를 갖는 것이 되며, 둘 다 중요한 것으로 되어간다. 조화가 잘 잡힌 시의 운율처럼, 우리 몸뚱이의 운동도 갖가지로 사치스러운 것을 생각한다. 즉 에너지가 남아돌게 되면 무슨 일을 하든 침착함이나 우아함 등의 자태에 대한 관심이 생기게 된다.

　이 침착성과 우아함은 어디서 생기느냐 하면, 자기는 육체적으로 능력이 있다는 의식, 즉 일을 보통 이상으로, 말하자면 훌륭하게 해낼 수 있다는 의식에서 생기는 것이다. 좀더 추상적인 방면에 대해 말한다면, 깨끗한 일을 하는 사람이라면 누구에게나 이 아름다움이 있다. 깨끗한 일, 즉 솜씨 있는 일을 하고자 하는 충동은 본래 미적 충동이다.

　교묘한 살인, 재간 있는 교묘한 음모, 그런 것은 용서받지 못할 행위이지만 보기에는 아름답다. 좀더 구체적인 일상의 사소한 일 중에도 이 침착성과 우아함과 능력은 실제로 있거나, 있을 수 있다. 우리가 '생활의 예절'이라고 부르는 것은 모두가 이 범주에 속한다. 사람에게 적절하고 훌륭한 인사를 하면 얌전한 인사라고들 하지만, 볼품없는 인사를 하면 경박한 인사라고들 하는 것과 같다.

　중국에서는 진(晉)나라(기원 3,4세기) 말기에 말과 생활과 습성에 아름다운 몸가짐을 요구하는 경향이 최고도의 발달을 보였다. 당시는 청담(淸談)이 유행했던 시대이며, 부인복의 치장은 가장 공들여 만들었으며, 미남자라는 이유로 이름을 떨친 자가 꽤 많았던 시대다. '아름다운 수염'을 기르는 풍이 유행하고, 남자는 아주 넉넉한 긴 상의를 걸치고 일부러 하느적거리며 걸었다. 가려운 데를 긁고 싶으면 온몸 어디든지 손이 닿도록 의복이 만들어져 있었다. 하나에서 열까지 우아함을 존중했다. 말 꼬리의 털을 묶어 손잡이를 달아 모기나 파리를 쫓게 만든 '진(塵)'이라는 것이 중요한 대담용 도구였다.

　그러한 한담은 '진담(塵談)'이라 하여 문예 작품 등에서 오늘날에도 등장하고 있다. 이야기를 하면서 손에 든 '진'을 흔들흔들 우아하게 휘두른 데서 생긴 말이다. 부채도 역시 청담(淸談)에 운치 있게 곁들이는 물건이 되었다. 이야기하면서 그걸 펴고 펄럭이고 오므리고 하는 것이 보기에 꽤 아름답다. 마치 미국의 노인이 연설하면서 안경을 썼다 벗었다 하는 것과 같은 것이다. 효용이라는 점으로 말하면 '진'이나 부채 쪽이 영국인의 외짝 안경보다 조금쯤 소용이 될는지 모르지만, 아무튼 효용을 목적으로 한 것이 아니라 대담을 위한 형식의 하나이며, 지팡이가 산책을 위한 형식적인 도구가 되는 것과 같은 취향이다.

내가 서양에서 본 제일 아름다운 몸가짐은 프러시아의 신사가 객실에서 귀부인에게 절할 때 구두 뒤꿈치를 서로 쳐서 찰칵 소리를 내는 것과, 독일 처녀들이 한쪽 다리를 끌어 뒤에서 모으듯이 하고 인사하는 것이다. 형용할 수 없는 아름다운 제스처라고 생각하는데, 이 풍습이 행하여지지 않게 된 것은 아무래도 유감스럽다.

중국에서는 사교상의 몸가짐이 많이 행하여지고 있다. 손가락·손·팔 등의 동작은 신중히 연구해서 하고 있다. 타천(打千)이라고 하는 중국 동북부에 살고 있는 사람들끼리 하는 인사 방법도 꽤 아름다운 것이다. 방으로 들어온 사람은 한쪽 팔을 똑바로 내려뜨리고 한쪽 다리를 구부리고 얌전히 몸을 숙인다. 그 둘레에 동석한 손님들이 있을 경우에는 같은 자세로 똑바로 선 쪽의 다리를 축으로 하여 조용히 돌아가며 일동에게 인사를 한다.

품위 있는 기객(棋客)이 바둑판 위에 돌을 놓는 자세도 보아 둠이 좋다. 흑이든 백이든 작은 바둑돌을 하나 솜씨 있게 둘째손가락에 얹은 다음 엄지를 바깥쪽으로 움직이고 둘째손가락을 안으로 끌면서 조용히 밀어내어 참으로 우아한 모습으로 판 위에 놓는다.

교양 있는 관원은 화가 났을 때도 매우 아름다운 제스처를 보인다. 그들은 '말굽 소매'라 하여 소매 끝을 뒤로 접어서 비단 안감을 드러내 보이는 긴 상의를 입고 있는데, 몹시 기분이 상했을 때는 오른팔이나 양팔을 동시에 털어 내려 '말굽 소매'의 접힌 것을 소리를 내어 아래로 내리고는 아주 우아하게 흐느적흐느적 방을 나가는 것이다. 이것을 '불수(拂袖)'라고 한다. '소매를 떨고 간다'는 뜻이다.

교양 있는 관원의 말투 또한 듣기 좋은 것이다. 그 말은 아름다운 운을 밟고 있다. 북경 말투의 음악적인 음조에는 우아한 음악적 억양이 있다. 한마디 한마디가 천천히 고상하게 발음된다. 진정한 학자에 이르면 그 말에는 중국의 문예 사조(詞藻)의 주옥이 아로새겨진다.

중국인이 지닌 예술의 '품(品)'이라는 생각은 아주 흥미진진하다. 이것은 인품이나 품격을 이르는 수도 있다. '제1품', '제2품'의 예술가나 시인이라고 할 때는 등급을 매기는 것이 되는가 하면, 좋은 차를 시음(試飲)하거나 하는 것을 '차를 품한다'고도 한다. 즉 일정한 행동에 나타난 개인의 인격에 관한 표현의 모든 범위가 그 말에 포함되어 있는 것이다.

우선 질이 나쁜 도박사, 즉 성미가 가볍고 버릇이 나쁜 도박사를 '도품(賭品)'이 나쁘다고 한다. 도박적 인격이 나쁘다는 뜻이다. 지나치게 마시고 품위 없이 구는 술꾼을 '주품'이 나쁘다, 즉 음주상의 인격이 나쁘다고 한다. 기객(棋客)을 평할 때는 '기품'이 좋다거나 나쁘다거나 한다. 중국 최고의 시 평론은 '시품(詩品)'*이라 하는데 다양한 시인을 비평한 책이다. 물론 '화품(畵品)'이라는 미술 평론책도 몇 권 나와 있다.

이 '품'이라는 관념과 관련하여 중국인 전반이 인정하는 하나의 신조가 생겼다. 그것은 예술가의 창작은 엄밀히 그 품격에 의해 규정된다는 것이다. 이 '품격'은 도덕적인 것임과 동시에 예술적인 것이다. 그것은 인간의 오성(悟性), 넓은 도량, 탈속(脫俗)을 존중하고, 사소한 일, 범용(凡庸), 저열을 극복하는 정신을 고조하려 한다. 이 뜻에서 '품'은 영어의 '매너(manner)' 또는 '스타일(style)'에 가깝다. 자유분방하여 인습에 구애받지 않는 예술가는 그 작품에 분방한 기질을 보일 것이며, 인정미 있는 사람은 그 스타일 속에 인정미와 섬세함이 보일 것이며, 취미가 고아한 대예

---

* 〈시품〉은 기원 5백 년경 양(梁)나라 사람 종영(鍾嶸)이 찬했다.

술가는 '매너리즘'에 빠지는 것을 꺼려할 것이다.

　어떤 화가도 그 사람 자신의 도덕적·미적 품격이 위대하지 못하면 대가라 할 수 없다는 신념을 중국인은 암암리에 승인해 왔다. 따라서 서양화를 평할 경우에도 최고의 표준은 기법의 능숙함과 졸렬함이 아니라, 예술가 그 사람의 품격이 높으냐, 아니냐 하는 데 놓여져 있다. 기법은 완벽하면서도 품위 없는 작품도 있다. 그것은 이른바 '캐릭터(character)'를 결한 작품이 된다.

　이리하여 우리는 모든 예술의 중심 문제에 도달했다. 중국의 대장군이며 대재상이었던 증국번(曾國藩)은 가족에게 띄운 편지 속에서, 서도의 오직 두 가지 이치는 형(形)과 표현(表現)이라고 했고, 당시 일류의 서예가의 한 사람 하소기(何紹基)는 그 공식을 시인하고 그의 식견을 칭찬했다고 기록되어 있다. 예술은 또 구체적인 것이므로 기계적인 문제, 즉 반드시 습득해야만 하는 기법 문제가 항시 수반함은 물론이다. 그러나 예술은 또 정신이므로 어떤 형식이든 창작의 중요 요소는 표현의 품격이다. 그것은 단순한 기법을 초월한 예술가의 품격이며, 그것이 곧 예술적 작품의 유일 불가결한 요소이다. 저술에 대해 말하면, 저서 속에서 유일하게 중요한 것은 작자의 판단과 호오(好惡)에 나타나는 그 스타일과 감정이다.

　이 품격, 즉 표현의 개성이 기법으로 인해 지워져 버릴 위험은 끊임없이 있다. 그리고 회화건 문학이건 연극이건, 초심자가 가장 곤란하게 여기는 것은 '자기를 발휘한다'는 것이다. 그것은 초심자가 형식, 즉 기법에 위협받는 결과임은 말할 것도 없다. 그렇지만 이 개성적 요소가 빠져서는 어떤 형식도 결코 좋은 형식이라 할 수 없다.

　좋은 형식에는 전부 움직임이 있다. 그 움직임은 골프 선수의 클럽의 스윙이든, 로켓처럼 성공을 향해 돌진하는 남자의 움직임이든, 혹은 또 공을 들고 경기장을 달리는 미식축구 선수의 움직임이든, 모두가 보기에 아름다운 것이다. 예술에는 개성적 표현이 흘러넘치고 있어야만 한다. 그리고 그 표현력의 기법에 구애받지 말고 자유로이 희희낙락하는 기법 중에 약동할 수 있는 것이어야만 한다. 커브를 돌 때의 기차에도, 돛에 바람을 가득히 안고 전속력으로 달리는 요트에도 그 스윙이 있다. 그건 정말 아름다운 것이다. 공중을 나는 제비, 먹이를 노려 휘익 하고 덮치는 매, 또 이른바 '멋진 폼'으로 결승점에 달려 들어가는 우승마에게도 다 아름다운 스윙이 있다.

우리는 모든 예술이 품격을 가져 줄 것을 요구하는데, 그 품성이란 다름아닌 예술가의 인격·넋·심정, 혹은 중국인이 말하는 '회(懷)' 등을 예술 작품이 암시하고 묵시하는 것이다. 예술 작품엔 인격 또는 품격이 없으면 생명이 없다. 아무리 미술 식견이 높더라도 기법이 완벽하다는 것만으로는, 생명도 생명력도 없는 예술을 구제할 수는 없다. 품격이라는 고도의 개성적 요소를 빠뜨린다면, 미 그 자체가 평범하고 속된 것으로 되어 버린다.

품격의 함양은 도덕적으로는 물론 미적으로도 이루어져야만 한다. 거기에는 학식과 교양이 둘 다 필요하다. 교양은 취미 쪽에 가까운 것으로 예술가에게는 자연히 생겨나는 것이겠지만, 예술 책을 펼치고 최대의 기쁨을 느끼는 것은 학식의 뒷받침이 있는 경우뿐이다.

이 사실은 특히 회화와 서도에서 두드러진다. 하나의 글씨를 보면 그 서예가가 위나라 탁본을 많이 본 사람인지 아닌지를 알 수 있다. 만일 본 사람이라면, 그 학식은 서예가에게 어떤 예스러운 품격을 부여했을 것이다. 그러나 서예가는 또 자기의 넋, 즉 품격을 그 글씨에 불어넣어야만 한다. 그 품격이 한결같지 않음은 물론이며, 섬세하고 감상적인 사람이라면 섬세하고 감상적인 서체를 보여 줄 것이고, 또 힘과 거침없음을 애호하는 사람이라면 그에 어울리는 서체를 취할 것이다. 그런 까닭에 우리는 회화와 서도, 특히 후자에서 미적 특질이나 미의 모든 대조를 볼 수 있다.

더욱이 그 누구도 완성된 작품의 미와, 예술가 자신의 넋의 미를 분리할 수는 없다. 변덕스럽고 제멋대로의 아름다움도 있을 것이며, 몹시 난폭한 힘의 아름다움도 있을 것이다. 웅혼(雄渾)의 미도, 정신적 자유의 미도, 용기와 돌진의 미도, 낭만적이고 매력적인 미도 있을 것이며, 자제의 미, 침착하고 우아한 미, 준엄한 미, 소박과 '우둔'의 미, 단순하고 가지런한 미, 신속한 미, 또 어떤 경우에는 고의적인 추괴(醜怪)의 미라는 것까지 있을 것이다. 그런데 여기에 단 하나 실재하지 않기 때문에 불가능한 미의 형식이 있다. 그것은 분투와 노력의 미, 즉 분투적 생활의 미이다.

책을 읽는 방법에 대하여

　독서, 즉 책을 읽는 즐거움은 예로부터 교양 있는 생활의 매력 중의 하나로 손꼽혀 왔다. 그것은 오늘날에도 그 특권을 누리지 못하는 사람들로부터 존경과 선망을 받고 있다. 이것은 독서하는 사람과 독서하지 않는 사람의 생활을 비교해 보면 곧 수긍이 가는 일이다. 평소에 독서하지 않는 사람은 시간적·공간적으로 자기만의 세계에 감금되어 있다. 그의 생활은 상투적인 틀에 박혀 버린다. 그 사람이 접촉하고 만나서 대화하는 것은 극소수의 친구나 지기뿐이며, 그 사람이 보고 듣는 것은 거의가 신변의 사소한 일일 따름이다. 그 감금에서 벗어날 길은 없다.
　그런데 일단 책을 손에 들면 사람은 즉시 별(別)세계에 드나들 수가 있다. 만일 그것이 양서라면 독자는 홀연 세계 제일의 이야기꾼을 대면하는 것이 된다. 그는 독자를 유도하여 먼 별세계, 아득한 옛날로 데리고 가서 심중의 고민을 덜어 주고, 독자가 미처 몰랐던 인생의 여러 모를 이야기해 준다. 고서(古書)는 저승과 독자를 접촉시켜 감응케 하고, 차츰 읽어가는 동안 저자는 어떤 얼굴을 가진 사람이었나, 어떤 형의 인물이었나 하는 것들을 상상하기 시작한다.

맹자와 중국의 대역사가 사마천(司馬遷)도 같은 말을 한 적이 있다. 하루 두 시간만이라도 다른 세상에 살며, 그날 그날의 번뇌를 없앨 수만 있다면 말할 것도 없이 육체적 감옥에 갇혀 있는 사람들로부터 선망받는 특권을 얻는 게 된다. 이러한 환경의 변화는 심리적 효과에서 말하면 여행과 똑같은 것이다.

그뿐이랴. 책을 사랑하면 언제나 사색과 반성의 세계에 드나들 수가 있다. 설사 물리적 사상(事象)을 기록한 책일지라도 그런 사상을 직접 보고 듣는 것과 책으로 읽어서 아는 것과는 뜻이 다르다. 책 속에서 물리적 사건은 하나의 구경거리이며, 독자는 구경꾼이 되기 때문이다.

그러므로 으뜸가는 책은 이러한 명상적인 기분으로 우리를 유도하는 것이며, 사실의 보고에만 그치는 것은 아니다. 이 점에서 말하면 신문 보는 데 소비되는 막대한 시간은 전연 독서 시간이 아니라고 나는 생각한다. 왜냐하면 일반적으로 신문의 독자는 명상적 가치가 없는 사실이나 사건 보도만 접하기 때문이다.

생각건대, 독서란 무엇이냐는 것을 가장 적절히 말한 공식은 송나라 때의 시인이며 소동파의 친구였던 황산곡(黃山谷)의 설이다. 그는 말했다.

"사대부가 사흘을 독서하지 않으면 스스로 깨달은 말에 맛이 없고, 거울 속의 자기 얼굴을 대하여도 면목이 가증스럽다."

즉 그가 말한 것은 독서는 독서하는 인물에게 매력과 품격을 주는 것으로서 독서의 목적은 이것뿐이며, 이 점을 노리는 독서야말로 '참된 술(術 · art)'이라 부를 수 있다는 것이다.

'정신 향상' 등은 독서의 목적은 될 수 없다. 왜냐하면 정신 향상이니 하는 쓸데없는 것을 생각하게 되면 독서의 즐거움은 모두 사라져 버리기 때문이다. 그런 걸 생각하는 사람은 틀림없이 이런 혼잣말을 하는 사람이다.

"난 셰익스피어를 읽어야만 한다. 소포클레스를 읽어야만 한다. 또 엘리엇 박사의 《*Five Foot Shelf*》를 다 읽어야만 한다. 읽어서 지식을 넓혀야 한다."

이런 인간의 학식은 결코 깊어지지 않는다. 하룻밤 그는 자신에게 채찍질하여 《햄릿》을 읽는다. 그리고 악몽에서 깨어난 듯해 가지고 나온다. 그러나 얻은 것은 요컨대 《햄릿》을 '읽었다'고 할 수 있을 따름이다. 의무 관념으로 책을 읽는 사람은 독서법을 모른다. 독서를 과제로 삼는 것은, 상원의원이 연설 전에 서류나 보고를 훑어보는 따위의 행위와 같다. 재료나 자료를 찾는 것이지 독서는 아니다.

황산곡에 따르면, 독서의 목적으로 인정할 만한 것은 인간의 용모에 매력을 더하고 그 대화에 풍미를 주는 것밖에 없다. 그러나 용모의 매력이라 하더라도 단순한 미모와는 물론 뜻이 다르다. 황산곡이 말하는 소위 '볼썽사나운 풍모'란 육체적인 추함이 아니다. 추해도 매력이 있는 얼굴도 있거니와 아름다워도 전연 멋이 없는 얼굴도 있다. 나의 중국인 친구 중에 머리 모양이 폭탄 같은 사나이가 있는데, 이 사나이는 언제 보아도 호감이 간다.

사진상으로만 말한다면, 서구의 문인 가운데 제일 아름다운 얼굴은 G. K. 체스터턴의 얼굴이었다. 콧수염, 안경, 제법 텁수룩한 눈썹, 주름 잡힌 미간의 선, 이런 것들이 악마처럼 뭉쳐져 있다. 이걸 본 사람은 그의 이마 속에 숱한 사상이 약동하고 있으며, 묘하게 사람을 쏘는 눈에서 언제든지 튀어나올 듯한 느낌을 받는다. 이런 것이 황산곡이 좋아하는 얼굴인 것이다. 분이나 입술연지로 치장된 얼굴이 아니다. 오로지 사색으로 이루어진 얼굴이다.

대화의 품격으로 말하면 오로지 독서 방법에 달려 있다. 말씨에 '풍미'가 있느냐 없느냐는 독서법 여하에 달렸다. 책의 풍미를 내 것으로 만들면 대화 속에서도 풍미가 우러난다. 대화에 풍미가 있다면 저술에 풍미가 스며들지 않을 리가 없다.

이런 까닭에 나는 풍미나 취미라는 것이 독서의 열쇠라 생각한다. 음식물의 기호나 마찬가지로 취미라는 건 아무래도 각자의 것이다. 가장 바람직한 식사법은 결국 자기가 좋아하는 것을 먹는 것이다. 소화력에 확신이 서기 때문이다. 독서도 이와 마찬가지로 어떤 사람에게 살이 되는 것이 다른 사람에겐 독이 되는지도 모른다. 그러므로 교사는 자기 독서 취미를 학생에게 강요할 수 없으며, 부모로서도 아이들이 자기와 같은 취미를 갖기를 기대해선 안된다. 읽는 데 흥미가 없으면 독서는 오로지 시간 낭비다. 원중랑(袁中郞)이 말했듯이 "읽기 싫은 책은 모름지기 팽개쳐 버려라. 그리고 '타인으로 하여 읽게 하라'."

그러므로 반드시 읽어야만 하는 책이란 있을 수 없다. 우리의 지적 감흥은 나무처럼 성장하고 냇물처럼 유동한다. 우선 수액(樹液)이 있는 동안은 나무는 어쨌든 성장하고, 샘에 새로운 물이 솟는 한 물은 흐른다. 물은 화강암초에 부딪쳤을 땐 우회해서 흐르고, 깊은 웅덩이로 들어갔을 땐 잠시 거기 괴었다가 굽이쳐 흐른다. 심산의 늪에 들면 흔연히 거기서 휴식하고, 물살이 센 못을 만나면 분류(奔流)한다. 이처럼 아무런 노력도 하지 않고 목적도 정하지 않았으면서도 언젠가는 반드시 바다로 들어가는 것이다.

이 세상에 누구나 꼭 읽어야 하는 책 따위는 없다. 있다면 오직 누군가가 언제, 어디서, 어떤 사정에서, 생애의 어느 시기에 읽어야만 할 책이 있을 뿐이다. 나는 오히려 독서는 결혼처럼 운명이나 인연에 의해 결정되는 것이라고 생각한다. 성경과 같은 모종의 책은 만인이 다같이 읽어야만 하는 것일지라도 역시 읽어야 할 시기가 있다.

사상과 체험이 걸작을 읽을 정도가 되지 않았을 때에 걸작을 읽으면 나쁜 뒷맛이 남을 뿐이다. 공자는 말했다.

"50세에 《주역(周易)》을 읽으면 큰 허물이 없을 것이다."

즉 45세로는 아직 읽어선 안된다는 것이다. 《논어》의 공자 설화에는 실로 온화한 풍격(風格)과 원숙한 지성이 넘치고 있는데, 이에 접하는 사람 자신이 원숙하게 되기 전에는 그 참 맛을 모른다.

그리고 같은 독자, 같은 책이라도 읽는 시기가 다르면 다른 풍미를 맛볼 수 있다. 이를테면 저자와 직접 이야기를 나눈 뒤나, 혹은 저자의 얼굴을 사진으로 보고 나서 읽으면 책의 재미는 한층 깊고, 저자와 교분을 끊은 뒤에 읽으면 또 다른 맛이 있다. 40세에《주역》을 읽더라도 약간의 풍미는 맛보지만, 50세가 되어 변화무쌍한 세상 꼴을 잘 바라보고 나서 읽으면 또 다른 맛이 있다. 그러므로 양서는 통틀어 두 번 읽으면, 얻는 바도 있거니와 재미 또한 새로워진다.

나는 학생시절에《Westward Ho!》와《헨리 에스먼드》를 읽어야 했는데, 십 대의 나에게 전자는 재미있게 읽혔지만, 후자는 그 참 맛을 전혀 몰랐으며, 후일에 잘 생각해 보니, 전에 읽었던 것보다도 훨씬 깊은 재미가 그 속에 있는 게 아닌가 여겨졌다.

그러므로 독서는 저자와 독자의 두 가지 면에서 성립되는 행위이다. 진실로 얻는 바는 독자의 통찰과 체험을 통해 얻어지는 것과, 저자의 통찰과 체험으로부터 주어지는 이 두 가지다.

《논어》에 관해 송나라 때의 유가(儒家) 정이천(程伊川)은 말했다.

"《논어》의 독자는 어디에나 있다. 어떤 자는 다 읽어도 감감하고, 어떤 자는 한두 줄에 환희하고, 또 어떤 자는 저도 모르게 변무작약(抃舞雀躍)한다."

좋아하는 작가의 발견은 자기의 지적 발전에 가장 의미 있는 일이라고 나는 생각한다. 이런 때에는 정신의 친화라는 것이 나타난다. 그러므로 우리는 고금의 작가 중에서 그 정신이 자기 정신과 비슷한 사람을 발견해야만 한다. 이래야만 참으로 좋은 것이 얻어지는 것이다.

사숙할 만한 스승을 찾아내는 일은, 남에게 의지하지 말고 자기 힘으로 이루어야 한다. 누구에게 심취할 수 있느냐는 남이 아는 게 아니다. 아마 자기 자신도 모를 것이다. 말하자면 첫눈에 반함과 같은 것으로, 남에게서 누구를 사랑하라는 말을 들을 성질의 일이 아니며, 일종의 본능의 힘으로 아는 것이다.

이와 같은 발견의 유명한 예는 역사상에 적잖이 있다. 수백 년을 격하여 살고 있더라도 책을 통해 학자의 사상과 감정이 서로 접촉되면, 자기 모습을 발견함과 같은 것이다. 중국인의 말투를 빌면, 이리하여 서로 맺어지는 정신은 동일한 정신의 화신이다. 환생한 셈인 것이다.

소동파는 장자나 도연명의 화신이라 일컬어지고,* 원중랑은 소동파가 환생한 모습이라 일컬어지고 있다. 소동파는 처음으로《장자》를 읽었을 때, 어릴 적부터 장자와 아주 똑같은 걸 생각하고, 똑같은 의견을 가졌던 것 같다고 말하고 있다.

원중랑은 하룻밤 작은 시집을 펼치고는 아직 이름도 들은 적이 없는 동시대인 서문장(徐文長)을 발견했다. 그때 그는 침상에서 뛰어나와 벗을 불렀다. 부르는 소리에 일어나서 시집을 읽기 시작한 그 친구도 역시 탄성을 지르고, 두 사람이 모두 탐독 찬탄하여 하인이 어리둥절했을 정도였다. 조지 엘리엇은 처음으로 루소를 읽었을 때의 감격을 감전(感電)에 비유하고 있다. 니체가 쇼펜하우어를 읽었을 때도 그러했다. 그러나 쇼펜하우어는 성미가 까다로운 스승이었고, 니체는 격정적 성격의 제자였으므로 후일 제자가 스승을 배반한 것도 부득이하다.

우리가 뭔가를 얻는 것은 이런 독서를 통해서이다. 즉 심취할 작가의 발견이다. 첫눈에 반하는 것처럼, 뭐든지 좋게 보인다. 키나 얼굴, 머리털의 색깔, 음성, 이야기하는 모습이나 웃는 모습이 다 좋게만 보인다. 학생이 선생에게 배우지 않으면 알 수 없는 그런 성질의 것이 아니다. 독서의

---

* 소동파는 도연명의 모든 시(詩)에 사용된 운(韻)에 따라 시를 지었고, 그의 독특하고 기발한 솜씨를 발휘했다. 그의《화도시(和陶詩)》의 말미에 자기는 도연명의 환생이라고 했다. 그는 중국의 모든 작가 중 누구보다도 도연명을 예찬해 마지않았다.

경우도 역시 그렇다. 문체나 풍미·견해·사고방식 등이 전혀 비난할 여지가 없다. 독자는 이리하여 한 줄, 한 구를 탐독하기 시작한다.

원래 정신적 친화력으로 결부되어 있는 것이므로 모든 걸 흡수하고, 문제없이 소화시킨다. 작가가 주문(呪文)을 외면 독자는 기꺼이 그에 홀리고, 때에 따라서는 음성, 동작, 웃는 모습, 이야기하는 모습이 작가를 꼭 닮는 수가 있다. 이리하여 문재(文才)상의 연인에게 빠져 그 책에서 자기 영혼의 자양물을 남김없이 흡수한다. 수년 뒤에 홀림이 풀리고 다소 싫증이 나면 또 새로운 연인을 찾는다. 서너 번 연인을 바꿔 남김없이 먹어 버리고 나면, 그때쯤엔 자기가 저자로서 나타난다.

그러나 세상에는 절대로 사랑에 빠지지 않는 독자도 많다. 마치 바람이 나서 멋 부리며 한 사람의 상대에 열중하지 못하는 젊은 남녀와 같은 꼴이다. 이런 사람들은 무슨 책이건 다 읽기는 하되 아무것도 얻는 게 없다.

독서법의 이런 해석으로 보아 의무나 책무로서 독서 운운하는 생각은 단연 배제되어야 한다. 중국에서는 흔히 '각고면려(刻苦勉勵)'라 하여 학생을 격려한다. 옛날 이 각고면려를 한 유명한 학자가 있었는데, 밤에 독서를 하다가 졸리면 송곳으로 정강이를 찔렀다. 또 어떤 학자는 밤중에 공부할 때 하녀를 옆에 세워 두고는 졸기 시작하면 불러 깨우게 했다.

정말 어처구니없는 이야기이다. 책을 펼치고 선철(先哲)이 자기에게 이야기하고 있을 때, 잠이 오거든 지체 말고 침상에 들어가 자야 한다. 송곳으로 정강이를 찌르고 하녀에게 흔들어 깨우게 해서 도대체 어떤 이익이 있단 말인가. 이런 사람들은 독서의 즐거움이라는 느낌을 전혀 상실하고 있다. 정말 의젓한 선비라면 '자자면학(孜孜勉學)'이니 '각고면려'니 하는 것이 무슨 뜻인지 절대로 모른다. 그저 그러지 않고는 못 배기니까 책을 사랑하고 책을 읽을 따름인 것이다.

이 점이 이해되면 독서의 때와 장소는 어떻게 선택해야 좋으냐는 문제의 해답 또한 얻어진다. 즉 읽고 싶으면 아무 데서 읽어도 좋다. 독서의 재미를 알게 되면 학교에서 읽어도 좋고, 학교 밖에서 읽어도 좋으며, 또 학교 따위는 일체 문제로 삼지 않아도 좋다. 학문이 하고 싶다면 가장 우수한 학교는 어디든지 있다. 옛날 중국번(曾國藩)은 가족에게 띄운 편지 속에서 아우가 서울 가서 좀더 나은 학교에 가고 싶다고 함에 답하여 말했다.

"공부하고 싶으면 시골 학교에서도 할 수 있다. 사막에서라도, 사람이 오가는 거리에서라도 할 수 있고, 나무꾼이나 목동이 되더라도 할 수 있다. 공부할 뜻이 없으면 시골 학교가 마땅찮을 뿐더러 조용한 시골 가정도, 신선(神仙)의 섬도 면학에는 마땅치 않다."

흔히 세상 사람들은 뭔가 책을 읽으려 할 때에 책상을 대하여 억지로 거드름을 피우면서 방이 너무 춥다느니, 의자가 너무 딱딱하다느니, 빛이 너무 부시다느니, 그러니까 독서가 안된다느니 투덜거리는 사람이 있다. 그런가 하면 모기가 너무 많다느니, 종이가 너무 광택이 난다느니, 바깥 소리가 너무 시끄럽다느니 하며 글을 쓸 수 없다고 푸념하는 사람이 있다.

송나라의 대유(大儒) 구양수(歐陽修)는 '삼상(三上)'을 글쓰기에 가장 좋은 장소라고 말했다. 삼상이란 침상(枕上)·마상(馬上)·측상(厠上·변소)이다. 청나라의 유명한 학자로 고천리(顧千里)라는 사람이 있는데, 이 분은 한여름에 '벌거벗고 유서(儒書)를 읽는 버릇'이 있었던 것으로 유명하다. 한편 읽고 싶지 않으면 사철 어느 때든 독서하지 않는 방식도 충분히 따를 만하다.

봄에 독서함은 봄뜻에 거슬린다.
여름은 그저 잠으로만 보내라.
겨울이 저물어 조급해지거든
잠시 기다리라, 다시 올 봄을.

그럼 진정한 독서법이란 무엇인가? 답은 간단하다. 마음이 내키면 책을 들어 읽는다. 오직 이것뿐이다. 독서를 진정 즐기려면 어디까지나 기분 내키는 대로 따라야만 한다. 표지가 부드러운 《이소(離騷)》[1]나 오우머 카이얌[2]의 책 한 권을 들고 연인과 짝지어 냇가의 둑으로 읽으러 간다. 그때 하늘에 아름다운 구름이 떠 있거든 구름을 읽고 책은 잊도록 하라. 아니면 책과 구름을 함께 읽도록 하라. 그때 담배 한 대, 차 한 잔이 있으면 더할 나위 없다. 혹은 눈 내리는 한밤에 난롯가에 앉아 있을 때, 난로 위에서 차 끓는 소리가 들리고, 옆에는 한 갑의 담배가 있다. 그럴 때에 철학·경제학·시가·자서전 등의 책을 열두세 권 책상 위에 쌓아 놓고 한가한 기분으로 그중의 몇 권을 펼쳐 보다가 재미있을 듯한 것을 고르고, 조용히 담배에 불을 붙인다. 김성탄(金聖嘆)은 설야(雪夜)에 문을 닫고서 금서(禁書) 읽는 걸 인생 최대의 쾌락으로 여겼다.

독서의 정취는 진계유(陳繼儒)의 다음 한마디에 유감없이 나타나 있다.

"옛 사람은 서화를 유권(柔卷)·연첩(軟帖)이라 일컬었다. 때문에 책을 읽고 화첩을 펼칠 때의 가장 좋은 태도는 태연하고 침착한 태도이다."

이런 태도로 세상 모든 일을 대하는 참을성을 기르는 것이다. 진계유는 이렇게도 말하고 있다.

"진정한 대가는 역사책을 읽을 때 오자(誤字)에 개의치 않는다. 그것은 뛰어난 여행가가 등산할 때 험한 길을 개의치 않고, 설경을 구경하려는 자가 썩은 교량을 무릅쓰며, 전원생활을 원하는 자가 촌뜨기를 기피하지 않고, 꽃을 감상하는 자가 탁주로 만족함과 같은 것이다."

독서의 기쁨을 가장 아름답게 표현한 한 문장을 나는 중국 최대의 규수 시인 이청조(李淸照·易安, 1081~1141)의 자서전 속에서 찾아냈다. 그녀의 남편은 국립학교 학생으로서 다달이 장학금을 탄 날은 반드시 고본(古

---

1) 초(楚)나라 시인 굴원이 쓴 장편 서정시.
2) 12세기경의 페르시아의 문학자이자 시인.

本)이나 탁본을 팔고 있는 절에 부부 동반으로 갔다. 귀로에 얼마쯤의 과실을 사 가지고 집에 돌아오면 과실을 깎으면서 사 온 탁본을 부부가 살피고, 차를 마시고, 판본의 이동(異同)을 비교하곤 했다. 《금석록 발문(金石錄跋文)》으로 알려진 이청조 여사의 자서전에 이런 구절이 있다.

나는 기억력이 좋았다. 저녁식사 후에 우리는 조용히 귀래당(歸來堂)에 앉아서 차를 끓여 놓고는 선반 위에 높직이 쌓인 책을 가리켜, 어떤 문구가 어느책, 몇 권, 몇 페이지, 몇째 줄에 있는가를 서로 알아맞히는 내기를 했던 것이다. 알아맞히면 차를 먼저 마실 수 있도록 했다. 용케 맞히면 찻잔을 높이 들고깔깔댔던 것이다. 너무 흥에 겨워서 차를 옷에 쏟아서 마실 수 없게 된 적도 흔히 있었다.

그런 기분 속에서 우리는 만족하며 살고 나이를 먹어 갔다. 살림은 가난하여 슬펐지만, 우쭐대는 기분으로 살았다. 그 사이에 수집품은 점점 쌓여 책이나 미술품이 탁상에도 책상 위에도, 그리고 걸상에도 그득 쌓였다. 우리 내외는 그것을 눈과 마음으로 즐기며 장차 이러자커니 저러자커니 하고 자주 이야기를 나눴던 것이다. 그것은 개나 말이나 음악의 도락보다 훨씬 즐거운 것이었다.

문장의 도에 대하여

문장의 도는 문장 작법 그 자체, 즉 무엇을 쓰는 기법보다 훨씬 광범위한 것이다. 실제로 작가 지망의 초심자에게는 우선 문장 기법에 지나치게 구애받는 기분을 제거해 줘야 한다. 즉 기법이니 하는 피상적 문제에 사로잡히지 말고 참된 문예적 인격의 함양을 모든 저술의 바탕으로 하여 자기정신의 깊은 곳까지 파내려 가도록 가르쳐 줌이 좋다. 참된 문예적 인격이 함양되고 올바른 바탕이 이룩되면 문체는 저절로 정돈되고, 기법의 말초적인 사소한 문제는 자연히 해결되어 가는 것이다.

이리하여 소질, 그 자체가 좋아지면 수사나 문법 면에서 다소 서투른 데가 있더라도 조금도 문제가 안된다. 어떤 출판사든 반드시 전문적인 교정 사원이 있으며, 쉼표나 쌍점, 부분 부정법 등을 주의해 보는 것이 그 사람들의 일이다. 이와 반대로 아무리 문법이 올바르고 문학적 수식이 뛰어날지라도 문예적 인격 수양을 태만히 한다면 작가가 될 수 없다.

뷔퐁이 말했듯이 "문체는 사람이다." 문체는 방법도, 체계도, 문장의 장식조차도 아니다. 그것은 독자에게 느껴지는 작가의 품성의 특질이다. 즉 깊이가 있느냐 없느냐, 통찰력의 유무, 그밖에 기지, 유머, 신랄한 풍자, 부드러운 인정미, 감성의 섬세함, 이해의 세밀함, 부드러운 풍자, 혹은 풍자적인 상냥함 또는 완미, 실용적 상식, 그리고 사물에 대한 일반적 태도……그런 여러 가지 것들로부터 독자가 받는 인상의 총화가 바로 문체라는 것이다. '유머러스한 기법'을 숙달시키는 핸드북이라든가, '풍자적이며 부드러워지는 세 시간 강좌'라든가, '실용적 상식 15원칙'이라든가, '감정을 섬세하게 갖는 11원칙'이니 하는 따위는 필요없다.

우리는 문장도의 표면으로부터 깊숙이 파내려 가야만 한다. 그 깊은 곳에 이른 순간에 문장도의 문제에는 문학, 사상, 사물 관찰법, 사고방식, 감정 및 읽고 쓰는 모든 문제가 포함되어 있음을 알게 된다. 나는 중국에서 자기 표현파(즉, 성품을 존중하는 유파)의 부흥과 발랄한 개성적인 산문체의 발달을 지향하여 문학운동에 참가했다. 그리고 문예 일반, 특히 문장도에 관한 사견(私見)을 발표하기 위해 잇달아 많은 논문을 써야만 했다. 또 〈담뱃재〉라는 제목으로 문예적 경구(警句)도 써 보았다. 여기에 그 내용의 일부만 소개하고자 한다.

기법과 인격에 대하여

작문 교사가 문학을 논함은, 목수가 미술을 논함과 같은 것이다. 비평가가 문장 기법으로 문예 작품을 분석함은 기술자가 태산의 높이나 구조를 컴퍼스로 재는 것 과 같은 것이다. 우스꽝스러운 일이다!

문장 기법이니 하는 따위는 없다. 얼마간 가치를 인정받는 모든 중국의 우수한 작가는 한결같이 그것을 부인하고 있다. 문학에서 문장 기법은 교회에서 교의(敎義)와 같은 것이다. 시시한 인간이 시시한 문제에 사로잡히고 있다는 것이다.

초심자는 항시 기법 이론에 현혹당한다. 소설·희곡·음악·연극의 기법에. 문장의 기법이 작가의 출현과 무관하고, 연극의 기법이 명배우의 출현과 무관함을 그들은 깨닫지 못한다. 미술과 문학에서 모든 성공의 바탕에 인격이라는 것이 있음을 꿈에도 모른다.

문학 감상에 대하여

가령 지금 훌륭한 작가의 문장을 많이 읽었다고 하자. 첫 번째 작가의 묘사는 아주 생동감이 있고, 두 번째 작가에게는 섬세하고 우아한 맛이 깊다. 세 번째 작가는 표현이 정묘하고, 네 번째 작가에게는 대단한 매력이 있다. 다섯 번째 작가의 작품은 고급 위스키 같으며, 여섯 번째 작가의 것은 향그러운 술과 같다고 느꼈다고 하자. 그럴 때 그 사람의 감상력이 진실한 것인 이상, 그 작가들을 애호한다고 공언함을 두려워해서는 안된다. 이런 광범한 독서 경력을 쌓아야만 정밀(靜謐)·원숙·씩씩함·힘·빛남·신랄함·섬세미·매력이란 어떤 것이냐를 아는 적절한 경험의 기초가 이루어지는 것이다. 이런 모든 풍미를 다 맛보고 나면 한 권의 입문서를 읽지 않더라도 무엇이 좋은 문학인지를 알게 된다.

문학 연구가의 제일 법칙은 갖가지 풍미를 맛보는 것이다. 가장 좋은 풍미는 정랑(靜朗)함과 원숙한 맛인데, 작가로서 이 경지에 달하기란 가장 어렵다. 정랑과 무미 단조의 차이는 겨우 종이 한 장 차이다.

사상에 깊이가 없고 독창성을 결한 작가는 쉽고도 분명한 문체로 하려다가 결국 풍미가 없어져 버린다. 신선한 물고기만이 제 몸에서 나오는 즙으로 요리된다. 신선치 못한 물고기는 안초비 소스나 후추나 겨자로 양념을 해야 한다. 양념이 많으면 많을수록 맛이 좋다는 것이다. 훌륭한 작가는 분이나 연지도 바르지 않고 직접 황제를 만날 수 있었던 양귀비의 동생과 같은 것이다. 그러나 후궁(後宮)의 다른 미인들에게는 모두 분이나 연지가 필요하다. 감히 쉬우면서 분명한 영문(英文)을 쓰려고 하는 작가가 아주 드문 것은 이 때문이다.

문체와 사상에 대하여

문장의 좋고 나쁨은 미와 풍미가 있는가의 여부에 달려 있다. 무엇을 아름다움이라 하는가. 거기에 법칙은 있을 수 없다. 문장의 미는 파이프 끝에서 피어오르는 연기처럼, 산마루에 솟는 구름처럼 어렴풋하게 나타난다. 가장 뛰어난 문체는 소동파의 문장처럼 '떠가는 구름과 흐르는 물'이다.

문체는 언어·사상·인격의 합성물이다. 그런데 흔히 세상에서는 언어만으로 이루어진 문체를 보게 된다.

명료한 사상이 불분명한 언어로 씌어져 있는 일은 거의 없다. 불명료한 사상이 명료하게 표현되어 있는 편이 훨씬 많다. 그런 문체는 명료하게 불명료하다.

불명료한 언어로 표현된 명료한 사상은 구제키 어려운 독신자의 문체다. 아내에게 아무것도 설명할 필요가 없다. 이를테면 임마누엘 칸트와 같다. 사무엘 버틀러까지도 때론 꽤나 기묘한 말씀을 한다.

문체는 항시 그 '문상(文想)의 연인'의 감화를 받는다. 사고방식이나 표현법이 해를 거듭할수록 더욱 연인을 닮아간다 이것이야말로 초심자가 문체를 수련할 수 있는 유일한 방법이다. 장래에 이르면 자기를 발견하는 것으로써 자기 문체를 발견한다.

독자가 저자를 싫어하면 그 저서에서 배울 바는 아무것도 없다. 학교 선생님은 이 사실을 잊어서는 안된다.

인간의 성질에는 선천적인 것도 있다. 문체 또한 그러하다. 다른 부분은 '뒤섞임'에 불과하다. 애호하는 작가를 가지지 못한 사람에게는 넋이 없다. 언제까지나 무정란(無精卵)이다. 꽃가루가 없는 암술이다. 애호하는 작가, 즉 문상의 연인은 정신의 꽃가루이다. 애호하는 작가는 누구에게나 있다. 없다고 하면 찾는 노력을 하지 않았기 때문이다.

서적은 인생의 그림이나 도시의 사진 같은 것이다. 뉴욕이나 파리의 사진은 보았지만 진짜 뉴욕이나 파리를 보지 않는 독자가 있다. 어진 자는 책과 함께 인생 그 자체를 읽는다. 우주는 하나의 큰 책이다. 인생은 큰 학교이다.

훌륭한 독자는 저자를 뒤집어 놓는다. 거지가 이를 잡기 위해 옷을 홀랑 뒤집듯이 말이다.

어떤 문제든 그것을 연구하는 최선의 방법은 먼저 그 문제에 대해 반대 입장을 취하는 책부터 읽기 시작해야 한다. 이 방법을 취하면 절대로 속지 않는다. 반대 입장의 책을 읽어 두면 찬성 입장의 책을 읽을 마음의 준비가 한층 잘 갖추어지기 때문이다. 비판적 정신을 함양하는 방법은 이것이다.

작가는 언제나 언어로서의 언어에는 본능적인 흥미를 갖는다. 모든 언어에는 여느 사전에는 실려 있지 않은 생명과 인격이 숨어 있다. 콘사이스 옥스퍼드나, 포켓 옥스퍼드 사전은 예외로 치고.

좋은 사전은 P.O.D(포켓 옥스퍼드 사전)처럼 언제나 읽을 수 있는 사전이다. 언어의 광산에는 두 종류가 있다. 새로운 것과 헌 것. 헌 광산은 책 속에 있고, 새로운 광산은 일반 용어 속에 있다. 이류 예술가는 헌 광산을 파고, 일류 예술가만이 새로운 광산에서 뭔가를 파낼 수 있다. 헌 광산의 광석은 이미 제련되어 있지만, 새로운 광산의 광석은 아직 제련되어 있지 않다.

왕충(王充, 서기 27~100)은 '전문가'와 '학자'를 구별하고, 또 '작가'와 '사상가'를 구별했다. 전문가는 그 지식이 넓어졌을 때 학자로 진급하고, 작가는 그 예지가 깊어졌을 때 사상가로 진급한다.

그런데 '학자'의 저술은 다른 학자들로부터 빌린 것으로 이루어져 있다. 그 인용하는 원전이나 출전이 많을수록 '학자'답게 보인다. 사상가의 저술은 자기 뱃속의 관념으로 이루어져 있다. 위대한 사상가일수록 자기 안에서 생긴 사상에 의지한다.

학자는 먹었던 것을 입으로 뱉어내어 새끼를 기르는 갈가마귀와 같은 것이다. 사상가는 뽕잎이 아니고 명주를 뱉어내는 누에와 흡사하다.

집필 전에는 관념의 임신 기간이 있다. 그것은 출생 전에 태아가 자궁 안에서 임신 기간을 보내는 것과 같다. 애호하는 작가가 자기 영혼에 불을 붙여 생동하는 관념의 흐름을 만들어 낼 때, 그것이 '수태'이다. 그 관념이 임신 기간을 경과하기 전에 인쇄를 서두르는 것은 설사이지 진통이 아니다. 저작자가 양심을 팔고 신념에 위배되는 것을 쓴다면, 그것은 낙태이며 반드시 사산(死産)한다. 뇌우처럼 격한 경련을 머리에 느끼고 그 상념을 토해내기 전에는 안절부절 못하며, 종이에 쓰고 나서야 비로소 안도한다면 그것은 문예적 탄생이다.

따라서 작가는 엄마가 젖먹이를 대함과 같이 자기의 문학적 소산에 모성애를 느낀다. 그 때문에 작품은 작가 자신의 것일 때에 우수하고, 여자는 남의 아내가 아름다워 보인다.

구둣방의 송곳처럼 펜은 쓰면 쓸수록 날카로워지고, 이윽고 수놓는 바늘처럼 예리하게 된다. 이와 반대로 인간의 사상은 더욱더 모난 데가 없어져 간다. 낮은 산에서 높은 봉으로 올라가면서 바라보는 경치처럼.

저작자가 한 사람을 증오하고 그 사람에 대해 통렬한 논란의 붓을 들고 있더라도, 만일 아직 그 사람의 좋은 면을 보고 있지 않다면 다시 한 번 붓을 놓아야 한다. 그에게는 아직 논란할 자격이 없기 때문이다.

자기 표현파

16세기 말엽에 원씨(袁氏) 삼 형제[3]에 의해 창시된 이른바 '성령파(性靈派)'*, 즉 세상에서 말하는 '공안파(公安派)'**는 자기 표현파이다. '성(性)'은 '개성'을 의미하고, '영(靈)'은 사람의 '영혼', 또는 '생명력'을 의미한다.

저술은 자기의 천성 또는 품격의 표현 내지 그 생명력의 약동일 따름이다. 이른바 '하늘이 내려 준 신흥(神興)'이란 이 생명력의 흐름에 불과하며, 사실은 혈액 속의 호르몬 과잉이 그 원인을 이루고 있다. 늙은 스승에 접하는 것, 즉 고인의 책을 읽는 것은 곧 고인의 생명력의 흐름을 응시하는 것이다. 그 활력의 흐름에 윤기가 없고 그 기백이 천하다면, 아무리 훌륭한 서예가나 문장가의 작품일지라도 정신, 즉 생명력이 결여되게 마련이다.

이 '하늘이 내려 준 신흥'은 즐거운 꿈을 꾸면서 곤히 자고 아침이 되어 자연히 잠이 깨었을 때에 솟아난다. 아침 차를 한 잔 마시고 나서 신문을 본다. 심란한 기사는 실려 있지 않다. 그 다음 서서히 서재로 들어가 깨끗한 책상을 대한다. 창밖에는 상쾌한 햇빛이 눈부시고 바람은 고요하다. 이러한 한때에 좋은 수필·시·편지·그림엽서, 그리고 좋은 찬(讚)을 쓸 수가 있다.

'자아' 또는 '인격'이라 불리는 것은 사지·근육·신경·이성·감

---

3) 원씨 3형제란 명나라의 원종도(袁宗道), 굉도(宏道), 중도(中道)의 3형제를 말한다.
* 둘째 원굉도(袁宏道, 일반적으로 원중랑으로 알려져 있다)가 그 파의 지도자로 지목된다.
** 공안은 3형제의 고향.

정 · 교양 · 이해력 · 경험 · 편견 등이 한 묶음으로 되어 이루어져 있는 것이다. 자연히 갖추어지는 것도 있거니와 수양에 의하는 것도 있으며, 선천적인 것도 있거니와 연마로 인한 것도 있다.

인간의 천성은 탄생했을 때에 정해져 있다. 아니 탄생 이전에도 정해져 있다. 혹자는 천성이 잔인하고 야비하고, 혹자는 천성이 담백 · 솔직 · 인협 · 관후하며, 또 혹자는 태어나면서 성격이 온화하며 연약하고 또는 소심하다. 이런 자질은 '골수'에까지 사무쳐 있는 것이므로 아무리 훌륭한 교사, 아무리 훌륭한 부모라 할지라도 인격의 틀을 바꿀 수는 없다. 그러나 또 다른 자질은 태어난 뒤에 교육과 경험을 통해 얻어진다.

그러나 사람의 사상 · 관념 · 인상은 가지각색의 원천과 생애의 각 시기의 온갖 영향에서 생기는 것인 이상, 관념 · 편견 · 견해 · 사고방식은 심한 혼란과 모순을 나타낸다. 혹자는 개를 좋아하나 고양이를 무서워한다. 혹자는 고양이를 좋아하고 개를 두려워한다. 그러므로 인격형의 연구는 모든 과학 중에서 가장 복잡한 것이다.

자기 표현파는 자기에게 진실한 사상과 감정, 즉 거짓 없는 사랑, 거짓 없는 증오, 거짓 없는 공포, 거짓 없는 취미만을 문장에 표현할 것을 요구한다. 좋은 것만을 드러내고 나쁜 것을 숨기는 잔재주는 부리지 않고, 세간의 웃음거리가 되는 것도 두려워하지 않으며, 옛 성현이나 현대의 권위자의 주장과 모순되는 것도 개의치 않고 솔직히 자기를 표현하고자 하는 것이다.

자기 표현파의 작가는 한 작품 중에서 작가의 특징이 가장 잘 나타나 있는 대목을 사랑하고, 대목 중에서 가장 특징 있는 글을 사랑하며, 글 중에서 가장 특징 있는 표현을 사랑한다. 하나의 장면 · 감정 · 사건을 묘사하더라도 자기가 본 그대로의 장면, 자기가 느낀 그대로의 감정, 자기가 해석한 그대로의 사건을 다루어야만 한다. 이 법칙에 적합한 것은 문학이고 적합하지 않은 것은 문학이 아닌 것이다.

《홍루몽》속에 나오는 소녀 임대옥(林黛玉)은 "시인이 좋은 문구를 얻었을 때는 그 운(韻)이 지금까지의 형(型)과 맞든 맞지 않든 마음에 두어선 안돼요." 하고 말했다. 그러고 보면 그녀도 역시 자기 표현파의 한 사람이었던가!

자기 표현파는 거짓 없는 감정을 사랑하므로, 자연히 꾸밈이 많은 문체를 경멸한다. 따라서 문장의 평이한 풍미를 존중한다. 그리고 "말이 사리에 달통하고야 만다."고 한 공자의 금언을 명심하고 있다.

문조(文藻)의 미는 표현일 따름이다. 이 파의 위험은 작가의 문체가 단조로움에 빠지는 것,(원중랑이 그렇다) 관념이 기교(奇矯)로 달리는 것,(김성탄이 그렇다) 또 그 관념이 권위 있는 기성의 것과 두드러지게 다른 것이다.(이탁오가 그렇다) 자기 표현파가 심히 유가(儒家)의 미움을 산 까닭도 여기에 있다. 그렇지만 사실상 중국의 사상과 문학을 저 절대적 획일주의의 죽음에서 구출한 것은 이들 독창적인 작가들이었다. 앞으로 수십 년 뒤의 중국 문학의 흐름은 반드시 그들의 주장을 따르게 될 게 틀림없다.

중국의 전통파 문학은 분명히 성현의 마음을 표현하는 것을 목표로 하며, 작가의 마음을 표현하는 것을 취지로 하고 있지 않다. 그래서 그것은 사멸했다. 성령파(性靈派) 문학은 작가의 마음을 표현하는 것을 목표로 하며, 성현의 마음을 표현하는 것을 취지로 하고 있지 않다. 그래서 그것은 살아 있다.

이 파의 작가에게는 긍지와 독존(獨尊)의 기풍이 있다. 그러므로 자기 본래의 길을 떠나서 사람을 놀라게 할 만한 말을 지껄이지 않아도 된다. 공자·맹자가 그들에게 동의하고 그들의 양심까지도 승인한다면, 구태여 자기의 길을 떠나서 성현에게 반대하는 짓은 하지 않을 것이다. 그러나 양심이 허락하지 않는다면 공맹에 대해서도 굳이 길을 양보치 않을 것이다. 그들은 황금에 의해서도 움직이지 않고, 추방에 의해서도 위협당하지 않는 사람들이다.

진정한 문학은 곧 우주와 인생에 대한 경이감이다. 안목이 건전하고 명료한 자는 언제나 모두 이 경이감을 가지고 있다. 때문에 이상하게 보이기 위해 진실을 왜곡할 필요가 없다. 이 파의 작가의 관념과 견해가 항시 새롭고 색다르게 보이는 것은 독자가 바로 왜곡된 시각에 익숙해져 있기 때문이다.

작가의 약점은 성령파(性靈派) 비평가가 사랑하는 바이다. 성령파의 작가는 고인이나 현대인의 모방, 문학의 기법, 법칙을 전부 반대했다. 원씨 형제는 '입이나 손목은 놓아 두면 저절로 좋은 모양이 된다'는 것을 믿고 '문학의 요체는 진실이다'라고 주장했다. 이립옹(李笠翁)은 '문학의 요체는 매력과 흥미'라 믿고 있었다. 원매(袁枚)는 '문학에는 기법이 없다'고 믿고 있었다. 북송의 작가 황산곡(黃山谷)은 '문장의 줄이나 형은 벌레가 뚫은 나무 구멍처럼 모두 우연히 이루어지는 것'이라 믿고 있었다.

친근한 문체에 대하여

친근한 문체의 작가는 유유한 기분으로 이야기한다. 그는 자기 약점을 있는 그대로 폭로한다. 그러므로 무장하고 있지 않다.

작가와 독자와의 관계는 엄격한 교장과 학생과 같은 관계여서는 안된다. 마땅히 친한 벗끼리의 관계여야 한다. 그래야만 비로소 다정한 맛이 생기게 된다. 자기 작품에서 '나'를 쓰기를 두려워하는 자는 결코 좋은 작가가 될 수 없다.

나는 진리를 말하는 자보다 거짓말쟁이를 사랑한다. 거짓말쟁이 중에도 조심성 있는 자들보다 경솔한 거짓말쟁이가 좋다. 그 경솔함은 그가 독자를 사랑하고 있다는 증거다.

나는 경솔한 바보를 신용하고 법률가를 의심한다. 경솔한 바보는 국가 최대의 외교관이다. 그는 민중의 마음을 사로잡는다.

내가 머리 속에 그리고 있는 좋은 잡지는 격주간 잡지다. 2주일에 한

번 작은 방에 똑똑한 좌담가 일단을 모아 함께 지껄이게 한다. 독자에게는 그것을 방청토록 하고, 좌담회는 대체로 두 시간쯤으로 끝나게 한다. 그것은 마치 즐거운 야화(夜話)에 열중함 같은 것으로, 그것이 끝나면 독자는 잠자리에 들어간다. 이튿날 아침 잠이 깨면, 혹자는 은행원으로서, 혹자는 회계원으로서, 또 혹자는 학생에게 훈시를 내거는 교장으로서 각자의 근무에 나가는데, 지난밤의 환담 냄새가 아직도 볼 언저리에 감도는 듯한 느낌이 들게 한다는 방법이다.

금테 거울이 있는 넓은 방에서 호화스런 연회를 하는 요정도 있거니와, 적은 인원의 주연에 알맞는 술집도 있다. 두세 친구가 모여서 조촐한 주연을 베푸는 것만으로 내 희망은 충족된다. 부귀 권문의 큰 연회에는 나가고 싶지 않다. 그러나 작은 요정에서 마시고, 먹고, 씹고, 서로 야유하고, 술잔을 뒤집어엎어 옷을 적시고 하는 재미는 큰 연회에 열석(列席)하는 사람들은 모른다. 그러므로 '정말 그때는 그런 즐거운 일이 있었지' 하는 추억조차도 없다.

세상에는 부호의 정원이나 저택도 있거니와 산속의 오두막집도 있다. 산속의 오두막집이라고 해도 때로는 고상한 취미의 아담한 가구를 갖춘 것도 있지만, 분위기 그 자체는 붉은 문과 파란 창에 한 무리의 하인이 줄지어 선 부호의 저택과는 전혀 다르다. 안에 들어가더라도 충견(忠犬)의 짖는 소리도 안 들리거니와 점잔을 빼는 우두머리 종이나 문지기의 얼굴도 안 보인다. 작별하고 나올 때도 문 밖에 한 쌍의 '음란한 돌사자'도 안 보인다.

이와 같은 정경은 17세기의 한 작가에 의해 여실히 묘사되어 있다. "주·정·장·주 (周·程·張·朱)* 제가가 복희당(伏犧堂)에 동석하여 머리를 조아려 인사를 나누고 있다. 그때 돌연히 소동파와 동방삭(東方朔)

---

* 주자(周子), 정자(程子), 장횡거(張橫渠), 주자(朱子). 모두가 송나라 때의 이름난 유학자.

이 신발도 안 신고 반 나체인 채로 뛰어든다. 그리고는 손뼉을 치면서 농담을 하기 시작한다는 그런 것이다. 옆의 사람들은 아마도 어리둥절해 하겠지만, 두 고사(高士)의 마음은 서로 통하고 있다."

미란 무엇인가

문학의 미, 물상(物象)의 미라 불리는 것은 변화와 움직임에 기인하는 바가 많다. 즉 생명 위에 서 있다. 생명이 있는 것에는 언제나 변화와 움직임이 있고, 변화와 움직임이 있는 곳에는 자연히 미가 갖추어진다. 산간의 벼랑·협곡·계류에는 운하 같은 것은 도저히 못 미치는 분방 호탕의 미가 있는데, 더욱이 그것은 건축가의 계산을 기다리지 않고 이루어진 것이다.

그런데 어찌 문학과 문장에 정칙(定則)을 만들 수 있겠는가. 성좌는 천문, 즉 하늘의 문학이다. 명산 대천은 지문(地文), 즉 땅의 문학이다. 바람이 불어 구름 모양이 달라지면 거기에 금수(錦繡) 모양을 본다. 서리가 내려 잎이 지면 거기에 소소한 가을 빛을 본다. 창공의 궤도를 도는 별이 지상에 있는 인간의 눈길을 염두에 둔 일이 있었을까? 그런데도 큰개자리〔大犬座〕나 견우성은 우연히 인간의 눈에 띄는 것이다. 지각(地殼)은 신축(伸縮)·무상(無常)하여 높은 산을 밀어올리고 깊은 바다를 판다. 그러나 지구가 인간에게 숭배받고자 오악(五嶽)을 만들었을까. 그런데도 태화(泰華)나 곤륜산(崑崙山)은 웅혼한 리듬을 이루고 우뚝 섰으며, 옥녀봉(玉女峰)이나 선동봉(仙童峰)은 우리를 에워싸고 장엄하게 솟아 인간의 눈을 즐겁게 해 주려는 듯하다. 이런 것들은 거장(巨匠) 창조주의 자유분방한 일필(一筆)에 불과하다.

또 산마루에 솟아나서 심한 산바람의 공격을 받은 구름이 인간에게 보이고자 하여 속옷이나 적삼을 염려할 겨를이 있을까. 더욱이 구름은 저절로 형상을 정돈하여 어느 때는 물고기 비늘로 되고, 어느 때는 비단무늬를 나타내며, 어느 때는 질주하는 개 같고, 어느 때는 포효하는 사자로 변하며, 어느 때는 춤추는 불사조처럼 보이고, 어느 때는 날뛰는 일각수(一角獸)의 모습이 된다. 실로 시문의 신품(神品)을 연상케 한다.

추위와 더위, 고난과 서리로 인해 괴로움을 느끼고 호흡을 늦추어, 정력 보존에 급급하고 있는 가을 나무에게 옛길을 가는 나그네의 눈을 즐겁게 해 주려고 화장할 겨를이 있겠는가. 그런데도 나무들은 산뜻하고 적막하여 그 풍취는 왕유(王維)나 미불(米芾)의 그림보다 훨씬 낫다.

이같이 우주 만물에는 예술적인 미가 담겨 있다. 마른 덩굴의 미는 왕희지(王羲之)의 글씨보다 위대하다. 깎아지른 듯한 벼랑은 왕맹룡(王猛龍)의 묘비명(墓碑銘)보다 웅혼하다. 그러니까 만물의 문(文), 즉 예술미는 그 천성에서 발하고, 그 천성을 다하는 것은 문, 즉 아름다운 옷을 입는다는 것을 알 수 있다. 때문에 문, 즉 선과 형의 미라는 것은 내재적인 것이지 결코 외부적인 것은 아니다. 말굽은 빨리 달릴 수 있도록, 범의 발톱은 먹이를 움켜쥘 수 있도록, 학의 다리는 늪을 건널 수 있도록, 곰의 발은 얼음 위를 걸을 수 있도록 되어 있다. 그러나 말이나 범·학·곰이 스스로 자태나 균형의 미에 대하여 한번이라도 생각해 본 일이 있을까. 생활 기능을 다하고 운동에 적합한 자세를 취하는 것이 동물 본능의 전부이다.

그렇지만 인간의 눈으로 보면 말굽, 범의 발톱, 학의 다리, 곰의 발은 그 완전히 갖춰진 외형에도, 힘의 암시에도, 가늘면서도 강한 선에도, 선명한 윤곽에도, 혹은 또 그 불뚝 솟은 관절에도 굉장한 미가 있다. 또 코끼리 다리는 예서(隸書) 같고, 사자의 갈기는 비백(飛白) 같고, 싸우는 뱀은 멋지게 구불구불한 초서(草書)를 쓰고, 비룡은 전서(篆書)를 쓰고, 소의 다리는 팔분(八分)을 연상케 하고, 사슴은 소해(小楷)와 비슷하다. 이러한 동물의 미는 그 자세와 움직임에서 생기며, 자태는 신체 기능의 결과이다.

그리고 이것이 또 문장의 비결이다. 운동의 세(勢), 즉 자세에 필요한 것은 문장에서도 억제해서는 안되고, 자세나 운동에 필요치 않은 것은 그만두어야만 한다. 그러므로 시문(詩文)의 걸작은 자연 그 자체의 운동 같은 것이며, 형(形)이 없으면서 형이 있고, 매력과 미는 저절로 갖추어진다. 필경 세(勢)라는 것은 반드시 동태미(動態美)이지 균제미(均齊美)가 아니기 때문이다. 생명이 있고 움직임이 있는 것에는 모두가 이 세가 있으며, 그 때문에 미가 있고 힘이 있으며, 문(文)이 있다. 즉 형과 선의 미가 있는 것이다.

제 12장
신과 같은 사람은 있는가

다시 살아나는 종교

　신이란 무엇인가, 무엇이 신의 뜻에 부합되고, 무엇이 신의 뜻에 부합되지 않는 것인가를 확실히 알고 있노라고 자만하는 자들이 제법 있는 오늘날, 내가 이 문제를 다루는 이상, 신을 모독하는 녀석이니 예언자니 하는 비난의 표적이 되지 않을 수 없으리라고 생각한다. 대우주의 수억분의 일도 못 되는 지구, 그중 수억분의 일도 아닌 인간이라는 생물이 신을 알고 있다고 하다니!

　오로지 우리를 에워싼 대우주의 생명과 더할 나위 없이 조화된 관계에 깊숙이 들어가지 않는 한 어떤 삶의 철학도 완전하다고는 할 수 없고, 인간의 정신 생활에 관한 어떤 사고방식도 충분하다고는 할 수 없다. 본래 인간은 매우 중요한 존재이며, 가장 중요한 연구 과제이다. 즉 인간주의의 본체이다. 그러나 그 인간은 광대한 우주에 살고 있다. 인간 못지않게 경탄할 만한 우주에 살고 있는 것이다. 그러므로 인간을 에워싼 광대한 세계의 기원과 숙명을 무시하고는 도저히 참으로 만족한 생활을 할 수가 없다.

　정통파 종교가 역사적 발전을 계속하는 동안 엄격하게 종교의 영역 밖에 놓여져야 할 것들—물리학 · 지질학 · 천문학 · 범죄론 · 여성관—이 온통 뒤섞여 버렸다. 이것이 정통파 종교의 곤란한 점이다. 만일 도덕 의식의 영역에 머물러 있었더라면 종교의 위치를 재정립(再定立)하는 작업(re-orientation)도 오늘날처럼 대단한 것으로 되지는 않았으리라. 신의 관념을 파괴하기보다는 상투적인 '천국'과 '지옥'의 관념을 파괴하는 쪽이 쉽다.

한편, 과학은 현대 기독교도에게 우주의 신비에 관한 새롭고 깊은 의의(意義)와 에너지의 환칭명사(換稱名辭)로서의 물질의 새 관념을 분명히 하고, 신 그 자체에 대하여는 제임스 진스 경[1]도 말했듯이 '우주는 커다란 기계보다 커다란 사상 쪽에 가까워진' 모양이다. 수학 그 자체가 수학으로는 헤아릴 수 없는 것의 존재를 증명했다. 이리하여 종교는 뒷걸음질 칠 수밖에 없게 되었고, 지금까지처럼 자연과학 영역에서 여러 소리를 늘어놓는 것을 그만두고서 '그런 건 종교가 관여할 바가 아니오' 하고 시원스레 인정하지 않을 수 없는 형편에 있다.

게다가 인류 역사가 4천 년이냐 백만 년이냐라든지, 지구는 평면이냐 원형이냐, 다리를 접는 탁자형이냐, 지구는 인도 코끼리의 등에 실려 있느냐 중국 거북에 떠받쳐져 있느냐 하는 아주 당치도 않은 그런 제목을 정신적 경험의 타당성을 논하는 근거로 함은 더더욱 어떨까 싶다. 종교는 정신적 영역에만 머물러야 한다. 아니, 머물게 될 것이다. 그 영역이야말로 어느 의미에서나 꽃·물고기·별의 연구에 필적할 수 있는 그 자신의 존귀성을 지니고 있는 것이다.

현대 생활에 알맞는 종교는 각자가 교회에서 손수 골라야만 할 것 같다. 무릎 꿇고 묵도를 드리고, 색유리창을 바라보는 그런 의식과 예배 분위기 속에서는, 신학상의 교의에 대해 의문을 품는 일은 있더라도, 위대한 정령 앞에 무릎 꿇을 기분쯤은 생길 것이다. 이런 뜻에서 예배는 참된 심미적 경험이다. 그 사람 자신의 체험이다. 사실 산의 나무들의 윤곽 뒤로

---

1) 제임스 진스 경(Sir James Hopwood Jeans), 영국의 천문학자, 물리학자, 케임브리지 대학 교수.

지는 석양을 바라봄과 같은 심미적 경험이다. 그 사람에게 종교는 의식의 최종적 사실이다. 왜냐하면 그것은 극히 시(詩)에 가까운 심미적 체험이 될 테니까.

그러나 현재의 교회를 보고는 누구라도 경멸치 않고는 못 배기리라. 생각해 보자. 우리가 예배할 정도의 신은 사소한 이득을 기원할 그런 하찮은 신은 아닐 것이다. 북으로 항해할 때는 북으로 바람을 불게 하고, 남으로 갈 때는 남으로 바람을 불게 해 주는 신은 아니다. 순풍을 신에게 감사함은 낯두꺼운 짓일 따름이다. 또 이기적이기도 하다. 왜냐하면 이 대단한 일개인인 '그분'이 북으로 항해할 때는, 신은 남으로 항해하는 사람들을 사랑하지 않는다는 게 되기 때문이다. 그런 이득이라면 모두가 남의 행복을 원하지 않는 자기본위의 짓이다. 그러한 것으로는 교회의 진의를 알수 없을 것이다. 그래서 종교가 경과해 온 기괴한 변질에 경이의 눈을 크게 뜨게 된다. 그리고 현재의 모습대로 종교를 정의하려 하다가는 아주 난처해진다.

나는 생각한다. 우리의 생활 속에 종교로 남아 있는 것은, 인생의 미와 훌륭함과 신비와 또한 그 의무에 대한 매우 단순화된 숭경심(崇敬心)일 뿐, 신학이 오랜 세월에 걸쳐 종교의 표면에 덮어씌운 정답고도 즐거워해야 할 첨가물이나 신조는 이미 없어지고 만 것이라고. 이렇게 되면 종교는 단순하다. 더욱이 현대인에게는 이것으로 충분하다. 중세기의 정신적 신권정치(神權政治)는 결정적으로 후퇴했다.

그리고 저 영생 문제에 대해 말하자면, 이 사상이야말로 종교가 사람의 마음을 움직이는 둘째로 중요한 이유였는데, 오늘날의 많은 사람들은 죽을 때는 깨끗이 죽겠다며, 완전히 현생(現生)만으로 만족하고 있다.

영생, 영생하고 되뇌이는 것을 보면 뭔가 아무래도 병적인 데가 있다. 인간인 주제에 영생불멸을 원하는 것은 내게는 도무지 이해가 안 간다. 그러나 기독교의 영향이 없었더라면 이토록 쓸데없이 흔들어 놓는 일은 아마도 없었을 것이다. 시(詩)의 영역에 속하는 허구와 사실의 아름다운 명상이라거나 고상한 환상이라면 이해가 되는 일이지만, 그렇지 않은 영생 문제는 무섭도록 진지한 문제가 되고, 승려에게는 죽음과 사후 생명이 어떻게 될까 하는 생각이 이 세상의 중요한 일이 되고 말았다.

그런데 실제로는 이 세상에 사는 사람의 반 정도는 기독교도든 이교도든 간에 죽음을 두려워하지는 않는다. 그러므로 그들은 천국과 지옥에 위협받는 일도 없고, 그에 대해 생각하는 일도 별로 없다. 그저 자기 묘비명(墓碑銘)이나 묘비 설계나 화장(火葬)의 가부에 대해 대수롭지 않게 이야기하는 정도는 흔히 볼 수 있는 광경이지만, 이들 역시 천국행을 확신하고 있는 사람들만은 아니며, 죽으면 생명은 촛불처럼 꺼져 버리는 것이라고 정직하게 생각하고 있는 사람들도 많이 있는 것이다.

현대의 가장 뛰어난 사람들은 영생에 대한 불신을 표명하고, 그런 것은 전혀 염두에 두고 있지 않다. H. G. 웰스, 앨버트 아인슈타인, 아서 키이스 경, 그밖에 많이 있다. 그러나 나는 죽음의 공포를 정복하는 것은, 별로 뛰어난 인물이 아니라도 좋다고 생각한다.

많은 사람이 개인적 영생 사상 대신 좀더 수긍이 가는 영생 사상을 지니고 있다. 즉 인종(人種)의 영생, 행위와 사상의 영생이다. 우리가 죽어도 뒤에 남긴 일이 여전히 후대 사람들을 움직이고, 아무리 작은 것일지라도 우리가 사는 사회 안에서 한 역할을 담당한다는 것으로 충분하다는 사고방식이다. 우리가 꽃을 따서 꽃잎을 뜯어 땅바닥에 버린다. 그래도 그 미묘한 향기는 공중에 남아 있다. 이 영생 사상 쪽이 재치 있고 이치에 맞으며, 이기적인 데가 없다. 이 진정한 뜻에서만이 루이 파스퇴르2)나, 루터 버뱅크3)나, 토머스 에디슨이 우리의 안에 살아 있다고 할 수 있는 것이다.

---

2) 루이 파스퇴르(Louis Pasteur, 1822~1895) 프랑스의 화학자, 세균학자. 파스퇴르 연구소 창시자.
3) 루터 버뱅크(Luther Burbank, 1849~1926) 미국의 원예가. 새 품종을 만들어내는 데 공적이 컸다.

'육체'란 필경 부단히 변화하는 화학 성분의 결합을 추상적으로 일반화한 것에 불과하므로, 육체가 죽은들 어쨌단 말인가. 인간은 차츰 자기 일생이 영원히 흘러서 멎지 않는 큰 강에 하나의 물거품에 불과하다고 생각하게 된다. 그래서 기꺼이 생명 본래의 큰 흐름에 자기 역할을 기탁하고자 하게 된다. 지나친 욕심만 갖지 않는다면 그것으로 충분할 것이다.

내가 이교도가 된 이유

종교는 언제나 자기만의 것이다. 사람은 누구나 자기의 종교관을 수립해야만 한다. 진지하기만 하다면 결과야 어찌 되든 신의 뜻에 위배되는 일은 없을 듯싶다. 종교적 경험은 어느 것이나 다 옳다. 앞에서도 언급했듯이 논의할 문제가 아니기 때문이다. 그러나 종교 문제로 시달린 정직한 정신의 진실된 체험담은 언제나 무언가에 도움이 된다. 그러므로 나는 종교에 관해 말할 때는 언제나 일반론을 피하고, 나 자신의 이야기를 하기로 하고 있다.

'나는 이교도이다.' 이 말 가운데는 기독교에 대한 반역적 의미가 함유되어 있다고 생각하는 사람도 있을지 모른다. 그러나 반역이라는 말은 가혹한 말이다. 나로 말하면 아주 천천히 걸음을 내디뎌 조금씩 기독교로부터 떨어져 나온 사람이며, 그동안 사랑과 경건한 마음을 가지고 있는 힘을 다해 모든 교리에 매달렸으나, 유감스럽게도 그것은 모두 내게서 도망쳐 버렸다. 반역이라는 말은 이와 같은 기분을 바르게 표현하지 않는다. 즉 증오의 기분은 절대로 없었으므로 반역이라고는 할 수 없다.

나는 목사 가정에서 태어나 한때는 기독교 선교사가 될 교육을 받았다. 그 덕택으로 종교적 고투의 전기간을 통해 나의 자연스런 감정은 반종교적이라기보다 오히려 종교적인 편이었다. 감정과 이성과의 싸움을 거쳐 나는 점차 어떤 입장에 도달했다. 그리고 이를테면 속죄설을 단호히 부정했다. 그것은 이교도의 입장에서 제일 간단히 설명할 수 있는 문제이다. 우주와 인생에 대한 이 신앙상태는 내적 갈등을 겪을 것까지도 없이 자연스럽고 마음 편한 기분에 나를 놓아 주었다. 지금도 그 점에는 변함이 없다.

이 마음의 과정은 젖먹이가 젖 떨어지고, 익은 능금이 꼭지에서 떨어지듯 자연스레 찾아들었다. 능금이 떨어질 때가 왔을 때, 나는 그 낙하를 방해하지 않는다. 도가(道家)의 말을 빌면, 바로 도(道)에 사는 것이 되며, 또 서구인 식으로 말하면 자기의 영혼에 따라서 자기와 우주에 진실하다는 것에 불과하다. 자기에 대해 지성적인 진지함이 없다면 누구도 자연스럽고 행복할 수는 없다. 자연스럽다면 이미 천국에 있는 것이다. 나는 그렇게 믿고 있다. 내가 이교도인 것은 내게는 지극히 자연스러운 것이다.

그러나 '이교도'라는 것은 '기독교도'라는 것과 마찬가지이며, 다만 언어상의 문제일 뿐이다. 그것은 소극적인 의견의 발표에 불과하다. 일반 독자에게 이교도란 기독교도가 아니라는 뜻일 따름이리라. 그리고 '기독교도이다'라고 하는 것은 매우 넓은 애매한 말이므로 '기독교도가 아니다'라는 말도 오해받고 있다. 이교도라고 하여 종교를 안 믿고 신도 안 믿는 것이라고 해석해서는 정말 당치도 않은 잘못이다. 왜냐하면 '신'이니 '인생에 대한 종교적 태도'니 하는 의의는 아직 명확하게 규정되어 있지 않기 때문이다.

예로부터 위대한 이교도들은 자연에 대해 항시 깊은 경건한 태도를 지니고 있었다. 그러므로 우리는 이 말을 평범한 뜻으로 해석하여 단지 교회에 다니지 않는 사람,(단, 심미적 영감을 받으러 가는 것은 예외이다. 그거라면 지금의 나라도 할 수 있다.) 기독교 종단에 속하지 않고 일반적인 정통적 교의를 받지 않은 사람이라는 정도로 생각해 두어야만 한다.

적극적인 이교도에 중국의 이교도가 있는데, 이들은 내가 무엇보다도 친밀감을 가지고 말할 수 있는 유일한 이교도이다. 그들은 이 지상의 생활이야말로 인간이 염두에 둘 수 있고 또 두어야만 하는 전부라는 생각에서 출발하고 있다. 즉 목숨이 끝날 때까지 이 세상에서 마음껏 즐겁게 살아가자는 것이다. 인생의 깊은 슬픔도 잘 알고 있지만 쾌히 이에 직면하고, 인간 생활의 선과 미에 부닥치면 언제든지 예민한 관찰의 눈을 가지고 이에 대처하며, 선(善)을 행하는 그 자체가 충분한 보상이라고 생각한다. 천국으로 가기 위해 선을 행하거나, 천국에 유혹되거나 지옥에 위협당하는 일이 없으면, 선을 행할 것까지도 없다고 속으로 생각하고 있는 그러한 '종교인'에 대해 그들은 가벼운 연민이나 경멸을 느끼고 있다.

이 점은 내게 수긍이 간다. 이 설명이 옳다면, 스스로 이교도라고 자각하고 있는 이교도 외에 아직 더 많은 이교도가 미국에도 있다고 나는 믿고 있다. 현대의 자유자의적 기독교도와 이교도와의 간격은 사실 백지 한 장 차이다. 다른 점은 그러한 기독교도가 신에 대해 지껄여댈 때뿐이다.

나는 종교적 경험의 깊이를 알고 있다고 생각한다. 교황청 추기경 뉴먼과 같은 신학자가 아니더라도 그 경험은 가능할 것이다. 그렇지 않다면 기독교는 재미없는 것일 터이며, 지금까지 무서울 만큼의 오해를 받았으리라. 현재 내가 보기에는 기독교 신자와 이교도의 정신생활의 차이는 오직 다음과 같은 점에 있는 것 같다.

기독교도는 신이 지배하고 신이 계시하는 세계에 살며 끊임없이 신과 교섭을 가지고 있다. 즉 자애 깊은 아버지가 인도하시는 세계에 살고 있다. 때에 따라서는 그의 행동도 또한 신의 아들이라는 의식과 일치하는 데까지 높여지는 일이 있다. 물론 인간이 하는 일이므로 전 생애를 통해, 또는 일주일을 통해, 혹은 하루만이라도 이 수준을 줄곧 유지하는 것은 극히 어려우며, 그의 생활은 인간적 수준과 참된 종교적 수준 사이를 오르내리고 있다.

한편 이 세상에 살고 있는 이교도의 모습은 고아와 같은 것이다. 이교도에게는 늘 그를 지켜보는 누군가가 천국에 있어, 기도라는 영적 관계를 통해 자기의 행복을 수호해 준다는 마음의 의지는 베풀어져 있지 않다. 물론 기독교도의 세계에 비하면 그다지 편안한 세계가 아니다. 그런데 거기에는 또 고아로서의 이점과 위엄이 있다. 필요에 따라서 독립을 배우고 자기를 지탱하는 길을 알며, 원숙한 덕을 연마하는 것이다. 세상의 고아를 보면 잘 알 수 있다. 모두 그대로이다.

이교로 개종하는 마지막 순간까지 참으로 나를 두렵게 한 것은 이지적인 신앙 문제가 아니었다. 신의 사랑을 받지 못하고 세상에 내던져진다는 이 기분이었다. 기독교도로 태어난 많은 사람들이 다 그렇겠지만, 만일 신이 존재하지 않는다면 그야말로 이 세상은 밑바닥이 없는 나락(奈落)일 것이라고 나는 느꼈던 것이다.

그러나 이교도가 이윽고 도달할 수 있는 하나의 경지가 있다. 거기에서 기독교 세계를 보면 더 따뜻하고 더 즐거운 듯이 보이기는 하지만, 동시에 훨씬 유치하고 아직도 어리다고 해 주고 싶은 데가 있다. 기독교 세계의 환각이 깨지지 않도록 가만 놔두면 유익하기도 하고 활동적이도록 되어 있지만, 참된 불교도의 생활 양식 이상의 것도 아니고 이하의 것도 아니다. 또 아름답게 채색된 세계이기는 하지만, 그 때문에 의연한 진실성이 모자라며, 그 때문에 가치가 낮은 세계이다. 나는 무엇이든 간에 채색되어 있다거나 실질적인 진리가 없다거나 하는 것을 의심하기 시작하면 치명적인 타격을 받는다.

진리를 위하여는 자진해서 지불해야만 하는 대가가 있다. 그 결과가 어찌 되건 할 수 없다. 이 입장은 살인자의 입장과 흡사하며 심리적으로는 똑같은 것이다. 즉 사람을 죽이면, 다음에 할 수 있는 최선의 길은 죄의 자백이다. 이교도가 되려면 약간 용기가 필요하다는 나의 주장은 이 때문이다. 그런데 일단 최악의 것을 받아들인 자에게는 이미 두려운 것은 아무것도 없다. 마음의 평화란 여러분이 최악의 것을 받아들였을 때의 정신 상태를 말한다.(여기서 나 자신이 불교 또는 도교의 영향을 받고 있음을 알 수 있다.)

기독교도와 이교도의 세계의 차이를 다음과 같이 논해도 좋을 것이다.

내 안에 있는 이교도가 긍지와 겸허심 때문에, 즉 기분상의 긍지와 이지적인 겸허심 때문에 기독교를 거절한 것이다. 그러나 아마도 전체적으로 말하면 후자 쪽이 중요한 동기로 되어 있었을 것이다. 먼저 기분상의 긍지가 왜 동기의 하나로 되었느냐 하면, 우리가 근엄 단정한 신사 숙녀로서 행동함은 인간이라는 사실 외에 뭔가 다른 이유가 있다고 생각하는 것이 마음에 들지 않았던 것이다. 이론상(또 여러분이 분류하고 싶다면) 나의 이런 사고방식을 전형적 휴머니즘이라 부르는 것이 좋겠다.

다음에 겸허심, 이지적인 겸허심이 기독교를 배격하게 한 좀더 강한 동기가 되었다는 것은 간단한 이유에서이다. 즉 우주의 극미한 한 조각에 불과한 태양계, 또 그 극미한 한 조각에 불과한 지구, 그리고 또 그 극미한 한 조각인 개개의 인간이 대조물주의 눈에 몹시 중요한 것으로 비친다는 것은 우리의 천문학상의 지식에서 이미 믿을 수 없기 때문이다. 인간의 뻔뻔함과 그 교만하고 건방짐은 나를 아연케 했다. 전체의 백만 분의 일도 모르는 지고적(至高的) 존재의 성질을 생각하고 그 속성을 생각하는 것이 어떻게 가능하랴.

물론 개인을 존중하는 것은 기독교의 근본 교의의 하나이다. 그러나 기독교도가 일상 생활의 실제에 부닥치면 얼마나 우스운 불손한 짓을 하고 있는가, 그 두세 가지 예를 다음에 말하겠다.

우리 어머니의 장례식 나흘 전에 호우가 있었다. 상주(常州) 지방에는 7월에 흔히 있는 일이지만, 만일 계속 내린다면 시가지에 홍수가 나서 장례식을 치를 수 없다. 가족의 대부분이 상해에서 와 있었으므로 장례식을 연기하는 것은 좀 고통스러웠다. 가족 중에 기독교인이 한 사람 있었다. 좀 이기주의적인 데가 있는 듯싶었지만 중국의 기독교도로서는 그다지 드문 편은 아니다. 그 부인이 나에게, 자기는 신을 믿고 있다. 신은 자기 아이들을 틀림없이 보호해 주실 것이라 하고는, 비를 그치게 해 주십사 하고 기도했다. 그러자 비가 그쳤다. 참말로 보잘것없는 기독교도 일가가 날을 미루지 않고 장례식을 치를 수 있도록 비가 그쳐 준 듯이 보였다. 그런데 그녀의 말이 별스럽다. 우리 한 가족이 아니었다면 신은 아무 꺼림없이 상주(常州) 몇만의 주민을 무서운 홍수로 희생시키셨으리라는 등, 비가 그친 건 상주 주민을 위해서가 아니라 우리 크리스천 일가 때문이며, 예정대로 장례식을 치르고 싶으니 날씨를 개게 해 주십사 하고 기도한 덕분이라는 등 하는 것이다. 이 믿지 못할 자기본위의 사고방식은 내 가슴을 때렸다. 신이 이런 이기적인 사람들에게 은혜를 베푸셨으리라고는 상상도 할 수 없다.

옛날 중국에 불교를 안 믿는 학자와 불교 신자인 모친이 있었다. 독실하게 믿는 모친은 밤낮으로 천 번 나무아미타불을 외어 은혜를 입고자 했다. 그런데 부처의 이름을 부르기 시작하면, 아들은 어김없이 "어머니!" 하고 외쳤다. 모친이 그것을 언짢아 하니까 아들이 말했다. "하지만 어머니, 부처님도 어머님처럼 자기를 부르는 소리를 듣고 성가시다고 하실지도 모르잖아요."

우리 부모도 독실한 크리스천이었다. 부친이 저녁에 가족의 기도를 하는 걸 듣는 것만으로 내게는 충분했다. 나는 감수성이 많고 종교적인 어린이였다. 나는 목사의 아들로서 종교 교육의 편익(便益)을 받았다. 편익을 받음과 동시에 그 약점으로 고통도 받았다. 종교 교육의 특전에 대하여는 나는 언제나 감사하고 약점을 자기 힘으로 바꾸었다. 중국인의 철학에는 인생에 행운이니 불운이니 하는 것은 없기 때문이다.

나는 중국 연극을 보는 것도 금지되어 있었으며, 중국 악사의 노래를 듣는 것도 절대로 용납되지 않았다. 또 위대한 중국 민족의 전설이나 신화와는 아주 절연되어 있었다. 미선계 대학에 들어가고부터는 부친으로부터 받은 초보의 중국 고전 지식은 완전히 무시되었다. 그렇지만 이것은 오히려 잘된 일이었는지도 모른다. 그 덕택으로 훗날 완전히 서구식 교육을 마치고 나서, 동쪽 동화의 나라에 간 서쪽 나라의 아이들처럼 신선하고 생생한 기쁨을 가지고 동양으로 돌아올 수가 있었으니까.

학생시절·청년시절에 모필을 완전히 만년필로 바꾸고 있었던 것은 내게 최대의 행운이었다. 왜냐하면 내 마음의 준비가 되기까지 동양 정신 세계의 신선함이 손상되지 않고 보존되어 있었기 때문이다. 베수비어스 화산이 폼페이를 덮어 버리지 않았더라면 오늘날의 폼페이 유적은 없었으리라. 돌을 깐 길 위의 마차 바퀴의 자취가 오늘날 보듯이 저토록 선명하게 새겨져 남지 않았을 것이다. 미선계 대학의 교육은 내게는 곧 베수비어스 화산이었다.

사색은 항시 위험했었다. 그뿐만 아니다. 사색은 언제나 악마와 제휴하고 있었다. 누구나 그렇겠지만, 청년 대학생 시절은 나의 가장 종교적인 시절이었다. 그 무렵에 기독교적 생활의 아름다움을 느끼는 감성과, 무엇이건 이성으로 해치워 버리려는 지성과의 투쟁이 일어났다. 이상하게도 내게는 톨스토이를 사로잡아서 자살까지 시키려 했던 고뇌와 절망은 찾아오지 않았다. 어느 단계에서도 나는 자기를 일관된 기독교도로 느꼈고, 신앙에도 파탄을 느끼지 않았으며, 다만 톨스토이에 비하면 조금쯤 자유주의적이었고, 기독교 교의를 받아들이는 방법도 적었다.

그러나 여하튼 나는 언제든지 산상(山上)의 설교로 돌아갈 수가 있었다. "들의 백합을 보라"느니 하는 시구(詩句)는 꽤 걸작이므로 조금도 의심할 수가 없었다. 내게 힘을 준 것은 이 시구와 기독교도의 정신생활 의식이었다.

그런데 교리는 자꾸만 내게서 떠나가고 있었다. 우선 표면적인 문제가 나를 괴롭히기 시작했다. 기원 초에 예기되어 있었던 그리스도의 재림도 일어나지 않았고, 사도 또한 소생한 일도 없는데, 이미 그 진실성이 깨져 버린 '육체의 부활'이 아직 사도신경(使徒信經) 속에 있었다. 이것이 내

회의의 하나였다.

신학과에 적을 두고 신성한 것을 배우게 되고부터 신경 중의 또 하나의 제목, 처녀 잉태가 논의의 표적으로 되어 있어서 미국 신학교의 여러 선생들의 주장이 저마다 다 다른 것을 알았다. 기독교 신자는 세례를 받기 전에 먼저 제목을 무조건 믿게끔 되어 있는데, 그 교회의 신학자들이 이 문제를 논의의 표적으로 하는 것은 나를 격분케 했다. 그것이 진지한 태도라고는 생각되지 않았다. 또 아무래도 올바른 태도라고도 생각되지 않았다.

더 나아가서 천국의 '수문(水門)'은 어디에 있느냐는, 전혀 쓸모없는 사항의 신학적 주석을 공부하게 되고부터 내 기분도 편해져서 더 진지하게 신학 연구를 한다거나 하는 생각은 완전히 없어졌다. 그래서 내 성적은 별로 좋지 못했다. 교수들은 내가 기독교 선교사로서 적임이 아니라고 생각하고, 장로도 내가 신학 공부를 중단해도 좋다는 정도로 생각하고 있었다. 나를 가르치는 그런 헛수고는 하려 들지 않았던 것이다.

이제 와서 생각하면 이것이 모습을 바꾼 하늘의 은혜라는 것이다. 만일 그냥 계속해서 법의를 걸치는 몸이 되어 있었더라면 훗날 지금만큼 쉽사리 자기 자신에 충실할 수 있었을는지 어떤지는 매우 의심스럽다. 그렇지만 신학자에게 요구되는 신앙과 보통 일반적인 개종에 요구되는 신앙과의 모순, 나는 이에 대해 반항적인 기분을 느끼는데, 이것이야말로 내가 '반역'이라 부르고 싶은 감정에 가장 가까운 것이다.

이제까지의 과정으로 인해, 나는 기독교 신학자는 기독교의 원수라는 생각에 도달했다. 나는 도저히 두 가지의 큰 모순을 극복할 수가 없었다.

첫 번째 모순은, 신학자가 기독교의 전체 구성(構成)이 사과의 존재에 달려 있다고 하는 것이다. 만일 아담이 사과를 먹지 않았더라면 원죄는 없었을 것이며, 원죄가 없었더라면 속죄의 필요도 생겨나지 않았어야 마땅하다. 사과 자체의 상징적 가치가 어디 있건 간에 이 사실은 내게는 자명한 이치였다. 그런데 이것이 애당초 그리스도 그분의 가르침에 대해 불충실하기 짝이 없다고 나는 생각했다. 하긴 그렇지 않은가. 그리스도 자신은 원죄라느니, 속죄라느니 하는 말은 한번도 한 일이 없으니 말이다.

어쨌든 나는 여러 문헌을 연구해 보고 모든 현대 미국인처럼 원죄 의식을 느끼지도 않고, 게다가 단순하게 그것을 믿지도 않는다. 만일 신이 우리 모친의 반만큼이라도 나를 사랑해 준다면 나를 지옥에 떨어뜨리지는 않으리라는 것이 내가 알고 있는 전부이다. 이것이야말로 내 의식의 최종적 사실이다. 어느 종교에 대하여도 나는 이 진리를 부정할 수는 없다.

또 하나의 명제는 여기에 테를 둘러 더욱 부자연스러운 듯이 생각된다. 즉 이러하다. 아담과 이브가 밀월 중에 사과를 먹었다. 신은 몹시 노하여 두 사람을 벌했다. 이 두 사람의 대수롭지 않은 죄 때문에 그 후예인 인류는 자자손손(子子孫孫) 죄를 짊어지고 고통을 받아야만 하게 되었다. 그런데 신이 벌한 그 후예가 신의 독생자인 그리스도를 죽였을 때, 신은 크게 기꺼워하여 그들을 용서했다는 것이다. 사람들이야 뭐라고 논의하고 해석할는지 모르지만, 이런 장난 같은 이야기를 나는 묵인할 수가 없다. 이것이 나를 괴롭힌 마지막 것이다.

하지만 나는 학교 졸업 후까지도 열렬한 크리스천이었다. 자진해서 북경의 비기독교 대학인 정화학당(精華學堂)의 주일학교를 지도하여 많은 동료를 당황케 했다. 주일학교의 크리스마스는 내게는 형벌이었다. 속으로는 믿지도 않으면서 밝은 밤중에 노래하는 천사 이야기를 중국의 어린이들에게 해야만 했기 때문이다. 이미 무슨 일이건 이성으로 결정짓고 있었다. 오직 사랑과 공포만이 남아 있었던 것이다. 사랑이라 함은 나에게 행복과 평화를 느끼게 하는 전지의 신, 그 사랑 없이는 행복이나 평화가 있을 수 있을까 싶은 신, 말하자면 그 신에 대한 미련이었다. 공포라 함은 고아의 세계로 들어가야만 하는 두려움이었다.

드디어 구원이 왔다. 어느 날 나는 동료와 의논했다.

"만일 신이 없으면 사람은 선을 행하지 않고, 인류 세계는 엉망으로 되어 버릴 게 아닌가?"

"무슨 말이야?" 하고 유교도인 그는 말했다.

"인간은 정직한 동물로 되어 있네. 그러므로 정직한 생활을 해야만 하는 거야. 다만 그뿐인 걸세. 달리 이유 따위는 없네."

인간 생활의 존엄을 지적한 이 한마디는 기독교에 대한 나의 마지막 고삐를 끊어 버렸다. 그로부터 나는 이교도로서 오늘날에 이르고 있다.

이제는 뭐든지 내게는 분명하다. 이교의 세계는 기독교 세계보다 단순하다. 기독교와는 달리 아무것도 가정하지 않는다. 아무것도 가정하지 않게끔 되어 있다. 바르고 착한 생활을 하고자 하는 것은 바르고 착한 생활을 하고 싶다고 생각하기 때문에 하는 것뿐이다. 아무런 가설(假說)도 거치고 있지 않다.

이교가 선행을 인정하는 것은 선행이 선행 자체를 인정할 필요를 없앰으로써이다. 선은 그 자체가 선이다. 그러므로 이를테면 사람에게 대단찮은 자선행위를 시키는데도 기독교적인 일련의 가설이나 가정, 즉 원죄, 속죄, 십자가, 천국의 축재(蓄財), 천국에 있는 제3자를 위한 인간적 상호 의무니 뭐니 하는 쓸데없이 혼잡하고 번거로우며, 아무도 직접 증명할 수 없는 그런 것에 인간을 질질 끌고 다니는 짓은 하지 않는다. '선행은 선행이기 때문에 선행이다'라는 설을 받아들인다면, 바른 생활에 대한 모든 신학상의 그럴싸한 미끼는 장황하고 도덕적 진리의 빛을 흐리게 하는 것이라고 생각지 않을 수 없다. 인간애는 최종적이고 절대적 사실이다. 특별히 천국에 있는 제3자의 존재까지 생각지 않더라도 서로 얼굴을 마주 대하고 사랑할 수가 있다.

내가 보기에 기독교는 도덕성이라는 것을 공연히 난삽하고 복잡한 것으로 만들어 버렸다. 그리고 죄라는 것을 뭔가 약간 매력이 있고 그럴 듯하며, 좀 범해 보고 싶은 그런 것으로 만들어 버렸다. 이교는 이와 다르다. 이것이야말로 종교를 신학으로부터 구제하고, 아름다운 신앙의 소박함과 인간적 감성의 위엄을 빼앗은 것이다.

생각해 보라. 1, 2, 3세기에 얼마나 많은 신학적 복잡화가 일어나서, 산상 설교의 단순한 진리를 거북스럽고 독선적인 구성으로 바꾸고, 결국 성직이라는 것을 고마운 제도로 만들었는가. 나는 훤히 알 듯한 기분이 든다. 묵시(Revelation)라는 말 속에 그 이유가 내포되어 있다. 예언자에게 주어지고, 사도가 계승하여 지키는 특수한 신비, 또는 신의 의도의 묵시라는 사고방식, 이것은 마호메트교, 모르몬교, 생불(生佛)의 라마교, 에디 부인[4]의 크리스천 사이언스에 이르기까지 모든 종교에서 구제의 전매특허를 획득하기 위해 필요한 것이었다. 승려는 모두 '묵시'라는 공통된 음식을 먹고 살고 있다. 그래서 그리스도의 산상 설교에 있는 단순한 진리는 장식해야만 하고, 그리스도가 그토록 찬미한 '들의 백합'도 도금해야만 한다. 이리하여 이루어진 것이 '첫 번째 아담', '두 번째 아담' 등등이다.

초대 기독교 시대에 강한 설득력이 있었고 변박하는 자도 없었던 사도 바울식 논리도, 그 무렵보다 훨씬 정교하고 치밀해진 현대적 비판 의식에 대하여는 이미 무력하고 매우 약한 듯싶다. 엄중한 아시아식 귀납법과, 그보다 탄력이 있고 정교한 현대인의 진리관 사이에 가로놓인 모순의 장벽, 거기에 기독교적 묵시나 그밖의 묵시가 현대인을 끌어당기는 힘의 연약함이 있는 것이다. 그러므로 이교의 세계로 돌아가 묵시를 단념하는 것으로써만이 원시적인(내게는 더 만족한) 기독교로 돌아갈 수 있는 것이다.

그러므로 이교도를 지목하여 무종교자라 함은 부당하다. 오직 무슨 묵시니 하는 것을 믿기를 거부한다는 점만이 무종교라 한다면 그럴 수도 있다. 이교도는 모두 신을 믿고 있는 것이다. 다만 오해할까봐 그렇게 말하지 않을 따름이다.

---

4) 에디 부인(Mrs. Mary Baker Eddy, 1821~1910) 미국의 종교가. Christian Science Church 의 창시자.

중국의 이교도는 모두 신을 믿고 있다. 중국 문학에서 가장 흔히 눈에 띄는 호칭으로는 이른바 '조물주'라는 것을 믿고 있다. 단, 기독교도와는 달리 중국의 이교도는 아주 정직하므로, 조물주를 신비의 후광(後光) 속에 놓아 두고, 그것에 외경과 숭배심을 바치고 있다. 그뿐만 아니라 그 느낌만으로 충분한 것이다. 이 우주의 아름다움, 수천만의 훌륭한 창조 행위, 별의 신비, 하늘의 장엄, 인간 정신의 존엄을 그들 또한 잘 알고 있다. 그것은 그것으로 또한 충분하다. 그들은 고통이나 간난을 받아들이고 죽음 또한 받아들인다. 그러나 이 세상에는 또 생활의 은혜도 있다. 산뜻한 전원에 산들바람도 불거니와, 산 위에는 명월도 비친다.

인생의 명암을 알맞게 받아 굳이 불평을 하지 않는다. 하늘의 뜻에 따르는 것만이 참으로 종교적이고 경건한 태도라 생각하고, 이것을 '도에 산다'고 말하고 있다. 조물주가 70에 죽으라면 기꺼이 70에 죽는다. '천도(天道)는 운행하는' 것, 이 세상에 영원한 부정(不正)이니 하는 것도 없음을 믿고 있다. 그 이상의 것은 바라지도 않는다.

제 13 장
생각하는 방법에 대하여

인간미 넘치는 사고 방식을 위하여

사고는 하나의 기술이지 과학은 아니다. 중국의 학문과 서양의 학문은 여러 점에서 대비를 이루고 있지만, 그 가장 두드러진 일례로서 다음의 사실을 들 수가 있다. 중국인은 생활 문제에 대해 서양인보다 훨씬 많은 관심을 가지고 있으나 전문화된 과학이 없다. 이와 반대로 서양인은 전문적 지식은 매우 풍부한데 인간적 지식은 꽤 빈약하다. 서양에서는 과학적 사고가 인간적 지식의 본래의 영역을 침입했다.

과학적 사고의 특징은 학문의 고도의 전문화와 과학적 술어 또는 반(半)과학적 술어를 풍부히 구사하는 일이다. 내가 여기서 말하는 '과학적' 사고라는 것은 일반적인 의미이지, 진정한 의미에서의 과학적 사고를 가리키는 것은 아니다. 만일 진실한 것이라면 한쪽에 상식(常識), 한쪽에 공상, 이 두 가지에서 떨어지지 못할 것이다. 그런데 이 일반적인 의미의 과학적 사고는 엄밀히 말해서 논리적·객관적이며, 고도로 전문화되고, 그 방법과 관찰력은 '원자적'이라 할 만큼 극히 세밀하다.

서양의 학문과 동양의 학문, 이 두 학문의 형태는 거슬러 올라가면 결국 논리와 상식의 대립에 귀착한다. 상식을 잃은 논리는 비인간적이 된다. 논리를 상실한 상식은 대자연의 신비를 구명(究明)할 수 없게 된다.

중국 문학과 중국 철학의 세계를 훑어 보면 무엇이 발견되겠는가. 중국에는 과학이 없다는 것, 극단적인 이론이나 교리가 없다는 것, 서로 다른 철학의 대학파가 없다는 것이다. 그렇지만 상식과 양식을 존중하는 정신이 모든 이론, 모든 교리를 분쇄해 버렸던 것이다. 중국의 학자는 대시인 백낙천(白樂天)처럼 "밖으로는 유교적 행위로써 그 몸을 닦고, 안으로는 불교로써 그 마음을 다스리며, 한편으론 산수·풍월·시가·금주로써 그 뜻을 즐겁게 한다."*는 것이다. 그는 몸은 비록 이 세상에 있었으나 정신은 이 세상 밖에 있었던 것이다.

중국 문학 전체는 짧은 시와 짧은 수필만의 사막과 같다. 가치를 모르는 사람에게는 사막은 끝없이 계속되어 있는 듯 보일는지 모르나, 광야의 풍경 그 자체처럼 거기에는 또 변화 있는 무한한 아름다움이 있다.

중국에는 미국 초등학생의 작문보다도 훨씬 짧은 3백 자나 5백 자의 짧은 글이나 수기 속에 인생관을 담고자 하는 수필가나 서한(書翰) 작가들이 대부분이다. 이러한 우연히 이루어진 문장인 서한, 일기, 문학적 메모, 수필 전반 등에는 영고성쇠를 영탄하는 짧은 감상이 있고, 이웃 마을에서 자살한 여인의 기록도 있으며, 그런가 하면 즐거운 봄 잔치나 눈 속의 향연, 달밤의 뱃놀이, 굉장한 뇌우의 밤을 절간에서 보낸 추억 등이 있다. 그리고 대개의 경우 추억거리가 될 인상적인 말이 그 사이에 점철되어 있다.

그러므로 수필가이며 시인, 시인이며 수필가라 할 만한 인물은 얼마든지 있다. 5백 자 내지 7백 자 이상의 장문은 쓰지 않지만, 단 한 줄 속에 모든 인생철학을 멋지게 표현하고 있다. 또 자기 사상을 엄격한 체계 속에 집어넣지 않으려는 우화 작가, 경구 작가, 가정적 서한의 필자도 있다. 이런 것이 중국에서 학파와 체계의 출현을 방해했던 것이다. 양식(良識), 즉

---

* 백낙천이 손수 초(草)한 〈취음선생 묘지명(醉吟先生墓誌銘)〉에서.

상식적 판단을 존중하는 정신, 그리고 또 작가의 예술가적 감수성 뒤에는 언제나 지성이 숨겨져 있다. 지성을 본정신으로 신용하는 자는 없다.

　과학의 정복을 가능케 하는 논리적 능력이 인간 정신의 아주 강력한 무기임은 새삼스레 말할 것까지도 없다. 서양에서의 인간의 진보가 아직도 상식과 비판적 정신에 의해 지배되고 있음은 나도 알고 있다. 이 비판적 정신은 논리적 정신보다 위대한 것이며, 이것이야말로 서양에서 인간적 사고의 최고 형식을 대표하는 것이라 생각한다. 중국보다 훨씬 발달한 비판적 정신이 서양에 존재함은 내가 인정할 것까지도 없는 주지의 사실이다. 나는 논리적 사고의 약점을 지적했는데, 다만 서양 사상의 특수한 결함에 대해 말한 것뿐이다. 또 이를테면 독일이나 일본의 무력 정책처럼 왕왕 서양의 정치에도 눈에 띄는 특수한 결함을 가리키고 있을 따름인 것이다.

　그러나 논리에도 역시 독특한 매력은 있다. 나는 탐정소설의 발달을 가장 흥미 있는 논리적 정신의 소산이라 보고 있는데, 이것은 중국에서는 전연 발달하지 않았던 문학형식이다. 그렇지만 너무 열중해 가지고 논리적 사고에 몰두하면 역시 그 약점이 드러나게 된다.

　서양 학문의 두드러진 특징은 그 전문화와, 지식을 토막 내어 각각 다른 구획으로 밀어넣어 버린 일이다. 논리적 사고와 전문화가 지나치게 발달하고, 그에 따라서 전문적 어법(語法)도 매우 세분된 결과, 철학이 아주 뒤쪽으로 밀려나서, 즉 정치나 경제보다도 훨씬 후방으로 밀려나서 보통 사람들은 조금도 양심의 가책을 느끼지 않고 철학을 스쳐 지나고 마는 현대 문명의 기묘한 현상이 나타났다. 교육받은 사람이라도 일반인은 철학 따위는 있으나마나 한 '학과' 로서 첫째로 꼽히리라는 느낌을 가지고 있다.

　이것은 확실히 현대 문화의 기괴한 변태현상이다. 왜냐하면 인간의 마음과 일에 가장 가까워야 할 철학이 인생에서 가장 동떨어져 버린 것이 되었기 때문이다. 인생의 지식을 연구하는 것을 학자의 주요한 직분으로 여겼던 희랍이나 로마의 고대 문명에서는 그런 일이 없었으며, 같은 중국에서도 그런 현상은 일어나지 않았었다. 그것은 현대인이 철학 본래의 과제인 인생 문제에 흥미를 느끼지 않게 되었거나, 우리가 철학 최초의 개념에서 너무 동떨어져 버렸거나, 그 어느 한쪽의 결과이다.

우리의 지식 범위는 매우 확대되어 각기 전문가에 의해 열심히 지켜지는 많은 '부문'이 발생하기에 이르렀는데, 철학은 그 여세에 밀려 인간 최고의 학문으로서의 관록조차 찾을 길 없이 되어, 아무도 자진해서 전문적으로 연구하려 들지 않는 한 분야로서 남았다. 전형적인 현대 교육의 상태는 미국의 어느 대학의 다음과 같은 발표를 읽으면 대개 짐작이 가리라.

"심리학과는 호의로써 경제학부 3학년생에 대해 심리학과 4학년의 문호를 개방함."

그래서 경제학과 3학년 교수는 그 사랑하는 학생들의 전도를 축복하고 일체의 지도를 심리학과 4학년 교수에게 떠맡기는 것이나, 한편 그 호의에 보답하기 위한 친절한 환영 제스처로서 심리학과 4학년 학생이 경제학과 3학년의 성역으로 들어가는 걸 허용한다. 이리하여 학생수가 적은 학과는 차츰 조락(凋落)하는 것이다.

옛날 중국 전국시대의 황제는 오랑캐 여러 나라로부터 공물을 징수하기는커녕 위세도 영토도 점점 오그라들어 겨우 충성스럽고 선량한 배고픈 소수 신민의 복종이나 받는 꼬락서니가 되었는데, 남의 일이 아니다. 지식의 왕좌를 자랑하던 철학도 이럭저럭하는 사이에 그 경우와 같은 형세로 되어 버린 것이다. 지식 그 자체는 없고 지식의 구획만 있는 인간 문화 단계에 도달했기 때문에 이런 일이 일어나는 것이다. 전문화는 있고 종합이 없다. 전문가는 있고 인간적 예지를 다루는 철학자가 없다. 지나친 지식 전문화는 중국 궁정의 주방에서 볼 수 있는 과도한 전문화나 별로 다를 게 없다.

예전에 한 왕조가 망했을 때, 어느 돈 많은 관리가 궁정의 요리직을 도망쳐 나온 한 여인을 요리사로 고용할 수가 있었다. 그는 그것이 자랑스러워서 여러 곳의 친구에게 안내장을 띄워 궁정의 요리사였던 여인의 요리를 맛보아 달라고 선전했다. 초대 날이 가까웠으므로 그는 여종에게 궁정 요리를 만들도록 분부했다. 그러자 여종은 요리 같은 건 못 만든다고 대답했다.

"그럼, 그대는 무얼 했었지?" 하고 관리가 다그쳐 묻자,

"예, 저는 만두 만드는 걸 거들고 있었어요." 하고 말했다.

"그래, 그럼 그날엔 손님에게 낼 만두를 만들어 다오."

그러나 여종의 대답에 그는 아연했다.

"아니오, 전 만두는 못 만들어요. 전 폐하의 만두에 속을 넣을 양파를 다지는 일을 맡아 했는걸요."

이와 비슷한 상태는 오늘날 인간 지식의 영역이나 아카데믹한 학문 분야에서도 볼 수 있다. 인생과 인간성에 관하여는 아주 조금밖에 모르는 생물학자가 있는가 하면, 똑같은 부류의 정신학자가 있다. 인류의 고대사만 알고 있는 지질학자, 문명인에 대한 건 모르나 미개인의 심리라면 알고 있다는 인류학자도 있다. 이따금 친절한 자가 있어 인류사에 반영된 인간의 예지와 어리석음에 대해 가르쳐 주는 사학자도 있다. 심리학자는 흔히 인간의 행위를 이해함에 도움되는 지식을 가져다 주는데, 동시에 또 루이스 캐럴은 새디즘이 있었다든가, 실험실에서 닭 실험을 한 결과 강렬한 소음이 닭에 미치는 영향은 심장을 약동시킴에 있음이 판명되었다느니 하는 걸 발표하여 아카데믹한 저능상태(低能狀態)의 한 면을 폭로하는 수도 왕왕 있다.

그러나 이 전문화 과정과 더불어 종합 과정, 즉 이런 모든 부문의 지식을 종합하여 인생의 예지라는 최고 목적에 이바지하려는 노력의 필요성은 통렬히 느끼지 못했다. 다만 예일대학의 인류종합학회나 하버드대학 창립 3백 주년 기념제 식사(式辭)에 실증되어 있듯이, 오늘날 어느 정도의

지식 종합을 할 준비는 마련되어 있는 듯싶다. 그러나 서양 과학자들이 좀 더 단순하고 좀더 비논리적인 사고방식을 취하게 되지 않는 한 종합이라는 건 실현되지 않는다.

인간의 예지는 단순한 전문적 지식의 축적도 아니거니와, 통계적 평균치에 의해 획득되는 것도 아니다. 예지는 오직 견식에 의하여만 달성될 수 있는 것이다. 상식, 기지, 솔직 미묘한 직감이 좀더 널리 미치게 되어야만이 비로소 예지에 도달하는 것이다.

논리적 사고와 합리적 사고 사이에는 명확한 구별이 있다. 이것은 또 아카데믹한 사고와 시적(詩的) 사고의 차이라 해도 좋으리라. 아카데믹한 사고의 예는 매우 많이 있지만, 시적 사고의 예는 오늘날 거의 눈에 띄지 않는다.

아리스토텔레스와 플라톤은 놀랄 만큼 현대적이다. 허나 그것은 고대 희랍인이 현대인과 비슷했기 때문이 아니라 참으로 그들이야말로 현대 사상의 조상이었기 때문이다. 아리스토텔레스에겐 인간적인 견해나 사고방식이 있었고, 중용설(中庸說)을 택했던 바도 있었지만, 필시 현대적 교과서 쓰기의 할아버지라 할 만한 인물로서 의학·식물학·윤리학·정치학에 이르기까지 지식을 많은 구획으로 토막내 버린 최초의 인물이다. 그는 또한 피치 못할 일이긴 했겠지만, 보통 사람들은 전혀 모를 아카데믹한 잠꼬대를 지껄이기 시작한 최초의 인물이기도 하다. 하지만 그의 잠꼬대는 오늘날의 미국 사회학자·심리학자의 잠꼬대에 비하면 아무것도 아닌 셈이다.

플라톤은 진실한 인간적 통찰력을 가졌던 사람이지만, 그 역시 신플라톤파에서 볼 수 있는 관념이나 추상적 개념의 숭배를 가져온 책임자이므로, 죄가 없다고는 할 수 없다. 이 추상 관념 숭배의 전통은 더욱 통찰력이 풍부한 인물에 의해 완화되는 일이 없이, 오히려 관념이나 이데올로기가 독립적으로 존재하기라도 한 듯한 투로 논하고 있는 학자 사이에 전해지고 있다. 오직 최근의 심리학자만은 '이성'·'의지'·'감정'의 물도 안 새는 구획을 타파하고 중세기의 신학자에게는 엄연한 실체였던 '심령'을 말살하는 작업에 한몫 거들었다. '심령'은 죽어 버렸지만, 한편 우리의 사상을 압제하는 기묘한 사회적·정치적 슬로건이 수없이 날조되었다. '혁명파'·'반혁명파'·'부르주아'·'자본주의자—제국주의자'·'회색분자' 등. 또 '계급'이니 '운명'이니 '국가'니 하는 똑같은 것을 만들어 내어 개인적 자유를 말살하는 방향으로 논리적 행진을 계속해 나가고 있다.

인생을 정확하게 파악하고 인생을 전체로서 바라볼 수 있는 참신한 사고방식, 좀더 풍부한 사고방식이 오늘날 대단히 요망된다고 나는 생각한다. 고(故) 제임스 로빈슨이 경고했듯이, "사상을 종래보다 훨씬 높은 수준으로 끌어올리지 않으면 문명에 어떤 커다란 후퇴가 일어남은 불가피한 일이다. 현명한 관찰자는 아주 솔직하게 이런 확신을 말하고 있다." 로빈슨 교수는 좀더 현명하게 이렇게 주장했다.

"'성실하고 정직함'과 '깊은 사려분별'은 서로 시기하고 의심하는 것 같지만 이윽고 친구가 될 것이다."

현대의 경제학자와 심리학자는 양심적인 정직과 성실은 지나칠 정도로 갖췄으나 사물에 대한 식견이 모자라는 것 같다. 여기에 논리를 인간적 사상(事象)에 적용할 위험이 있는 것으로서, 크게 역설해야 할 점이다.

그렇지만 근대의 과학적 사고의 힘과 위세는 너무도 크고, 각종의 아카데믹한 사고는 온갖 경고에도 귀를 기울이지 않고, 인간 정신은 하수도와 같이 연구할 수 있다느니, 인간 사상의 파동은 라디오 전파와 같이 측정할 수 있다느니 하는 천박한 신념을 가지고 부단히 철학 영역으로 침입해 들어갔다. 그 때문에 우리의 일상 사고는 약간 교란당하는 정도로 그쳤지만, 사실 정치에서는 비참한 결과가 초래되었다.

상식적인 생각에 대하여

중국인은 '논리적 필연'이라는 말을 싫어한다. 인간적 사상(事象)에 논리적 필연이니 하는 건 없기 때문이다. 중국인의 논리 불신임은 우선 말에 대한 불신임에서 비롯되어, 다음은 정의(定義)를 혐오하게 되고, 마지막으로 모든 체계와 이론을 증오하게 되었다. 확실히 말과 정의와 체계가 있었기에 철학의 여러 학파가 일어났을 것이기 때문이다. 철학의 타락은 말에 몰두하는 데서부터 비롯되었다.

중국의 학자 공자진(龔自珍)은 말하고 있다.

"성현은 말이 없으며, 능한 이는 이야기하고, 어리석은 자는 논한다."

그런데 공선생 자신은 매우 의논하기를 좋아했다니, 재미있다!

성현과 능사(能士) 사이에는 차이가 있다. 즉 성현은 자신이 직접 체득한 인생에 대해 말하는데, 능사는 성현의 말씀에 대해 이야기하고, 어리석은 사람은 능사의 말을 서로 논하는 것이다.

고대 희랍의 궤변자 중에는 말 주고받기 놀이 그 자체를 재미있어 했던 순수한 담론가가 있었다. 지식에 대한 사랑으로부터 시작된 철학은 말에 대한 사랑이 되고, 궤변학파적 경향이 증대함에 따라서 철학과 인생과의 괴리(乖離)는 더욱더 철저했다. 시대가 흐름에 따라 철학자는 점점 더 많은 말과 더욱더 긴 문장을 사용하기 시작했다. 인생을 풍자하는 경구는 문장으로 바뀌고, 문장은 논증으로, 논증은 논문으로, 논문은 평석(評釋)으로, 평석은 철학적 연구에 자리를 양보하게 되고, 다시금 사용어를 정의하고 분류하기 위해 점점 더 많은 말이 필요해지고, 기성학파로부터 동떨어져서 이채를 띠기 위해 더욱더 많은 학파가 필요하게 되었다.

이 과정은 어디까지 가도 멈추는 일이 없다. 결국 생활에 직접 친숙한 감정이나 깨달음은 완전히 상실되고, 오히려 속인(俗人)들이 "도대체 당신은 무슨 말을 하고 있는 거요?" 하고 반박할 권리를 쥐게끔 되어 버렸다.

그러나 그 뒤의 사상사를 통해 괴테나 사무엘 존슨이나 에머슨이나 윌리엄 제임스니 하는, 인생 그 자체를 직접 체험한 소수의 독립사상가는 그 담론자풍의 잠꼬대를 배제하고, 분류적 정신에 완강하게 계속 반대했다. 필경 그들이야말로 인생의 지식인 철학의 참된 의의를 유지해 준 현철이었다. 그들은 대개의 경우 의론을 버리고 경구로 되돌아갔다. 경구로 말할 능력을 잃었을 때는 짧은 글로 쓴다. 짧은 글로 확실히 표현할 수 없을 때는 의론(議論)을 시작한다. 의론을 통해서도 참뜻을 다할 수 없으면 비로소 논문의 붓을 든다.

인간이 말을 사랑하는 것은 무지로 떨어지는 첫걸음이며, 정의(定義)를 사랑하는 것은 그 둘째 걸음이다. 분석이 세밀해지면 정의는 더욱더 많아지고, 정의가 많아지면 더욱더 불가능한 논리의 완성으로 달리게 되는데, 이러한 노력은 무지의 증거일 따름이다.

말은 인간 사상의 재료이므로 정의를 내리려는 노력은 꽤 갸륵한 마음씨이긴 하다. 소크라테스는 유럽 정의광(定義狂)의 원조였다. 다만 위험한 것은 정의를 내린 말의 뜻을 안 뒤에, 그 정의에 사용된 말에 또 정의를 내려야만 하게 되는 일이다. 즉 최후에는 인생 그 자체를 정의하고 또는 표현하는 말 외에, 다른 말을 정의하는 다른 종류의 말을 갖게 되는 것이며, 마침내는 그쪽이 철학자들의 주요 관념이 되어 버린다. 바쁜 말과 한가한 말, 일상 생활에 쓰이는 말과 철학자의 연구실에만 있는 말 사이에는 분명히 구별이 있으며, 소크라테스와 프란시스 베이컨의 정의와 현대의 교수들의 정의 사이에도 구별이 있다.

인생을 가장 깊이 느끼고 있던 셰익스피어는 일체 정의를 내리려 하지 않았다. 정의를 내리려 하지 않았기에 그의 말에는 다른 작가에 없는 '실체'가 갖춰져 있다. 그 어법에는 오늘날의 작가에게 흔히 결여된 인간적 비극감과 장엄감이 불어넣어져 있다. 우리는 셰익스피어에게 뭔가 특수한 여성관을 토하게 할 수 없듯이 그의 말을 특정한 기능으로 고정시킬 수 없다. 대개 정의라는 것은 인간의 사상을 질식시키고, 인간 그 자체의 특질인 찬연한 공상적 색채를 말살하기가 쉬운 것이다. 대체로 정의란 이런 성질을 가지고 있다.

그런데 만약 말이 아무래도 표현 과정에 있는 사상을 방해하는 것이라면 체계를 사랑하는 것은 인생의 예민한 지각에 한층 치명적인 장해가 된다. 체계라는 것은 진리에 대한 사시(斜視)일 따름이다. 체계가 논리적으로 발전하면 할수록 사시는 더욱 심해진다. 인간은 이따금 진리를 인식하더라도 오직 그 한 면만을 보고, 그것을 하나의 완전한 논리적 체계로 발전시켜 승격시키고 싶어하는 것인데, 철학이 더더욱 인생으로부터 떨어져 나갈 운명에 놓여진 이유의 하나가 여기에 있다.

진리를 말하는 자는 말하는 것으로써 진리를 해치고, 진리를 실증하려 드는 자는 실증하려 하는 것으로써 진리를 해치고 또 왜곡한다. 진리에 표찰을 붙여 유파(流派) 이름을 씌우는 자는 진리를 죽이고, 스스로 진리의 신봉자라 일컫는 자는 진리를 매장한다. 그러므로 어떤 진리건 일단 체계로 세워진 것은 세 번이나 죽고 매장된 진리이다.

그 장례식 때 조문객 일동이 부르는 만가는 '나는 다 옳고 그대는 다 그르다'는 문구이다. 어떤 진리를 매장시키느냐는 게 문제가 아니라 매장시킨다는 그 자체가 중요한 것이다. 왜냐하면 진리는 이리하여 옹호자의 수중에서 계속 시달리고, 예나 지금이나 철학의 모든 유파는 '나는 다 옳고 그대는 다 그르다'는 한 점을 증명하기에 바쁘기 때문이다.

독일인은 걸핏하면 '근본성(根本性)'이니 하는 걸 내세우며 일정한 진리를 증명하기 위해 거대한 서술을 하는데, 끝내는 진리를 아무짝에도 쓸모없는 것으로 만들어 버린다.* 아마도 그들이야말로 가장 악랄한 진리

---

* 어느 독일 학자는 한 논문을 통틀어, 천재가 눈의 과로의 결과임을 증명하려 들었다. 슈펭글러가 박학함을 뽐내 보이고 있는 점은 화려하나, 그 추리는 유치하고 소박하다.

의 모독자일 것이다. 하지만 대개의 서양 사상가에게는 이와 비슷한 사고의 질환이 인정된다. 추상적이 되면 될수록 증상은 더욱더 악화된다.

이 비인간적 논리의 결과로서 비인간적인 진리가 나타난다. 오늘날의 철학은 인생 그 자체와는 더욱더 인연이 먼 것이 되고, 인생의 의의와 생활 지식을 가르치고자 하는 의도는 거의 포기해 버렸다. 이런 철학은 우리가 철학의 가장 중요한 점으로 여기는 인생에 대한 친숙미, 혹은 생활의 지각을 상실해 버린 것이다.

윌리엄 제임스 자신이 '경험의 요소'라 부른 것은 인생에 대한 이 친숙미이다. 내 보기에 장차 윌리엄 제임스의 철학과 논리는 현대의 서양식 사고법에 더욱더 파괴적인 힘을 미칠 것이다.

오늘날 서양 철학을 인간적인 것으로 만들고 싶으면 우선 서양 논리를 인간적으로 만들어야만 한다. 다만 정확하고, 논리적이고, 이론 정연하려 들기보다는 좀더 열정적으로 현실에 접촉하고, 인생에 접촉하고, 특히 인간성에 접촉하고자 하는 사고방식으로 되돌아가야만 한다. "나는 생각한다. 그러므로 나는 존재한다."고 하는 유명한 데카르트의 발견 속에 전형적으로 나타나 있는 사고의 질환에서 떠나, "나는 존재한다. 존재한 그 상태로 충분하다."고 한 휘트먼의 더 인간적이고 현명한 생각으로 옮아가야만 한다. 인생, 즉 실체가 논리 앞에 무릎을 꿇고 자기 존재와 실재를 증명해 주기를 바랄 필요는 없다.

윌리엄 제임스는 무의식 중에 중국인식 사고방식을 실증하고 옹호하는 일에 전생애를 바쳤다. 그러나 윌리엄 제임스가 만일 중국인이었다면 지론(持論)을 펴기 위해 그토록 많은 말을 쓰지는 않았으리라. 겨우 3백 마디나 5백 마디의 에세이로, 혹은 한가로운 일기식 수기로, 이러하기 때문에 이렇게 믿는다고 쓰는 데 그쳤으리라. 말을 많이 사용하면 오해를 부를 염려도 많아지는 것이므로, 그는 말 그 자체에 대해 겁쟁이가 되어 갔으리라.

그렇지만 윌리엄 제임스에겐 민감한 인생 지식과, 인간적 경험의 다양함과, 기계론적 합리주의에 대한 반역이 있었다. 그는 또 사상을 꾸준히 유동시키고자 애썼다. 그리고 나야말로 절대적·보편적·본원적 진리를 발견했노라 생각하고 그것을 독선적인 체계 속에 집어넣어 버리는 그런 인간을 용서할 수 없었다. 이런 점에서 정녕 그는 한 사람의 중국인이었다.

그는 또 예술가의 지각적(知覺的) 현실감은 개념적 현실감보다 훨씬 중요하다고 주장한 점에서 중국인다웠다. 참된 철학자라면 감수성을 최고 초점으로 하여 생명의 흐름을 지켜보고, 신기하고 이상한 역설이나 모순, 원칙에 맞지 않는 불가해한 예외에 부닥치면 영구히 놀라움을 느낄 마음의 준비가 되어 있는 인간이다. 체계를 용납하지 않는 것은, 부정확하기 때문이 아니라 체계가 있기 때문에 받아들이지 않는 것이다. 이 태도는 모든 서양 철학의 학파에 대해 파괴적인 힘을 가지고 있다. 사실 그가 말했듯이 우주의 일원관(一元觀)과 다원관(多元觀)의 차이는 철학사상 가장 함축성 있는 쟁점이다. 그는 철학으로 하여금 화려한 공중누각을 잊게 하고, 인생 그 자체로 되돌아가게끔 했다.

공자는 말했다. "잠시도 도(道)를 떠나서는 안된다. 떠나는 것은 도가 아니다."라고. 공자는 또 제임스의 입에서라도 나올 듯한 재치 있는 한마디를 했다. 가로되 "사람은 능히 도를 넓힌다. 도가 사람을 넓히는 것이 아니다."라고. 그렇다, 세계는 삼단논법이나 의론이 아니라 실재이다. 우주는 말이 없다. 다만 살아 있다. 우주는 논의치 않는다. 다만 존재할 뿐이다. 타고난 재질이 풍부한 영국의 어느 저술가의 말을 빌면, 이성은 신비의 한 항목일 따름이다. 건방지기 짝이 없는 의식의 배후에 이성과 회의가 서로 얼굴을 마주보고 있다. 논리적 필연은 썩었다. 그러나 회의(懷疑)와 희망은 사이가 좋다. 우주에는 야성이 있다. 매의 날개처럼 먹이 냄새를 풍긴다. 그러나 그건 불행한 일이 아니다. 대자연은 모두가 기적이다.

서양식 논리학자들에게 필요한 것은 다소의 겸양이라고 나는 생각한다. 그들을 구제하는 임무는 헤겔풍의 자만(自慢)을 바로잡는 인물들에 달렸다.

인정과 도리에 맞는 인간

　논리와 대조를 이루는 것에 '상식'이 있다. 상식이라기보다 '정리(情理)'라고 하는 편이 나을지 모른다. 정리를 존중함은 인간 문화에서 가장 건전한 최고 이상이며, 정리를 아는 사람은 최고의 문화인인 듯싶다. 누구도 완전무결할 수는 없다. 오직 정리를 이해하는 바람직스런 인간이 되려고 노력할 따름이다. 사실 나는 세상 사람들이 개인적 문제건 국가적 문제건 간에 이 정신을 체득하는 시대가 오기를 고대하고 있다. 정리를 아는 국민은 평화로운 생활을 영위하고, 정리를 아는 부부는 행복을 누릴 수 있다.

　사위를 고른다고 하면 표준은 단 하나밖에 없다. 상대가 정리를 아는 인간이냐 아니냐 하는 것뿐이다. 절대로 안 싸우는 완전한 부부란 상상할 수 없다. 다만 정리로써 적당히 싸우고 정리로써 적당히 화해하는, 정리가 아기자기한 부부가 상상될 따름이다. 정리 있는 인간 세계에서야말로 평화와 행복을 즐길 수 있다. 정리시대(情理時代)라 할 만한 것이 언젠가 온다면, 그것이야말로 평화시대이며 정리 정신이 널리 보급되는 시대이리라.

　인생의 정리를 존중하는 정신은 중국이 세계에 제공해야만 할 최선의 것이다. 하긴 중국 군벌들이 세금을 50년이나 앞당겨 백성들로부터 강탈하고 있는 것을 정리를 아는 정치 방법이라고는 말할 수 없지만, 아무튼 정리 정신이야말로 중국 문명의 본질이며 가장 좋은 측면이라고 나는 말할 수 있다. 나의 이 발견은 오랫동안 중국에 체류했던 두 미국인에 의해 우연히 확인되었다. 그중의 한 사람으로 중국에 30년간이나 있었던 미국인은, 중국의 모든 사회생활은 '강리(講理, 도리를 말함)'라는 말에 기초를 두고 있다고 말했다. 중국인의 싸움에서 막바지 매듭짓는 상투어는, "그래, 이게 도리에 맞는 짓이란 말이냐."라는 말이다. 누구나 흔히 하는 가장 따끔한 선고는 '불강리(不講理)한 녀석'이라는 말, 즉 '도리에 안 맞는 말을 하는 녀석'이라는 한마디다. 자기가 '도리에 안 맞음'을 인정하면 싸움은 이미 진 것이다.

인간미 있는 사고방식이란 정리를 분별하는 사고방식을 말한다. 논리적인 인간은 언제나 자기가 옳다고 하므로 인간적이 아니며, 때문에 그릇되어 있다. 그러나 정리를 아는 인간은 어쩌면 자기가 잘못일지도 모른다고 의심하므로 언제나 올바른 것이다.

편지의 추신(追伸)에는 이 두 가지 대조가 나타나 있는 일이 있다. 나는 언제나 친구 편지의 추신을 좋아하고 있는데, 본문과 완전히 모순된 말을 쓴 추신은 특히 재미있다. 추신 속에는 본문을 쓰고 나서 가슴에 손을 얹고 이모저모를 세상 정리에 비추어 생각한 것이나 주저·기지·상식이 덧붙여진다. 어떤 명제를 장황하게 증명하려고 계속 버틴 끝에 갑자기 어떤 직각(直覺)에 부딪쳐 문득 상식이 머리를 스쳤기로 이제까지의 의론은 완전히 무너져 버리고 자기가 잘못되어 있음을 인정한다. 이런 사람이 온정 있는 사상가인 것이다. 또 이런 사고방식이야말로 내가 말하는 인간미 있는 사고이다.

편지 본문에선 논리적인 인간으로서 말하고, 그 추신에선 참된 인간적 정신과 정리를 분별한 사람으로서 말하는 편지를 상상할 수 있으리라. 지금 어느 부친이 여자 대학에 입학시켜 달라고 조르는 딸에게 편지를 쓰고 있다고 하자. 그는 펜을 들어 왜 딸을 여자 대학에 보낼 수 없는가 하는 이유를 첫째, 둘째, 셋째 하고 조목을 들어 말하는데, 누가 보더라도 수긍이 갈 만한 갖가지 논거를 써 늘어놓는다. 논리 정연하게 늘어놓아 반문할 여지 따위는 조금도 없다. 즉 현재 이미 세 오빠를 대학에 보내고 있으며, 어머니가 아프니 누군가 집에서 간호할 사람이 없으면 곤란하다느니 어쩌니, 그밖의 여러 이유를 든다. 그런데 편지 끝에 이름을 쓰고 나서 대수롭잖은 한 줄의 문구를 덧붙여 쓴다. "좋다! 줄리아, 올 가을에 입학할 셈치고 준비해 두렴, 어떻게 해 보마." 혹은 또 마누라에게 편지를 써서 이혼 결의를 표명코자 하는 남편의 경우를 상상해 보자. 물러설 수 없는 이유는 잔뜩 있다. 첫째로, 그녀는 남편에 대해 성실하지 못하다. 둘째로, 남편이 귀가했을 때 따뜻한 식사를 먹게 한 적이 없다 등등. 모두 당당하고 유력한 이유이며 정당하다 싶은 점도 있다. 만일 변호사를 부른다면 논리는 더욱 완전해지고 상황은 한층 정정당당한 것으로 될 것이다. 그런데 편지를 다 쓰고 나서 문득 마음이 변해, 간신히 판독할 수 있을 만한 글씨로 갈겨 쓰기를 "제기랄, 사랑하는 소피여, 난 정말 어쩔 수 없는 사람이구려. 꽃다발을 들고 집에 돌아가겠소."라고 하는 식이다.

이 양쪽 편지의 본문에 있는 논의는 참으로 완전하고 옳다. 말하고 있는 것은 하나의 논리적인 인간이다. 그런데 추신에서 말하는 것은 참된 인간적 정신, 즉 인간적인 아버지와 남편인 것이다.

정리를 좀 이해하는 자라면 쓸데없이 이치만 따지는 의론(議論) 따위에 머리를 썩이지 말고, 상반되는 충동과 감정과 욕망이 변해 마지않는 해양 가운데 있어 건전한 배의 키를 잡듯 해야 할 것이며, 그것이 인간적 정신의 책무이다. 우리가 진실이라고 믿는 것이 진실이며, 그것이 곧 인간계의 진리의 모습이다.

변박할 여지 없는 의론에는 정(情)이라는 것이 맞서고, 정당한 것이라도 애정에 부딪치면 물렁한 것이다. 그래서 가장 확신은 가지만 아무래도 논리에 맞지 않는다는 경우가 종종 있다. 법률마저도 그 주장하는 절대적 정의의 불완전함을 인정하고 있다. 법률은 종종 조문(條文)의 '조리(條理) 해석'으로 되돌아가야만 하는 경우가 있다는 것, 최고 행정관에게 사면권을 부여하고 있음을 보아도 분명하다. ──아브라함 링컨은 어느 어머니의 아들에 대해 이 사면권을 대단히 유효하게 행사했다.

이렇게 정리를 존중하는 정신은 모든 사고방식을 인간적으로 만들고, 우리 자신의 정확성에 대한 확신을 감퇴시킨다. 그것은 우리의 관념을 원숙케 해 주고 행위의 모난 곳을 둥글게 해 준다. 이에 대립하는 것은 사상과 행위로서, 개인생활·국가생활·결혼·종교·정치에서의 온갖 종류의 광신과 독단이다. 나는 감히 주장하지만, 중국에는 지적 광신과 독단론은 다른 나라들보다 적다. 중국의 폭동을 일으키는 민중은 매우 흥분하기 쉬운 면도 있지만,(1900년의 의화단이 그 실례) 강리(講理) 정신은 중국의 전제 군주제, 종교, 그리고 이른바 '여성의 억압'을 매우 인간미가 있는 것으로 만들었다. 다만 이런 것들은 모두가 다소 조건부로 받아들여야 하지만, 아무튼 틀림은 없다.

정리라는 것이 중국의 황제·신·남편을 단순한 인간으로 끌어내리고 말았다. 중국의 황제는 일본의 통치자처럼 반신적(半神的)인 존재는 아니었으며, 중국 역사가는, 황제는 천명으로써 통치하는 자이며, 실정(失政)할 때는 '천명'을 상실한다는 이론을 발전시켰다. 황제가 악정을 펼 때는 우린 지체 없이 목을 베어 버린다. 성쇠흥망이 아주 많은 왕조의 왕이나 황제의 목을 너무 많이 베었으므로, 그들이 '신성'하다느니 '반신적(半神的)'이니 하는 건 도저히 믿어지지 않는다. 중국의 성현은 신으로 받들리지 않고 다만 항시 지식의 스승으로서 우러러질 따름이다. 또 중국의 신은 완전무결의 전형은 아니고, 중국의 관리처럼 돈만 있으면 주무를 수 있는 썩어빠진 존재로, 아첨이나 뇌물로 통한다는 것이다. 중국에서는 정리를 떠난 자는 즉시 '불친인정(不親人情, 인간성에서 멀리 떨어지는 것)'의 낙인이 찍힌다. 너무 성인답고 완전무결한 인간은 마음에 이상(異狀)이 있다 하여 모반자 취급조차 당하는 수가 있다.*

이 관점에서 오늘날의 유럽을 보건대, 정리에 의해서 지배되고 있다고는 할 수 없으며, 정리는커녕 이성조차 통하지 않고 오히려 광신적 정신

---

* 이 생각은 사회 개선가인 재상 왕안석(王安石)을 비난한 논문에 나타나 있다. 그 필자는 소동파의 아버지라 전해지고 있다.

에 의해서 지배되고 있다 하겠다. 오늘날의 유럽 실정을 보건대, 하나같이 신경과민이라는 느낌이 든다. 그러나 단지 국가적인 충돌이 있다거나 국경 문제나 식민지 요구의 마찰이 있다거나 하는 것만이 원인은 아니다. 그런 정도의 일이라면 이성을 작용시켜서 충분히 처리할 것이다. 그런데 쉽사리 그렇게 안되는 것은 그 근원이 좀더 깊고, 오히려 유럽 통치자들의 정신 상태에서 빚어졌기 때문이다.

이것을 사물에 비유해서 말한다면, 사정에 어두운 도시에서 택시를 잡았으나 갑자기 운전기사가 못 미더워져서 불안에 떠는 것과 같은 것이다. 운전기사가 지리에 어두워 올바른 길 순서로 손님을 목적지에 실어다 주지 못하는 경우라면 다소 이해도 가지만, 운전기사가 뭔가 이상한 소리를 중얼대는 것이 좌석에 있는 손님의 귀에 들어가, 이놈이 과연 제정신일까 하고 의심하기 시작한다면 그야말로 큰 문제이다. 게다가 머리가 돈 이 운전기사는 권총을 가지고 있고, 손님은 차에서 내릴 기회가 없다고 한다면 신경과민은 더욱 높아진다. 그러나 인간 정신의 이러한 풍자화는 그 참모습이 아니다. 모든 악성 유행병처럼 이윽고 자기 자신을 불살라 버리는 단순한 착란 상태요, 일시적 발광 단계이다.

내게는 이렇게 믿을 만한 이유가 있다. 우리는 인간의 정신력에 결국 신뢰의 뜻을 표한다. 그것은 원래 유한한 것이기는 하지만, 무모한 유럽 운전기사의 지능보다는 무한히 높은 그 무엇이기 때문에, 언젠가는 평화로운 생활을 즐길 때가 올 것이다. 왜냐하면 인류는 이윽고 정리(情理) 위에 서서 사물을 생각하는 것을 배울 테니까. 이렇게 믿을 만한 이유가 우리에게는 있는 것이다.

해 설

　'세계의 지성(知性)'이라고 일컬어지는 임어당은 참으로 스케일이 큰 문인이다. 동서(東西) 세계의 문화를 하나의 도가니에 용해시켜서 독자적(獨自的)인 세계를 구축한 그는, 그 안에서 생겨난 사상과 문학을 세계를 향해 열정적으로 쏟아 내었다.

　그는 중국이 배출한 세계적인 석학(碩學)이었으나, 태어나면서부터 코스모폴리탄의 운명을 지녔던 것인지도 모른다. 그의 집안은 조부대(祖父代)부터 목사인 크리스천 집안이었으므로, 그는 미선계 학교를 졸업, 해외에 유학했다. 그는 중국에서 대학 교수를 역임하는 등 일단 성공의 발판을 다졌으나, 고국에서 뿌리내릴 수 없어 국제 사회로 나아가야 했으며, 생애의 반을, 특히 저술 활동 시절의 대부분을 국제 사회에서 활약했다. 사람들의 영혼에 감동을 주는 수없는 명작을 낳음으로써 세계적 문인으로서 국제 사회에서 인정받으면서도, 결국 어디에도 진실로 안주할 땅을 발견하지 못했던 그는 결국 고향을 잃은 사람, 유리표박(流離漂泊)하는 사람으로서의 고독감 속에서 생애를 끝내야 했던 문인이었다.

　그러면 먼저 그의 생애와 저술 활동 및 그 배경을 조감해 보기로 하겠다.

　임어당은 1895년 중국 푸지엔(福建省)성 장저우(漳州)의 시골에서 태어났다. 10세 때 샤먼(廈門)에 나가 그곳의 초등학교 · 중학교를 다닌 후에 상하이(上海)의 세인트 존스 대학을 졸업했다. 세인트 존스 대학은 당시 영문계(英文系) 대학으로서는 중국에서 가장 우수한 대학이었다. 대학 졸업 후 곧 북경의 칭화 대학(淸華大學)에서 3년간 영어 교수로 재직한 후에, 1919년 미국의 하버드 대학에 유학하여 언어학을 전공했다. 이어서 독일의 예나 · 라이프치히 두 대학에서 연구를 계속하여 라이프치히 대학에서 박사학위를 취득했다.

1923년 귀국, 곧 북경 대학의 영문과 교수로 취임했는데, 여기에서 그는 노신(魯迅)을 비롯한 많은 학자, 지식인들과 접촉을 가졌고, 노신 · 주작인(周作人) 등과 함께 시사 평론(時事評論) 주간지인 〈어사(語絲)〉에 가담하여 뛰어난 정치 평론과 에세이를 발표했다.

1926년 진보파 교수에 대한 군벌(軍閥) 정부의 탄압 사건이 일어났을 때, 북경을 떠나 샤먼 대학의 문학원장이 되었다. 그때 노신 · 고힐강(顧頡剛) 등 수많은 저명한 학자를 학원에 초치(招致)했지만, 그곳의 부패한 공기를 견딜 수 없어서 모든 교수는 차차로 이직(離職)했으며, 임어당 자신도 괴로움에 시달린 끝에 일년 후에 사직했다.

1927년 우한(武漢) 정부에 참가하여 외교부장의 비서를 역임하며, 영문 주간지인 〈The China Critic(중국 평론)〉 등에 날카로운 논진(論陣)을 펼쳤는데, 그 무렵까지는 그는 꽤 급진적이고 반봉건적인 사상을 옹호해 온 사람으로 알려졌다.

우한 정부가 붕괴된 후 자신이 정치적 체질이 아님을 깨닫고, "나는 육식동물이 아니다."라는 명언을 남기고 정계(政界)를 떠났다. 그 이후 상하이에서 중앙 연구원 국제 출판물 교환소 소장이라는 한직(閑職) 외에는 거의 공직을 맡지 않았으며, 오로지 문필활동에만 종사했다.(단, 1947년에 유네스코 예술부장으로 3년간 파리에 주재한 일이 있으며, 1954년 한때 싱가폴의 남양 대학 총장에 취임한 적이 있음.) 따라서 1927년 이후의 경력은 그 저작

활동과 분리해서 생각할 수가 없다.

그의 만년(晚年), 대만 생활 기간에 그의 비서로 근무했던 황조연(黃肇衍) 여사는 임어당의 저작활동을 3단계로 나누어 다음과 같이 말한다.

"제1단계는 '30년대'라고 불러도 좋다. 이것은 30년대에 상하이에서 출판한 저작물을 가리키는데, 양은 그리 많지 않다. 제2단계는 가장 길고 가장 풍성하다. 그의 문학에서 '풍성한 수확의 시대'였던 이때에(1935~1966년) 그는 미국에서 29권의 책을 출판했다. 평균 매년 한 권인 셈이다. 제3단계는 '중국에 의한 저작 시대'로서 1966년 이후를 말한다." ─《무소불담합집(無所不談合集)》의 부록〈임어당적(的) 사작(寫作) 생활〉중에서.

위와 같은 분류에 따라 임어당의 저작 활동의 궤적과, 그것이 파급시켰던 효과를 점검해 보는 일은, 그의 사상과 철학의 이해에 많은 도움이 되리라 믿는다.

제1기는 그가 중국에서 가장 화려하게 활동했던 시기로서, 저작의 수량은 제2기에 비해 많지 않을지언정, 이 시기에 그가 끼친 문학적 영향력은 지대한 것이었다. 1930년대 전반에 그가 상하이에서 발행한〈논어(論語)〉·〈인간세(人間世)〉·〈우주풍(宇宙風)〉등의 여러 잡지가 폭발적인 인기 속에서 성장했기 때문이다. 그는 이 잡지를 통해 문학·정치·교육·언론·여성·예술 등 여러 분야에 걸쳐 뛰어난 사견(私見)을 피력하여 지식인의 마음을 사로잡고 전국적으로 환영받는 대단한 붐을 불러일으킨 것이다. 그는 이 잡지들에서 '유머'와 '소품문(小品文)'을 창도(唱道)하고 사람들로부터 '유머 대사(大師)'의 칭호를 받았으며, 소품문의 풍년(1934)을 구가(謳歌)했다. 그러나 이러한 활약은 그의 문명(文名)을 일시에 부상시킨 반면, 동시에 또 많은 비판을 받게 하는 계기가 되기도 했다. 그는 1935년에 영문으로 발표한 저서《내 나라, 내 국민》의 서문에서, "중국의 급진주의자들은 나를 너무나도 반동적인 인물로 보고, 반동적인 패들은 나를 과격한 인물로 본다. 그러나 상관없다."라고 쓰고 있다.

그 무렵의 저서로서는 그가 여러 잡지에 발표했던 단론(短論)을 수록한 수필집이 계속 편찬된 외에,《개명영문문법(開明英文文法)》,《개명영문독본(開明英文讀本)》등의 언어학적 저작이 여러 권 나왔다. 어쨌든 이 시기는 그가 중국에서 가장 왕성하게 활약한 시기였으며, 그 독특한 포즈로 파이프를 문 채 유한철학(有閑哲學)을 주장했으나, 실제로는 가장 바쁜 사람이었음을 부정할 수 없으리라.

그런데 이 시기에 그의 활동이 그렇게 눈부신 것이었음에도 불구하고, 해방 후 중국에서 출판된 문학사(文學史)에는 그가 창도한 그러한 문학 운동에 대해 한마디도 언급되지 않았다. 그의 문학 운동이 가치가 있었다고 보느냐 그렇지 않다고 보느냐는 주관에 따라 다른 문제이겠지만, 한 시대를 풍미했던 역사적 사실을 매장한다는 것은 유감스러운 일이다.

제2기는 그가 중국의 임어당에서 '세계의 임어당'이 된 가장 중요한 시기이다. 1935년 중국과 중국인의 성격 · 생활 · 문화 · 예술 등을 종합적으로 해설한 문명 비평서,《내 나라, 내 국민》을 미국에서 출판하여 대호평을 받은 그는, 중일전쟁(中日戰爭) 전 해인 1936년에 혼미한 고국을 떠나 미국에 이주(移住)했다. 그후 1966년 귀국하여 대만에서 살 때까지 30년간을 주로 뉴욕에서 살면서 오직 영문으로만 저술했다. 이때의 작품은 소설, 전기, 산문, 평론, 중국 명저의 번역 등 넓은 영역에 걸쳤고, 그 대부분의 작품은 거의 모두가 장기 베스트셀러의 인기를 누렸으며, 그중에서도《생활의 발견(원제 ; *The Importance of Living*)》은 폭발적인 인기를 누린 것으로 유명하다.

《생활의 발견》은 중국 문인의 '한적(閑寂)생활'을 기조(基調)로 하면서, 그가 주창한 '생활의 철학'을 쓴 문명 비평서로서 임어당 사상의 골격을 이루는 작품이다.

이 시기의 작품이나 저작 활동은 너무나 다방면에 걸쳐 있으므로 상세히 기술하기 어려우나, 특기할 만한 것으로는 그의 3대 소설이라고 일컬어지는 《북경호일(北京好日)》·《폭풍 속의 나뭇잎》·《주홍색의 문》 등이 꼽힌다. 《북경호일》은 중국 청조(淸朝)의 대소설 《홍루몽(紅樓夢)》의 틀을 가지고 쓴 대하소설이며, 《폭풍 속의 나뭇잎》은 그 자매편이라고 할 수 있다. 이 저작들에 의해 그는 구체적이고도 확고한 명성을 거두었다. 또 그가 3년에 걸쳐 썼으며, 가장 애착을 가지고 있었다는 《소동파(蘇東坡)》와, 대학의 교과서로서 대단히 인기 있었던 《The Wisdom of China and India(1942년)》, 정치적 입장을 선명하게 밝힘에 의해 그의 운명을 결정했던 《The Vigil of a Nation(1944년)》 등이 꼽힌다. 그 이전까지 그는 민족주의적 자유주의자로서 일본 군국주의의 중국 침략에 대해 필검(筆劍)을 휘둘러 대항하고, 소설과 많은 평론을 통하여 중국의 입장을 세계에 호소하였다. 그러나 중일(中日)전쟁 말엽, 공산주의가 조금씩 그 세력을 증대시켜 감에 따라 그는 일전(一轉)하여 반공적 자유주의자로 변모했다. 《The Vigil of a Nation》은 그 전 해에 그가 고국에 일시 귀국하여 중국 내지(內地)를 시찰 여행했을 때의 여행기를 출판한 것으로, 작품으로서 대단한 것은 아니지만 그의 사상적 입장의 변화를 보여 준 점에서 중요한 저서이다. 사람들은 흔히 이때 이후 그가 반동적이 되었다고 하지만, 그것은 피상적인 견해이다. 그는 항상 변함없는 일관된 사상의 자유주의자이기 때문에, 공산주의 속에서 일찍이 독재주의의 기미를 보고 그것을 경계했던 것에 불과한 것이다.

그는 유럽의 높은 평가에 힘입어 한때 노벨 문학상의 후보에도 올랐지만, 세계 대전 중에 노벨상이 일시 중단되었기 때문에 결국 그 호기(好機)를 놓쳤다고 하는 뒷얘기도 있다.

제3기는 1966년 귀국하여 대만 및 홍콩에 거주하면서, 1976년 3월 26일 홍콩에서 죽을 때까지 만년의 10년 동안이다. 1965년부터 그는 다시 중국어로 수필과 평론을 쓰기 시작했는데, 그 시기는 반드시 황여사의 말에 따른 '중국어에 의한 저작시대'는 아니다. 그 시기에 《홍루몽》을 영역하고 있었고, 또 무엇보다도 큰 일로서 오랫동안의 꿈이었던《현대 한영사전》을 완성시키는 등, 영어에 관계되는 일도 많이 했다.

그는 70세 되던 해인 1966년에 친구의 간청에 따라 귀국하여 대만에서 살았다. 그후 대북의 양명산(陽明山)에 집을 짓고, 딸이 살고 있는 홍콩을 왕래하면서 저작활동을 하다가 1976년 3월, 홍콩에서 작고(作故)했다.

임어당의 생애를 되돌아볼 때 우선 그 활동 분야의 넓음에 놀란다. 어느 분야이든 그가 참가했던 일들은 모두 그의 활동적인 생애의 일부였으며, 각각의 분야에서 모두 시대를 구획짓는 뛰어난 성과를 남겼음을 부정할 수 없으리라.

잡지 편집자로서, 평론가로서, 문명비평가로서, 수필가로서, 사상가로서, 철학자로서, 소설가로서, 번역가로서, 중국 고전 연구가로서, 언어학자로서 활약한 종합적 규모는 일개인의 업적으로는 전무후무한 것이라 하겠으며, 그가 세계적으로 저명한 대작가로 간주되고, 20세기 최고의 지성을 대표하는 인물의 하나로 일컬어짐이 가히 마땅하다 하지 않을 수 없다.

끝으로 임어당 사상의 몇 가지 큰 특징을 기술함으로써 그의 작품과 철학의 이해를 돕고자 한다.

임어당 사상으로서 가장 먼저 손꼽혀야 할 것은 그의 철저한 '자유'에의 사랑이다. 그는 마음속으로부터 자유주의자이고, 자유 사상가였다. 인간의 존엄과 개인의 자유를 지키는 위대한 펜의 투사로서, 전체(국가)가 개인의 생활을 억압한다면, 군벌 정부, 국민 정부, 일본 제국주의, 공산주의를 불문하고 감연히 싸움을 신청했다. 그러나 이와 같은 그의 자유주의자로서의 언동은 때로는 오해를 불렀다. 특히 공산주의에 대한 비판의 경우가 그것으로, 지식인 중에는 그의 말을 경시하는 풍조가 있었다. 그러나 그는 공산체제가 독재주의에 상통하기 쉽고, 사상이나 언론의 자유를 빼앗고, 개인 생활을 억압하는 경향이 많은 것을 예민하게도 그 싹 속에서 찾아낸 것이다. 서양인을 능가하는 비유나 유머의 명수였기 때문에, 일찍이 사람을 현혹시키는 요설가(饒舌家)에 불과한 것이 아니냐는 의구심을 초래하기도 했으나, 그가 겪은 비바람의 세월은 그가 결코 그러한 요설가가 아니며, 고매 강직한 정신과 견고한 지조를 가진 진지한 자유주의자였음을 증명하였다.

그는 이렇게 역설적으로 말했다.

"나는 전체주의자나 공산주의자에게서는 전혀 감동받는 일이 없다. 중국인의 이상으로 치는 '자유인'이야말로 가장 숭고한 인간이며, 독재자에게 가장 벅찬 최후의 적이 될 철저한 개인주의자이다."

임어당 사상의 중추를 이루는 또 한 가지는 자연에 대한 애정이다. 자연미와 자연 생활에 대한 동경은 기질적인 것도 있지만, 돌아갈 수 없는 고국에의 향수가 점점 짙어가면서 조장된 일면도 있으리라고 생각된다. 생활 철학자로서 노장(老莊)적인 한적생활(simple life)을 제창한 것도, 또 현대인의 정신을 구제하는 길로서 '자연(생명)의 리듬'을 주장했던 것도 모두 자연에 대한 열애의 한 발로라고 보아 무방하리라.

일상생활의 도처에 아름다움이 있고, 즐거움이 있고, 예술이 있고, 철학이 있다고 말하는 그는 과거 문인들의 좀더 바람직한 전통을 대부분 훌륭하게 현대에 소생시킨 사상가이다. 자연이 파괴되고, 다시없이 소중한 지구가 좀먹혀 드는 현대, 물질 문명의 불균형한 번영이 정신의 안정을 잃게 하고 있는 오늘날, 자연애(自然愛)를 기초로 한 그의 철학이야말로 조급히 재인식되어야 할 가치를 가지고 있는 것이 아닐까 생각한다.

게다가 그의 사상과 인물의 더 뚜렷한 특징으로서 꼽을 수 있는 것은 그의 '인간에 대한 애정'이다. 그는 참으로 인간미 있는 표본적인 휴머니스트였다. 가정에 대한 따뜻한 애정이나 친구에 대한 보살핌은 잘 알려져 있는 것이다. 가혹할 만큼의 비판이나 풍자적인 언어가 비수(匕首)처럼 번득이는 문장을 구사하는데도 그의 문학에서 따뜻함이 느껴지는 것은, 그가 본질적으로 진실한 인간이며, '인간에 대한 애정'이 그의 사상의 밑바탕을 이루고 있기 때문이다.

"행위는 공자를 숭상하고, 사상은 노장에 근본을 잇는다."

"문장은 유머스러워야 하며, 사람됨은 반드시 진실해야 한다."

이것이 그가 모토로 한 말이다.

임어당(린위탕) 연보

1895년

· 중국 푸지엔(福建城)성 장저우(漳州) 평화현의 가난한 시골 목사의 아들로 10월 10일 출생.

1900년(6세)

· 평화현에 있는 소학교에 입학하여 공부를 시작.

1904년(10세)

· 소학교를 마치고 샤먼(廈門)에 있는 심원서원 입학.

1912년(18세)

· 심원서원 졸업.

· 상하이(上海) 세인트 존스 대학교 입학.

1916년(22세)

· 뛰어난 성적으로 세인트 존스 대학교 졸업.

· 졸업 후 베이징(北京) 칭화 대학(淸華大學)교에서 3년간 영어 교수로 재직.

1918년(24세)

· 잡지 〈신청년〉에 〈한자 색인과 서양 문학〉 기고.

1919년(25세)

· 부모의 권유로 상하이 세인트 메리 학교를 졸업한 랴오추이펑(廖翠鳳)과 결혼.

· 미국 하버드 대학교로 유학하여 언어학을 전공.

1920년(26세)

· 독일에 있는 예나 대학교에서 한 학기를 공부하고 라이프치히 대학교로 옮겨 언어학 연구에 몰두함.

1923년(29세)

· 라이프치히 대학교에서 언어학 박사학위 취득.

· 9월 귀국 후 베이징 대학(北京大學)교 언어학 및 영문학 교수로 재직.

1924년(30세)

· 루신(魯迅) · 주작인(周作人) 등과 시사평론 주간지 〈어사(語絲)〉 창간.

1925년(31세)

· 베이징 사범대학교 · 베이징 여자 사범대학교 교수 임용.

1926년(32세)

· 푸지엔(福建城)성 샤먼(廈門) 대학교 언어학 교수 임용.

1927년(33세)

· 우한(武漢) 정부 외교부장 비서로 발탁 됨.

· 우한(武漢) 정부가 붕괴되자 상하이(上海) 중앙연구원 국제 출판물 교환소 소장
으로 취임 후 저술에 전념.

1928년(34세)

·《전비집(剪狒集)》출간.

1932년(38세)

· 잡지 〈논어〉 창간.

1934년(40세)

·《유머론》·《대황집(大荒集)》·《나의 말》출간.

· 잡지 〈인간세(人間世)〉 창간.

1935년(41세)

· 잡지 〈우주풍(宇宙風)〉 창간.

·《아적화(我的話)》출간.

· 영문판《내나라 내 국민》출간.

1936년(42세)

· 영문판《중국 풍자와 스케치》출간.

· 다시 미국 뉴욕으로 이주.

1937년(43세)

· 영문판《생활의 발견》출간.

· 영문판《베이징의 추억》출간.

1938년(44세)

· 《공자의 지혜》 출간.

1939년(45세)

· 《경화연운(京華煙雲)》 출간.

1940년(46세)

· 《북경호일》·《폭풍 속의 나뭇잎》·《주홍색의 문》 출간.

1941년(47세)

· 《풍성학려》 출간.

1942년(48세)

· 《중국과 인도의 지혜》 출간.

1943년(49세)

· 《제소개비(帝笑皆非)》 출간.

1944년(50세)

· 《침과 대단(沈戈待旦)》 출간.

1945년(51세)

· 전쟁 중인 중국 전역을 여행.

1947년(53세)

· 《소동파전(蘇東坡傳)》 출간.

1948년(54세)

· 《당인가》·《노자의 지혜》 출간.

1949년(55세)

· 유네스코 사무국 예술부장으로 재직.

1950년(56세)

· 《미스 두》·《미국의 지혜》 출간.

1952년(58세)

· 중국어 잡지 〈천풍〉 창간.

1953년(59세)

· 《주문》 출간.

· 유엔주재 중국(대만) 대표단 고문으로 위촉.

1954년(60세)

· 싱가포르 남양 대학(南陽大學)교 총장 취임.

1955년(61세)

· 《기도》 출간.

1957년(63세)

· 《측천무후》 출간.

1958년(64세)

· 《익명》 출간.

1959년(65세)

· 중국(대만) 외교부 고문 위촉.

1961년(67세)

· 《홍목단》 출간.

1963년(69세)

· 자전 소설 《뇌백영》 출간.

1964년(70세)

· 《자유의 성을 향하여》 출간.

1966년(72세)

· 미국 생활을 청산하고 귀국하여 대만 및 홍콩에 거주.

1967년(73세)

· 《못할 말 없다》(1 · 2집) 대만에서 출간.

1968년(74세)

· 제2회 국제 대학총장 협회(서울) 참가.

· 서울 방문 당시 시민회관에서 〈전 인류 공동 유산의 추세〉 강연.

1970년(76세)

· 제37차 국제 펜클럽 대회(서울) 참가하여 〈동서 문화의 유머〉 강연.

1974년(80세)

· 제40차 국제 펜클럽 대회(빈) 참가.

· 《경화연운(京華煙雲)》으로 노벨문학상 후보로 추천.

· 여든 살 생일을 기념한 《팔십자서》 출간.

1976년(82세)

· 3월 26일 홍콩에서 사망.